Camarades !

La naissance du parti communiste
en France

Pour en savoir plus
sur les Editions Perrin
(catalogue, auteurs, titres,
extraits, salons, actualité...),
vous pouvez consulter notre site internet :
www.editions-perrin.fr

Romain Ducoulombier

Camarades !

La naissance du parti communiste en France

Préface de Marc Lazar

PERRIN
www.editions-perrin.fr

© Perrin, 2010
ISBN: 978-2-262-03416-0

Préface

On s'est tellement interrogé, ces derniers temps, sur le déclin du Parti communiste français, amorcé avec netteté il y a désormais près de trente ans, que l'on a souvent oublié de se pencher sur les débuts de ce parti qui a profondément marqué de son empreinte la vie politique et la société françaises durant plus d'un demi-siècle, des années 1930 à la fin des années 1970. C'est précisément à quoi s'intéresse le livre de Romain Ducoulombier, quatre-vingt-dix ans presque jour pour jour après la naissance officielle de ce parti, à la fin du mois de décembre 1920, lors du fameux congrès de Tours, lorsque la majorité de la Section française de l'Internationale ouvrière, nom du parti socialiste d'alors, choisit d'adhérer à l'Internationale communiste (IC).

Les conditions de cette naissance ne sont évidemment pas inconnues. Au contraire, même. Dès le début des années 1960, une jeune historienne, Annie Kriegel, fondait l'histoire universitaire du communisme avec une thèse magistrale consacrée précisément aux origines de ce phénomène en France. Le PCF expliquait alors qu'il était le prolongement en quelque sorte naturel de l'histoire du mouvement ouvrier français, un moment dévoyée par des socialistes qui s'étaient abîmés dans l'Union sacrée en

1914 mais qui, grâce à l'acte fondateur de Tours, était repartie dans le sens de l'Histoire pour écrire de nouvelles pages glorieuses et forger des lendemains qui chanteraient de façon inexorable. Cette vulgate officielle et autolégitimante érigeant 1920 en une césure fondatrice était largement répandue grâce à la puissance politique et culturelle de son promoteur, demeurée notable bien qu'elle ait été écornée par le retour au pouvoir du général de Gaulle et la fondation de la Ve République en 1958. L'historienne, s'appuyant sur une vaste documentation publique et les fonds d'archives disponibles, expliquait que le surgissement du PCF résultait fondamentalement d'un double accident historique, d'une part, les vicissitudes de l'après-Première Guerre mondiale en France, de l'autre, l'écho qu'eut dans notre pays la révolution russe, et notamment les avancées ou les reculs de l'Armée rouge. À l'époque et par la suite, la thèse fut discutée, voire combattue avec énergie, tant par des spécialistes du syndicalisme ou du socialisme que par les historiens communistes. Ces derniers, qu'ils acceptent ce qualificatif ou qu'ils le réfutent tout en étant fortement influencés par leur engagement partisan, s'employèrent à souligner le poids de la composante française dans la constitution du PCF afin de relativiser autant que possible l'influence soviétique. Un temps délaissée, la période des premiers pas incertains et confus du PCF suscite de nouveau l'attention de jeunes chercheurs.

Parmi eux, Romain Ducoulombier est l'auteur d'une thèse de doctorat en histoire à Sciences Po consacrée à ce sujet, dont est issu cet ouvrage, revu et repensé pour un public plus large que le strict monde universitaire. Son auteur affiche une grande ambition intellectuelle. Il entend repenser de fond en comble la question – essentielle – de la genèse du communisme français grâce à un impressionnant dépouillement de nouvelles archives françaises (de police, du PCF, de la SFIO, de fonds privés et de correspondances entre socialistes) et russes. Quelle nouveauté interprétative propose-t-il ici ? Selon lui, le communisme naît en France de la rencontre entre les aspirations à la rénovation du socialisme français apparues dès l'avant-guerre, mais que la Grande Guerre porte à l'acmé, et l'entreprise bolchevique visant à forger le parti mondial de la révolution. Le communisme n'est donc ni totalement français ni spécifiquement russe. Il est en quelque sorte un hybride politique d'une cohorte de militants socialistes français et d'une stratégie communiste venue de l'Est, qui a connu une maturation assez prolongée dont feront les frais, à terme, la plupart de ses concepteurs français. La méthode de Romain Ducoulombier est à l'avenant, originale. Décidé à dépasser la thèse « kriegélienne » si attentive à la conjoncture historique sans nier complètement sa pertinence, il dilate vers l'amont comme vers l'aval la chronologie pour mieux y insérer le moment fondateur du congrès de Tours, scrute les ruptures et les continuités de l'histoire du mouvement ouvrier français et restitue les interactions qui se sont établies entre les différents acteurs qui participent à l'invention du premier communisme.

L'auteur remonte en effet à la veille de la guerre pour dresser un tableau assez exhaustif du socialisme et, dans une moindre mesure, du syndicalisme français. Il note en particulier leurs polémiques et leurs dilemmes par rapport aux questions – brûlantes pour eux – de la République, de la participation ministérielle, de l'organisation, des rapports entre parti et syndicat, du prolétariat, du réformisme, enfin de la guerre qui se profile. Le déclenchement de celle-ci provoque à la fois un bouleversement complet et une recomposition de ces problématiques. Dans un premier temps, la conception démocratique et non expansionniste de la guerre de la majorité des socialistes désireux de participer à la Défense nationale est largement acceptée. Mais le prolongement et l'horreur du conflit ouvrent une grave crise de confiance qui lacère la SFIO. La minorité, composée surtout de jeunes gens qui arrivent en ce moment précis au socialisme, critique de plus en plus fermement la guerre et la participation au gouvernement de ses responsables sans toutefois tomber dans l'action illégale. Bien que hétéroclite idéologiquement et sociologiquement, elle progresse vite dans le parti. Elle porte ses coups contre ses notables, ses dirigeants et ceux qui occupent des fonctions officielles, accusés de traîtrise. Elle dénonce l'oligarchie au pouvoir, en appelle à la régénération du socialisme et à la relève générationnelle, revendique un ascétisme révolutionnaire, un refus de parvenir, une volonté de servir ou bien exalte l'ouvriérisme, autant d'idées et de notions essentielles, dont nombre s'inscrivent dans la lignée de réflexions formulées avant 1914. Cela amène ces socialistes à se tourner vers la Russie, dès la révolution de février 1917, puis, le désamour envers les mencheviques aidant, vers les bolcheviques. Victorieux en octobre de la même année, ceux-ci ont la saveur de la nouveauté et sont porteurs d'espérance. La grande originalité du livre de Romain Ducoulombier tient à ce qu'il exhume une double instrumentalisation. Les socialistes français s'emparent du bolchevisme, en ignorant pour la plupart tout de Lénine et du léninisme, et en en proposant une version française. Ce bolchevisme à la française leur sert de ressource politique dans leur combat à l'intérieur du parti et plus généralement de totem identitaire. De leur côté, les bolcheviques utilisent ces socialistes français et certains traits de leur culture comme des vecteurs de pénétration et d'insertion en France afin de promouvoir leur appellation contrôlée du bolchevisme, en matière d'idées et de conception du parti, et de mieux terrasser le « vieux » socialisme.

L'ambiguïté fondamentale des socialistes français qui regardent la « grande lueur à l'Est » (Romain Rolland) tient à ce que certains veulent rénover le socialisme et d'autres rompre complètement avec lui. Romain Ducoulombier raconte en détail la conquête du parti socialiste au terme d'une alliance entre les diverses composantes de la minorité radicale décidée à briser l'unité du parti pour en fonder un nouveau, et une tendance centriste et modérée qui poursuit l'objectif plus limité de rénover le socialisme français. Il souligne également l'interventionnisme incessant, le contrôle tatillon, la pression constante de l'Internationale communiste, avant, pendant et après le congrès de Tours, à propos des orientations politiques comme des modalités d'organisation ou du choix des hommes, en particulier des dirigeants. Pour les Russes et les kominterniens, le jeune PC doit être épuré de toutes ses « tares » héritées du socialisme, libéré de ses éléments hésitants, nettoyé de sa « franc-cochonnerie » selon la formule, ô combien élégante, qu'employait le dirigeant bolchevique Zinoviev pour parler de la franc-maçonnerie. S'amorce alors une longue série d'éliminations des dirigeants, notamment celle, déterminante, survenue en 1923, du secrétaire général Louis-Oscar Frossard, symbole justement de la conciliation entre le neuf, le bolchevisme, et l'ancien, le socialisme français, puis celles des différentes personnalités de la gauche du parti (Souvarine, Monatte, Rosmer, etc). Romain Ducoulombier, utilisant les archives en sa possession, montre que la politique d'épuration s'étend jusqu'à la base du parti à l'encontre de tout militant considéré, parfois du jour au lendemain en fonction des changements de cap promulgués par l'Internationale, comme déviant. Les désaccords idéologiques et politiques se mêlent ainsi étroitement aux luttes pour la répartition des petits et des grands postes de pouvoir.

La longue histoire des crises, des dissidences, des oppositions, des sanctions et des exclusions qui ont rythmé la vie du PCF jusque dans les années 1990 a donc commencé précocement. Chacun de ces épisodes a ses particularités. Dans les années 1920, la plupart des premiers communistes français, qui voulaient régénérer le socialisme et étaient fascinés par le bolchevisme, ont été désarçonnés par les orientations politiques de Moscou et surtout broyés par la machine bureaucratique qu'ils ont contribué à porter sur les fonts baptismaux. Terrible et funeste enseignement pour eux : le parti dévore ses propres parents. À partir de 1925, terme de l'étude de Romain Ducoulombier, émerge une autre génération, différente, bolchevisée celle-ci, plus ouvrière, au niveau d'instruction moins élevé que celui de la précédente, qui comportait un grand nombre d'instituteurs, guère marquée par l'expérience directe de la guerre, partageant la mystique du parti, dévouée à l'URSS, soumise au Komintern, prête à servir l'appareil communiste. Le jeune militant du nord de la France Maurice Thorez incarne presque à la perfection cette nouvelle levée de troupes.

On l'aura compris, ce livre est riche d'enseignements suggestifs et parfois franchement inédits, par exemple, sur les socialistes d'avant la Première Guerre mondiale et surtout durant la guerre avec le chapitre 2 consacré aux militants mobilisés. Ces derniers, tout en combattant ou en travaillant à l'arrière, s'efforcent de préserver leur propre identité politique. Ils écrivent à leurs camarades ministres pour leur demander des services, voire des avantages, mais aussi, rapidement pour les premiers et nombreux déçus de la guerre, puis, pour beaucoup d'autres, plus tard, au fil d'un temps de plus en plus éprouvant, afin de les vilipender. Romain Ducoulombier écrit là quelques pages essentielles qui attestent l'intérêt d'une histoire politique de la Première Guerre mondiale laissée en jachère en dépit des remarquables avancées historiographiques dont ce sujet a bénéficié au cours des dernières décennies.

Le livre de Romain Ducoulombier sera incontournable également sur la gestation du PCF, par la reconstitution minutieuse qu'il livre des débats, controverses, coups de force, chausse-trapes, règlements de comptes, manœuvres des premiers communistes français si divers entre eux, et des émissaires et des dirigeants du Komintern. La relecture du déroulement du congrès de Tours qu'il propose, en particulier autour des fameuses vingt et une conditions d'adhésion à l'Internationale communiste, est à mettre également à son actif. Déterminante est sa démonstration sur la gestation du nouveau parti, réclamé à cor et à cri par les membres du Comité de la IIIe Internationale, qui ont compris l'importance stratégique des organisations dans la politique moderne mais qui découvrent, progressivement, amèrement et à leurs dépens, que les bolcheviques russes et les émissaires de l'Internationale communiste en ont une autre conception, très différente de celle qu'ils avaient envisagée. Promptement, dans un climat extrêmement tendu et instable, s'instaurent l'inféodation à l'URSS et à l'IC, une centralisation poussée à l'extrême, une hiérarchie rigide, un système articulé de commandement, de décision et de vérification à tous les niveaux du parti, un contrôle strict du groupe parlementaire, une mise sous tutelle du syndicat particulièrement choquante pour la France. Et aussi une sociabilité nouvelle, avec, par exemple, le recours à la critique et l'autocritique, la camaraderie dévouée et fraternelle mais aussi soupçonneuse, intransigeante, voire violente (« N'oubliez pas que le plus difficile n'est pas de combattre ses ennemis, mais de s'en prendre à ses amis les plus proches », écrit Boris Souvarine en juin 1923 dans une lettre citée par Romain Ducoulombier), le don de soi ou le culte du parti. Par ailleurs, l'auteur aborde de front, en se fondant sur les archives, un thème généralement tabou dans l'histoire du communisme, celui des effets décisifs sur le combat politique, les cadres et les militants communistes de « la pluie d'argent » qui tombe de Moscou. En d'autres termes, et c'est là encore un apport qui mérite d'être souligné, le parti communiste crée une nouvelle organisation, en rupture avec celle de la « vieille maison » socialiste que Léon Blum et ses amis sont partis défendre, presque immédiatement et en tout cas bien avant la fameuse « bolchevisation » imposée à partir de 1924-1925 par l'Internationale communiste. Celle-ci ne constitue donc pas une coupure irrémédiable comme l'historiographie a généralement tendance à la présenter, mais s'inscrit dans la continuité d'un processus engagé dès les lendemains de Tours qu'elle ne fait qu'accentuer et exacerber.

Romain Ducoulombier est un historien complet et inventif. Son travail systématiquement contextualisé relève d'une mise en intrigue ancrée dans l'épaisseur du réel, en l'occurrence celui du socialisme, avec ses débats et ses confrontations internes avant, durant et après la guerre. Il est aussi nourri de « chair humaine », selon le mot de Marc Bloch, par la multiplication de plongées biographiques et la reconstitution d'itinéraires de personnages connus (à l'instar de Jean Jaurès, Jules Guesde, Albert Thomas, Marcel Sembat, Henri Barbusse, Raymond Lefebvre, Louis-Oscar Frossard, Jean Longuet, Boris Souvarine, etc.) et inconnus, venus au communisme ou au contraire qui lui sont hostiles, que Romain Ducoulombier sort de l'anonymat pour les mettre sous les projecteurs de l'Histoire. Il déploie une histoire conceptuelle du politique, inspirée de François Furet, qui l'amène souvent à formuler des considérations d'ordre général sur le communisme dépassant largement la période étudiée, enrichies par une approche anthropologique qui accorde une importance primordiale aux valeurs, à l'éthique, aux comportements des militants ou au sens qu'ils donnent à leur engagement. Sans oublier de procéder à une étude sociologique aussi précise que possible afin de cerner les multiples propriétés sociales, générationnelles, politiques et culturelles des socialistes et des communistes qu'il étudie et de vérifier si celles-ci expliquent leurs choix, leurs concurrences, leurs divergences et leurs affrontements.

Le livre prête évidemment à discussion, ce qui est la marque de sa qualité. Range-t-il la thèse fondatrice d'Annie Kriegel dans le rayonnage d'une bibliothèque où elle ne serait plus guère consultable ? Rien n'est moins sûr. D'abord parce que Romain Ducoulombier est à l'évidence marqué par son œuvre et n'ignore pas qu'Annie Kriegel elle-même a évolué entre sa thèse et ses ouvrages ultérieurs, où elle a tenté d'élucider les raisons de la vigueur de l'enracinement communiste en France. Ensuite, à la lecture de *Camarades !*, il ressort que le communisme naissant résulte de la conjonction de la guerre, redoutable accélérateur de modernité, de l'action concertée de l'IC, de l'existence d'un humus français, et de la volonté de régénération et d'assurer une relève générationnelle dont font preuve des socialistes. De sorte que, *nolens volens*, l'auteur renoue avec l'idée d'une forme d'accident. Tout comme il propose une nouvelle version de la greffe bolchevique non plus limitée à Tours, mais à laquelle il donne une acception extensive, celle d'un transfert culturel de longue durée passant par divers groupes et personnalités, recourant à plusieurs stratégies et au terme duquel, en effet, le greffon a pris. Enfin, parce que lui aussi reprend des notions propres à Annie Kriegel, telle celle de contre-société. Au chapitre des regrets, il faut noter le contraste entre le recours permanent, au fil des pages, à un vocabulaire directement emprunté à la religion – régénération, ascétisme, sacrifice, inquisition, faute, aveu, etc. – et la trop rapide esquisse en conclusion d'une réflexion sur la dimension de la croyance ou du croire, bref du religieux en politique qui, manifestement, habitait ces premiers communistes ; d'autant que le déclin dès 1921 de leurs effectifs et de leur influence les réduit à ne plus former qu'une petite secte intransigeante, isolée, stigmatisée, en butte à la répression, situation qui, on le sait, pousse soit à la cessation de toute activité, soit, à l'inverse, au renforcement de la foi des adeptes et à un redoublement de leur ferveur. Peut enfin être discuté le refus de l'auteur de qualifier de totalitaire ce premier parti communiste au prétexte qu'il n'aurait pas accédé au pouvoir alors que toute sa recherche démontre que le PCF naissant signe la formation d'un mouvement totalitaire. Celui-ci cristallise certaines tendances politiques et théoriques présentes dans le socialisme français, comme l'antiparlementarisme, la dénonciation de la démocratie bourgeoise et représentative, la détestation du bourgeois, la volonté de rupture radicale avec le capitalisme, la quête de la *tabula rasa*, l'aspiration à unifier le corps politique dans la figure de l'Un. Généralement contrebalancés par l'incontestable composante démocratique des socialistes français et leur assimilation des valeurs républicaines, ces ferments politiques se libèrent complètement avec le communisme et sont même renforcés par l'appartenance au système communiste mondial léniniste puis stalinien. D'autant que celui-ci impose une organisation « bureaucratique autoritaire », selon les propres mots de l'auteur, qui la fait entrer dans la catégorie de société secrète établie au grand jour, formule d'Alexandre Koyré rendue célèbre par Hannah Arendt et citée au demeurant dans le livre, caractéristique par excellence du mouvement totalitaire. Un mouvement qui a évolué dans une démocratie républicaine ; ce qui a constitué le tourment constant du PCF, qui, au final, a été acculturé par cette même démocratie française tout en l'imprégnant d'un certain nombre de ses propres traits.

On le voit, *Camarades !* soulève d'importants thèmes de réflexion historiques, politiques, presque théoriques, et laisse ouverts des domaines de recherche dont on ne doute pas que Romain Ducoulombier aura à cœur de les explorer à l'avenir. Pour le plus grand profit de ses lecteurs.

Marc LAZAR

Introduction

Le Parti communiste français est un astre mort. Ses militants l'ont quitté, ceux qui lui sont restés fidèles ont vieilli ; c'est la manière même d'écrire son histoire qui serait désormais en crise. Jamais pourtant les historiens n'ont disposé d'une masse d'archives aussi considérable, depuis qu'elles ont commencé à s'ouvrir à Moscou, au début des années 1990. Mais l'objet même de leur attention semble se dérober. Ce parti entouré de mystère, investi de la grâce révolutionnaire, avait suscité tant de dévouements personnels qu'il semblait ne pas pouvoir mourir ; ce passé d'exception est pourtant révolu. L'effondrement du parti communiste signe la fin d'une époque, d'un âge prométhéen où l'intelligence occidentale croyait maîtriser le cours d'une destinée manifeste. De sa naissance au début des années 1920 jusqu'à son déclin à la fin du XXe siècle, il est désormais possible d'embrasser son parcours d'un seul regard.

L'histoire du communisme est le fruit des travaux accumulés par des historiens passés pour la plupart par le militantisme révolutionnaire. D'abord écrite par la dissidence communiste des années 1920 que domine Boris Souvarine, elle conquiert son droit de cité universitaire en 1963 avec la soutenance de thèse d'Annie Kriegel[1], ancienne résistante et militante de la fin de la période stalinienne, qui a rompu avec le parti au milieu des années 1950. Il s'agissait alors de comprendre ce passé d'exception et de le confronter à l'expérience directe, intime et parfois douloureuse de la vie dans le parti. Avec l'effondrement du communisme en 1989, dans le sillage de la transformation profonde de nos démocraties depuis les années 1970, cette expérience commune s'est interrompue, et ce savoir s'est perdu. Pourtant, pour la première fois depuis le début du XXe siècle, une génération de jeunes historiens, à la fois naïve et désenchantée, peut penser le communisme sans avoir attendu de lui son salut temporel.

Ses prédécesseurs ont été confrontés à la pénurie des sources, à laquelle les condamnait un monde communiste verrouillé sur lui-même. Afin de comprendre le présent d'une passion encore vivante, ils ont alors mobilisé les ressources d'une grande variété de disciplines. Les jeunes chercheurs qui s'intéressent aujourd'hui au phénomène communiste ont une tâche qui n'est guère plus facile : relater le passé d'un monde révolu dont la chute brutale a enseveli un gigantesque continent d'archives. Malgré l'ampleur des travaux à venir, chacun peut sentir que le communisme forme désormais un système clos de l'imagination politique moderne qu'il est possible d'envisager dans sa totalité[2]. La passion révolutionnaire n'est pas morte, mais le succès passager de partis encore groupusculaires[3] ne saurait masquer le naufrage irrémédiable du messianisme ouvrier né avec Marx et mort avec l'URSS. L'heure est venue de rouvrir, avec l'appui d'une documentation nouvelle, l'histoire des origines d'un phénomène autrefois magnétique, et qui semble avoir tout perdu de sa force d'attraction.

La formation du parti communiste en 1920 est un événement majeur de l'histoire contemporaine de notre pays. Son destin, pourtant, n'est pas inscrit dans son génome : il n'était pas déterminé à devenir le grand parti ouvrier stalinien du Front populaire et de la Libération. Jusque dans les années 1930, en effet, son influence n'a cessé de reculer. Mais il faut reconnaître que c'est sa puissance à venir qui aimante l'intérêt pour le passé de ses origines. L'histoire communiste officielle ne s'y est pas trompée : la faiblesse du parti dans les années 1920, dans un pays pourtant doté d'une riche tradition révolutionnaire, était justifiée rétrospectivement par la trahison et la duplicité de ses chefs. Il faut attendre les années 1960 pour qu'Annie Kriegel rompe le carcan de cette hagiographie : à ses yeux, la naissance de la Section française de l'Internationale communiste (SFIC) est un « accident » et non un événement nécessaire dans une histoire écrite d'avance.

Cette thèse de la naissance « accidentelle », même si elle est paradoxale, est loin d'être dépourvue de force. À une époque où la recherche historique était obsédée par la « longue durée », Annie Kriegel restaurait la possibilité d'une histoire politique aux pulsations plus rapides que l'histoire économique et sociale dont son directeur de thèse, Ernest Labrousse, d'ailleurs membre du parti de 1921 à 1925, était l'un des plus éminents représentants. C'est l'« événement » du congrès de Tours et du vote majoritaire de scission, obtenu à la fin de décembre 1920, qui devenait alors objet d'histoire. De cet accent mis sur la politique du temps court découlait une hypothèse qui, au milieu des années 1960, possédait non seulement une valeur scientifique, mais constituait aussi une véritable provocation politique à l'encontre de l'histoire officielle communiste : selon Annie Kriegel, en effet, le parti communiste aurait pu ne pas naître ; toutes les traditions révolutionnaires françaises n'y menaient pas nécessairement. Ce n'est qu'à la faveur de circonstances étroitement déterminées par le contexte dramatique de la sortie de la Première Guerre mondiale qu'un soir de décembre 1920, un vote de majorité, obtenu lors d'un congrès confus délibérément tenu loin de Paris, devait rompre l'unité socialiste et donner naissance à un nouveau parti immédiatement confronté à de grandes difficultés pour exister. Dans cette confusion, le bolchevisme, une doctrine étrangère aux traditions socialistes et syndicales françaises, parvint à se « greffer » sur elles pour engendrer une tradition inédite et singulière : le communisme. Sa rupture avec le socialisme d'avant guerre, réputé réformiste, était radicale : 1920 devenait ainsi l'année zéro du communisme français. Son histoire se constituait du même coup en un champ disciplinaire autonome, auquel de jeunes historiens purent désormais se consacrer exclusivement. C'est pourquoi l'influence d'Annie Kriegel sur l'historiographie du communisme demeure encore très profonde.

L'hypothèse « accidentaliste » n'est pas exempte de critiques, qui ont parfois été formulées dès le milieu des années 1960 par des historiens français ou étrangers du mouvement ouvrier, comme Jacques Julliard ou Tony Judt[4]. Pour comprendre la puissance à venir du communisme français, l'hypothèse kriegélienne leur paraissait insuffisante ; à leurs yeux, le mouvement ouvrier français était riche de traditions révolutionnaires dont la vigueur semblait préfigurer le succès de l'enracinement communiste. La question des matrices intellectuelles et culturelles du communisme français semblait donc toujours ouverte ; à vrai dire, elle l'est restée pour l'essentiel. Par la suite, les historiens se sont détournés du premier communisme français pour se pencher sur la période stalinienne. Ils n'ont pas cru nécessaire de remettre le travail du maître sur l'établi. C'est pourtant par sa force même que la thèse d'Annie Kriegel est paradoxale, car l'idée qu'un événement, si considérable soit-il, comporte une part de contingence dans sa survenue est une vérité constitutive du métier d'historien. Si celui-ci recourt à la catégorie de l'accident, c'est pour marquer non pas le succès, mais la limite de l'intelligence du passé par la causalité. Qu'une thèse aussi ample, à l'influence si durable et si profonde, affirme en conclusion ce qui semble être la plus élémentaire des prémices, suggère en fait combien le parti communiste s'était ancré, au début des années 1960, dans la réalité française. Pour desserrer l'emprise intellectuelle du parti sur son propre passé, il a fallu qu'une historienne lui invente une immaculée conception. On conçoit dès lors aisément pourquoi il n'est plus désormais possible, avec un demi-siècle de recul, de s'en tenir là.

Le communisme, en réalité, est sorti de la profonde crise de conscience du socialisme français déclenchée par l'éclatement inattendu de la Première Guerre mondiale. Le parti socialiste, qui s'est constitué sous le nom de Section française de l'Internationale ouvrière (SFIO) en 1905, est pris au dépourvu par une guerre qu'il a sans doute vue venir, mais qu'il n'est pas parvenu à empêcher. Lorsqu'un gouvernement d'union nationale se constitue pour résister à l'invasion allemande, un petit groupe de socialistes prestigieux y entre, avec le mandat du parti. Le ralliement alors presque unanime à cette « Union sacrée » est pourtant obtenu non seulement dans la confusion des journées dramatiques de la fin juillet 1914, mais aussi en contravention avec les principes antiministérialistes et pacifistes proclamés bien haut avant guerre par le parti et l'Internationale socialistes.

S'il faut en effet trouver un accident à l'origine du communisme français, c'est à l'été 1914 qu'il se situe. L'assassinat de Jaurès par un nationaliste exalté le 31 juillet devait rétrospectivement donner le sentiment d'une rupture profonde, d'un changement d'époque radical. Face à l'onde de choc de la Grande Guerre, les dirigeants socialistes se montrent incapables de stabiliser durablement une situation politique volatile et d'élaborer une synthèse doctrinale nouvelle qui permettrait à la fois de sauvegarder leurs traditions et d'accueillir une jeunesse militante entrée en révolte pendant la guerre. Aussi cette crise est-elle le fait majeur autour duquel s'ordonne l'histoire de la naissance du communisme ; et c'est dans la guerre qu'elle puise ses origines. Elle est d'ailleurs de dimension européenne : si elle se décline sur des modes bien différents selon chaque pays, elle n'en ébranle pas moins les fondations de la IIe Internationale, qui regroupait depuis la fin des années 1880 l'ensemble des partis socialistes. Cette crise profonde doit être comprise dans sa triple dimension : crise des structures du parti vidé par la mobilisation des hommes et les pertes subies au front ; crise de ses personnels, dont la légitimité est lentement érodée par la solidarité contrainte ou volontaire avec l'effort de guerre ; crise de sa vocation révolutionnaire enfin, ajournée à l'été 1914 au profit de la défense nationale, mais nourrie sourdement par le rejet du conflit.

L'histoire de la naissance du communisme est en effet indissociable de celle de la minorité de guerre, c'est-à-dire de l'ensemble des militants socialistes et syndicalistes français qui ont, à un moment ou à un autre, manifesté une forme politisée de refus de la guerre. Cette minorité, très bigarrée, ne prend vraiment conscience d'elle-même qu'à partir du début de 1915. C'est dans ce milieu militant, aux frontières indistinctes, sans véritable chef, mais mené par un petit état-major d'hommes nouveaux propulsés au premier rang ou révélés par la guerre, que s'est affirmée progressivement la volonté commune de refonder le socialisme, de le rendre à sa vocation révolutionnaire, d'en réinventer les pratiques et les principes. C'est de cette volonté de *régénérer le socialisme* qu'est sorti le communisme français. Reste cependant à concevoir un projet concret et une méthode politique qui permettent d'y parvenir. Là commencent les difficultés. Comment rendre au parti son identité socialiste, sans rompre son unité ? Comment succéder à Jaurès ? Dès la fin de 1917, le bolchevisme de Lénine, parvenu au pouvoir en Russie, y prétend. Considéré d'abord avec méfiance, voire avec hostilité, le « bloc » doctrinal bolchevique, ainsi que le désignait Léon Blum avec une grande perspicacité, est parvenu progressivement à s'imposer à l'imagination d'une majorité de jeunes militants français qui votent à Tours en décembre 1920 l'adhésion à la IIIe Internationale, fondée par Lénine à Moscou en mars 1919.

Le bolchevisme n'a jamais été perçu d'une manière pure et parfaite, ni sous la forme d'une doctrine livresque ; il est au contraire indissociablement constitué des espoirs et des contresens, parfois surprenants, qu'une génération de militants a associés à ses principes et à ses réalisations supposées. Comprendre la manière dont le bolchevisme s'est imposé en France comme doctrine d'organisation politique est un problème majeur de méthodologie historique. En fait, ce n'est pas à une greffe ponctuelle, mais à un transfert graduel que nous avons affaire. Prennent ainsi sens les désillusions et les effets non désirés d'une aspiration diffuse, très diversement envisagée par les acteurs du moment. C'est de ces derniers qu'il faut partir pour reconstituer le processus à l'œuvre dans la naissance du communisme en France. L'hypothèse de la régénération permet à la fois de comprendre pourquoi chaque militant a pu, devant la guerre et ses conséquences, chercher dans le bolchevisme la réponse à ses propres interrogations, mais aussi pourquoi cette recherche, lorsqu'elle est devenue collective, a pu aboutir à des résultats contraires aux espoirs que chacun avait pu concevoir. Dès lors qu'il quitte la Russie de Lénine, le bolchevisme subit une série de déformations successives qui en altèrent le sens, au fil des interprétations plus ou moins erronées dont il est l'objet. Il est évident, en effet, que le parti communiste tel qu'il existe en 1925 n'est plus conforme à l'image qu'en avaient conçue les jeunes hommes qui le fondent en décembre 1920.

Pour cette jeunesse, le bolchevisme représente un nouvel idéal du servir appelé à remplacer les doctrines du mouvement ouvrier français d'avant guerre jugées obsolètes. Il repose sur une éthique ascétique et sacrificielle qui exige le don de soi. Le révolutionnaire n'est qu'en tant qu'il se dépouille de ce qu'il a[5] : cette maxime est au cœur de la fascination du militantisme communiste, qui se prolonge bien au-delà des années 1920, et c'est cette génération toute disposée à se donner qui l'adopte alors. Le militant est grand par la qualité de ses œuvres autant que par l'intensité de sa souffrance. La révolution n'est pas seulement un but, elle est un mode de vie. Cet idéal du service, cependant, ne dépend ni d'une morale ni d'une utopie socialiste personnelles : c'est au service du parti, dont l'intérêt tient lieu de morale, que se met le militant.

C'est pourquoi d'ailleurs cette jeune relève, fascinée par la nouveauté du bolchevisme, est aussi une héritière. Elle tente de réaliser, en 1920, les fantasmes d'un socialisme ouvrier, révolutionnaire et internationaliste que ses pères ont nourris avant elle.

Car le communisme, mais aussi le socialisme et le syndicalisme d'avant guerre, appartiennent à une même époque historique, commencée au sortir de la Commune, dans les années 1870 : l'ère des organisations. L'apparition en France du parti et du syndicat, formes nouvelles d'organisation politique bureaucratique, génère à la fois des pratiques inédites et des débats intellectuels de vaste ampleur. Dès avant la guerre, le mouvement ouvrier français s'est efforcé d'inventer des modes originaux de recrutement de ses élites pour les conformer à sa vocation révolutionnaire et prolétarienne. Pour résoudre la crise de l'identité socialiste, la jeunesse révolutionnaire française a été attirée après 1918 par une méthode d'organisation partisane qui, à l'instar de celles qui l'avaient précédée, permettait à la fois de maintenir la dévotion révolutionnaire des militants et de promouvoir une nouvelle élite d'origine ouvrière – de fournir, selon l'expression de Marcel Sembat, une « algèbre machinale » aux « méprisés des cultures officielles[6] ». La forme qu'adopte l'organisation communiste est nouvelle, et va lui assurer un immense succès ; mais sa fonction politique est identique.

Le guesdisme et le syndicalisme révolutionnaire français d'avant guerre sont donc, comme le communisme, des modalités originales, des réponses politiques spécifiques à une même exigence, celle de l'organisation révolutionnaire de la classe ouvrière conçue comme classe élue de l'Histoire. Il n'est pas possible de saisir les raisons pour lesquelles toute une jeunesse a été fascinée par le modèle bolchevique sans recomposer les héritages et les filiations dans lesquels elle s'inscrit. Par-delà la césure de la Première Guerre mondiale, il existe en effet une parenté, une solidarité historique profonde entre ces groupes et ces partis à vocation « prolétarienne », malgré leurs différences et même parfois leur hostilité réciproque. L'exploration de cette parenté permet de comprendre ce qui, dans le bolchevisme, a séduit cette première génération de militants, au point de la pousser à rompre l'unité de ses organisations et à bâtir volontairement, avec l'aide morale et financière de l'Internationale communiste, un « type nouveau » de parti.

Traversée d'une immense tension eschatologique, d'un besoin ascétique de sacrifice de soi et de dévouement à un idéal à la mesure de la catastrophe de la guerre, cette jeunesse est au cœur de notre livre. Ce sont ses attentes, ses divisions et ses échecs qu'il faut saisir, parce que c'est elle qui élit le bolchevisme comme la doctrine d'avenir du socialisme. La naissance du parti communiste en France est le fruit d'une opération de relève politique réussie, menée par une génération de jeunes hommes qui ont cru que la guerre et la révolution leur avaient forgé une âme nouvelle. Adopté d'enthousiasme, leur bolchevisme s'est pour l'essentiel abîmé dans les déconvenues du début des années 1920. Ils n'en ont pas moins aspiré à importer en France une doctrine et des pratiques qui servaient à la fois leur besoin viscéral de servir et leur ambition de parvenir, inhérente à toute relève. Cette dialectique du servir et du parvenir, caractéristique des organisations ouvriéristes et révolutionnaires modernes et théorisée dès avant 1914 par le sociologue Robert Michels, est une dynamique essentielle de l'histoire du communisme que les années 1920 lui ont léguée.

Ce qu'est vraiment le bolchevisme, par contre, cette génération le découvre rapidement, dès les lendemains du congrès de Tours. L'illusion qu'il sera possible d'accommoder les conditions d'adhésion à la IIIe Internationale avec la réalité française est alors générale. Le désenchantement sera brutal, car le bolchevisme de Moscou n'est pas encore celui que l'on imagine et que l'on défend à Paris : il forme bien un « bloc » doctrinal, nourri par une tradition tout à fait particulière de la social-démocratie européenne renouvelée par une pratique violente de l'exercice du pouvoir. Mais c'est aussi une idéologie défendue et incarnée par un État doté de moyens, en hommes et en argent, considérables, sans commune mesure avec les maigres ressources du parti socialiste d'avant guerre. S'enclenche dès 1921 une machine à contrôler, à conformer et à exclure qui fonctionne de manière certes chaotique, mais qui parvient, en l'espace de quelques années, à bouleverser de fond en comble ce qui demeurait de traditions socialistes dans le nouveau parti. Prise dans cet engrenage, l'unité fragile de cette génération éclate et se dissout dans les querelles doctrinales et personnelles, les exclusions et les démissions. En 1925, elle s'est éparpillée ; mais le parti qu'elle a créé, lui, demeure, et pour longtemps.

Ce nouvel essai d'interprétation des origines du communisme en France ne vise pas simplement à substituer une hypothèse à une autre. Il repose, pour étayer scientifiquement son propos, sur une documentation considérable désormais accessible. La thèse d'Annie Kriegel s'était appuyée sur de très riches fonds d'archives de police alors déclassifiés, bien connus désormais des historiens du socialisme. Ce premier ensemble est aujourd'hui complété par les nombreux fonds de police du Centre des archives contemporaines de Fontainebleau, rapatriés de Moscou après avoir transité par l'Allemagne pendant la Seconde Guerre mondiale. Il faut y ajouter deux blocs d'archives distincts : de larges fonds privés d'origine socialiste, qui renouvellent en profondeur la connaissance de la minorité de guerre, mais aussi de nombreuses archives de Moscou, qui nous renseignent sur le travail d'influence des bolcheviks avant la scission et sur la vie intérieure du parti après sa fondation. Ensemble, ces documents permettent d'apprécier plus justement les effectifs, les ressources et l'implantation de la minorité de guerre et des groupes prosélytes en pointe du combat pour l'adhésion au bolchevisme au sein du parti socialiste. Une sociologie historique de la relève communiste devient désormais possible. Ces sources nouvelles permettent ensuite de restituer, dans sa diversité, l'état d'esprit d'une jeunesse livrée à l'activisme politique par la Première Guerre mondiale. Elles dissipent enfin les dernières légendes qui entouraient encore l'événement mythique du congrès de Tours. Son histoire peut désormais être écrite dans une lumière tout à fait nouvelle. Cet îlot de mémoire commun aux socialistes et aux communistes conserve, il est vrai, sa part de mystère. Il est toujours nimbé de l'aura d'une rupture évidente et brutale qui se préparait pourtant de longue main et dont l'impact est à retardement. Mais l'avancée de la connaissance archivistique a encore réduit les zones d'incertitude. Reste donc à lui rendre son sens, au-delà des usages mémoriels, et avant qu'il ait tout à fait perdu son ancienne force de fascination.

PREMIÈRE PARTIE

LA CRISE DE CONSCIENCE
DU SOCIALISME FRANÇAIS

1

Le parti de Jaurès

À la veille de la guerre, la France socialiste possède une véritable consistance. Lentement formée depuis le dernier tiers du XIXe siècle par le vote, la grève, la lecture de la presse partisane, l'affiliation politique, syndicale, voire maçonnique, elle est devenue une force de premier plan depuis que les élections de mai 1914 ont porté plus d'une centaine de ses représentants à la Chambre. Cette France socialiste n'est plus émiettée, mais regroupée autour d'organisations solides, dotées d'un personnel politique désormais investi de larges responsabilités devant le pays. Avec 72 000 militants et près d'un million et demi d'électeurs en 1914, ce n'est pas une petite contre-société révolutionnaire, mais une large entité poreuse et mouvante. Malgré la diversité de ses terroirs et de ses traditions, elle s'est dotée d'une identité distincte par un effort grandissant de propagande et par l'adhésion à un ensemble de valeurs et de convictions partagées[1]. L'unité socialiste, finalement réalisée dans la Section française de l'Internationale ouvrière (SFIO) en 1905, a joué un grand rôle dans la formation de cette culture politique. Et même si la CGT préserve tant bien que mal son autonomie, inspirée en cela par la doctrine syndicaliste révolutionnaire et sa charte d'Amiens adoptée en 1906, il existe bien une communauté de valeurs aimantée par un idéal collectiviste et prolétarien.

La lutte contre la guerre et la dénonciation de l'impérialisme économique et colonial de la France constituent des dimensions importantes de cette culture. Tant dans la IIe Internationale qu'au Secrétariat syndical international (SSI), les organisations françaises ont largement contribué au débat sur la guerre qui vient. Le pacifisme et l'antimilitarisme appartiennent à leur univers de référence. Mais l'unanimité de la critique de l'armée et de la caserne cède devant les divergences parfois violentes qui divisent les socialistes lorsqu'il s'agit de déterminer les moyens de cette lutte. Cette propagande bruyante, « écrite par des gens qui n'osent pas tout dire, et lue par des gens qui n'osent pas tout s'avouer[2] », dissimule en effet un grand nombre de difficultés à la fois politiques et pratiques qui se révèlent à mesure que le débat s'approfondit. La stratégie qu'il convient d'adopter lors de la mobilisation dépend de la nature du conflit, offensif ou défensif, dans lequel le pays est engagé. Bien vite, les discours socialistes contre la guerre sont contraints d'affronter l'épineuse question de sa légitimité – de ce que le droit international appelle le *jus ad bellum*. De proche en proche, c'est l'attitude générale du mouvement ouvrier français à l'égard de la patrie, de la révolution, mais aussi de la forme républicaine de gouvernement qui se trouve remise en question.

Si ces controverses doctrinales semblent s'apaiser à la veille du conflit, ce n'est pas parce qu'elles ont trouvé une solution, mais parce que le parti socialiste s'est doté d'un chef. Sans doute Jaurès n'a-t-il jamais revendiqué pour lui-même ce titre, mais ses ennemis comme ses amis le lui reconnaissent après le congrès de Toulouse en 1908, où l'orateur a donné la preuve de son évidente supériorité. C'est sous sa conduite, en 1914, que la SFIO affronte le choc de la guerre, jusqu'à son assassinat le 31 juillet par Raoul Villain, un nationaliste exalté. Cette mort brutale est une catastrophe : elle a ouvert, pour ne jamais la refermer, la controverse sans fin autour de l'attitude socialiste face à la guerre. Tout y est piégé : il est impossible, avec la connaissance horrifiée que nous avons acquise de la Première Guerre mondiale, de ne pas espérer en une autre histoire du xxe siècle. La mort a empêché Jaurès de pousser dans ses derniers résultats la stratégie d'ensemble qu'il avait méditée pour conjurer la menace d'un conflit. Quelques heures seulement après l'événement, dans la nuit du 31 juillet au 1er août, l'histoire du mouvement ouvrier français bascule. Pour sa légende, Jaurès ne pouvait trouver meilleur moment pour mourir ; pour sa politique, aucune heure ne pouvait être pire.

Il reste donc à l'historien à restituer d'abord la teneur de cette stratégie qu'ont élaborée Jaurès et l'état-major socialiste. Cet effort, dont Annie Kriegel avait souligné la nécessité dans un article magistral[3], permet en partie de comprendre l'attitude socialiste dans la première semaine d'août 1914. Le fait est, cependant, que sans Jaurès, ou malgré lui, le mouvement ouvrier s'est soumis à l'ordre de mobilisation du 1er août pour se porter à la frontière et y vaincre le « militarisme allemand ». Par cet acte collectif, le socialisme français s'est engagé à défendre la République : le choix de 1914 est un choix républicain. Ceux qui l'ont fait – leurs chefs, du moins – savaient, en conscience, qu'il n'était pas intégralement socialiste. Cette béance devait provoquer une profonde crise de l'identité du parti de Jaurès qui aboutit, six ans plus tard, à sa division et à la naissance du communisme en France.

Cette crise n'éclate pas brusquement en 1914, bien que les choix de 1914 la déterminent. Elle s'immisce progressivement dans la conscience socialiste, au gré du développement de la minorité pacifiste au sein du parti. C'est ce cheminement qu'il faut recomposer pour comprendre la nature de ce choc sans précédent et sans équivalent dans l'histoire socialiste au xxe siècle. Son déroulement n'obéit aucunement à un mécanisme simple. Par l'ampleur de ses conséquences, la Grande Guerre défie l'intelligence historique : le conflit revêt une dimension et une violence telles que les causes qui le motivent semblent dérisoires devant l'enchaînement des catastrophes qu'il provoque[4]. C'est pourquoi les Européens n'ont pas d'abord cherché les causes, mais plutôt les coupables de cette guerre interminable et meurtrière. Elle ouvre par là une nouvelle carrière à la hantise de la trahison et au besoin d'épuration. Le mouvement socialiste international n'y a pas échappé : c'est la raison pour laquelle il s'est divisé.

La guerre juste des socialistes

Le désarroi de la CGT

Les partis socialistes regroupés dans la IIe Internationale ont attaché leur nom à la « lutte contre la guerre ». Cette lutte est empreinte d'une évidente radicalité, au moins rhétorique, dont l'écart avec les actes réels de refus devait cruellement apparaître en 1914. La guerre provoque une fracture dans l'idéal, en deçà de laquelle le sens du passé socialiste n'est plus clair, au-delà de laquelle l'avenir socialiste se recompose. Les historiens eux-mêmes ont écrit cette histoire avec, à l'esprit, la conviction ou le sentiment de la faillite politique et morale du socialisme de la Belle Époque. La désillusion d'août 1914 est ainsi devenue un fait en soi, une donnée morale fondamentale de l'histoire, de la mémoire et de l'historiographie de la gauche au XXe siècle.

Il est vain d'espérer échapper tout à fait à cette interprétation plausible et commode du moment 1914. Les socialistes d'alors méritent pourtant qu'on leur accorde la présomption d'innocence pour deux raisons essentielles. Ils sont tout d'abord inégaux devant la guerre. Sans l'avoir accueillie avec enthousiasme, ils l'affrontent avec des convictions et sur des modes différents. L'état-major socialiste, sous la direction de Jaurès, s'y est préparé ; celui de la CGT, lui, s'y est résigné. Le ralliement à la défense nationale n'est pas un accident. Ensuite, les socialistes ne savent pas la guerre qu'ils vont faire, au soir du 1er août, une fois la mobilisation décrétée. Ils n'aiment pas la guerre en soi, et considèrent unanimement l'armée et la caserne comme des institutions de contrainte. S'ils peuvent penser que la gloire est une chimère, que la patrie est une prison et la République une marâtre, ils ne sont disposés, dans leur écrasante majorité, ni au matricide, ni au sabotage de la mobilisation, ni à l'insoumission antipatriotique. La République est le nœud gordien que les socialistes n'ont pas tranché. Certes, les théories et les slogans de désobéissance militaire et civile élaborés dans les deux décennies qui précèdent la guerre sont vaincus par les faits. Mais, tombés des mains de la SFIO en 1914, ils sont ramassés et rénovés par les communistes après 1920.

Dans l'Europe d'avant guerre, les Français se sont placés en pointe du combat pacifiste. Au sein du mouvement socialiste international, le rapport des forces peut leur sembler défavorable, du fait de l'écrasante domination numérique et financière de la social-démocratie allemande. En cas de conflit, l'attitude de cette dernière est en effet un enjeu essentiel de toute stratégie pacifiste. Le caractère simultané et concerté d'une éventuelle action internationale est nécessaire pour espérer contraindre les gouvernements à la négociation et à l'abandon de leurs projets belliqueux. Il s'est donc agi, pour les Français, d'amener leurs homologues allemands sur des positions fermes par l'intermédiaire des instances internationales représentatives dans lesquelles tous sont réunis.

Or, en cette matière, les chefs de file du mouvement ouvrier français sont sceptiques. La CGT maintient jusqu'à la guerre une ligne d'action révolutionnaire, ce qui la rend exceptionnelle parmi les grandes centrales syndicales européennes aux côtés desquelles elle siège, malgré quelques éclipses, dans le Secrétariat syndical international (SSI). Mais cette singularité a un prix. La CGT inspire, par son exemple et sa doctrine, certaines organisations syndicales minoritaires qui contestent la ligne de leurs homologues majoritaires inscrites au SSI. Elle a pourtant refusé de participer au congrès syndical international de Londres en septembre 1913 où ces mouvements se sont rassemblés[5]. La CGT, organisation syndicale majoritaire dans la classe ouvrière française, adopte ainsi des positions radicales qui la maintiennent en minorité dans les instances syndicales internationales. La tension entre ses responsabilités et ses aspirations, aggravée par une crise interne au début des années 1910, explique ces incohérences qui condamnent à l'attentisme la seule véritable grande force antimilitariste de gauche à la veille du conflit.

L'existence d'un très solide préjugé antiallemand parmi les leaders syndicalistes contribue à cette situation. Sous l'impulsion de Victor Griffuehles, son secrétaire général de 1901 à 1909, la CGT a tenté d'imposer au Secrétariat syndical international ses mots d'ordre antimilitaristes, mais son insuccès l'a condamnée à pratiquer sans profit la politique de la chaise vide. Pour Griffuehles, toute action de la social-démocratie allemande est compromise par la bureaucratisation de ses personnels et par son intégration à l'État social impérial. Les Allemands, écrit-il en octobre 1905, « n'osent pas s'engager à fond dans la lutte quotidienne, parce qu'ils craignent (autant que le gouvernement allemand) de compromettre leur propre organisation et leurs puissantes mutualités[6] ». Le « mauvais souvenir » de sa visite à Berlin en janvier 1906[7] ancre plus encore cette défiance. La tactique syndicaliste révolutionnaire française devait permettre, selon lui, de contrecarrer cette intégration et de conserver à la classe ouvrière sa dignité et son autonomie malgré sa subordination économique et sociale[8]. C'est pourquoi la CGT s'est opposée fermement à la loi sur les retraites ouvrières et paysannes (ROP) en 1910, assimilant les prélèvements assurantiels à une baisse des salaires. Elle a refusé de se compromettre avec une République bourgeoise certes bien peu sociale, mais qui possède l'immense avantage sur l'État autoritaire allemand de lier ce qu'elle concède à l'exercice du droit de suffrage.

Que faire dès lors face à la guerre qui vient, si rien ne peut être tenté avec le seul allié que l'on puisse trouver chez l'adversaire probable ? De l'agitation antimilitariste, sans doute, mais débarrassée de la « violence superflue[9] » des slogans insurrectionnels des champions de l'antipatriotisme regroupés en particulier autour du journal *La Guerre sociale* du socialiste Gustave Hervé. Pas question, en effet, de prendre les armes contre la guerre : l'insurrection n'est pas à l'ordre du jour, même s'il faut reconnaître qu'elle constitue une réponse improbable mais logique à la guerre. La grève générale demeure le recours ultime contre sa menace. Ce mot d'ordre, pourtant, a perdu de sa charge magnétique après l'échec relatif mais révélateur de la tentative de grève générale du 16 décembre 1912*, considérée rétrospectivement comme une sinistre répétition de l'échec de 1914. Victor Pengam, à Brest, câble ainsi à *La Bataille syndicaliste* « À bas la guerre quand même », lorsqu'il devient clair que la grève a échoué dans le grand port[10]. La CGT, sous la houlette de Griffuehles, ne possède donc aucune stratégie cohérente face à un éventuel conflit. Son antimilitarisme, quoique fervent, l'isole dans les instances syndicales internationales. En France même, il ne remplit finalement qu'une fonction, sans doute efficace mais limitée, de mobilisation militante et de cohésion idéologique. À l'inverse, son ouvriérisme sourcilleux lui interdit de se déclarer ouvertement pour la défense de la République « bourgeoise », sinon dans un moment dramatique, propice aux doutes et aux critiques. La CGT, pourtant si soucieuse de son autonomie, s'est ainsi condamnée à n'être, dans le combat pour la paix, qu'une force supplétive du parti socialiste doté, grâce à Jaurès, d'une stratégie cohérente face à la guerre.

---

* Décidée au congrès confédéral de Paris, les 24 et 25 novembre 1912, dominée par la question de « l'organisation d'une résistance à la guerre », elle ne parvient à rassembler, selon les services de police, que 30 000 chômeurs à Paris et 50 000 en province. Sans être un échec total, puisqu'elle atteint tout de même ces effectifs non négligeables dans des circonstances politiques difficiles, elle n'est certainement pas « générale ».

Il est donc revenu à Léon Jouhaux, qui succède à Griffuehles en mai 1909 après un bref intermède, d'entériner cette soumission inéluctable, dès lors qu'est écarté le recours à l'insurrection et à la grève des « crosses en l'air » face à la mobilisation. Le ralliement de la CGT à la défense nationale, manifesté par le célèbre discours de Jouhaux sur la tombe de Jaurès le 4 août 1914, ne doit donc pas être interprété comme un événement circonstanciel, qui trouverait sa seule cause dans le contexte qui précède immédiatement la guerre. Jouhaux, certes, a très habilement plaidé pour l'interprétation par les circonstances, afin de se défendre des accusations lancées contre lui par la minorité pacifiste de la CGT pendant la guerre*. C'est lui, pourtant, qui a ramené la Confédération à la table du Secrétariat syndical international, lui encore qui s'est inquiété, dans un style très jaurésien, de l'action néfaste des « forces mauvaises » du capitalisme et de l'impérialisme en Europe[11]. Depuis 1912, il plaide contre les anarchistes au sein de la CGT pour l'organisation d'un syndicalisme réaliste de masse. Sans doute n'est-il ni capable ni désireux de tirer toutes les conséquences de ce nouveau réalisme sur la ligne officiellement révolutionnaire de la confédération. Mais les circonstances œuvrent en sa faveur, au prix de très fortes tensions au sein des plus grandes fédérations syndicales, dans les Métaux ou le Bâtiment, en état de scission à la veille de la guerre.

Lorsque Jouhaux concède que Jaurès a fourni au mouvement ouvrier sa « doctrine vivante » – paroles qui ne figurent que dans la version de son discours publiée par *La Bataille syndicaliste*, organe officiel de la centrale syn-

---

* Voilà par exemple ce qu'il répond à Alphonse Merrheim en juillet 1918 : « Il y a à certains moments, dans la vie d'un homme, des pensées qui lui semblent étrangères et qui, cependant, sont le rassemblement des traditions qu'il porte en lui et que les circonstances lui font évoquer avec plus ou moins de force ». Cité in Jean-Jacques Becker et Annie Kriegel, *1914. La Guerre et le Mouvement ouvrier français*, Paris, Armand Colin, 1964, p. 137-138.

dicale, le 5 août 1914* –, il reconnaît implicitement que la CGT s'est trouvée dépourvue d'une véritable stratégie, dès lors qu'elle a refusé toute main tendue aux syndicalistes allemands et repoussé la tactique insurrectionnelle. Cette carence, il est vrai, ne s'est révélée qu'à la faveur des circonstances des dernières semaines de juillet 1914. Mais elle seule peut expliquer l'attitude à la fois tâtonnante et intégralement jaurésienne de la centrale syndicale française dans les jours qui précèdent la guerre[12].

Jaurès devant la guerre

Dès lors que la menace d'une guerre générale européenne s'est précisée en 1904-1905, Jaurès n'a cessé de méditer une stratégie pour parer à toutes les éventualités d'une situation de conflit avec l'Allemagne. Le leader socialiste entend se donner les moyens de penser et d'agir face à une éventuelle crise du fragile équilibre international, perturbé depuis que la France est sortie de son isolement diplomatique par l'alliance avec la Russie tsariste en 1892. Il élabore donc, avec une constance et une rigueur remarquables, une doctrine d'action qui détermine les conditions dans lesquelles une participation des socialistes à l'effort de défense nationale est acceptable.

La seule guerre que les socialistes puissent envisager est une guerre défensive de sauvegarde de la République, hors de laquelle le socialisme ne saurait concevoir aucun avenir. Toute action contre la guerre doit être concertée et simultanée. La confiance dans la social-démocratie allemande, ou du moins l'expression publique de cette confiance, est une condition nécessaire à la cohérence de

---

* Il est nécessaire de confronter les versions du discours de Jouhaux, qui ne diffèrent pas seulement du fait des pratiques de retranscription et de publication des discours dans la presse socialiste avant 1914. La place manque ici pour montrer que l'article paru dans *L'Humanité* le 5 août accentue, dans un sens patriotique, les déclarations anti-impérialistes et les promesses d'engagement personnel de Jouhaux.

la parade jaurésienne. Celle-ci tente de concilier plusieurs éléments : les engagements socialistes de lutte contre la guerre, consignés dans les résolutions des congrès internationaux à Stuttgart (août 1907), Copenhague (septembre 1910) et Bâle (novembre 1912)[13], l'impératif moral d'un pacifisme humaniste que Jaurès a élaboré au fil d'une longue discussion intérieure avec le christianisme et le tolstoïsme, mais aussi le patriotisme républicain d'une classe ouvrière dont les organisations représentatives ont crû en force, donc en responsabilité. Cette stratégie, par la multiplicité des issues de secours qu'elle conserve au parti socialiste, est un modèle du genre.

La publication de *L'Armée nouvelle* en 1911 est une pierre essentielle dans l'élaboration de cette doctrine[14]. Si Jaurès reconnaît la nécessité d'une défense nationale, c'est pour la doter de formes originales où le principe d'une armée permanente, qui nourrit la course aux armements capitaliste, se dissout dans l'idéal d'une nation de milices populaires. La suppression de la guerre en demeure l'horizon, puisqu'elle doit en tarir la source, satisfaisant ainsi à la téléologie comme à la sensibilité socialistes. À aucun moment, cependant, Jaurès ne nie les vertus du sentiment patriotique. « Nous ne voulons pas sacrifier l'indépendance, l'intégrité, la fierté de notre pays [mais] chasser le spectre des grands meurtres », déclare-t-il à Rochefort, le 5 juillet 1914[15].

La stratégie jaurésienne puise son inspiration profonde dans la référence matricielle à la Révolution française. Jaurès recourt en effet à l'idée du « droit à l'insurrection » pour définir des conditions très restrictives à l'acceptation éventuelle de la guerre par le prolétariat socialiste organisé[16]. Par la distinction entre gouvernement et patrie qu'autorise le recours à cette notion, Jaurès peut attribuer au prolétariat un devoir patriotique et un pouvoir de pression sur le gouvernement. Le prolétariat est la vraie force nationale, dont le devoir est de contraindre tout « gouvernement criminel » à renoncer à ses desseins belliqueux au nom de la République et de l'humanité. Aussi, lorsqu'en juillet 1914 Jaurès reconnaît au gouvernement français sa « volonté de paix », il se déclare par là disposé à négocier le soutien socialiste à une guerre nationale strictement défensive, mais dans le cas seulement où échouerait l'arbitrage international, poursuivi même après le déclenchement des hostilités. La menace maintenue de la grève générale, consacrée par la motion Keir-Hardie-Vaillant votée par Jaurès au congrès international de Copenhague en septembre 1910 et réaffirmée au congrès socialiste de Paris en juillet 1914, et la perspective d'une conférence socialiste internationale prévue le 9 août 1914[17] devaient lui servir de moyens de pression ; la participation socialiste à la défense nationale, de monnaie d'échange.

Les Allemands trahiront-ils ?

Sans être enfermée dans des formules rigides, la stratégie jaurésienne suscite cependant réserves et critiques, qui, pour être moins connues, ne sont pas moins influentes dans le choix de 1914. Peut-on faire confiance à la social-démocratie allemande ? Faut-il entrer au gouvernement si la guerre éclate malgré tout ? Les socialistes doivent-ils se rallier à la République en danger et en reconnaître la puissance tutélaire ? Dans l'esprit de la plupart des socialistes, comme l'affirmait Édouard Vaillant en 1889, « la paix est une condition indispensable pour l'émancipation du prolétariat[18] ». Mais l'évidence de cette réponse dissimule mal les inquiétudes et les dissensions de l'état-major de la SFIO à la veille du conflit.

Pas plus qu'au sein de la CGT, la confiance dans l'action de la social-démocratie allemande n'a emporté l'unanimité dans les rangs du parti. À la fin de 1912, alors même que les socialistes français et allemands s'apprêtent à s'accorder sur un manifeste de désarmement[19], le socialiste Charles Andler, brillant universitaire germanophone et fin connaisseur de l'œuvre de Marx, publie dans *L'Action nationale* un article sur les progrès du socialisme impérialiste en Allemagne dont la teneur provoque bientôt une violente polémique[20]. « Je crois les socialistes allemands très patriotes, écrit-il. [...] La philosophie industrialiste les domine. Or, il n'y a pas de défaite salutaire pour un État industriel[21]. » Dans une réplique d'une agressivité inaccoutumée, publiée par *L'Humanité* le 4 mars 1913, Jaurès l'accuse d'être un « faussaire ». Andler, pourtant, avance quelques-unes des idées qui, moins de deux ans plus tard, vont constituer la ligne officielle de la majorité socialiste ralliée à l'Union sacrée. Les Allemands, affirme-t-il ainsi, tardent à renverser l'Empire et à fonder non pas une République sociale, mais une « République tout court », à laquelle les Français sont au contraire attachés[22]. Si Jaurès assène de si fortes critiques à Andler, c'est qu'en effet son attitude disqualifie par avance toute action internationale contre la guerre.

Andler, cependant, n'est pas seul à douter. La nécessité de se prémunir des provocations supposées de l'Allemagne travaille les consciences et bouleverse les certitudes – « parce qu'à la fin, [...] en voilà assez ! Cela ne peut continuer ainsi », s'emporte le socialiste André Lebey en 1913[23]. Il ne manque dès lors qu'une conjonction favorable de circonstances pour cristalliser en résolution ces préventions germanophobes et légitimer la guerre « pour le Droit et la Civilisation » menée par l'Entente. L'invasion de la Belgique, sans déclaration de guerre, devait ancrer profondément dans l'opinion socialiste, même la plus antimilitariste, la conviction de la responsabilité allemande.

Les progrès de cette défiance inquiète à l'égard de l'Allemagne n'échappent pas aux hommes qui entourent Jaurès. Marcel Sembat, « l'enfant gâté des foules parisiennes[24] », député du XVIIIe arrondissement de Paris sans discontinuer depuis 1893, constate avec amertume que les foules des préaux et des meetings écoutent ses arguments sans les entendre : « Ils applaudissaient à tout rompre la Paix et l'entente franco-allemande. Ils n'applaudissaient pas nos stratégies ! Ni les milices ! Ni les Deux ans ! Ils se taisaient. Au fond d'eux-mêmes, ils nous condamnaient[25]. » À ses yeux, l'équilibre précaire des forces en Europe et les passions nationales ont poussé les adversaires « au souhait d'en finir[26] ».

C'est pourquoi Sembat s'est rangé à la tactique de Jaurès, avec lequel la communauté de vues est sincère, bien qu'imparfaite. « Que pouvons-nous ? Préparer l'opinion ; et pousser doucement le gouvernement ; leur déblayer le terrain pour la préparation de l'opinion. Nous ne pouvons nous substituer au gouvernement », écrit-il ainsi le 6 juin 1914, rapportant une conversation avec Jaurès à la suite des rencontres franco-allemandes de Bâle[27]. La pression sur le gouvernement par l'appel à l'opinion est bien la clef de la stratégie socialiste. Sembat l'affirme sans ambages dans son livre de 1913, *Faites un roi sinon faites la paix* : « Nous sommes en état, si le gouvernement pousse à la guerre, de l'arrêter en soulevant l'opinion. [...] Quand il y a un courant, nous pouvons le diriger, le précipiter. Je ne suis pas sûr que nous puissions en créer un, ni surtout résister à un violent courant contraire. Donc nous disposons d'une vraie puissance avant la guerre. Nous ne pouvons rien, je le crains, quand elle éclate[28]. » Comment être plus clair ?

Jaurès, il est vrai, s'est bien gardé d'écrire des formules aussi définitives. Le prolétariat, pour lui, est d'abord « une masse d'hommes qui ont collectivement l'amour de la paix et l'horreur de la guerre[29] ». Sans en disconvenir, Sembat considère plutôt le prolétariat comme une fraction de l'opinion, qui, à ce titre, possède une force sans doute considérable mais limitée. Ce n'est pas seulement l'usine, mais le champ et la boutique – cette « seconde masse, avec ses préoccupations intellectuelles, religion, patrie[30] » – que le socialisme doit manœuvrer, s'il entend être une force d'opinion et un parti modernes. Le prolétaire est un citoyen, c'est-à-dire un électeur et un conscrit en puissance. Pas plus que Jaurès, Sembat ne répudie le sentiment national. Son pacifisme se concilie sans difficulté avec la condamnation de l'impérialisme allemand. L'invasion prussienne, dont il a conservé l'amer souvenir, est à ses yeux un mal naturel : comme l'accident et la maladie, elle doit être prévenue. Mais avec Jaurès, il affirme que la fonction des masses en démocratie n'est pas seulement de gouverner, mais aussi d'intimider les gouvernants.

La question ministérielle

Les progrès du réformisme

Sembat, cependant, écarte de la discussion ce qui devait bientôt devenir l'acte symbolique du ralliement socialiste à la défense nationale : la participation ministérielle. Les socialistes, en effet, ne se sont pas seulement efforcés de combattre la guerre qui vient. Ils se sont inquiétés de savoir quelle attitude il conviendrait d'adopter, une fois celle-ci venue, dans le cas où le conflit serait de nature défensive – ou du moins, décrété comme tel. S'agirait-il simplement de se soumettre à l'ordre de mobilisation ? Faudrait-il au contraire imaginer des formes limitées de participation, voire mandater les représentants du parti au gouvernement ? Sans jamais être ouvertement formulées, ces interrogations se dessinent en filigrane derrière la question « ministérialiste », abondamment discutée dans les rangs socialistes avant 1914. Le climat politique des années 1910 y contribue largement, il est vrai. Mais depuis la fin du XIXe siècle, la question ministérielle n'a jamais vraiment cessé de se poser. Elle constitue de ce fait un enjeu décisif dans la genèse de la minorité pacifiste de guerre. Après 1920, la mémoire honteuse des socialistes et les critiques des communistes ont recouvert d'un voile pudique cette expérience majeure des socialistes au pouvoir, largement sous-estimée par l'historiographie[31].

Jaurès, il est vrai, ne s'est nullement prononcé en la matière. Sans être hostile par principe à la participation, à la différence de l'aile guesdiste de la SFIO, il n'entend se lier par aucune promesse. Le 5 juillet 1914, dans son discours de Rochefort, il a réitéré sa conviction que le parti socialiste est un « parti distinct », mais disposé à offrir son « dévouement » aux « radicaux de bonne foi » qui se situent à l'aile gauche du parti radical, derrière Joseph Caillaux. Mais la limite extrême de ce dévouement est équivoque : « Nous ne voulons pas, ajoute-t-il, que tel ou tel des nôtres assume dans les ministères mixtes la responsabilité du pouvoir avant que le parti tout entier ait déclaré qu'il était assez fort pour l'assumer[32]. » Rien n'est impossible, sans doute ; mais il est improbable d'espérer l'unanimité du parti sur un tel choix. Aucun congrès, en effet, n'est venu réviser l'interdit coutumier qui frappe toute participation ministérielle dans la SFIO unifiée depuis 1905. Contrairement à ses principes toujours en vigueur, bien que contestés, c'est sans s'être prononcé que « le parti », dispersé par la mobilisation et réduit à son état-major, mandate ses représentants au gouvernement en août 1914.

La prudence de Jaurès reflète les divisions de la direction socialiste. Si certains militants de premier plan ne nourrissent pas autant de préventions que lui à l'égard d'une éventualité à laquelle ils se préparent, d'autres, par conviction ou par calcul, sont hostiles à toute forme de collaboration ministérielle en temps de paix. À la fin d'août 1914, lorsque la participation s'impose, les socialistes qui persistent dans le choix antiministériel sont pourtant peu nombreux, et restent alors silencieux. Cela ne tient pas qu'aux circonstances : la participation est aussi au bout de la logique parlementaire et réformiste de l'action socialiste.

À la veille de 1914, Albert Thomas s'est placé à l'avant-garde de ce progressisme réformateur. Député de la Seine en 1910, normalien, il appartient – puisqu'il est né en 1878 – à la génération prometteuse des jeunes cadres socialistes dont le conflit devait briser la trajectoire. Son intention profonde est de doter le parti, hors duquel il n'imagine pas militer, d'un programme qui lui permette d'être une force authentique de réforme socialiste et démocratique. En 1910, il œuvre ainsi avec énergie en faveur de l'idée de nationalisation, mais échoue devant l'hostilité guesdiste à l'imposer au programme officiel de la SFIO au congrès de Saint-Quentin, en avril 1911. Dans sa *Politique socialiste* en 1913, il affirme sans détour la nécessité pour le parti socialiste de devenir « un vrai parti national » susceptible d'envisager, sous « certaines conditions », « la participation d'un socialiste au ministère[33] ». L'influence qu'ont sur lui ses aînés, Charles Andler et Lucien Herr, est profonde, mais il s'en dégage par une approche pragmatique de l'économie sociale et une conception historique et sociologique de la classe ouvrière, étrangère à toute mystique prolétarienne. Son ascension n'est pas la simple conséquence de ses talents particuliers : elle répond également à la nécessité pour un parti moderne, travaillé par la parlementarisation de sa direction et la bureaucratisation de ses structures, de se doter de spécialistes produisant un savoir technique. Il représente, au fond, le jeune homme en pointe de la première génération de réformistes formée par et pour l'unité socialiste, alors que les grandes figures de la génération qui le précèdent, Jaurès, Sembat, Herr et Andler, s'étaient efforcées de penser le socialisme comme une morale, une civilisation et une métaphysique.

Un antiministérialisme identitaire

Les difficultés que rencontre le réformisme de Thomas tiennent à la solidité du dogme antiministériel imposé en 1904-1905, lorsque le socialisme français s'unifie dans la SFIO. En août 1904, au congrès international d'Amsterdam, où les socialistes français sont pressés de s'unir par les instances de la IIe Internationale, Jules Guesde s'est appuyé sur la motion du congrès social-démocrate allemand de Dresde (septembre 1903) pour affirmer l'extériorité du socialisme à la République et l'opposition frontale à la démocratie bourgeoise. La SFIO, par conséquent, n'est pas en principe un parti « se contentant de réformer la société bourgeoise » : elle se destine au contraire à la « conquête du pouvoir politique de haute lutte avec la bourgeoisie ». Il s'agit alors de combattre « toutes les tentatives révisionnistes » engagées, depuis 1898-1899, par le socialiste indépendant Alexandre Millerand en France et le théoricien social-démocrate Eduard Bernstein en Allemagne. Selon les socialistes marxistes les plus orthodoxes, ces tentatives compromettent la lutte des classes et pervertissent la vocation du socialisme. Dans un amalgame significatif, les efforts de révision théorique du marxisme par Bernstein sont mêlés, malgré ce qui les distingue, au programme de réformes sociales mis en œuvre par Millerand, lors de son entrée au gouvernement Waldeck-Rousseau en juin 1899. Ainsi, en France – c'est là l'une de ses plus fortes originalités –, le débat sur le révisionnisme s'est essentiellement présenté sous la forme d'un affrontement entre partisans et adversaires du ministérialisme[34].

Sur le plan des principes, les guesdistes ont semblé triompher. La porte du parti est officiellement fermée aux compromissions ministérielles. Mais la tentation s'aiguise, et les idées progressent. D'ailleurs, dès le congrès de Chalon-sur-Saône, en novembre 1905, la fixation de la tactique électorale du parti promet un avenir difficile au *non expedit* ministériel. Il est alors convenu que si les socialistes peuvent présenter au premier tour des « candidats de classe », les fédérations peuvent, au second, décider de leur attitude « au mieux des intérêts du prolétariat et de la République sociale[35] ». Les alliances dites « de bloc » avec les partis de la gauche modérée sont donc possibles. Mais que penser d'une stratégie qui condamne le parti socialiste à être une force de plus en plus considérable, mais assise sur les bancs de l'Assemblée ? Bien vite, l'antiministérialisme électoral et parlementaire de la SFIO aboutit à une impasse. Marcel Sembat l'a compris*, lorsqu'il

---

* Marcel Sembat, dans une série d'articles parus entre novembre 1913 et mai 1914 dans *La Renaissance politique, littéraire et artistique*, s'est inquiété de la discontinuité de l'action législative et de l'instabilité des ministères. Ses propositions pour rationaliser le parlementarisme, en rupture complète avec les principes du parti en 1905, devaient influencer Léon Blum dans ses célèbres *Lettres sur la réforme gouvernementale* en 1919.

écrit en novembre 1913, dans une formule sans équivoque, que « tout député républicain a le légitime espoir de devenir ministre, et sa carrière n'est complète que s'il y parvient[36] ».

Cette tension inhérente à la tactique parlementaire socialiste s'est accentuée du fait de la conjoncture des années 1910. Les combats législatifs qui s'y déroulent ont rapproché les socialistes de l'aile gauche du parti radical, menée par Joseph Caillaux, en particulier lors du vote de la loi des « trois ans » en 1913, ainsi nommée parce qu'elle allonge la durée obligatoire du service militaire de deux à trois ans. Ces luttes ont en effet décidé la direction de la SFIO à tout faire pour éviter le retour d'un ministère de « combat patriotique » après la chute de Clemenceau, le 20 juillet 1909. Mais les socialistes ne peuvent y parvenir seuls, et s'interrogent sur l'opportunité de reconstituer le « Bloc des gauches », forgé dix ans plus tôt, à un moment – l'affaire Dreyfus – où la République semblait menacée. Force est de reconnaître que l'action n'a pas satisfait tous les espoirs. Mais la tentation du bloc multiplie les rapprochements, dont le jeune espoir du radicalisme de gauche, le député du Lot Louis-Jean Malvy, est à la fois l'acteur et le bénéficiaire. Les socialistes l'ont soutenu en mars 1911 contre les attaques de la droite, alors qu'il n'était encore que sous-secrétaire d'État à la Justice dans le gouvernement Monis. C'est alors que se sont tissés entre eux des liens d'une importance décisive pendant la guerre.

Sortis renforcés des élections de 1910, les socialistes deviennent, en mai 1914, une force politique de premier plan. Leurs progrès ne sont pas indifférents à l'hostilité qu'ils ont manifestée à l'égard de la nouvelle loi militaire, adoptée à la Chambre mais accueillie avec méfiance par la majorité de l'opinion[37]. Cette situation indécise vis-à-vis des « trois ans » rend instables les gouvernements de l'immédiat avant-guerre. Le gouvernement Doumergue, formé en décembre 1913, ne peut pas condamner les « trois ans » sans se déjuger. En mars 1914, il est remanié au profit de Malvy, désormais ministre de l'Intérieur après l'assassinat très médiatisé du directeur du *Figaro* par l'épouse de Caillaux. À l'issue des élections, le président du Conseil ne peut plus ignorer les forces nouvelles des socialistes. Le 30 mai, Marcel Sembat le rencontre, puis s'entretient avec le sénateur radical Justin Perchot, « fou de collaboration, ivre du désir de voir [Sembat], de voir Jaurès, de voir Renaudel pour se concerter et marcher d'accord[38] ». Finalement, les socialistes décident de soutenir Doumergue, sans participer. Peine perdue : Doumergue renversé, Viviani forme, le 14 juin, ce que l'on croit être un cabinet de transition, plus à gauche que tous les autres gouvernements depuis 1911, mais favorable à la loi des « trois ans »[39]. C'est lui qui, deux mois plus tard, devait affronter la guerre et s'ouvrir à deux ministres socialistes. Les socialistes ont donc trottiné dans les coulisses des ministères, sans jamais compromettre la lettre antiministérialiste du parti, réaffirmée au congrès d'Amiens en janvier 1914. Les « trois ans » ont été un obstacle insurmontable à la reconstitution du « Bloc ». Mais l'action parlementaire contre la guerre et le refus de la provocation internationale, que représentait selon eux la loi militaire, ont paradoxalement rapproché les socialistes du pouvoir.

Les antiministériels, cependant, n'ont pas désarmé. La proximité des élections interdit sans doute de pondérer avec précision l'équilibre des forces au sein du parti à la veille de la guerre. Les députés Marcel Cachin, Barthélemy Mayéras, Paul Poncet et Adrien Pressemane forment cependant la pointe avancée du refus[40]. Or, à l'exception de Cachin, ces hommes sont appelés à devenir pendant la guerre les ténors de l'opposition minoritaire à la politique d'Union sacrée au sein du groupe parlementaire SFIO. Pressemane et Mayéras ont d'ailleurs mené ce front du refus antiministériel sans se rallier par la suite au bolchevisme, auquel ils seront violemment hostiles. Quant à Paul Poncet, il se prononce le 27 octobre 1915 contre la participation socialiste au nouveau gouvernement Briand, puis contre le maintien d'Albert Thomas au pouvoir le 11 décembre 1916[41]. Tous ont attaché l'identité socialiste au refus du pouvoir « bourgeois ». Leur fronde prévisible incline donc à la prudence ceux qui lorgnent les portefeuilles. Il est significatif que, malgré sa force, le choc de la guerre n'ait pas dévié la trajectoire antiministérielle de ces élus pourtant partisans de la défense nationale. Et c'est avec la conscience inquiète de leur influence que Marcel Sembat entre dans le gouvernement Viviani le 26 août, aux côtés de Jules Guesde. Le ralliement de 1914 n'est donc ni un accident ni une surprise. Mais rien n'indique que ce choix soit facile et naturel. La guerre en avance l'heure, au mépris des précautions de ceux qui l'acceptent et l'anticipent. La soudaineté de la crise de la fin juillet 1914 l'impose, sans condition et dans des circonstances catastrophiques.

Faut-il défendre la République ?

Socialisme et démocratie

Le socialisme français d'avant guerre est-il une force démocratique ? Jaurès l'affirme sans ambiguïté dans son discours du 17 octobre 1908 au congrès socialiste de Toulouse : la démocratie est à l'origine – la Révolution française –, elle est aussi « au terme », là où le socialisme entend aller pour la réaliser. Elle ne se définit pas seulement comme un type de régime fondé sur le libre suffrage des citoyens, la compétition périodique des partis pour l'exercice du pouvoir et la garantie de droits égaux à tous : la démocratie est, selon l'expression de Jaurès, « la forme selon laquelle se produit tout le mouvement moderne[42] ». Depuis la Révolution française, le socialisme a entretenu avec elle une sorte d'affinité élective.

Ce discours clef de Jaurès n'est pas seulement un exposé doctrinal. C'est aussi un avertissement adressé aux socialistes tentés d'opposer le socialisme à la République et à la démocratie. En 1908, c'est en effet l'idée de leur incompatibilité qui semble dominer les esprits. Le socialisme français accueille alors en son sein de solides traditions antiétatiques, antiparlementaires et antibourgeoises qui nourrissent une aversion persistante pour la République installée des radicaux. Depuis qu'il a pris son essor électoral dans les années 1890, le socialisme s'est efforcé d'attirer à lui les déçus du radical-socialisme, contraint par son succès à devenir conservateur. C'est en se plaçant à l'extrême gauche du mouvement républicain que les socialistes se sont ancrés dans la vie politique nationale.

La SFIO s'est ainsi trouvée, même après son unité, à la charnière de la démocratie sociale et du socialisme antiparlementaire. C'est en son sein que passe la ligne instable et sinueuse qui les sépare, au prix de tensions permanentes entre ses courants. Malgré les apparences, le ralliement à l'Union sacrée en 1914 n'a pas distendu ce dilemme. Tout au long du conflit, la « majorité » de la SFIO favorable à la défense nationale a défendu une conception démocratique et antiexpansionniste des buts de guerre de l'Entente, et fait pression sur le gouvernement pour assurer une manière d'égalité entre les mobilisés. Elle est restée fidèle à ce choix républicain même après la fin de l'expérience ministérielle en septembre 1917, en le prolongeant dans le wilsonisme et l'aspiration à une paix « juste et démocratique ». Elle s'est heurtée cependant à une difficulté insurmontable : l'absence persistante d'espoir en une paix qui pourrait être obtenue autrement que par la victoire ou la révolution chez l'ennemi, alors même que ne cesse de croître dans l'opinion civile et combattante l'aspiration à une paix sans défaite ni révolution. La majorité s'est épuisée progressivement devant la durée du conflit et les pertes qu'il a provoquées. C'est pourquoi le bolchevisme s'est affirmé irréductiblement hostile à ceux que Lénine accuse d'avoir « trahi » la cause socialiste. Ce dernier oppose aux « majoritaires » de la IIe Internationale une interprétation intégralement socialiste de la guerre. Celle-ci représente, à ses yeux, l'acte inaugural par lequel le pouvoir « bourgeois » prépare sa chute. C'est elle qui ouvre la voie, par la révolution, au socialisme réalisé. Bien que le défaitisme léniniste n'ait pesé pour presque rien dans l'Internationale jusqu'en 1917, la clarté avec laquelle il réaffirme alors la vocation révolutionnaire du socialisme, envers et contre toute forme de compromission avec la démocratie « bourgeoise », recèle une indéniable force mobilisatrice et identitaire.

La guerre, à proprement parler, n'invente aucune idée nouvelle. La véritable révolution intellectuelle dont le socialisme moderne est issu s'est produite dans le dernier tiers du XIXe siècle, au lendemain de la Commune, en même temps que s'installe, en France, la IIIe République. C'est dans le cadre dessiné par cette révolution que se définissent les relations réciproques entre le socialisme et la démocratie. En même temps qu'il doit s'accommoder de l'existence d'un ordre républicain et libéral légitime, le socialisme français éprouve une transformation profonde de ses aspirations, de ses pratiques et de ses structures qui n'est pas terminée en 1914. Le conflit, par son caractère accidentel comme par sa nature radicale et nouvelle, est un choc sans précédent, qui devait à terme provoquer la division des organisations ouvrières. Moins qu'une origine cependant, la guerre est une bifurcation majeure dans une histoire plus longue : elle constitue une date clef dans l'âge du messianisme ouvrier qui s'est ouvert quelque part dans la première moitié du XIXe siècle, pour ne se refermer, presque sous nos yeux, qu'à la fin du XXe siècle.

Cette vaste révolution intellectuelle se caractérise par la combinatoire complexe de trois processus distincts. Le socialisme, à l'issue de la Commune de 1871, est entré dans l'ère des organisations. Il s'est montré particulièrement réceptif aux formes nouvelles d'organisation politique et syndicale, pour échapper à la malédiction radicale-socialiste des comités électoraux et doter la classe ouvrière d'élites et de structures exclusives, dont la constitution apparaît alors comme un processus inhérent à sa libération. Dès l'origine, cependant, la vocation comme l'architecture statutaire de ces nouvelles structures d'association ont fait l'objet d'intenses débats, qui nourrissent d'ailleurs, à sa naissance, la sociologie moderne. À la veille de 1914, ils ne sont nullement tranchés : les critiques de Robert Michels à l'égard des tendances oligarchiques des organisations, pour avoir été entendues, ont néanmoins été escamotées. La tension est alors maximale entre la réalité de partis et de syndicats qui s'intègrent progressivement au système politique républicain et leur représentation comme avant-garde du prolétariat destinée à le subvertir : « S'il vous plaît [à vous, guesdistes], écrit ainsi Marcel Sembat en septembre 1904, de considérer le Parti socialiste de France ou le Parti ouvrier comme la fraction devenue consciente, définitivement consciente de la classe ouvrière, les faits prouvent que le Parti socialiste est, en plus, aussi un parti politique à l'égard de la foule, un parti politique comme les autres qui, tantôt l'attire et bénéficie d'un courant d'enthousiasme, tantôt lui répugne et souffre l'abandon[43]. »

Les progrès de l'idée réformiste ont, eux aussi, provoqué d'intenses polémiques au sein du socialisme international. L'idée que puissent advenir dans les rapports sociaux des changements sanctionnés par l'État est une évidence irrésistible de la modernité démocratique. Sans doute n'est-elle pas tout à fait neuve : elle s'annonce déjà en 1848, dans l'expérience de la Montagne – cette force politique originale, formée de l'alliance des républicains de gauche et des socialistes modérés, qui tente, sans succès, de mettre en œuvre un socialisme pratique et fraternel, hors de toute action conspirative[44]. Mais l'idée réformiste s'impose de toute sa force depuis les années 1890, avec l'avènement de la République radicale. C'est le réformisme, en effet, qui ouvre au socialisme les portes de la démocratie : grâce à lui, les idées socialistes peuvent parvenir à inspirer ou modifier son fonctionnement. Les progrès du réformisme sont cependant entravés par la méfiance instinctive qui s'est manifestée à son égard bien avant l'unité de 1905. L'idée réformiste éprouve donc de grandes difficultés d'accommodement avec la croyance selon laquelle le prolétariat est la classe élue de l'Histoire – troisième et dernier trait original de la révolution intellectuelle du socialisme moderne à la fin du XIXe siècle.

L'idée d'élection historique du prolétariat ne s'est pas non plus imposée aisément. Elle est en particulier la conséquence de la marxisation progressive du discours de libération socialiste. Bien que l'idée d'autoémancipation du prolétariat ne soit pas neuve à la fin du XIXe siècle, c'est le marxisme qui s'est trouvé le mieux à même de conférer au « prolétariat » son rôle historique prométhéen. En France, le guesdisme est un acteur majeur de ce processus à partir des années 1880. Il est pourtant loin d'être achevé en 1914, et devait d'ailleurs être relancé après 1920 par l'introduction, dans le sillage du communisme français, d'une nouvelle interprétation orthodoxe, bientôt baptisée marxiste-léniniste. Aucun des grands esprits socialistes français d'avant guerre ne s'est en effet résolu à être intégralement marxiste. Bien que fascinés par la puissance de la doctrine de Marx, ni Jaurès, ni Andler, ni Sembat ni même Thomas n'ont renoncé à leur droit de la critiquer, parfois avec vigueur. Leur besoin de se confronter à une interprétation majeure de la société moderne n'était en rien une soumission à une orthodoxie militante destinée, chez les guesdistes, à permettre la formation d'une élite du désintéressement, animée d'une éthique sacrificielle au service du prolétariat, et auréolée de la certitude scientiste de la véracité de son action.

Le marxisme guesdiste

Le guesdisme offre, à bien des égards, une trajectoire typique pour décomposer les éléments de cette vaste révolution intellectuelle du socialisme français fin de siècle. Il possède en effet la supériorité de l'âge et de l'expérience révolutionnaire sur toutes les autres tendances socialistes. Ce sont les guesdistes qui, en créant le Parti ouvrier – devenu Parti ouvrier français (POF) en 1893 –, font entrer le socialisme dans l'ère des partis ; ce sont eux qui contribuent de façon décisive à l'introduction du marxisme en France, et qui combattent avec une grande énergie les compromissions supposées du réformisme avec la bourgeoisie. Désormais, le militantisme ordinaire et quotidien se confond avec « l'action révolutionnaire », par la vertu mystérieuse de l'organisation politique de classe. « C'est à [Guesde], c'est aux premiers fondateurs du Parti ouvrier de France que remonte un grand nombre d'expressions et de termes devenus courants, et cet apport de vocabulaire, cette création [de] lexique ne sera négligé[e] par nul philosophe averti. La classe ouvrière, l'émancipation scientifique, autant de mots inédits avant les premières années de la République, aujourd'hui langage courant de propagande socialiste. C'est aux jours premiers du Café Soufflet, à l'*Égalité*, et aux causeries de Guesde avec les étudiants que remonte la diffusion de ces mots et de ces idées qu'ils charrient[45]. »

Le guesdisme, à ses origines, n'attire guère les intellectuels. Le personnel politique qu'il séduit est plutôt composé d'individus issus des classes moyennes de souche ouvrière[46]. Cette élite intermédiaire est sensible au maintien d'une continuité culturelle et symbolique avec ses origines ouvrières, que le guesdisme garantit à la fois par son ouvriérisme, son antiétatisme et par l'exaltation de la figure ascétique et sacrificielle de Guesde lui-même : affligé d'une maladie pulmonaire, mais doué d'une éloquence intransigeante qui lui confère des allures de Christ souffrant, il est sans cesse guetté par la misère, que ne lui épargne qu'imparfaitement son siège de député de Roubaix en 1893*. Le marxisme, entre ses mains, est un instrument de cohésion et de consécration de la spécificité ouvrière et socialiste à l'égard de la bourgeoisie.

Il importe peu de savoir si le marxisme guesdiste est conforme à la lettre de la pensée de Marx. Il est certain, en effet, qu'il ne l'est pas. Jules Guesde, dont les convictions se sont formées à l'origine hors et même contre le marxisme, a une fois pour toutes scellé son attitude devant

---

* Battu en 1898, Guesde n'est réélu qu'en 1906 puis jusqu'à sa mort en 1922.

Marx par sa célèbre lettre de mars ou avril 1879. Rappelant d'abord le « désaccord » qui a marqué au début des années 1870 leurs relations au sein de l'Association internationale des travailleurs (AIT), il convient ensuite avec Marx : « Tout ce que vous exprimez dans votre lettre, je le pense – et je l'ai toujours pensé[47] ». De cet accord fondamental, Guesde déduit quelques convictions qui forment le fond intangible de la mentalité militante dont il forge alors l'alliage : d'une part, le besoin d'une « armée consciente » du prolétariat groupée dans un « parti ouvrier indépendant et militant » ; de l'autre, la nécessité d'en confier la direction à une élite éclairée apte à le mener dans la « lutte » ouverte contre le régime en place, et à déraciner dans la masse « la duperie du radicalisme bourgeois » et l'illusion de l'insurrection anarchiste. Dans cette perspective, la « violence » est destinée à supprimer l'État et à réaliser le plein épanouissement du genre humain par la propriété collective des instruments de travail.

Guesde est matérialiste avant d'avoir lu Marx : il a exposé les principes de sa doctrine dans un *Essai de catéchisme socialiste* en 1873, un petit ouvrage qui lui avait alors permis de « mettre de l'ordre dans les idées nouvelles » jaillies de la Commune de Paris[48]. C'est sur ce corpus de vérités élémentaires qu'il adapte ce qu'il connaît de Marx – un marxisme mutilé, déformé par les traductions parcellaires et par les discussions des années 1870 et 1880[49]. Cette orthodoxie marxiste nouvelle tient tout entière dans un déterminisme étroit qui promet, dans un avenir proche, l'avènement nécessaire du socialisme. Elle exalte la communauté affranchie des producteurs contre la jouissance et le luxe bourgeois, et affirme en toute chose la supériorité des intérêts de classe sur les intérêts nationaux et les chimères métaphysiques. C'est ce sectarisme qui a poussé les guesdistes doctrinaires à refuser de défendre Dreyfus : « Oui, écrit ainsi Charles Bonnier en octobre 1901, nous avons notre vérité, et cela nous suffit, notre vérité de tactique, notre vérité de classe. C'est la seule qui importe, et non les deux déesses que Zola a tirées du magasin des décors de la bourgeoisie, la vérité et la justice absolues, qui n'ont jamais existé[50]. » C'est pourquoi la guerre est, pour le guesdisme, un défi formidable.

Les « nouvelles formules du socialisme »

Guesde et ses amis ont cru conclure l'unité de 1905 à leur avantage. La SFIO hérite en effet, dans ses statuts inauguraux, des interdits et des formules dont ils clôturent le socialisme afin de le prémunir de l'action des forces corruptrices de la bourgeoisie. Le refus du budget à la Chambre, ironisait ainsi Jaurès en avril 1901, est un rite d'une « importance sacramentelle » dont l'observance permet de distinguer les « bons des méchants » socialistes[51].

Bien vite, cependant, l'unité s'établit aux dépens des guesdistes. L'erreur, d'abord, a été tactique. Dès 1905, sous l'influence des événements internationaux, les amis d'Édouard Vaillant rompent l'alliance qu'ils avaient nouée avec eux et rallient les jaurésiens. Sur toutes les grandes questions des années 1900 – la paix internationale, la conquête de l'État, l'attitude envers les syndicats –, les conceptions guesdistes sont désormais en minorité. La cohérence du groupe guesdiste se fissure : Guesde, selon les dires du secrétaire du parti Louis Dubreuilh rapportés par un policier en février 1911, « se rend parfaitement compte de la disparition de son influence. À part quelques lieutenants fidèles, le gros de ses anciens partisans sont tous acquis aux nouvelles formules du socialisme[52] ». Si les guesdistes ont contraint la SFIO à faire son unité sous la forme d'une structure politique d'adhésion directe, à l'écart du monde syndical et de l'intelligentsia dreyfusarde, ces anathèmes sont progressivement remis en cause par Jaurès à partir de 1907-1908.

C'est donc un guesdisme marginalisé qui doit faire face à la guerre en juillet 1914. Dans la stratégie qu'il détermine alors, Guesde conserve deux traits constants de ses convictions : la primauté de l'organisation, et le refus de tout anarchisme insurrectionnel, symbolisé par le recours à la grève générale. Lors du congrès de Paris, à la mi-juillet 1914, le guesdiste Compère-Morel oppose à Jaurès une motion ambiguë : sans nier en effet le « devoir de la classe ouvrière » de faire « tous les efforts » pour empêcher le conflit d'éclater, conformément à la motion du congrès international de Stuttgart en 1907, elle ne définit positivement aucune stratégie préventive contre le risque de guerre. Elle remporte pourtant près de 40 % des mandats. Dès 1906, au congrès national de Limoges, Guesde a affirmé que « s'il y a un seul moment où [la grève générale] est impossible, c'est lors d'une déclaration de guerre, lorsque la peur commune fait taire toutes les préoccupations[53] ». De son point de vue, la motion jaurésienne à Amiens semble « organiser l'invasion d'un pays au bénéfice de l'autre », ce qui, dès lors, constituerait un « crime de haute trahison », non pas envers la patrie, mais envers le socialisme, puisque celui-ci serait livré aux mains du militarisme allemand[54].

Guesde, ce faisant, ne se déclare nullement solidaire de la République : c'est l'intérêt de classe qu'il entend sauvegarder. Non seulement la motion guesdiste d'Amiens ne fixe aucune stratégie particulière dans le cas d'une guerre défensive éventuelle, mais elle dénonce l'impuissance de l'effort maximal de lutte contre la guerre. Elle contient de ce fait en germe la tactique guesdiste pendant le conflit : Guesde, en effet, devait défendre jusqu'en 1918 l'idée que la guerre, « quelque sang qu'elle puisse coûter », est une parenthèse dans la lutte des classes qui sera fermée par la victoire[55]. Les socialistes, par conséquent, doivent accepter l'Union sacrée *dans toutes ses conséquences* : depuis le vote des crédits de guerre, acquis à l'unanimité du groupe socialiste le 4 août 1914, jusqu'à la participation ministérielle et au prosélytisme ententiste et germanophobe. Bien que Jules Guesde n'ait cessé d'affirmer que cette participation circonstancielle à l'effort de défense nationale n'était en rien un reniement de l'antiministérialisme dogmatique d'avant guerre, le conflit, par son ampleur et sa violence, a vite rendu caduques ces fragiles réserves.

Face à l'ordre républicain établi

Le guesdisme s'est donc accommodé de la puissance tutélaire d'une République pourtant née d'un réflexe conservateur à l'issue de la répression de la Commune de 1871, et si peu sociale avant les années 1900. Il s'est heurté à ce qu'est aussi la démocratie. Avant d'être un régime politique fondé sur le suffrage universel et la compétition partisane, ou une tendance à l'égalisation des conditions et à l'autodétermination des individus, elle constitue un ordre social légitime appuyé sur une longue tradition nationale. Elle renferme – et c'est là sa plus grande force – une « méthode de création de l'ordre social » par laquelle le gouvernement d'une minorité élue est légitimé par la participation du plus grand nombre possible de citoyens à la vie politique[56]. Toute contestation de la démocratie, même menée au nom de son idéal, se heurte ainsi nécessairement à la réalité de la démocratie comme ordre politique puissamment légitime, aussi bien qu'imparfait et contraignant.

Pour le socialisme révolutionnaire, l'existence de cet ordre est un immense défi. La contestation souvent juvénile de toutes les tutelles – familiales, patronales et légales – sécrète une sève militante toujours renouvelée qui alimente la marche socialiste vers la libération. C'est contre les oligarchies, qu'elles soient naturelles ou électives, que le socialisme a exercé sa force critique avec le plus d'efficacité – et ce, bien qu'il ait été sans cesse concurrencé dans la captation de cette énergie contestataire par les anarchistes, plus tard par les communistes et l'extrême gauche.

La démocratie recèle cependant une étonnante capacité à contenir comme à trivialiser la révolte. À la contenir, tant le pouvoir niveleur de l'égalité est, au fond, antihéroïque. À la trivialiser surtout, parce qu'elle accepte que, du fait même de son imperfection, la révolte soit un mode de vie et un moyen de distinction sociale. Ce sont les possibilités mêmes de toute révolte qui sont en jeu face à la République, bien avant 1914. Or il est évident qu'à cette date, les méthodes de contestation socialistes ont cessé d'être radicales : elles respectent aussi étroitement qu'elles peuvent les cadres légaux de l'action politique et parlementaire. Au sein de la SFIO, il n'y a guère plus que les amis de Gustave Hervé – les « hervéistes » – qui paraissent dangereux à la police française, parce qu'ils sont violemment antimilitaristes, possèdent des armes et semblent ainsi menacer une éventuelle mobilisation.

Un événement significatif illustre avec netteté le légalisme croissant de l'activité militante socialiste d'avant guerre : les manifestations de solidarité contre l'exécution de l'anarchiste espagnol Francisco Ferrer* en octobre 1909. Elles constituent, avant 1914, le dernier épisode violent où sont mêlés directement des socialistes de premier plan. Le 13 octobre, plusieurs colonnes de manifestants convergent, sans pouvoir l'atteindre, vers l'ambassade espagnole. Les chefs du parti se montrent en tête des cortèges : Jaurès, Sembat, Édouard Vaillant sont présents. Les hervéistes aussi : ce sont eux qui jouent, dans l'événement, le rôle agité d'avant-garde. Ils veulent, disent-ils, « sauver Ferrer » comme Dreyfus a été sauvé[57], mais aussi recourir contre l'ordre établi au « citoyen Browning » – autrement dit à la violence symbolisée par le pistolet automatique 7,65 mm, modèle 1900, rendu célèbre par ses multiples apparitions dans les romans policiers de l'époque.

Au soir du 13 octobre, la situation est confuse. De violents affrontements éclatent entre la police et les manifestants. Le préfet de Paris, Louis Lépine, manque d'être abattu par des coups de feu, avant de recevoir des fragments de briques jetés par la foule[58]. Un agent de police est tué par balles, plusieurs dizaines d'autres sont blessés. En

---

* Francisco Ferrer était considéré par le gouvernement espagnol comme l'« auteur moral » de la grève générale insurrectionnelle déclenchée le 26 juillet 1909 contre le rappel des réservistes. Condamné à mort, il est exécuté le 13 octobre 1909.

plein Paris, la cavalerie donne la charge à plusieurs reprises. Parmi les manifestants, le nombre des victimes demeure indéterminé ; le secrétaire de la Fédération socialiste de la Seine, Paul Melgrani, est grièvement blessé à la tête par un coup de sabre.

Dans la confusion, la rumeur se répand que Jaurès est blessé. *L'Humanité* raconte : « Les chevaux des gardes républicains entrent dans la foule. Des incidents graves sont à redouter. Dans la mêlée confuse, les coups pleuvent. L'officier de paix, d'abord, puis M. Touny, chef de la police municipale, et M. Mouquin, chef de la police des recherches, interviennent pour calmer leurs hommes – c'est à peine s'ils sont entendus. Mais alors, afin d'empêcher un conflit plus grave, on décide de revenir en arrière et de poursuivre la manifestation par les grands boulevards. Le but d'ailleurs est atteint. On est allé presque sous les balcons de l'ambassade[59]. »

Le témoignage de Marcel Sembat est cependant d'un ton différent : « Touny me frappe sur l'épaule en maçon : "Emmenez bien Jaurès, je vous en prie, emmenez-le !" Alors, pour être dans la note, je crie : "On l'a frappé ! Vos agents l'ont frappé !" Mais il a raison, il faut filer. Je suis la cohue et joue des coudes jusqu'à Jaurès qui va, le dos rond, le chapeau cabossé, le faux col arraché, mais ravi au fond de s'être bien conduit et d'avoir, sinon vu le feu, au moins senti le poing[60]. » Sembat, malmené à son tour place de l'Opéra, retrouve l'état-major du parti replié à *L'Humanité* : « Retour à *L'Huma*... Héros d'Homère. Narre des exploits ; on rit de fierté et parce que c'est fini sans avarie ; on raconte tous les traits épars de la soirée. Des légendes s'ébauchent ; on rappelle les vieilles chroniques d'émeute[61]. »

Dans les jours qui suivent, de nouveaux meetings et manifestations se déroulent dans la capitale. Les consignes de la Fédération de la Seine sont claires cependant. Il ne faut pas « chercher de troubles » : « Par la volonté exprimée de tous ses militants, révolutionnaires ou modérés, par leur accord unanime, seront déterminées les mesures que la

Fédération de la Seine compte prendre pour assurer l'ordre dans la manifestation, pour enlever ainsi au pouvoir les prétextes des brutalités policières[62]. » Hervé lui-même s'efforce de conserver le mouvement dans les bornes de la légalité et se rallie à l'itinéraire et aux directives strictes publiées dans *L'Humanité* le 17 octobre pour la « grande manifestation pacifique » qui couronne le mouvement. Sembat, dans l'édition du 20 octobre, peut dès lors louer à bon droit la conscience politique du peuple parisien et exalter « le grand souvenir de cordialité » de l'élan populaire. Ferrer, pourtant, est bien mort, et la République solide.

Les hervéistes, certes, ne désarment pas encore. En mai 1911, leur Organisation de combat, épaulée par les Jeunes Gardes révolutionnaires – « quelques centaines de jeunes gens employés, ouvriers et même intellectuels[63] », « étudiants parisiens, esthètes aux longs cheveux, aux mines prétentieuses ou déguenillées[64] » –, affronte violemment la gendarmerie place Saint-Paul ou devant la prison Saint-Lazare. Mais Sembat les prévient dès 1913 : « Ceux qui crient le plus fort contre la guerre, seront peut-être les plus acharnés, une fois la guerre déclarée[65] ! » Malgré la fièvre passagère d'octobre 1909, il s'est rendu à l'évidence : « Depuis la République, on pourrait dire que la rue n'a bougé que contre nous[66] ! »

Une intégration inachevée

Le recul du recours à la violence par le mouvement socialiste, évoqué par Sembat dans la confusion de la fin des années 1900, est selon l'historien allemand Dieter Groh l'une des caractéristiques majeures du processus d'intégration nationale auquel sont confrontées les organisations ouvrières d'Europe occidentale[67]. Ce processus accompagne les transformations profondes de la situation économique, juridique et sociale de la classe ouvrière depuis le milieu du XIXe siècle. Celle-ci accède progressivement au salariat – 49 % de la population active est salariée en 1931 – et, avec lui, à de nouvelles normes de consommation. La mutualité et l'assurance se développent : la quasi-totalité des mineurs et deux tiers des employés de chemins de fer sont affiliés à une caisse patronale de retraite en 1898[68]. Mais le mouvement mutualiste est largement étranger au personnel socialiste et syndical à cette époque, tandis que les résultats de la loi de 1910 sur les retraites ouvrières et paysannes demeurent limités. La nouvelle condition ouvrière française, appuyée sur une majorité de salariés, ne s'est réellement solidifiée que dans les années 1930, au moment du Front populaire[69].

La transition est donc particulièrement lente d'une condition prolétarienne, maintenue sous la tutelle paternaliste d'un patronat libéral et conservateur, vers une nouvelle condition ouvrière insérée dans une société assurantielle de cotisants salariés égaux. L'ouvrier d'industrie non qualifié n'est pas encore représentatif de la majorité de sa classe avant la guerre. En 1906, 41 % de la main-d'œuvre ouvrière trouve ainsi à s'employer dans des établissements de plus de cent salariés. Il faut l'essor de la production industrielle provoqué par le conflit pour que cet ouvrier devienne solidement majoritaire parmi sa classe au début des années 1920.

Ces évolutions profondes n'amoindrissent nullement cependant la combativité de la classe ouvrière. L'hypothèse d'une progressive civilisation des mœurs populaires – puisque c'est de cela qu'il s'agit – n'est pas facile à étayer. Avec les années 1910, pendant lesquelles l'inflation grignote la croissance du salaire nominal[70], la classe ouvrière s'engage au contraire dans ce que les historiens anglo-saxons appellent, à l'échelle du continent européen, le *great labour unrest* : pendant une décennie, qui s'achève en France par les grandes défaites corporatives de 1920-1921, le mouvement ouvrier est traversé par une vaste agitation qui, après avoir été assommée par la mobilisation de 1914, reprend dès la fin de 1916. Si la classe ouvrière s'intègre à la République, cela n'atténue en rien l'acuité de la lutte des classes*. Son patriotisme, autrement dit, n'implique pas qu'elle sacrifie ses intérêts à ses appartenances – appartenances qui peuvent être subies et imposées, et dont l'existence n'est souvent prouvée que négativement par l'historien. En l'absence d'abondantes sources privées, c'est à la marginalité apparente des refus radicaux que tient la démonstration du patriotisme populaire[71].

Quel sens le concept d'intégration peut-il dès lors revêtir dans un pays qui pratique le suffrage universel depuis 1848 ? Les historiens d'outre-Rhin l'ont utilisé pour caractériser la situation de la social-démocratie allemande, associée plus ou moins malgré elle au fonctionnement de l'État impérial après l'abrogation des lois d'exception au début des années 1890. Sans l'appeler ainsi, les socialistes français, nous l'avons vu, ont d'ailleurs critiqué cette intégration, concluant à l'impuissance révolutionnaire du parti allemand. Cependant, à l'inverse de l'Allemagne impériale et sociale héritée de l'époque bismarckienne, la France républicaine des années 1900 a intégré politiquement, par l'extension et la pratique régulière du droit de suffrage, une classe ouvrière qui ne bénéficie que lentement et tardivement des progrès de l'État social. Elle ne cesse pas d'être une classe dominée et subalterne, mais, par le consentement à l'ordre social légitime que l'acte de voter matérialise, elle institutionnalise sa domination en échange du seul véritable pouvoir au moyen duquel elle puisse envisager de la renverser. Ou faut-il qu'elle attende son salut de l'insurrection ? Cette interrogation structure l'histoire du mouvement ouvrier français jusqu'à la fin du XXe siècle. Elle détermine les formes par lesquelles celui-ci se radicalise.

---

* Ce paradoxe est relevé par le juriste allemand Hans Kelsen en 1932 : avant la guerre, « malgré l'acuité toujours croissante de la lutte des classes, il n'y a pas entre la bourgeoisie et le prolétariat d'opposition relativement à la forme démocratique de l'État ». Hans Kelsen, *La Démocratie. Sa nature – sa valeur*, Paris, Dalloz, 2004 (1932), p. IX.

La déliquescence du refus antipatriote

L'originalité du mouvement ouvrier français provient largement de la diversité des formes de refus qu'il a tenté d'opposer à ce processus d'intégration. Ces refus se définissent par ce à quoi ils s'opposent : par l'internationalisme prolétarien, contre la nationalisation de la classe ouvrière ; par l'ascétisme révolutionnaire, contre l'institutionnalisation progressive des appareils militants confrontés à leur vocation représentative et à la nécessité de se financer ; par l'ouvriérisme, contre la professionnalisation bureaucratique des élites ouvrières et le refus de la dilution de l'identité de classe dans les références culturelles dominantes et « bourgeoises ». Par leur grande vivacité, ces refus ont largement contribué à forger la culture politique du mouvement ouvrier avant guerre et à maintenir ses franges dans une attitude de défiance à l'égard de la République.

L'historiographie s'accorde cependant pour déceler, au début des années 1910, des signes convergents de la décomposition des courants qui les portent. De toutes les formes originales de radicalisation du mouvement ouvrier d'avant guerre, l'antipatriotisme hervéiste est sans doute le plus difficile à saisir. Tribun plébéien et provocateur, entrepreneur de presse et journaliste agité de la bohème révolutionnaire, Hervé est tiraillé entre la fuite en avant, que les conditions de sa popularité à la fois commerciale et révolutionnaire lui imposent, et le caractère naïf et désenchanté de ses positions radicales, dont il perçoit mal les possibilités de concrétisation après en avoir proclamé l'impérieuse nécessité.

Hervé est resté prisonnier du scandale fondateur de la notoriété qu'il a reçue de son article du *Travailleur socialiste de l'Yonne* du 20 juillet 1901, au nom duquel il est accusé d'avoir voulu planter le drapeau français « dans le fumier ». À l'occasion de l'anniversaire de la sanglante victoire napoléonienne de Wagram, le 20 juillet 1809, Hervé avait voulu proclamer sa haine pour toutes les guerres de conquête par cet acte de provocation symbolique et outrancier inspiré par un antibonapartisme d'adolescence. Le scandale est immédiat et considérable : la presse catholique et conservatrice appelle au châtiment du traître à la patrie. Jaurès, dès ce moment, affirme contre les vociférations de la « réaction » qu'Hervé est la victime d'un faux, qu'il ne s'est jamais agi chez lui de renier la patrie, mais d'y aspirer[72]. Jaurès aperçoit d'emblée les contradictions dans lesquelles l'hervéisme s'empêtre bientôt. « C'est pour protéger contre la profanation militariste la majesté du drapeau que vous avez écrit votre article, ironise-t-il ainsi en août 1907, devant l'assistance hilare du congrès international de Stuttgart. [...] C'est la religion blessée du drapeau qui a protesté en vous[73]. » Pourtant, malgré les attaques qu'Hervé subit dans et hors du parti socialiste, Jaurès n'a cessé de défendre sa présence en son sein, pour mieux en domestiquer la force.

Pour Hervé, dans l'immédiat, les mesures disciplinaires accompagnent le succès public. Révoqué de son poste d'agrégé d'histoire en décembre 1901, il élabore progressivement en théorie antipatriotique sa haine sincère et primordiale de tout esprit de conquête. Son socialisme antiparlementaire s'adresse d'abord aux déçus du radical-socialisme, à la petite paysannerie proche par sa misère de la classe ouvrière. Développée dans son livre *Leur patrie* en 1905, la doctrine antipatriote oscille entre l'entreprise subversive envers l'ordre républicain établi et l'appel à la vigilance antiguerrière qui puise audience dans le dégoût de la caserne des jeunes conscrits. À partir de là, Hervé expérimente : entre 1908 et 1911, il décline et agite, sous toutes leurs formes, les potentialités théoriques et pratiques que lui ouvre l'antipatriotisme. En l'espace de quelques années, l'hervéisme récapitule et compromet avec une incohérence sincère les possibilités de révolte que cette idée contient (puisqu'elle postule l'incompatibilité fondamentale entre internationalisme et patriotisme) : l'insurrection armée contre la guerre, la grève non violente des « crosses en l'air », et finalement l'organisation d'un « vrai » parti révolutionnaire antimilitariste.

Les convictions d'Hervé s'érodent cependant au contact des responsabilités que son audience lui confère et des échecs que la réalité lui inflige. Durant sa courte carrière d'insurgé, Hervé est condamné à cent trente-huit mois de prison : il en passe quarante derrière les barreaux. Tel est le prix de sa stratégie : la violence de son ton et l'exemplarité de ses actes devaient en effet secouer l'apathie du « troupeau, d'ordinaire si passif et si avachi, des électeurs[74] ». « Antivotard » décidé, il repousse d'ailleurs tout mandat électif avec une remarquable constance jusqu'à la fin de la guerre. Avec l'accumulation des revers, Hervé s'est pourtant pris à désespérer des masses, pour lesquelles il n'a guère d'aménité, bien qu'il y ait vainement cherché les troupes nécessaires à ses entreprises. Peut-être a-t-il trouvé, dans ce qu'il considère comme un sursaut national en 1914, les raisons d'aimer encore un peuple resté sourd à sa prédication révolutionnaire des années 1900.

L'inclassable « cas Hervé » a poussé les historiens à grossir l'impact de ses idées dans la SFIO. Son audience réelle est difficile à mesurer, mais elle est sans doute restée limitée : quelques sièges à la Commission administrative permanente (CAP) – l'organe de direction administrative de la SFIO –, quelques dizaines de mandats dans les congrès du parti après 1906[75]. Le courant hervéiste n'est pas parvenu à s'installer dans la bureaucratie du parti, pour des raisons à la fois idéologiques et sociologiques. Il recrute ses troupes parmi les salariés et les petits artisans, populations souvent fragiles, protestataires et méfiantes à l'égard des appareils[76]. Mais c'est surtout vers l'anarchisme, allergique aux formes d'organisation socialistes, qu'il s'est tourné pour y puiser l'énergie et les cadres de son mouvement. Souvent jeunes, issus de la bohème journalistique parisienne ou de l'anarcho-syndicalisme, ces derniers partagent l'idéal d'une communauté affranchie, moins de l'argent, que de la morale et de la médiocrité communes.

Les nouvelles prises de position qu'adopte Hervé à partir de 1910 font pourtant éclater la nébuleuse de dévouements et de sympathies qu'il était parvenu à constituer autour de son célèbre journal, *La Guerre sociale*. D'abord prospère, à la suite de sa fondation en décembre 1906, l'organe du « Sans-patrie » voit ses ventes s'essouffler rapidement et se trouve confronté, dès 1908, à un déficit chronique*. Lorsque Hervé prend parti pour les retraites ouvrières en 1910, qu'il abandonne l'insoumission antipatriotique pour le « militarisme révolutionnaire » et l'investissement de l'armée par l'intérieur, les anarchistes et les syndicalistes désertent les rangs. À l'automne 1912, isolé, il est donc contraint de retourner dans le giron du parti, où ses ennemis se sont multipliés, bien qu'il leur propose de « désarmer les haines ». Elles devaient, au contraire, le talonner jusqu'à son exclusion finalement obtenue, avec difficulté**, en septembre 1918[77].

Lorsque des « bruits de guerre austro-serbe » parviennent aux oreilles des socialistes, le 24 juillet 1914[78], le socialisme français est prêt, sous la conduite de Jaurès, à affronter le choc d'une crise internationale. Sans doute est-il rangé en ordre dispersé ; mais il est disposé, dans son immense majorité, à mener sous certaines conditions une guerre défensive contre un ennemi dont il craint que la social-démocratie allemande ne puisse retenir le bras. Ce ne sont donc pas les circonstances qui déterminent le ralliement des socialistes à l'Union sacrée, mais elles ne cessent de déjouer, dans une extrême confusion, leurs prévisions et leurs espoirs. Le choix de la défense nationale n'est pas accidentel, c'est son caractère incondition-

---

* *La Guerre sociale* n'échappe à la faillite qu'avec le tirage des mois de guerre – plus de 100 000 exemplaires vendus à la fin de 1915, avant qu'Hervé ne la rebaptise *La Victoire*, titre en effet plus conforme à son jacobinisme outrancier.

** Par quatre voix contre trois dans la commission de la Fédération de l'Yonne chargée de l'examiner.

nel qui l'est. Ce choix, opéré dans les pires conditions, est devenu une sorte d'origine. Le 1ᵉʳ août 1914, la France socialiste revêt l'uniforme et marche à la frontière, pour une guerre qu'elle espère courte. Elle durera cinquante-deux mois.

2

La France socialiste sous l'uniforme

Pour les socialistes, le choix républicain de 1914 a fonctionné comme un piège. S'il est nécessaire d'en recomposer les circonstances, il faut en mesurer les conséquences. L'exercice, cependant, est difficile : l'événement du 1er août 1914 a tout d'une origine, et ses causes ne peuvent tout à fait en expliquer les effets imprévus.

Les socialistes n'ont pas cru à une guerre longue. Début août 1914, face à l'attaque allemande, ils ont soutenu le cabinet Viviani et voté à l'unanimité les crédits de guerre. Fin août, Marcel Sembat et Jules Guesde, mandatés par la SFIO, entrent au gouvernement – fait sans précédent depuis l'unification de 1905. À l'arrivée de l'hiver 1914, les socialistes sont désormais engagés dans une guerre qui semble sans issue, au moment même où s'expriment, encore isolément, les premières voix qui demandent d'en finir.

Le début de l'année 1915 est une charnière dans l'histoire de la guerre. Le froid et les pertes humaines des premiers mois – les plus meurtriers de tout le conflit – ont dissipé l'élan patriotique de l'été. Il faut désormais produire et tenir. Ces deux impératifs enserrent un mouvement ouvrier confronté, en son propre sein, à la formation d'une opposition qui l'embarrasse. Cette « minorité de guerre », disparate, complexe, ne va cesser de croître, pour s'emparer de la direction de la SFIO en 1918.

Son existence distingue et isole à la fois le mouvement ouvrier. Bien vite, en effet, le grand problème de la guerre, c'est la paix. La censure et l'Intérieur, certes, sont vigilants. La paix, cependant, est le mystère le plus épais de la guerre, puisque rien ne semble permettre de l'obtenir. La victoire paraît improbable, même si la « percée » demeure un espoir du soldat, parce qu'elle rendrait un sens à une épuisante guerre de positions. La négociation, elle, est impossible : elle peine à conquérir, à l'intérieur, une majorité de l'opinion, et les occasions que la diplomatie lui offre sont rares et manquées[1]. La paix est donc le premier clivage qui sépare progressivement les socialistes. La « majorité », jusqu'en 1917, n'a cessé d'affirmer, de concert avec le gouvernement, qu'elle ne pouvait venir que de la victoire ou de la révolution chez l'ennemi – c'est de leur combinaison qu'elle devait effectivement sortir en 1918. Mais elle suspend de ce fait le destin du parti au cours d'un conflit interminable et meurtrier. La « minorité », elle, s'est trouvée forte de l'idée de paix négociée dont les conditions cependant sont toujours demeurées problématiques.

L'autre source à laquelle la minorité a tenté de s'alimenter, c'est le refus de la guerre, cette défiance publique plus ou moins activiste contre l'armée, la censure et l'ennemi indistinct généré par le conflit. Refuser la guerre, c'est « vouloir qu'elle se termine, ne plus vouloir y participer, mettre en œuvre cette volonté[2] ». Ce refus se nourrit de deux logiques : l'une de réticence à la guerre, l'autre de recours illégal à l'indiscipline de la part des mobilisés[3]. La minorité a hésité sans cesse entre ces deux logiques d'action : sans jamais parvenir à en monopoliser la représentation publique, elle s'est arrimée et nourrie avec plus ou moins de bonheur à ce « continuum d'indiscipline[4] » multiforme dont elle a exprimé certaines exigences. La minorité n'a pas cru à la « grève des crosses en l'air » dont la menace avait été vainement agitée avant guerre : si elle a défendu les « droits des soldats », ses chefs, pour la plupart, n'ont jamais considéré qu'il revenait aux combattants de faire la paix par la révolte. La propagande pacifiste répandue par la minorité socialiste et syndicale a pu circuler en contrebande dans les tranchées, les mobilisés gagnés à sa cause ont pu nourrir de leurs idées d'avant guerre le désespoir qui croissait à mesure que le conflit s'éternisait. Mais la minorité n'a pas cherché à prendre la tête du mouvement des mutineries de 1917 : c'est par la pression politique sur le gouvernement qu'elle espérait imposer sa propre conception de la paix.

Les exigences nouvelles de la guerre industrielle ont nourri des tensions permanentes entre les socialistes : la minorité a tenté de se constituer en rempart protecteur des populations exposées à ses conséquences. C'est pourquoi la question ministérielle se situe à ses origines. L'implication des socialistes dans l'effort de guerre, en même temps qu'il leur donne un pouvoir d'influence sans précédent, les rend responsables des privations et des abus qu'il provoque. Les élites socialistes et syndicales sont ainsi soumises à une formidable pression qui en érode la légitimité et en favorise la relève. Les socialistes au pouvoir n'ont pas œuvré pour le socialisme, mais pour la guerre. Cette béance, ouverte par août 1914, devait ébranler profondément les assises fragiles du socialisme unitaire, au point d'en provoquer la rupture. Le mouvement ouvrier offre par là un observatoire exceptionnel à une histoire politique et sociale renouvelée du conflit.

Face à la guerre : le choix républicain de 1914

L'assassinat de Jaurès

C'est dans les heures qui entourent l'événement de la mort de Jaurès, au soir du 31 juillet 1914, que l'histoire du mouvement ouvrier français bascule. Sans doute, ainsi que l'affirme le président de la République Raymond Poincaré, la mobilisation, décrétée le 1ᵉʳ août, « n'est[-elle] pas la guerre ». Mais depuis que la Russie, le 30 juillet, a partiellement mobilisé ses troupes, et que l'Allemagne s'est placée le lendemain matin en « état de danger de guerre menaçant » *(Kriegsgefahrzustand)*, le risque d'un conflit austro-serbe s'est mué en une menace de guerre européenne.

À la différence des socialistes français, les sociaux-démocrates allemands et autrichiens ont immédiatement saisi la portée de l'assassinat de l'archiduc François-Ferdinand d'Autriche par un nationaliste serbe, le 28 juin 1914. Dès le lendemain, Hugo Haase, alors président du groupe parlementaire social-démocrate au Reichstag, considère comme certain un conflit localisé entre l'Autriche-Hongrie et la Serbie[5] – constat lucide qu'un Marcel Sembat ne semble tirer, au vu de ses carnets, qu'autour du 24 juillet. C'est Haase encore qui, lors de la session historique du Bureau socialiste international (BSI) à Bruxelles le 29 juillet, avertit Jaurès et la délégation française que la social-démocratie ne pourra empêcher la guerre générale sur le point d'éclater : « Nous savons que l'Allemagne veut la paix, mais quand la Russie intervient, elle devra bien intervenir à son tour. [...] Si maintenant l'Allemagne entre dans la danse malgré les protestations de la social-démocratie, nous ne nous croyons pas assez forts pour pouvoir l'en empêcher. En tout cas, nous ferons notre devoir[6]. » Quelques jours plus tôt, le directeur de la revue marxiste théorique *Die Neue Zeit*, Karl Kautsky, affirmait que l'abandon de la motion Keir-Hardie-Vaillant signifiait, à terme, la certitude de la scission du parti. En avril 1917, la fondation du parti social-démocrate indépendant (USPD) devait effectivement rompre son unité. Le socialisme français, malgré les tensions qui le traversent tout au long de la guerre, est parvenu pour sa part à la conserver, au moins jusqu'en 1918.

De retour de Bruxelles le 30 juillet en fin de journée, la tâche la plus pressante consiste pour Jaurès à accentuer la pression sur le gouvernement français – dont il continue cependant d'affirmer la « volonté de paix » – afin d'imposer la médiation anglaise et de contrecarrer les intrigues russes*. Tel est le sens de sa visite au Quai d'Orsay, dans l'après-midi du 31 juillet, où il ne parvient qu'à rencontrer le sous-secrétaire d'État aux Affaires étrangères, Abel Ferry. C'est « contre les ministres à la tête légère[7] » qu'il voulait rédiger, de retour à *L'Humanité* dans la soirée, l'article qui, selon l'expression équivoque de Marcel Cachin, « devait dégager la responsabilité de notre parti[8] ». Cet article, on le sait, n'a pas été écrit. Vers 21 h 30, alors qu'il achève de dîner, Jaurès est abattu de deux balles par un jeune nationaliste de 28 ans, Raoul Villain. Au moment où les événements se précipitent, la SFIO est décapitée.

La CGT est tout aussi désemparée. Dépourvue, nous l'avons vu, d'une véritable stratégie concertée et majoritaire en son sein, elle s'est très vite rangée derrière Jaurès. Le 28 juillet, elle affirme ainsi dans un manifeste que « les gouvernements de ce pays ont le peuple français avec eux si, comme on le dit, ils travaillent sincèrement pour la paix[9] ». La formule, moins qu'enthousiaste, n'en est pas moins claire : la CGT accepte de prêter sa force à la stratégie jaurésienne, non d'ailleurs sans une certaine méfiance résiduelle. De multiples signes laissent penser qu'elle s'efforce de pousser Jaurès à une action plus ferme. Le 31 juillet, Jouhaux tente ainsi de le convaincre d'avancer au 2 août la manifestation prévue pour l'ouverture du congrès international le 9, mais sans succès[10]. La CGT en est réduite à occuper le rôle supplétif que Jaurès avait prévu pour elle dès 1908 : « Garder [les socialistes] contre

---

* L'article bien connu de Marcel Cachin dans *L'Humanité* du 1ᵉʳ août est sans ambiguïté à cet égard : « Notre pays [selon Jaurès] a le droit de demander à son alliée d'aller aussi loin que possible dans la voie indiquée par l'Angleterre, il faut dire que la Russie accepte la proposition anglaise, sinon la France a le devoir de lui dire qu'elle ne la suivra pas, qu'elle restera avec l'Angleterre. Si cette pression n'est pas faite énergiquement, vigoureusement, alors c'est l'irréparable qui va s'accomplir, et la responsabilité du gouvernement va être terriblement engagée. » Marcel Cachin, « La dernière démarche de Jaurès était pour la paix », *L'Humanité*, 1ᵉʳ août 1914.

les déviations, en [les] rappelant toujours à l'intégrité de la pensée ouvrière, condensée par le syndicalisme[11]. »

Le mouvement pacifiste s'est pourtant assez vigoureusement enclenché à son appel au soir du 27 juillet, sur les grands boulevards parisiens ; mais il semble s'essouffler deux jours plus tard. La mobilisation pacifiste est inégale, elle n'est pas non plus sans rencontrer d'opposition[12]. Mais à aucun moment la CGT, à l'exception d'une minorité en son sein, n'a entendu surenchérir sur l'action socialiste. Cette ligne est réaffirmée le soir du 31 juillet, lors de la réunion de la Commission confédérale nationale devenue historique moins par ce qu'il s'y est dit que par le moment où elle se déroule – alors même que Jaurès succombe. Jules Bled en effet, dans une intervention « très remarquée » selon l'indicateur de police qui la rapporte, affirme que « la CGT doit négliger toutes ses décisions contre la guerre. Ce n'est pas le moment d'effrayer, par des déclarations incendiaires, tous ceux qui sont partisans de la paix. Si le PSU décide un manifeste, la CGT ne doit pas gêner l'action des socialistes. Il faut remiser les décisions antimilitaristes des congrès confédéraux, et signer toutes les déclarations du PSU[13] ». En décidant de « seconder » l'action de Jaurès, la CGT s'est en effet interdit de demeurer fidèle aux principes qu'elle avait proclamés, mais dont la révision était en réalité engagée dès la fin des années 1900. Les nécessités de l'action commune et le démantèlement partiel et progressif du dogme syndicaliste révolutionnaire ont imposé à Jouhaux une telle ligne de conduite. Le dialogue manqué avec les Allemands aussi : le choix était impossible entre un ralliement inavouable, avant l'heure, à la défense nationale[14] et un suicide insurrectionnel inacceptable pour une organisation représentative.

Jusqu'à l'heure fatale, Jaurès n'a cessé de resserrer l'étau pacifiste autour du cabinet Viviani – il faut le dire, sans grand résultat. L'« article décisif » auquel Cachin fait référence, le lendemain de la mort du tribun, devait sans doute marquer un pas supplémentaire dans le siège du gouvernement qu'il a entrepris. Dans son dernier éditorial, le 31 juillet, il estime encore que « le péril est grand mais pas invincible[15] ». Qu'aurait fait Jaurès, s'il avait vécu ? Dès 1914, cette question s'est trouvée investie d'un enjeu à la fois politique et identitaire. Sa stratégie empruntait à l'évidence un étroit chemin : sans en contrarier la volonté de paix, il ne fallait pas laisser le champ libre à un gouvernement d'aventure, mais le contraindre à soutenir une éventuelle médiation anglaise, proposée par Lord Edward Grey quelques jours plus tôt. À l'inverse, l'« action ouvrière » – le mouvement pacifiste populaire – ne devait pas céder à l'« affolement » et recourir à la force inorganisée, mais montrer dans sa détermination à empêcher la guerre le même sang-froid que Jaurès exigeait des chancelleries. Jusqu'où ce déni de responsabilité, nécessaire à la préservation de l'intégrité morale du parti, pouvait-il aller, dans son esprit, à la veille de la mobilisation générale ? Considérait-il alors la guerre comme certaine, contrairement à ce que laisse penser son dernier éditorial dans *L'Humanité* ? Jusqu'où entendait-il pousser les exigences du « devoir socialiste » ? Ces questions, condamnées à rester en suspens, ont habité la mémoire ouvrière pendant des décennies.

La politique de confiance du gouvernement Viviani

Le gouvernement Viviani s'est trouvé, pendant ces jours fatidiques, en réelle difficulté devant le harcèlement jaurèsien. Jaurès, certes, avait reconnu à maintes reprises sa « volonté de paix ». Mais devant Ferry, le 31 juillet, il avait semblé la remettre en question. C'est en effet sur le terrain de la responsabilité de la guerre qu'il a entendu affronter le gouvernement. La cohésion comme la légitimité de ce dernier dépendent alors, à l'évidence, du sentiment général dans l'opinion que la guerre devait être juste et défensive. Aucun dirigeant politique, en effet, ne peut envoyer des soldats au combat en leur demandant de risquer leur vie et de tuer d'autres individus sans les assurer de la justice de leur cause et de l'injustice de celle de leurs ennemis[16]. Le président de la République, Raymond Poincaré, le suggère dans une lettre adressée en mars 1918 à Marcel Sembat, à la suite d'un incident de vote à la Chambre : « Vous ne mettrez pas en doute que, d'accord avec le gouvernement de 1914, j'ai fait tout ce qui était en mon pouvoir pour éviter la guerre[17]. » C'est pourquoi Viviani et son gouvernement ne pouvaient s'aliéner la grande voix de Jaurès qui lui était encore acquise.

La légitimité du gouvernement sort cependant immensément renforcée de cet affrontement, dénoué brutalement par Villain le 31 juillet. Scellée sur la tombe du tribun le 4 août, alors que l'armée allemande envahit la Belgique sans déclaration de guerre, l'« Union sacrée » emporte avec elle le ralliement des organisations ouvrières à la défense nationale. Quelles qu'aient été, jusqu'à l'assassinat de Jaurès, les réserves et les conditions que la SFIO et la CGT entendaient y mettre, le choix de 1914 s'est imposé dans les pires circonstances.

Deux hommes ont œuvré à ce dénouement inattendu : le président du Conseil, René Viviani, et le ministre de l'Intérieur, Louis-Jean Malvy. Viviani, d'abord : c'est lui qui, avec une immense habileté, annexe la figure de Jaurès à la défense nationale, par deux gestes décisifs – lorsqu'il rend hommage, dans sa célèbre affiche du 1er août placardée dans toute la France, au « républicain socialiste qui a lutté pour de si nobles causes et qui, en ces jours difficiles, a, dans l'intérêt de la paix, soutenu de son autorité l'action patriotique du gouvernement[18] », puis dans son discours du 4 août, devant le catafalque dressé avenue Henri-Martin, pour appeler « tous les Français à l'union, à l'apaisement national, à la concorde suprême. Le puissant tribun, s'il pouvait se lever frémissant, ne tiendrait pas un autre langage[19] ». En quelques mots, Viviani dicte pour longtemps au mouvement socialiste sa politique de temps de guerre.

Les fondements de cette « politique de confiance », acceptée par les majorités de la SFIO et de la CGT jusqu'en 1917, ont été jetés par le ministre Louis-Jean Malvy dès le 31 juillet, lorsqu'il prend la décision de suspendre le

Carnet B[20]. Ce célèbre « carnet » est en fait un répertoire, régulièrement tenu à jour par les services de police, où sont inscrits environ 2 500 individus, d'origine française ou étrangère, considérés comme « suspects d'espionnage » ou « dangereux pour l'ordre social »[21]. Constitué dans les années 1880, il est devenu, avec les nouvelles instructions ministérielles de 1909, un instrument policier pour empêcher tout sabotage de la mobilisation militaire en cas de guerre. Les individus fichés devaient être arrêtés préventivement pour que ne puisse être enrayée l'immense machine administrative destinée à placer plusieurs millions d'hommes sous les drapeaux.

À la veille de la guerre, toute la direction de la CGT y figure. Dans les jours qui précèdent la mobilisation, l'inquiétude est palpable dans ses rangs[22]. À l'évidence, ces dispositions rigoureuses condamnent à l'échec tout mouvement organisé contre la mobilisation. Au gouvernement, le ministre de la Guerre lui-même, Adolphe Messimy, est un solide partisan de leur application immédiate, réclamée par une partie de l'état-major. Au Conseil des ministres, la force de ce « parti », qui peut s'appuyer sur la presse nationaliste, n'est pas négligeable. Mais Louis-Jean Malvy, placé à l'Intérieur depuis la démission de Joseph Caillaux en mars 1914, pense que l'application du Carnet B serait une mesure dangereuse et inopportune. Dangereuse, parce qu'elle provoquerait artificiellement une indignation ouvrière dont, pour l'heure, il ne perçoit nullement les signes. Inopportune, parce qu'elle briserait la concorde nationale dont il est, avec Viviani, l'ardent avocat.

Cette conviction est-elle le fruit de tractations avec les leaders du mouvement ouvrier, ou s'agit-il plutôt d'un élément risqué d'une stratégie audacieuse ? Ces deux explications ne sont pas incompatibles[23]. Mais c'est sans doute Malvy qui, bien informé, décide de sa propre initiative, le 31 juillet à 16 heures, d'adresser aux préfets un premier télégramme chiffré qui suspend l'application intégrale du dispositif du Carnet B. « L'attitude actuelle des syndicalistes et des cégétistes, écrit-il, permet de faire confiance à tous ceux d'entre eux qui y sont inscrits[24]. » Ces instructions, cependant, ne semblent pas encore assez claires pour prévenir toute action discrétionnaire des préfets. Le soir même, lors d'une nouvelle réunion du Conseil des ministres, Malvy persiste dans sa décision, malgré l'inquiétude provoquée par la mort de Jaurès et la crainte d'une « révolution sur les boulevards » exprimée par le préfet de police Célestin Hennion. Conforté par les décisions de la direction de la CGT, dont la réunion s'est achevée à 22 h 30, Malvy décrète le 1er août à 1 heure du matin, dans des termes désormais sans équivoque, la suspension du Carnet B[25]. La « politique de confiance » qui devait régir les rapports entre l'Intérieur et les « majoritaires » socialistes et syndicalistes jusqu'en août 1917 vient de naître. Malvy l'a résumée d'une formule efficace : assurer « à la France démocratique le maximum de liberté compatible avec la défense nationale[26] ». Pour le mouvement ouvrier français, désormais mobilisé pour l'effort de guerre, cela signifie, bien plus encore qu'en temps de paix, un régime étroit de liberté surveillée.

Le succès de la mobilisation militaire, décrétée par Messimy le 1er août à 16 heures, confirme bientôt la politique engagée par Malvy. À l'encontre des prévisions catastrophiques de l'état-major, la France se mobilise sans enthousiasme, mais en bon ordre[27], contre ce qui apparaît unanimement comme une agression allemande caractérisée. L'insoumission, tant redoutée par l'état-major, est faible, voire marginale. Elle concerne moins de 2,5 % du contingent mobilisé entre 1914 et 1922, alors même que les exemptions, sur la même période, n'ont cessé de reculer devant le manque croissant d'hommes[28]. Parmi ces réfractaires à l'ordre militaire, l'insoumission idéologique est plus marginale encore. La « grève des crosses en l'air » et la résistance armée à la mobilisation, agitées par les militants les plus radicaux, ne se sont pas produites. Le mouvement ouvrier s'est soumis à l'ordre de mobilisation.

L'expérience de la mobilisation vécue par la masse militante socialiste et syndicale est longtemps restée difficile à documenter. Elle ne s'est pas opérée, on le sait, dans l'enthousiasme. Mais l'état de l'opinion socialiste en août 1914 est longtemps demeuré opaque. L'ouverture progressive de nouveaux fonds d'archives, où reposent de très nombreuses correspondances, permet désormais de préciser ou de nuancer les conclusions d'une historiographie qui, sur ce point, est restée inchangée depuis les travaux de référence de Jean-Jacques Becker à la fin des années 1970[29]. À travers ce corpus inédit ou renouvelé, la mobilisation de la France socialiste apparaît plus ambiguë dans ce qu'elle a de spontané, et plus résignée et plus inquiète dans ce qu'elle comporte de contrainte. Pour la plupart des socialistes, comme pour l'immense majorité des Français, la condition de soldat était à la fois involontaire, partielle et provisoire[30]. L'incontestable élan patriotique qui traverse le mouvement ouvrier en 1914 s'accompagne d'une crise de la conscience socialiste dont les effets à retardement sont décisifs pour comprendre la naissance des minorités en son sein à l'issue du premier hiver de guerre.

La mobilisation socialiste

À 22 h 30, le 31 juillet, le jeune militant Jean Texcier se trouve gare de l'Est, de retour de la réunion de sa section « où les révolutionnaires de [son] quartier, écrit-il dans ses notes consignées le jour même, ont enterré leurs illusions » : « C'est la guerre européenne presque inévitable, quelque chose d'immense et de barbare qui déconcerte, désarme et nous fait apparaître comme des pygmées. Où sont les déclarations d'antan [?] [...] Où sont les menaces : grève générale, insurrection [?]. On est stupide, angoissé, désorienté. C'est un *nostra culpa* que nous avons fait ce soir[31]. » Né en 1888 à Rouen, employé du ministère du Commerce entré à la SFIO en 1909, Texcier manifeste un désarroi qui s'accroît encore lorsqu'il apprend, dans le tramway, la mort de Jaurès. Il se rend immédiatement au siège de *L'Humanité* où s'est rassemblée une foule instable et anxieuse que seules les paroles du député socialiste Joseph Lauche – « Retournez donc chez vous en silence et pas de manifestations : à dimanche ! » – parviennent à disperser.

Le dimanche 2 août, Texcier assiste en effet, salle Wagram, au meeting des socialistes de la Fédération de la Seine organisé à l'origine pour entendre le compte rendu de la délégation française au Bureau socialiste international. Le départ des mobilisés, entamé la veille, n'a pas encore trop éclairci les rangs de l'auditoire, mais l'objet de la réunion n'est déjà plus à l'ordre du jour, sous la pression des événements. Dans la foule, Texcier rencontre le journaliste Louis Perceau, collaborateur, comme lui-même l'a été, de *La Guerre sociale* de Gustave Hervé : « Que voulez-vous, [*La Guerre sociale*] va disparaître, lui dit Perceau. Tissier est parti, Rouve est parti, Israël est parti, les autres sont partis, Hervé est fou. Je ne peux tout de même pas faire paraître *La Guerre* à moi tout seul. D'autant plus que je ne suis pas d'accord avec Hervé. Je n'ai jamais été très patriote, je ne le serai sans doute jamais. Ils sont tous illuminés[32]. » Bientôt, l'annonce de la violation de la neutralité du Luxembourg suscite la consternation dans la salle. Les orateurs se succèdent à la tribune – Louis Dubreuilh, Édouard Vaillant, Marcel Cachin, Marcel Sembat –, tous vont dire la même chose : « Il faut défendre nos libertés, il faut sauver la nation menacée, défendre le socialisme et la Révolution en défendant la France attaquée », comme le demande Dubreuilh, secrétaire général de la SFIO depuis 1905. « Nous restons ce que nous avons toujours été, des socialistes internationalistes, affirme Sembat. [...] Camarades, beaucoup d'entre vous sont partis. Vous partirez à votre tour et vous saurez que le parti socialiste est avec vous. Ce n'est pas une guerre de revanche. Nous défendons notre territoire menacé, c'est la guerre contre l'impérialisme allemand et non contre le peuple allemand. [...] Nous défendons notre liberté mais nous ne voulons pas attenter à la liberté des autres ! C'est votre devoir de le rappeler à tous ceux qui s'enivreraient dans le combat[33]. »

Dans ces journées décisives, les socialistes improvisent leur ligne officielle sur un socle de principes resté cohérent jusqu'à son démantèlement progressif en 1917. La guerre française est défensive : elle est un malheur nécessaire, car la survie de la nation et de l'idéal socialiste est en jeu. La paix ne saurait être obtenue sans victoire sur l'impérialisme wilhelmien. La social-démocratie allemande a trahi sa vocation, puisqu'elle a soutenu sans s'y opposer une guerre d'agression caractérisée. La guerre française est juste, parce qu'elle est une guerre de libération des peuples menée sans haine ni esprit d'annexion.

La distinction scolastique opérée par les socialistes entre le peuple allemand et son Kaiser – « un terrain », selon Jean Longuet, où tous les socialistes sont « facilement d'accord[34] » – est un élément essentiel de la politique et de la diplomatie des « majoritaires » socialistes pendant la guerre. Elle permet de rejeter la responsabilité de la guerre sur l'Allemagne et de soumettre les sociaux-démocrates outre-Rhin à une pression morale continue pour qu'ils agissent contre leur « gouvernement criminel ». Mais elle contraint en même temps les socialistes à témoigner d'une vigilance extrême à l'égard des buts de guerre de l'Entente, qu'ils doivent confiner dans d'étroites limites menacées sans cesse par les concessions diplomatiques du gouvernement français à ses alliés. Leur révélation progressive en 1916 provoquera, au sein des comités secrets de la Chambre, de violents affrontements parlementaires et l'embarras croissant des socialistes.

La minorité, dont Longuet devait prendre la tête quelques mois plus tard, éprouvera de grandes difficultés pour déjouer cette argumentation. Elle comporte, en effet, une interprétation sous-jacente des causes du conflit. Pour certains militants, la sympathie envers l'Allemagne est le critère qui, après la « trahison » sociale-démocrate de 1914, sépare la SFIO en deux parties inégales. Au printemps 1915, la conscience d'un « reclassement » général des hommes et des tendances au sein du parti se répand dans l'entourage de Jules Guesde. L'instituteur Jacques

Lamaison l'écrit à ce dernier, le 3 avril 1915 : « Pour les uns, le conflit a surgi des ambitions rivales du Capitalisme ; pour les autres, les besoins dynastiques et la foi en son étoile d'une race orgueilleuse ont amené la Catastrophe[35]. » Le sens qu'il convient de donner à l'« impérialisme » s'installe au cœur du débat socialiste. Le printemps 1915, de ce point de vue, est une charnière dans le cours de la guerre. Au silence consterné de quelques-uns, à la résolution résignée ou active de l'immense majorité des autres, succèdent l'attente, l'inquiétude, la routine.

Les socialistes et le « devoir patriotique »

Le mouvement socialiste est traversé, dans les premières semaines du conflit, par un véritable élan patriotique. Mais cet élan n'est exempt ni de prudence ni de réserves. L'engagement volontaire est un critère souvent évoqué pour illustrer la résolution générale de 1914. Avec 71 000 engagés volontaires en 1914, dont 44 000 « pour la durée de la guerre », le mouvement, incontestable, n'en est pas moins marginal : rapporté aux 3,8 millions d'hommes requis par l'ordre de mobilisation, dont plus de 2 millions en première ligne, le volontariat doit, pour être compris, être évalué dans ses justes proportions. Dans la France de 1914, il n'est pas nécessaire de vouloir la guerre pour devoir la faire[36] : les États modernes mobilisent leurs citoyens plus ou moins contre leur gré, qu'ils élaborent ou non des justifications de leur consentement. C'est le mystère de l'été 1914 : pour l'avoir trop méconnue et tacitement acceptée, les Français, et parmi eux les socialistes, reconnaissent néanmoins l'existence d'une entité qui légitime l'acte de tuer et réclame le sacrifice anticipé de soi. Le cas de l'écrivain et journaliste Henri Barbusse, qui n'est pas encore devenu l'auteur du célèbre roman *Le Feu. Journal d'une escouade* publié en 1916, est souvent sollicité pour illustrer l'acte d'engagement d'un sympathisant socialiste.

Le 9 août 1914, Barbusse, alors âgé de 41 ans, adresse à *L'Humanité* une prière d'insérer par lequel il entend « être compté parmi les socialistes antimilitaristes qui s'engagent volontairement[37] ». La guerre, selon lui, est « une guerre sociale [...] dirigée contre nos vieux ennemis infâmes de toujours : le militarisme et l'impérialisme, le Sabre, la Botte, et [...] la Couronne ». Aussi Barbusse épouse-t-il cette « espèce extrêmement nationale de pacifisme guerrier[38] » qui caractérise, au début du conflit, la conception socialiste de la guerre juste et civilisatrice de la France. Sa lettre du 9 août, cependant, n'est pas seulement un acte individuel d'engagement, parce qu'il faut « en être », comme la plupart des hommes plus jeunes que lui. La publicité qu'il entend donner à cet acte, lui qui n'est pas militant socialiste avant 1914, est aussi significative que l'acte lui-même. Elle permet de fixer, au seuil du danger, les principes au nom desquels il prétend combattre. Faut-il penser, avec Roland Dorgelès, que Barbusse avait le sentiment de « sacrifier bien peu de chose », sinon un « petit bagage d'idées », à « la mission de défendre des siècles de grandeur et de retailler les empires avec plus d'équité[39] » ?

Barbusse, en tout cas, n'a pas entendu se soustraire au combat. Versé dans le service auxiliaire* en raison de son âge, il est transféré à sa demande dans l'active, au sein du 231ᵉ régiment d'infanterie (RI) à partir de décembre 1914, pour rester en première ligne, comme simple soldat, jusqu'en juin 1915 : il a d'ailleurs refusé de devenir chef de section, comme d'être ramené dans la Territoriale**. Brisé par la dysenterie, il est nommé brancardier, puis, après un nouvel accès de maladie, secrétaire d'état-major au 21ᵉ corps d'armée (CA) en janvier 1916. Henri Barbusse aura donc connu la guerre dans la boue comme dans les bureaux. C'est cette expérience qui, lorsqu'il entame l'écri-

---

* Le service auxiliaire regroupe les hommes inaptes au service armé, mais mobilisés dans des services sédentaires, civils ou militaires, de la zone de l'intérieur.

** La Territoriale regroupe les hommes mobilisés âgés de plus de 34 ans, qui sont affectés dans des régiments d'infanterie territoriaux (RIT)

ture du *Feu* en mars 1916, l'incite à méditer sur « cette sorte de crise de folie collective qui, momentanément, en 1914 et 1915, a recouvert l'humanitarisme, l'a noyé, anéanti comme sous un raz-de-marée[40] ». L'expérience combattante devait subsister, après guerre, comme une structure fondamentale de son identité publique et civile.

L'estime de soi est un élément central de la conception que les hommes ont de leur propre « devoir ». Intégrée par le mobilisé à l'appareil de justification morale de sa présence au front, elle pousse bien des combattants à réclamer leur versement dans l'infanterie et dans l'active pour « en être », comme les autres. Le docteur Paul Clergeau, médecin de sa commune natale de Varennes-en-Gâtinais (Loiret), où il revient communiste après la guerre pour exercer, en 1932, des responsabilités dans le rayon* de Montargis, est âgé de 37 ans au déclenchement de la guerre. En janvier 1915, il sollicite Marcel Sembat pour obtenir son transfert dans l'infanterie, afin d'exercer les fonctions de médecin-major de bataillon, ce qui revient, dans les conditions de combat de 1914, à réclamer un poste exposé.

> J'ai simplement à vous remercier de nouveau, écrit-il au ministre socialiste quelques mois plus tard, de l'aide très efficace que vous m'avez apportée lorsque je sollicitais, en janvier, la faveur d'aller promener ma curiosité et ma crise d'enthousiasme au pays des marmites. Depuis avril, j'ai eu cette satisfaction de vérifier mon invulnérabilité et de parcourir des kilomètres de tranchées dans la Somme, puis à Beauséjour, puis à Ville-sur-Tourbe en qualité de médecin-major de bataillon. Je vous dirai peut-être un jour la moisson de souvenirs bons ou mauvais que j'ai collectionnés aussi près que possible des champs de gloire et de tuerie. Au moins j'ai eu quelquefois l'impression d'être utile à mes pauvres poilus et j'ai conquis, sans trop de détérioration physique, le droit de

---

* Un rayon est une subdivision de l'organisation du parti communiste : il regroupe les différentes cellules (d'usine ou de quartier) d'une localité.

redire demain « Guerre à la guerre ! » dénonçant les mufleries religieuses ou politiques qui n'ont pas désarmé, croyez-le bien, mon cher ami. Pour l'instant, je suis ce que j'ai voulu être : un poilu parmi les autres poilus[41].

Le soldat de 1914 – si tant est qu'il existe sous cette expression générique – n'est jamais un homme seul : soumis à l'immense contrainte sociale et sexualisée du devoir, entouré par ses camarades avec lesquels il entretient une solidarité à la fois vitale et forcée, le poilu est sans cesse tenu de justifier son assignation au front.

L'impossibilité d'« en être », à l'inverse, plonge dans le désarroi les hommes écartés du sort commun. Le cas de l'anarchiste Roger Cibot, dit Sadrin, est significatif à cet égard. Celui-ci avait été condamné, le 31 décembre 1905, à cinq années de réclusion pour avoir signé une affiche placardée par l'Association internationale antimilitariste (AIA), alors dirigée par le rédacteur à *La Guerre sociale* Miguel Almereyda et le syndicaliste Georges Yvetot. Insoumis en 1914, Sadrin décide, « lors de la déclaration de guerre, en raison des causes qui la motivait », de rejoindre son corps, « escomptant d'aller à la frontière lutter contre l'impérialisme allemand » : « Je mettais par là vingt années de propagande antimilitariste sous mes pieds et si je n'abdiquai pas mes idées premières, je partais sans arrière-pensée heureux d'apporter dans la lutte mon effort à l'effort commun[42]. » Mais, poursuivi pour émission de fausse monnaie, il est placé dans une section disciplinaire à Orléans, d'où il adresse à Marcel Sembat une demande de réintégration dans l'active. Le militant syndicaliste Paul Dassonville, lui aussi insoumis, est confronté aux mêmes difficultés après s'être présenté à son bureau de recrutement à Abbeville. Versé au 128ᵉ RI, il est accusé d'avoir tenu, le 29 juillet, des propos antimilitaristes lors d'un meeting dans la Somme, pour lesquels il est arrêté le 13 août. « Cette situation me confond, écrit-il à Sembat, c'est librement que je me suis rendu au corps où j'étais soldat au même titre que les autres, c'est librement que je devrais rejoindre mon régiment actuellement en Bretagne. Voilà près d'un mois que nous sommes en guerre, j'aurais pu faire mon devoir comme les autres[43]. »

La situation dans laquelle se trouve le militant socialiste arrageois Raoul Gillet est plus significative encore. Arrêté pour délit de presse le 18 juillet 1914 et écroué à la prison d'Arras, libérable le 16 septembre, Gillet est cependant maintenu sous les verrous en compagnie d'autres individus arrêtés préventivement lors de la mobilisation, en violation de la suspension du Carnet B. C'est sa compagne qui, le 11 septembre 1914, sollicite l'intervention de Marcel Sembat pour « demander, bien qu'il fût réformé n° 2, [...] d'être rendu à la liberté pour l'enrégimenter et aller à la frontière repousser l'ennemi ». Ses motivations, cependant, ne sont pas uniquement morales : sous le couvert du langage patriotique se dissimulent le besoin et la hantise de la misère. « À la veille de me trouver sans ressources, dans l'impossibilité de trouver du travail quel qu'il soit à Arras, et n'étant point mariée, écrit-elle, je ne pourrai espérer aucune indemnité, c'est donc dans la misère que me réduirait la décision de l'autorité militaire[44]. » La France en guerre n'a donc nullement oublié le langage, parfois sordide, des intérêts. Roger Picard, sympathisant socialiste et secrétaire d'administration de la *Revue socialiste* entre 1910 et 1914, le constate avec une noire ironie en mai 1915 : « Les deniers de l'État sont moins sacrés que jamais après la dépense souvent prodigue qu'on en aura vu faire au cours de la guerre ; on jouera du bien de famille saccagé ou du moignon pour revendiquer indemnités et pensions[45]. » Le paiement de l'impôt du sang réclamé par la République ouvre des droits sur l'État, chargé de compenser matériellement les sacrifices consentis.

Les socialistes et le « devoir patriotique »

Le langage du devoir est-il, pour autant, un apanage des élites culturelles et sociales, qu'elles soient ou non républicaines ? L'historien Frédéric Rousseau le considère comme le produit des représentations des élites culturelles de l'arrière, imposées à une masse de soldats socialement dominés[46]. La discussion du cas de l'anthropologue socialiste Robert Hertz, élève d'Émile Durkheim et de Marcel Mauss tué le 13 avril 1915, à 33 ans, après s'être porté volontaire pour être versé de la Territoriale dans la réserve d'active, s'est concentrée sur les déterminations sociologiques de la rhétorique du devoir[47]. Hertz a été attiré avant guerre par les jeunes sciences sociales où l'avenir semblait ouvert à une relève étudiante inquiète d'élaborer une « utopie scientifique salvatrice » d'une certaine crise de la modernité[48]. En 1914, la guerre lui apparaît comme une expérience du sérieux de la vie qui rachetait les errements d'une existence antérieure prétendument frivole. Elle sonne aussi l'heure, pour une part significative des Juifs de France – 180 000 en 1914, à peine 0,5 % de la population –, de manifester leur dévouement patriotique : un quart des volontaires de 1914 seraient juifs[49]. Le sentiment, exprimé le 28 août 1914, « d'éprouver [son] courage » sous le regard des autres combattants[50], aiguisé par l'expérience de son isolement culturel et hiérarchique dans la troupe – le lieutenant Hertz devait être tué avec tous les officiers de sa compagnie lors de la première attaque à laquelle il participe –, rend son témoignage à la fois exceptionnel et profondément singulier.

D'autres intellectuels socialistes ou sympathisants, comme l'écrivain juif Jean-Richard Bloch, ont endossé avec rigueur les nécessités du devoir. Né en 1884, secrétaire de la Fédération socialiste de la Vienne en 1911, Bloch est mobilisé comme caporal en août 1914 : trois fois blessé, il est démobilisé après Verdun. Celui-ci a fixé son attitude devant la guerre très précocement, et l'a défendue chaque fois que nécessaire face aux doutes de ses correspondants : « Curieux, qu'en ce pays, on ne puisse faire son métier [de soldat] avec conscience sans être traité de maniaque. Du jour de la mobilisation, la guerre est devenue la forme de notre métier de citoyen. Elle en est devenue l'aspect horrible[51]. » Déçu par les minoritaires – un milieu « de réformés et d'inaptes » qui l'irrite[52] –, il n'en adhère pas moins, en 1917, au wilsonisme, avant d'être attiré, non sans réserve, par le jeune parti communiste qu'il quitte dès 1923. Lui qui, avant guerre, avait affirmé, en s'inspirant de Tolstoï : « servir a été le mot d'ordre de notre jeunesse[53] », prolonge cette expérience de servitude volontaire par le don résolu de lui-même, en un « nouveau jeu de la vie », à la défense nécessaire de la « nationalité ».

Quelle est, cependant, la représentativité de Hertz ou de Bloch ? Les contre-exemples existent de jeunes hommes dont les lectures ou les pratiques de vie ne déterminent en rien une attitude sacrificielle devant la guerre ou un sentiment patriotique particulièrement enraciné. Il n'est pas nécessaire, en effet, d'imputer aux soldats d'ardents sentiments patriotiques pour comprendre leur soumission à l'impératif du devoir national : il existe au contraire un rapport ordinaire au conflit qui ne suppose pas une adhésion volontaire et articulée au système de sens qui le justifie. Ainsi d'Henry Dispan de Floran, âgé de 32 ans en 1914. Ce jeune docteur en droit – il a soutenu en 1912 une thèse sur les *workhouses* anglaises – est membre de la SFIO comme son père Louis, un notable socialiste de banlieue rouge, professeur d'anglais au lycée Lakanal et président de la section de la Ligue des droits de l'homme de L'Haÿ-les-Roses. En 1913, Henry est devenu rédacteur à *L'Humanité*, en charge de la rubrique sportive, après avoir participé aux côtés d'Henri Barbusse à l'hebdomadaire sportif *La Vie au grand air*.

Dès le 8 août 1914, le jeune homme, versé au 231e RI – le régiment de Barbusse –, s'efforce d'éviter la première ligne par l'exploitation d'un filon efficace : « La chance a voulu que j'y rencontre un ami aide-major qui m'a fait prendre comme infirmier. Me voilà donc non-belligérant et armé seulement d'un sabre de sergent de ville. Je m'ennuie à mourir et il me semble que cette détestable aventure ne prendra jamais fin. Et rien n'est, pour ainsi dire, commencé[54]. » Jusqu'à sa désignation comme soldat signaleur en mai 1917, Henry Dispan de Floran traverse la guerre sans porter un fusil : à sa mort en mai 1918, il est probable qu'il n'ait jamais tiré un coup de feu. Son dégoût précoce pour la guerre semble s'ancrer dans des convictions non violentes inspirées sans doute par un traumatisme de jeunesse, plus que par les idées tolstoïennes pourtant très en vogue depuis les années 1890.

Envahi par l'ennui et le « cafard », Henry, muni à cet effet de fausses prescriptions, tente, en décembre 1914, de gagner l'arrière pour rendre visite à sa famille. Contrôlé par la gendarmerie, il est traduit en conseil de guerre et condamné à deux ans de prison avec suspension de peine, qu'il effectue au front, au gré d'affectations plus ou moins exposées[55]. Ses carnets et ses lettres racontent une guerre passée dans l'attente anxieuse de son terme improbable, dans la promiscuité avec des combattants pour lesquels il n'a guère de sympathie. Replié sur un refus intime mais profond de la guerre, Henry n'a de cesse de la fuir par tous les moyens, légaux et illégaux, pour échapper à la mort qu'il juge certaine. Après sa condamnation de 1914, il cherche à obtenir une réhabilitation qui lui permettrait d'être retiré du front par la voie hiérarchique. Les citations et la croix de guerre qu'il gagne pour son courage au feu sont destinées à restaurer les conditions d'une éventuelle sortie du conflit conforme aux règles bureaucratiques de l'institution militaire. Mais l'hostilité de certains officiers à son encontre et le resserrement des dispositifs de relève des effectifs à partir de 1915 anéantissent ses efforts. Il lui reste donc à protester – il envoie ainsi avec d'autres camarades une pétition au député Henri Roux-Costadau en septembre 1916 – ou à gagner la protection de sa hiérarchie. Il scrute, mi-réjoui, mi-désespéré, les progrès de l'indiscipline dans l'armée : « Les soldats, écrit-il à sa mère le 27 juillet 1915, sont trop matés par une discipline de fer. [...] Mais je crois au sérieux chambard pour le retour des troupes. [...] Quant aux chefs du Parti socialiste, ils peuvent se préparer à une jolie culbute. [Par] tous les soldats appartenant au Parti et avec qui j'ai pu causer, ils sont tout simplement considérés comme des traîtres dont il faudra faire justice au retour[56]. » Sa répulsion à l'égard de la gérontocratie patriote responsable du « massacre » ne cesse de grandir et l'incite à accorder une grande attention aux actions et aux discours des socialistes minoritaires à partir de la fin de 1916 : c'est dans la protestation contre la guerre de cette jeune relève militante qu'Henry reconnaît ses aspirations.

Ajoutée au large registre de ses pratiques d'évitement du combat et à son aversion immédiate pour les armes, la révolte intérieure d'Henry contre la « guerre juste » de l'Entente s'apparente à une objection de conscience[57]. Ce statut, reconnu au Royaume-Uni dès 1916, accorde en principe à un jeune mobilisé une possibilité légale de soustraction de soi au conflit : hors de l'Hexagone, le recours à celui-ci n'a cessé d'augmenter au cours du XXᵉ siècle*. En France, il ne devait recevoir une reconnaissance officielle qu'en 1963, selon des dispositions d'ailleurs extrêmement dissuasives[58]. Ce retard révélateur souligne à quel point l'armée française se montre réticente à accorder à un citoyen le droit de ne pas être un soldat, même après avoir mobilisé trois fois le contingent en moins d'un demi-siècle. Henry Dispan de Floran devait être tué le 21 mai 1918 lors de l'offensive allemande du Chemin des Dames, le crâne broyé par un obus. Son témoignage est un signe de l'aversion démocratique envers la guerre et sa menace exprimée par une part croissante de la jeunesse européenne.

Sa mère, Thérèse, n'a cessé pendant toute la guerre de le tenir au courant des rumeurs de paix et de son écœurement de l'arrière. Infirmière volontaire dans un hôpital parisien, elle fréquente la minorité socialiste, est abonnée au journal pacifiste *Les Hommes du jour*, participe aux réunions de la Société d'études critiques sur la guerre – finale-

---

* 15 925 objecteurs entre 1916 et 1918 en Grande-Bretagne, contre plus de 65 000 pendant la Seconde Guerre mondiale, sur un total de 8 millions de mobilisés.

ment interdite, bien que d'inspiration très républicaine, en juillet 1917 – et tient un journal, significativement intitulé « Ce qu'on ne doit pas dire », de janvier 1915 à la fin du conflit. Après la mort de son fils, puis de son second petit-fils emporté par la grippe espagnole à la fin de 1918, elle se radicalise dans un refus absolu de l'arrière et de son hypocrisie. « Pour moi, écrit-elle le 8 décembre 1918, je n'ai d'ennemis que ceux qui ont voulu la guerre et l'ont prolongée, d'amis que ceux qui ont tout fait pour l'arrêter quel que soit leur sexe, leur âge ou la langue qu'ils parlent[59]. » En 1920, elle fait le choix du parti communiste contre son mari, dont elle réprouvait, d'accord avec son fils défunt, les convictions majoritaires : il devait d'ailleurs demeurer à la SFIO après la scission. La guerre de 1914 a répandu la division jusque dans les familles militantes socialistes.

La pression familiale ne s'est pas toujours opérée dans le sens du devoir. Le jeune étudiant Louis Lévy, bachelier en 1912 et licencié en histoire, se trouve ainsi dans un grand hôtel suisse à la veille de la guerre. Ses notes, prises sur le vif au moment de la mort de Jaurès, traduisent son dévouement patriotique, mais aussi ses hésitations pour rentrer en France et s'engager[60]. Ses grands-parents, qui séjournent avec lui, l'incitent à rester auprès d'eux, là où sont ses « vrais devoirs », mais ses jeunes camarades du lycée Janson-de-Sailly l'encouragent au contraire à revenir. Ainsi de Léon Steindecker : « Tu es français et tu peux et dois revenir en France. Car sans cela après la guerre on demandera : où était Louis Lévy ? Ah ! Ah ! Il s'est réfugié en pays neutre[61]. » Le 2 août, Louis Lévy se rend au consulat de France à Zurich, où un fonctionnaire l'assure qu'il le contactera lors de l'appel de sa classe, qui ne devait intervenir qu'un mois et demi plus tard, date approximative à laquelle Lévy semble être en effet rentré en France, avant d'être réformé. C'est à l'arrière, comme ses amis Raymond Benda et Léon Steindecker, décidés à être engagés comme infirmiers, que Louis Lévy passe la guerre. Leur correspondance, aux antipodes de l'ordre moral et patriotique qui s'impose dans l'opinion*, témoigne de la défiance de cette bohème estudiantine envers la guerre et son sens officiel. Dès 1914, certains mobilisés ont ainsi envisagé et mis en œuvre des stratégies d'évitement du front, sous le couvert du langage du « devoir ».

La France socialiste s'installe dans la guerre

Le mouvement ouvrier face à la guerre industrielle

Les organisations socialistes et syndicales, en tant qu'institutions représentatives des intérêts de la classe ouvrière, se sont trouvées, du fait de leur ralliement à la « politique de confiance » de Malvy, à la charnière d'un enjeu clef du conflit : la mobilisation industrielle et l'exigence de justice distributive des sacrifices qu'elle a suscitée, en France, avec une force exceptionnelle. Les forces de gauche – SFIO, CGT et Ligue des droits de l'homme (LDH) – se sont placées, non sans contradictions, en pointe du combat dans cette petite guerre sociale qui s'est déroulée pendant quatre ans derrière la grande. Elles ont en effet mené de très vives campagnes contre l'« embusquage », au nom de l'égalité de tous devant la mort, sans pour autant renoncer à leur vocation représentative qui les oblige à défendre le statut d'exception de la main-d'œuvre ouvrière mobilisée.

Le caractère égalitaire du prélèvement de « l'impôt du sang[62] » réclamé par la République est une préoccupation absolument dominante de l'esprit public dans la France en guerre[63]. Des réponses qui y ont été apportées a largement dépendu le « degré de cohésion[64] » atteint par la

---

* On peut ainsi lire dans une lettre de Léon Steindecker à Louis Lévy, le 14 février 1915 : « Les soldats au front, enfermés dans leurs tranchées, et souffrant le froid, l'humidité et les balles, doivent être heureux que les quelques rares hommes restés dans le territoire continuent à entretenir un foyer de joie active et toute une vie de plaisirs. » OURS, Archives Louis Lévy, 95 APO 1.

société française. En effet, à la différence de ce qui se passe en Grande-Bretagne, la mobilisation française est une mobilisation militaire et civile contrainte : c'est le régime de la conscription universelle qui prévaut dans un pays où le statut de l'ouvrier mobilisé est militarisé – ce que, même au prix de l'acceptation de la conscription obligatoire en 1916, les socialistes britanniques se sont toujours efforcés d'éviter, avec succès, *at home*[65]. Pour vaincre dans la guerre d'anéantissement de l'adversaire qui s'installe avec l'immobilisation progressive du front occidental à la fin de 1914, le gouvernement doit maintenir l'ordre social dans une nation soumise à des tensions de plus en plus vives du fait des exigences croissantes de la défense nationale. Le maintien de la confiance qui lui est accordée dans une guerre considérée comme juste devient un enjeu central de sa politique. Les mécanismes par lesquels cette confiance s'érode sont donc profondément liés aux débats qui se développent autour de la justesse de la cause de l'Entente. C'est la raison pour laquelle, malgré la politique d'apaisement de Malvy, la censure et la lutte contre la contamination pacifiste de l'esprit public ont été mises en œuvre avec rigueur et constance. Les minorités de guerre, au sein de la SFIO et de la CGT, sont en effet devenues, à partir de 1915, le lieu historique où la critique plus ou moins radicale de la guerre française s'est combinée à la défense des intérêts des populations les plus exposées aux conséquences de l'effort de guerre. C'est pourquoi elles n'ont cessé d'osciller entre leur aspiration pacifiste et leur vocation tribunitienne, exercée avec plus ou moins de succès pendant le conflit, dans une concurrence permanente avec la majorité.

L'expression même d'« impôt du sang », remise au goût du jour par l'usage récurrent et exalté qu'en font plusieurs députés entre 1914 et 1922[66], tente de matérialiser l'existence d'un contrat tacite, mais révocable, noué entre la République et ses citoyens dans une guerre conçue comme celle du « Droit et de la Civilisation ». Dans cette perspective, le citoyen républicain est un citoyen actif : il manifeste son appartenance nationale par des choix graves qui l'engagent dans son for intérieur. Les socialistes ont été très sensibles à cette rhétorique, du fait de leur tradition et de leur imaginaire : l'égalitarisme jacobin se nourrit, chez la plupart d'entre eux, de la référence matricielle à la Révolution française, exaltée en 1914 par le souvenir de l'an II et de la « guerre au militarisme allemand ».

Cette exaltation, cependant, ne dure guère, devant l'accumulation des deuils et des destructions. De plus, elle est mal adaptée aux exigences d'un conflit industriel moderne, qui repose sur l'allocation optimale des ressources humaines au service de la production, plutôt que sur le traitement indifférencié d'individus au mépris de toute division du travail[67]. Lorsqu'il prend une tournure radicale, cet égalitarisme niveleur peut même constituer une menace pour l'organisation rationnelle de l'effort de guerre. C'est sous la constante pression d'une opinion publique souvent rurale, agitée par certains députés radicaux, qu'ont dû travailler le gouvernement et les ministres socialistes Albert Thomas et Marcel Sembat, placés aux postes stratégiques de la production d'armement et des transports et du ravitaillement, en particulier en charbon. La chasse aux soldats embusqués, qui devait rendre au service armé tous les « privilégiés » de l'arrière et de l'avant, est une obsession apaisée imparfaitement par les lois Dalbiez en 1915 et Mourier en 1917*. Albert Thomas, en charge, parmi ses multiples attributions, du Service ouvrier, c'est-à-dire du bureau de placement et de répartition de la main-d'œuvre industrielle, est la cible de violentes accusations de favoritisme qui le poursuivent bien après sa démission à la fin de 1917, contribuant à ruiner sa carrière politique nationale[68]. Cette contradiction structurelle de l'effort de guerre devait doublement isoler la CGT et la SFIO, non

---

* Adoptées respectivement en août 1915 et en août 1917, les lois Dalbiez et Mourier ont pour but de déterminer les mécanismes des affectations préférentielles des hommes mobilisés. Le rendement de cette « chasse aux embusqués » est cependant très inégal.

seulement du fait du refus pacifiste de la guerre qui se développe en leur sein à l'encontre du prix exorbitant de l'« impôt du sang », mais aussi à cause de la suspicion qui entoure les prétendus privilèges salariaux de la main-d'œuvre ouvrière épargnée par les combats, dont elles représentaient les intérêts[69]. Alors même que la guerre se prolonge, les hommes du choix patriotique de juillet 1914 se trouvent enfermés chaque jour davantage par ses conséquences.

Les socialistes au combat

En 1914, les militants du mouvement ouvrier ont voulu, dans leur immense majorité, partager le sort commun. Ce qui les distingue, cependant, c'est la manière dont leurs convictions se sont accommodées de leur expérience. Les modes par lesquels celles-ci tentent de survivre à l'envahissante réalité du conflit sont divers. « Quelque détachement qu'on professe pour la guerre, les événements qu'elle suscite nous écrasent. Et cela n'est pas près de finir », écrit le socialiste Jacques Janin en avril 1918[70]. L'exaltation de la « guerre au militarisme allemand » a permis de justifier la défense nationale et d'y arrimer les idées socialistes. Mais le bloc des certitudes de 1914 a commencé à se fissurer dès le premier hiver de guerre. Le prix à payer est si lourd qu'il condamne au silence ceux qui, par conviction ou par désespoir, en constatent l'inutilité[71]. Avec 1915, « la guerre s'est installée, elle a une constitution autocratique d'un fonctionnement minutieux et précis. [...] Ceux qui la font ne l'acceptent pas, mais ils la subissent et, sans qu'ils s'en doutent, leur passé s'estompe dans une brume épaissie par les fatigues surhumaines et le harassement du bruit. Harassante, oisive, elle les occupe par sa souffrance immobile[72] ». Très vite, les hommes à la tête de la SFIO prennent conscience que le soutien apporté à la défense nationale met en péril l'identité socialiste même.

Les lettres de soldats socialistes adressées du front à leurs représentants témoignent, en tout état de cause, de l'éreintement progressif de l'interprétation officielle du sens de la guerre improvisée par les socialistes à l'été 1914. Alors que la résignation s'installe et que les pertes s'accumulent, les combattants syndicalistes et socialistes se soumettent à la routine du métier de la guerre, que Raymond Lefebvre a résumée d'une formule lapidaire dans une lettre au député minoritaire Pierre Brizon à l'été 1916 : « Tenir jusqu'au bout – c'est entendu. Mais tenir – sans plus. Et nous voulons savoir à quel bout on nous mène par un si affreux chemin[73]. » Le consentement résigné au conflit est inséparable d'une quête de sens dont l'entre-deux-guerres devait être habité.

L'appréhension exacte de l'impact de la guerre sur le socialisme français, et plus largement sur les opinions et les comportements politiques et sociaux des individus, suscite deux difficultés distinctes. Elle requiert, d'une part, de juger de l'impact du conflit sur ceux qui conservent au front leurs idées socialistes. Mais il faut également comprendre pourquoi, d'autre part, le mouvement ouvrier s'est trouvé capable d'attirer à lui, lors du retour à la paix, une génération nouvelle de militants et d'électeurs qui lui étaient jusque-là étrangers. À l'issue de la guerre, la SFIO et la CGT doivent faire face à un afflux de revendications et de vocations militantes qui ne parviennent plus à s'exprimer dans les cadres de l'action ouvrière d'avant guerre. Le portrait-robot de cette génération nouvelle est pour l'essentiel connu : sur le jeune paysan-soldat décrit par Annie Kriegel[74] se superpose la figure de l'ouvrier mobilisé revendicatif de la grande vague d'agitation ouvrière qui secoue la France de 1917 à 1920-1921[75].

La politisation des masses qui pousseront bientôt à l'adhésion à la IIIe Internationale s'effectue cependant au sein de structures dominées, pour l'essentiel, par des militants qui appartenaient, déjà avant 1914, aux diverses sensibilités du mouvement ouvrier. Toutes les idées socialistes, même les plus subversives, n'ont pas été oblitérées par le conflit ; elles continuent de circuler, en contrebande, entre les hommes au front, ou à l'arrière[76]. De plus, les cadres qui forment le noyau initial de la minorité sont bien souvent dotés d'un capital militant qui leur permet de rompre les disciplines bureaucratiques par lesquelles la majorité protège l'appareil du parti et de la CGT. La relève progressive du personnel militant d'avant guerre s'est donc opérée au moment même où la conscience socialiste entre en crise.

Le parcours de Renaud Jean – futur député communiste du Lot-et-Garonne élu en décembre 1920 – est significatif à cet égard. Né en 1887 dans une famille de petits paysans propriétaires de Samazan (Lot-et-Garonne), celui-ci est déjà militant lorsqu'il est mobilisé au sein du 24ᵉ régiment d'infanterie coloniale (RIC), en août 1914. Dès 1910, Renaud Jean, dont le père est conseiller municipal radical-socialiste depuis 1904, a pris ses distances avec le socialisme, qu'il juge corrompu par le parlementarisme. À 27 ans, le jeune homme a fait son service, mais il ne conserve qu'un souvenir aigri des « embêtements militaires » dont il supporte mal le joug lorsqu'il se trouve à nouveau sous les drapeaux, dès le 2 août 1914 : « D'autres n'y font pas cas, s'en accommodant facilement. Moi, tout cela m'irrite, me fatigue. Je me retrouve dans le même état d'esprit qu'au 88ᵉ avec mes chefs tant détestés[77]. »

Entre la fin août et le début de septembre, son régiment est très durement engagé dans les combats frontaliers près de Jamoigne, en Belgique, puis sur la Marne. Le carnet de campagne du jeune soldat, rédigé sur le vif, témoigne de la violence des combats et de la confusion dans laquelle il se trouve plongé. Alors que son régiment cantonne, sans avoir encore connu le feu, il écrit le 19 août : « Encore si je pouvais avoir une âme de patriote, je marcherais avec enthousiasme au sacrifice. Si d'un autre côté, comme je l'entends dire à côté de moi, je croyais que ce sera[it] la dernière guerre ! Mais non, je suis persuadé que dans vingt ou quarante années nous en aurons une nouvelle, et ainsi jusqu'à la consommation des siècles. [...] Au moment où les socialistes allaient pour la première fois discuter la grève générale comme seul moyen d'empêcher la guerre, on nous jette la guerre entre les jambes et nous n'avons plus d'autre ressource que de [nous] laisser incorporer et conduire à l'abattoir. Notre organisation n'était pas assez puissante pour opérer en bloc et l'action partielle, insurrection ou désertion ne signifie rien. Arriverons-nous donc toujours trop tard[78] ! »

Le 23 août, le 24ᵉ RIC est violemment engagé contre les troupes allemandes. Dans son carnet, Jean note sobrement : « Nous avons passé une journée terrible. Ce matin, nous étions en réserve derrière un talus. Les obus nous éclataient au-dessus. Les Allemands nous ont repoussés. [...] Retraite sous les obus. Égaré. Perdu. Désordre [mot barré]. Reprenons l'offensive. Aéroplane descendu. Nous passons la nuit dans un bois. Et dire que cela commence à peine[79]. » Son régiment entame un mouvement de retraite – « Nous sommes tous épuisés. La débandade augmente. Sans manger, sans dormir, et épuisés sans combattre[80] » – qui ne s'interrompt qu'avec les combats de la Marne, engagés le 6 septembre.

Cette retraite précipitée nourrit chez Renaud Jean, malgré ses convictions, la hantise de la défaite. « Delcassé, Millerand, Poincaré, patriotards de toute espèce, [...] que je vous hais ! Au lieu de faire des casernes, vous auriez dû acheter de l'artillerie. [...] Nous sommes les victimes de l'incurie des administrations et de l'incapacité des chefs. [...] Si j'y crève et si le carnet vous parvient vous pourrez voir où je suis resté. Vive le socialisme quand même, vive l'Internationale malgré tout[81]. » Il ajoute le lendemain : « Quoique antipatriote, j'ai honte de ce que je vois devant moi, de cette incapacité des chefs produisant l'indiscipline (manque de confiance des hommes) partout on crie que nous sommes vendus[82]. »

Le 8 septembre, lors d'un assaut à la baïonnette, le caporal Renaud Jean est blessé à la cuisse par un obus. Abandonné pendant près de trente heures sans soins, il n'arrive à Carcassonne que quatre jours plus tard, sans que son pansement ait jamais été changé. Pour Jean, la guerre est terminée. Invalide à 30 %, il entre au parti socialiste à la fin de 1916 et rejoint la minorité pour devenir, en septembre 1918, le secrétaire fédéral du Lot-et-Garonne et l'une des principales figures du communisme paysan dans les années 1920.

Renaud Jean n'a pas connu, comme bien d'autres militants, la guerre de tranchées qui s'installe lorsque le front se stabilise et que la troupe s'enterre, à la fin de l'année 1914. Dès octobre, le journaliste socialiste Raymond Figeac dit avoir visité un saillant organisé « comme une véritable forteresse, qu'on ne saurait prendre même au prix de grands sacrifices[83] ». Dans son reportage, à la date du 4 décembre 1914, il souligne le désespoir des « soldats obscurs et des officiers en vedette » devant la « faillite formidable » des espérances socialistes, la volonté de mener une guerre sans haine, l'espoir d'une paix prochaine « sur tous les continents » : « Je ne saurais souscrire, lui confie un officier socialiste, aux mauvaises excitations que propage la guerre ni m'exalter jusqu'au sublime devant les atrocités qu'elle engendre. Nous la subissons, et nous l'acceptons même, comme le fait accompli contre lequel rien ne saurait maintenant prévaloir[84]. » Le jeune Jean Texcier l'écrit, à sa manière, en mai 1916 : « J'ignore le cafard comme d'ailleurs j'ignore l'enthousiasme guerrier. Je me suis arrangé une vie intérieure[85]. » La vie clandestine à laquelle les idées socialistes sont réduites est la raison profonde de la crise dont elles sont victimes. Si certains militants semblent être parvenus à conserver intact, très avant dans la guerre, le système de sens de 1914, il est clair qu'avec 1916, celui-ci s'est profondément démonétisé.

« Il y a bien longtemps que l'enthousiasme de départ n'est plus. C'est un sentiment qui est rentré au plus profond de soi et seule la discipline obligée de la tranchée existe », écrit ainsi Josué Gaboriaud au député socialiste André Lebey, le 19 juin 1915. Gaboriaud, jeune peintre de l'école de Paris né en 1883, se situe aux antipodes des convictions de Renaud Jean, puisqu'il avoue se sentir proche des idées formulées par le majoritaire Edmond Laskine dans les articles rassemblés en brochure sous un titre significatif, *Les Socialistes et le Kaiser, la fin d'un mensonge*[86]. Mobilisé dans la Territoriale, Gaboriaud entretient avec Lebey une correspondance à la fois amicale et intime – activité vitale et rituelle pour le soldat du front, habité par un sentiment de « libération » né du « besoin de mesurer entière la réalité formidable à quoi les soldats venaient d'échapper[87] ».

Cette réalité, Gaboriaud la traverse dans une angoisse profonde, « abasourdi par tout le vacarme entendu depuis six mois », « très ébranlé » par ce qu'il voit autour de lui. Au cours des mois de janvier et février 1915, ses rares amis, « hors camaraderie d'escouade », ont été tués par les obus qui tombent sans cesse sur le secteur de son régiment[88]. Le martèlement de l'artillerie, l'hébétude des hommes et l'épuisement de la conscience sont les stigmates d'une guerre qui, pour Gaboriaud, ne possède rien de sportif ni de viril. En juillet 1915, il a sollicité l'aide de Lebey pour obtenir la permission qu'il attend fébrilement depuis décembre 1914. « Peindre, peindre, quel désir affolant », confie-t-il même à son ami avant que leur correspondance ne s'interrompe, pour une raison qui demeure inconnue, en juillet 1915. Il n'a cessé pourtant de justifier cette « tâche pénible, nécessaire mais dangereuse » à laquelle il désire sans cesse échapper, persuadé que seuls les socialistes et les catholiques peuvent donner un sens à cette « guerre de libération humaine » menée au nom de la « liberté d'organisation » des peuples contre un « césar ridicule[89] ». Qu'est-ce, dès lors, que la « mentalité combattante », si les justifications les plus élaborées ne peuvent dissuader ceux qui les défendent de tenter de se soustraire au « devoir » ? Gaboriaud souffre, en tout état de cause, d'un sentiment d'isolement culturel et politique. Lorsqu'il rencontre un jeune militant reçu par son escouade, il en déplore le « manque de culture et de moral » qui n'en fait qu'un « estropié hargneux[90] ». D'autres poilus, en effet, et ils sont de plus en plus nombreux, ont rompu avec l'humanitarisme officiel de 1914 : « Nous savons maintenant qu'au début de la guerre on nous a leurrés sur les causes des sacrifices qu'on nous demandait. Nous savons qu'on nous conduit à la mort pour la poursuite d'un idéal absolument faux qui dissimule les appétits d'une classe de profiteurs », écrit ainsi un groupe de poilus anonymes au député minoritaire Pierre Brizon en octobre 1916[91].

Le Feu : *un fait social du temps de guerre*

Ces imprécations sont très présentes dans le roman de Barbusse, *Le Feu. Journal d'une escouade*, paru en feuilleton puis en volume dans la seconde moitié de 1916. L'ouvrage rencontre un succès immédiat, et obtient le prix Goncourt le 15 décembre 1916. S'il se présente comme le « journal d'une escouade », élaboré au travers de l'expérience de Barbusse au front, le roman s'apparente plus justement à un essai de morale – de la morale de la guerre. Ce n'est pas un plaidoyer pacifiste : l'appel à la cessation épique du conflit qui le couronne dans son épilogue s'accompagne en fait d'une réflexion sur la tension morale inhérente au métier de la guerre, portée par le personnage principal du caporal Bertrand. Barbusse, en octobre 1916, s'est lui-même étonné que la censure n'ait pas tronqué le passage central – « honte à la gloire militaire, honte aux armées, honte au métier de soldat[92] » – où intervient l'appel au socialiste allemand Karl Liebknecht* : « J'ai vu que tout le passage de Bertrand, intégralement, a passé. Ça, je n'en reviens pas. Autour de moi, on n'en revient pas non plus. Le passage a produit sur les camarades ici présents [...] une grande impression[93]. » Ce personnage n'est pas un révolté, mais plutôt un héros cornélien, enfermé dans un curieux et sincère impératif catégorique qu'il résout toujours en faveur du devoir, même s'il exprime sans ambiguïté l'aspiration à en finir. Cette tension morale entre la

---

* Le député Karl Liebknecht, militant de premier plan de la gauche de la social-démocratie allemande, a refusé de voter les crédits militaires au Reichstag en décembre 1914. Emprisonné en mai 1916, il n'est libéré qu'en octobre 1918, avant d'être abattu, aux côtés de Rosa Luxemburg, en janvier 1919.

nécessité et la cruauté absurde de la servitude militaire est un ressort profond du livre et, sans doute aussi, de son succès. « Cette fresque de la guerre, écrit ainsi Romain Rolland, semble la vision d'un Déluge universel. La multitude humaine maudit le fléau, mais l'accepte. Dans le livre de Barbusse gronde une menace pour l'avenir : aucune pour le présent. Le règlement de comptes est remis au lendemain de la paix[94]. » L'intellectuel Barbusse, pour approcher l'expérience du peuple des tranchées, s'est efforcé de faire revivre d'abord ce qui semblait être encore révolutionnaire et démocratique dans la phraséologie patriotique et jacobine démonétisée du début de la guerre[95]. Le succès du *Feu* témoigne de la montée de ce ressentiment qui demeure énigmatique, parce qu'il reste inextricablement lié au choix républicain de 1914.

Le flot de lettres reçues par Barbusse à partir d'octobre 1916 l'atteste. Elles nous renseignent sur la réception, la diffusion et l'appropriation du *Feu* par les combattants. Sans doute Barbusse veut-il donner à son roman une portée exacte et précise. Mais la réception du livre dans le monde combattant est si forte qu'il échappe à son propre but et alimente le très vaste mouvement de refus intime de la guerre dont la montée en puissance se manifeste paradoxalement par l'aspiration générale à un « roman vrai » des souffrances enfin reconnues du soldat. *Le Feu* n'est pas seulement un livre : c'est un fait social propre à l'histoire combattante de 1914.

Dans la tranchée, la lecture est collective, écoutée en silence, dans le recueillement. « J'ai voulu vous envoyer ce mot au fond de mon trou où j'en ai lu beaucoup de pages à mon caporal et à un soldat qui vous aiment à présent[96]. » Des listes d'attente sont instaurées pour faire circuler l'ouvrage[97]. Certaines cagnas* ont même reçu le nom de baptême d'Henri Barbusse[98].

---

* La « cagna » ou la « guitoune » est un abri collectif qui devient, du fait des conditions du combat de 1914, un des lieux centraux de la vie du soldat.

Les seules critiques adressées au livre sont motivées par la question religieuse, identitaire chez Barbusse. L'anticléricalisme militant de celui-ci choque certains de ses lecteurs, qui peuvent admirer par ailleurs la véracité de son récit. Ainsi d'un correspondant, qui signe « HV 22 », indigné par les efforts de Barbusse pour « saper l'idée de Dieu[99] ». Dans la « bataille des idées » qu'il entend mener avec son roman, l'anticléricalisme n'est pourtant pas essentiel aux yeux de Barbusse : « L'histoire [...] du mouvement d'opinion contre Dieu est beaucoup moins subversive que telles phrases que je suis encore éberlué de voir vivantes dans le feuilleton d'aujourd'hui », écrit-il ainsi à sa femme le 13 octobre 1916. À ses yeux, la « substitution d'un idéal humanitaire et libéral » au « déroulèdisme borgne et crétin » doit « aider les soldats à accomplir leur terrible devoir[100] ». Dans ses carnets, Henry Dispan de Floran, qui était un de ses camarades de régiment, s'est d'ailleurs moqué de cette « idée fixe de Barbusse, de l'Allemagne-Ogre et de la France-Petit-Poucet, championne de tous les idéaux[101] ».

Le socialisme antimilitariste de 1914 n'est donc pas mort : il s'est transformé, chez Barbusse, au contact de la guerre. S'il l'abomine et en réclame la cessation, Barbusse n'est pas non violent ni, dans un sens, pacifiste. Cet humanitarisme régénéré, rebâti « sur un élan nouveau, plus complet, mieux étudié, plus précis[102] », capable d'effacer dans l'avenir le présent de la guerre « comme quelque chose d'abominable et de honteux », fournit à Barbusse, Raymond Lefebvre et Paul Vaillant-Couturier l'armature politique et morale sur laquelle ils élaborent bientôt le mouvement Clarté et l'Association républicaine des anciens combattants (ARAC). C'est dans cet antimilitarisme guerrier ambigu que s'ancre, avant même la fin du conflit, le pacifisme communiste d'après guerre, dans la genèse duquel le petit groupe combattant autour de Barbusse a joué un rôle clef.

Le grand règlement de comptes

« Tu as su mettre à nu, écrit un certain Pilliet à Barbusse, toutes nos défaillances, nos sentiments et nos espoirs, tu as lu en nous. Parce que tu leur as dit ta haine, notre haine, les civils et les embusqués, les officiers et tous les profiteurs du public, nous t'admirerons[103]. » Ce ressentiment caractéristique de l'esprit combattant envers un ennemi indistinct de l'intérieur a nourri un riche imaginaire du complot et de la trahison.

L'existence d'un « complot clérical », au service duquel l'Union sacrée serait mise, est une crainte souvent exprimée par les combattants socialistes. Le militant René Marie, ancien secrétaire fédéral du Calvados, mobilisé au 36e RI, s'est vu remettre un petit Sacré-Cœur à son départ de la caserne, ce qui remet en cause le sens même de son engagement : « À la veille de mon départ pour le front, vous seriez aimable de me dire et *L'Humanité* aussi si c'est pour défendre le Sacré-Cœur que je vais partir au front ou pour combattre le militarisme allemand[104]. » La dénonciation des prêtres embusqués s'ajoute aux attaques très vives contre la prédication aux armées, souvent dénoncée par les instituteurs laïques et socialistes auprès de Marcel Sembat. Elle n'est pas cependant sans contradiction. Il n'est pas sûr en effet que le soldat Henri Boyer, socialiste avant guerre à la section de Villejuif, « libre-penseur farouche » mais qui arbore sur sa capote, pour dissimuler ses convictions, une médaille « en argent, rectangulaire que [lui] a adressée une cartomancienne de Paris avec oriflamme tricolore sur le blanc de laquelle est le Sacré-Cœur de Jésus », ne s'en remette pour son salut aux vertus protectrices de cet insigne[105].

Il en va de même de la haine envers les « embusqués » : elle dissimule souvent les efforts intenses déployés par les soldats pour s'abriter grâce à un « filon ». L'écrivain Émile Guillaumin l'a reconnu : « La plupart des pauvres gens qui carottent ou essaient de carotter, une fois emballés, feraient comme d'autres leur devoir[106]. » Avant de témoigner de l'extension de la pratique du « système D », les centaines de lettres de placement adressées aux ministres socialistes pendant la guerre attestent de la nécessité pour les candidats à l'« embusquage » de se mettre « en règle avec leur conscience ». Après la guerre, le syndicaliste Georges Dumoulin dénoncera dans ces pratiques un vaste « système de corruption et de maquignonnage », grâce auquel certaines catégories d'ouvriers syndiqués ont échappé à la guerre. « Tout le monde n'a pas pu se débrouiller ; quelques-uns n'ont pas voulu. [...] Sont restés au front les syndiqués de la terre, les typos, les employés, les chapeliers et tous ceux dont la profession n'autorisait pas une mobilisation à l'arrière. [...] La métallurgie a été l'endroit béni du système D, le paradis des "tourneurs"[107]. » Dumoulin lui-même, sur le front pendant de longs mois, est ramené dans une usine de la Loire en 1917, « à son tour » et sans l'avoir demandé. À l'inverse du « carotteur », dont la première tâche, pour solliciter une protection, est de produire des titres pour être protégé, Dumoulin a entendu demeurer avec les vaincus de la guerre. Un clivage profond s'est creusé entre le front et l'arrière, et jusqu'au sein même de la classe ouvrière. La crise du mouvement ouvrier pendant la guerre en est largement tributaire.

C'est la raison pour laquelle Albert Thomas, sous-secrétaire d'État aux Munitions en mai 1915 puis ministre de l'Armement en décembre 1916, est l'objet d'une haine virulente de la part d'une multitude de combattants et de militants, socialistes ou non. Cette haine, pourtant, est paradoxale : en mettant en place un Service ouvrier chargé de répartir la main-d'œuvre industrielle pour l'effort de guerre, Thomas remet de l'ordre là où règnent depuis 1914 l'improvisation et le favoritisme. Il administre et rationalise une industrie proliférante qui génère nécessairement une inégalité de traitement entre les hommes rappelés à l'arrière et les « pauvres cons du front », comme les soldats se désignent eux-mêmes. Par la fixation de règles précises de rappel qui multiplient les catégories de privilégiés, Thomas tranche : il accepte le risque d'abus inhérent à sa tâche, mais se dote d'une inspection efficace pour les débusquer[108]. Le choix est difficile, mais infiniment moins inégalitaire que la pratique des listes nominatives adoptée par les mesures d'urgence de Millerand en 1914. Cela lui vaudra un ressentiment inextinguible de la part des déçus et des laissés-pour-compte confrontés au risque permanent de mort au front exprimé par les quelque deux cent vingt lettres d'insultes conservées par les services du ministre – menaces de mort, insultes à son épouse, invectives et rappels à l'ordre. « Assez de bluff ! C'est fini, on ne marche plus, on a mare [sic] de se faire trouer la peau. La paix où on se révolte [sic], rendez-nous nos femmes, nos enfants, nos parents. Mort aux capitalistes et alors on les aura ! », proclame ainsi une carte postale détournée, adressée au « Vieux Thomas » en octobre 1916[109].

Ce ressentiment violent n'est pas allé jusqu'au « règlement de comptes » général qu'il promet souvent. Cette haine inaboutie, du fait du décalage entre sa radicalité verbale contre la guerre en général et la soumission de tous à la réalité écrasante de celle-ci, est un objet difficile à penser dans l'histoire de la Grande Guerre. Elle manifeste, non sans ambiguïté, l'existence, massivement documentée, d'attitudes d'évitement du « devoir » et de refus de la guerre attestées dès le début du conflit. Elle est une forme originale, autrement dit, de l'indifférence résignée à un ordre imposé.

L'historien de l'Antiquité Moses I. Finley a qualifié d'« apathique » le type de comportements sociaux qui expriment cette indifférence à l'ordre, émanant souvent de classes dominées confrontées à la nécessité d'y adhérer[110]. L'appel à la vengeance populaire et au règlement de comptes expéditif adressé à l'ennemi indistinct « responsable de la guerre » est, paradoxalement, la forme achevée de cette soumission à l'ordre. Elle est le fait de groupes d'individus collectivement confrontés à la dépossession du pouvoir sur leur propre destin social. Pour l'historien du mouvement ouvrier, elle est familière : « La mode est au conseil de guerre/ Et les pavés tout sanglants. [...] Ces mauvais jours-là finiront./ Et gare à la revanche/ Quand tous les pauvres s'y mettront ! », dit une chanson, *La Semaine sanglante*, composée peu après la Commune de 1871[111]. Pendant la guerre, cette manière d'obéir sans zèle est devenue une attitude structurelle de la troupe, de recrutement profondément populaire, et confrontée aux particularités du combat de tranchée de 1914. Dans l'univers clos du front, le soldat est confiné dans une expérience quasi carcérale[112]. Le caractère dysfonctionnel de la chaîne de commandement, de plus en plus manifeste à partir de 1916[113], accroît l'autonomie du groupe combattant et permet la constitution d'une « solidarité alternative[114] », alors même que l'expérience du combat et la peur anonyme de l'anéantissement par l'artillerie s'accompagnent d'un sentiment profond de fatalisme et de dépossession de la volonté. La préservation d'un quant-à-soi face à l'endossement de cette soumission routinière est un enjeu quotidien de l'expérience du soldat. L'énigmatique « mentalité des tranchées », habitée par ce ressentiment profond, est le fruit de l'expérience extrême et singulière du premier conflit mondial.

La minorité s'est nourrie de ce continuum d'indiscipline qui traverse le conflit, mais elle n'a jamais souhaité le pousser jusqu'à ses ultimes conséquences. Étrangère au défaitisme léniniste, elle demeure légaliste : la paix est l'affaire non des soldats, mais des partis, du socialisme, du Parlement. Si la guerre est un secret que seuls les combattants connaissent, la paix n'est pas de leur ressort. Ni en Russie ni ailleurs ils n'ont décidé de l'issue des conflits, quelles qu'aient été l'ampleur de leur indiscipline ou la radicalité de leur mouvement[115]. La soldatesque et sa volonté confuse de mettre de l'ordre par les armes dans l'Europe d'après guerre ont servi d'instrument aux leaders et aux mouvements qui en ont capté la violence. En France, la légitimité écrasante de la guerre défensive condamne les soldats à attendre la victoire, pour que soit remboursée une dette incommensurable exigée d'un État sur lequel, en vérité, leurs « droits » magnifiés par Clemenceau en 1919 sont bien faibles. La démobilisation française désamorce, non sans difficulté, le potentiel subversif de cet appel à une justice expéditive du peuple des tranchées. On ne saurait cependant en négliger les effets sur la politisation de la fameuse « génération du feu » qui se présente, à travers l'expérience de la minorité de guerre, à la succession de l'héritage bouleversé de Jaurès. L'aspiration à la régénération ascétique du socialisme et à l'épuration de ses élites par une jeunesse inquisitrice s'en est abreuvée. C'est à l'histoire de cette minorité qu'il nous faut désormais nous consacrer.

3

La fronde de la minorité de guerre

Avec l'arrivée de l'hiver 1914, la guerre change de nature. En même temps que le front s'immobilise et que l'illusion d'une victoire rapide s'évanouit, la société française se réorganise autour de l'écrasante réalité du conflit. Or, c'est précisément au moment où la guerre s'impose dans son impérieuse puissance aux choses et aux esprits qu'une minorité de réfractaires prend conscience de son existence. Les privations, les deuils et le sentiment d'inégalité devant le sacrifice nourrissent un mécontentement diffus et résigné sur lequel cette minorité espère bientôt bâtir une politique.

Ces petits groupes prosélytes qui se constituent et s'agrègent progressivement entendent d'abord contester l'interprétation officielle du sens de la guerre improvisée en août 1914. Mais ils sont également déterminés à imposer une discussion publique sur la paix par la conquête de l'opinion. Ils participent de ce fait à la politisation extrêmement conflictuelle des débats sur les buts de guerre de l'Entente et sur les responsabilités respectives des belligérants dans le déclenchement du conflit. La minorité, à mesure qu'elle croît en force et en influence, s'est cependant attribué une tâche nouvelle et bientôt déterminante : supplanter l'oligarchie militante d'avant guerre et régénérer l'idéal socialiste vaincu et trahi en 1914. La minorité de guerre se pense comme une relève.

Elle ne forme pas pour autant un bloc homogène. Il existe une minorité modérée que seule l'idée de paix négociée sépare doctrinalement de la majorité – c'est pourquoi d'ailleurs elles pourront se rapprocher en 1917-1918 et former la « néo-majorité » qui gouvernera le parti socialiste jusqu'à la scission de décembre 1920. Si leur affrontement se durcit en 1916, les ponts ne sont jamais rompus entre les deux camps. La minorité, dès la fin de 1915, doit en effet composer avec une frange radicalisée de militants pacifistes, appelée « zimmerwaldienne » en référence à la célèbre conférence internationale des minoritaires socialistes de Zimmerwald tenue en Suisse en septembre 1915. Très vite, la minorité modérée est contrainte de prendre ses distances avec cette « minorité dans la minorité » compromettante. C'est à un processus de fractionnement progressif qu'est soumis le parti socialiste à partir du début de 1915. La majorité, qui y échappe d'abord, le subit à son tour en 1918 : la perspective de la perte de la direction du parti, la fin de la participation ministérielle – bien qu'il reste trois commissaires socialistes au gouvernement jusqu'en 1919[1] – et l'antibolchevisme favorisent la formation d'une « droite » qui provoque d'ailleurs, en octobre 1919, la première scission consécutive à la guerre.

L'apparition de la minorité est moins une réaction à la déclaration de guerre qu'une conséquence du prolongement inattendu du conflit. Les hommes si rares du refus d'août 1914, qui possèdent en son sein une grande autorité, n'y sont pas les plus nombreux. Il faut la désillusion du premier hiver sous les armes pour lui donner vraiment naissance et créer les conditions de sa prise de parole publique. Là se trouve d'ailleurs sa fragilité fondamentale. La minorité est fondée sur un refus plutôt que sur un programme positif. Si elle parvient à grignoter progressivement les positions de la majorité, jusqu'à la renverser en juillet 1918, cette faiblesse originelle la travaille sans cesse. La minorité, en fait, n'est jamais vraiment parvenue à opposer une politique de substitution réaliste à la ligne officielle du parti socialiste imposée par la défense nationale. Le réformisme de guerre prôné par les majoritaires a même montré une résistance exceptionnelle aux critiques auxquelles il est confronté. Il est parvenu à représenter durablement les intérêts d'une classe ouvrière devenue, dans la France mobilisée, une puissance incontournable avec laquelle le gouvernement est tenu de compter.

La CGT n'a nullement abdiqué en 1914 sa vocation représentative de la classe ouvrière. Elle s'est efforcée de maintenir l'Union sacrée sous surveillance, sans abandonner tout à fait son autonomie critique. C'est cette attitude que dénonce, en décembre 1916, le très influent secrétaire de la Fédération des Métaux Alphonse Merrheim, à la fois leader minoritaire et homme clef dans l'effort de défense nationale : « Jouhaux a raison de se prononcer pour la Défense nationale, je n'en ai jamais été pour ma part l'adversaire, mais je dis que là où commence la Défense nationale, le socialisme et le syndicalisme disparaissent[2]. » La CGT, associée à la mobilisation totale du pays par sa participation à de multiples comités comme par son acceptation tacite de la suspension des grèves, conserve une certaine autonomie d'action, dont les socialistes se sont privés en entrant au gouvernement à la fin d'août 1914.

Jamais jusque-là, pas même en 1848, le socialisme français n'a en effet disposé d'une telle puissance d'action, en la personne de Marcel Sembat, au ministère des Travaux publics, mais surtout d'Albert Thomas, sous-secrétaire d'État aux Munitions en mai 1915 puis ministre de l'Armement en décembre 1916. Les deux hommes ne sont pas entrés au gouvernement dans les mêmes circonstances. Sembat, devenu ministre le 28 août 1914, entre avec Jules Guesde dans le cabinet Viviani pour manifester le soutien de la SFIO à la défense nationale, au moment où celle-ci semble compromise par la défaite de Charleroi. Thomas, lui, devient l'homme des munitions alors que l'effort de guerre se rationalise. Mais leur action n'est pas, ne peut pas être socialiste : dominée par l'urgence, elle est dédiée à la défense du pays. Les idées nouvelles qu'ils promeuvent se heurtent à de vives résistances qui émanent non seulement des libéraux qui craignent l'étatisme socialiste, mais aussi de leurs propres rangs. « Toutes les libertés sont supprimées et nos ministres socialistes acceptent toutes les restrictions apportées à la liberté, affirme ainsi le député socialiste Jean-Pierre Raffin-Dugens. Ils sont prisonniers de la fameuse "union sacrée" qu'exploitent si bien les patrons. Tout est à la défense nationale et on oublie tous les principes de la lutte de classes, de défense des intérêts prolétariens. [...] L'esprit national a tué l'esprit internationaliste[3]. » L'opinion populaire, confrontée aux privations et à l'inflation, leur devient hostile. La CGT elle-même est un partenaire qu'il faut manœuvrer, voire surveiller. La SFIO s'est trouvée de ce fait dans une situation politique impossible. Elle est, à partir de 1914, une organisation à l'abandon, qui ne retrouvera sa force militante qu'en 1919. C'est cette coquille vide que les minoritaires investissent progressivement à partir de 1915-1916.

En dépit de ces tensions, le « temps des scissions[4] » n'est pas encore venu. L'éventualité d'une rupture est évoquée dès 1915, sans que personne ne l'envisage sérieusement avant la fin de la guerre. Les militants de la minorité sont conscients des limites étroites qui enserrent leurs possibilités d'action, dès lors qu'ils se refusent à être défaitistes et à saboter l'effort de guerre. Mais parce qu'ils s'inquiètent du prix qu'il faut payer à la défense du pays, ils atteignent les majoritaires en leur point faible. La fidélité cramponnée de ces derniers à l'Union sacrée comporte un inconvénient majeur : outre le fait qu'elle dissout l'originalité socialiste dans l'unanimité patriotique, elle les contraint à suspendre le devenir du parti à une victoire à la fois improbable et terriblement coûteuse. La minorité s'est d'abord constituée en réaction à ce sentiment de décadence et de lente dissolution de l'idéal socialiste.

Elle mobilise de ce fait un personnel politique nouveau, à la sociologie précise. L'originalité même de cette relève explique qu'elle aspire à un socialisme régénéré dont le bolchevisme, longtemps entouré de la séduction de l'inédit, devait offrir le modèle. Son expérience inclassable, puisée dans la guerre et dans la lutte pacifiste, lui procure les motivations positives à l'acceptation d'un modèle révolutionnaire neuf dont elle n'aperçoit pas toutes les conséquences, mais dont elle saisit nettement la capacité radicale et subversive. Cette relève minoritaire parvient à rompre un moment le carcan traditionnel des organisations ouvrières ébranlées par la guerre, avant que les reclassements du milieu des années 1920 ne referment son histoire comme une page oubliée, et bientôt enfouie sous l'histoire officielle de l'époque stalinienne.

Aux origines de la minorité

Premiers combats, premiers refus

Si la grève des « crosses en l'air » n'a pas eu lieu, un refus politique organisé du conflit se reconstitue dès la fin de 1914, sous des formes cependant moins spectaculaires que la révolte ouverte contre la guerre. D'abord isolés et placés sous étroite surveillance policière, de petits groupes prosélytes se recomposent et gagnent à la faveur des circonstances, par une propagande efficace, une audience croissante dans le mouvement ouvrier. C'est par leur agrégation progressive que la minorité vient à naître.

« Je ne demandais pas [...] d'impossibles protestations. Mais la dignité du silence », écrit Marcel Martinet en octobre 1914[5]. Venu au monde en 1887 dans une famille de la petite bourgeoisie dijonnaise – son père était gérant de pharmacie, sa mère directrice d'école primaire –, ce jeune normalien, rédacteur à l'hôtel de ville de Paris après avoir renoncé à l'agrégation, gravite autour du groupe de

La Vie ouvrière en 1913. Amené par la lecture des *Réflexions sur l'éducation* de l'instituteur Albert Thierry, théoricien du « refus de parvenir », dans la librairie du quai de Jemmapes, où se côtoie l'équipe de « la VO », ce n'est cependant qu'avec la mobilisation que se noue l'amitié militante qui attache Martinet à Pierre Monatte, Alfred Rosmer et à l'un des noyaux les plus précoces et les plus actifs de la lutte syndicaliste contre la guerre. Exempté de service militaire – « Si je suis ici [à l'arrière], je te prie de croire que je n'ai rien fait pour cela. Je laisse les sursis d'appel à mes anciens amis les socialistes renégats, embusqués chez Albert Thomas et ses pareils », affirme-t-il, en une manière de justification, à Maurice Laporte en 1916[6] –, c'est du vide de 1914 que lui vient cette vocation impérieuse, qui gouverne sa vie militante jusqu'au milieu des années 1920 : « Je voulais causer avec vous, écrit-il à Monatte le 11 octobre 1914, m'assurer que c'est bien moi qui étais fou et que, comme l'assurent nos amis de la presse quotidienne, nous allons en guerre pour le triomphe et le plus grand bien de nos idées qui me semblent à moi les vraies vaincues. Je suis désespéré[7]. »

Ce désespoir, Pierre Monatte l'a lui aussi éprouvé : « La nouvelle de la mobilisation me surprit à Monlet [...]. Par le premier train je rentrais à Paris. Au bout de trois semaines, je revenais ici. Continuer *La Vie ouvrière* malgré les difficultés en tout genre ? Nous ne l'avons pas voulu, le silence s'imposait. Assez d'autres ont déshonoré le syndicalisme[8]. » Né de parents ouvriers en 1881, répétiteur dans le Nord, puis correcteur d'imprimerie de 1904 jusqu'à la fin de sa vie, Monatte fonde, en 1909, la revue *La Vie ouvrière*, à la direction de laquelle il associe étroitement Alfred Rosmer, de quatre ans son aîné, au printemps 1914. Autour de cette poignée d'hommes, le « groupe de la VO » a constitué un milieu original, « un alliage spécifique d'intellectuels et d'ouvriers » devenu, dans l'immédiat avant-guerre, un « incubateur du syndicalisme révolutionnaire[9] ».

C'est Pierre Monatte qui, en décembre 1914, procure à ce petit réseau militant sa première citation de guerre par sa démission du Comité confédéral de la CGT. Dans la brochure qu'il édite pour justifier son acte, le refus de la guerre juste de l'Entente est clairement exprimé : « Parler de paix est le devoir qui incombe aux organisations ouvrières conscientes de leur rôle... La responsabilité des gouvernements français, anglais et russe n'est pas légère ; encore n'est-il pas établi que le gouvernement français ait tout fait pour sauvegarder la paix dans la dernière semaine de juillet[10]. » Mobilisé au 252e RI en janvier 1915, confiné dans son dépôt puis combattant de première ligne, Monatte est écarté jusqu'à la fin du conflit de l'action militante quotidienne. Ses convictions ne devaient pas l'empêcher, toutefois, de mener une belle guerre. Mais chez lui, le sentiment de solidarité avec ses camarades du front ne signifie nullement la rupture avec son antimilitarisme.

Cependant, éloigné du quotidien militant, le rôle de Monatte s'efface derrière ceux qui sont disponibles à l'action, comme Rosmer, versé dans l'auxiliaire*. Qu'ils soient jeunes – comme Boris Souvarine – ou plus âgés, à l'image du guesdiste Henri Cartier, la minorité a puisé une partie significative de ses cadres dans ce « milieu de réformés et d'inaptes » qui révulse Jean-Richard Bloch. Ainsi de Cartier, mobilisé dans un camp de prisonniers de l'arrière en raison de son âge – 47 ans – et arrêté en août 1914 à la suite d'une altercation avec un officier qui l'avait qualifié de « drôle de citoyen » du fait de ses critiques envers la loi de « trois ans ». Mis aux arrêts pendant une vingtaine de jours, Cartier écrit à Marcel Sembat une lettre indignée dans laquelle il affirme ses convictions antiministérialistes et anticléricales contre « la tentative de restauration monarchique » dont la France en guerre

---

* Le service auxiliaire regroupe les hommes qui, bien qu'impropres au service armé, sont mobilisés en fonction de leurs compétences professionnelles dans des services sédentaires de l'arrière.

est selon lui le théâtre : « Laissez-moi faire connaître que c'est avec regret que j'ai vu le Parti s'engager dans la participation ministérielle en votre personne et en celle de notre vénéré Guesde, car aujourd'hui, comme hier, je la crains préjudiciable non pour l'heure présente mais pour l'avenir[11]. » Cet épisode n'est pas insignifiant : Cartier, dès 1915, devait devenir un homme de confiance de la minorité, avant de se hisser à la direction de la SFIC après 1920 et d'en être exclu en 1924. Sans appartenir à la « génération du feu », puisque, né en 1867, il n'est pas venu au pacifisme à travers le rejet de l'expérience du combat, Cartier n'en demeure pas moins un cadre investi de responsabilités dont il était dépourvu jusqu'en 1914. Pas plus qu'il n'est une invention d'après guerre, le pacifisme de guerre n'est réductible à l'expérience radicalement neuve d'une génération vierge.

Face-à-face avec la majorité

La majorité n'a pas choisi d'exister. Son histoire ne commence à proprement parler qu'en 1915, lorsque le manifeste de la Fédération socialiste de la Haute-Vienne en mai puis la conférence de Zimmerwald en septembre jettent les fondements d'une contestation minoritaire organisée de la ligne officielle de la SFIO adoptée en août 1914. Cette histoire est brève, si on l'envisage de manière strictement chronologique : elle s'achève avec la victoire politique de la minorité et la formation consécutive de la « néo-majorité » autour du jeune Louis-Oscar Frossard, nouveau secrétaire du parti, de Jean Longuet et de Marcel Cachin en juillet 1918 – coalition tout aussi passagère, qui dirige le parti jusqu'à la scission de Tours. Le caractère à la fois circonstanciel et momentané de cette division progressive du parti socialiste sous l'effet de la guerre rend très mal compte, cependant, de son importance historique par ses conséquences tant sur l'avenir du parti socialiste, que sur la compréhension rétrospective de son passé.

La naissance de la majorité n'est pas la conséquence d'une querelle de tendances comme les autres, et ce, pour deux raisons. D'abord, la guerre a bouleversé les clivages traditionnels qui séparaient entre elles les chapelles militantes jusqu'en 1914. Elle provoque divisions et ruptures dans les sociabilités héritées du temps de paix, parfois même jusque dans les familles de militants. La brutalité avec laquelle les difficultés intellectuelles constitutives du projet socialiste sont reposées dès le début du conflit perturbe rapidement la « cuisine » interne du parti. L'enjeu politique de cette division, ensuite, en radicalise les pratiques. C'est la minorité qui prend très tôt, dès le printemps 1915, l'initiative de se constituer en tendance, puis en fraction indépendante, dotée de ses réseaux de propagandistes, de ses propres financements et de son journal, *Le Populaire*, hebdomadaire en 1916, puis quotidien en 1918. La majorité, d'abord surprise, doit l'imiter pour endiguer ses progrès. Jusqu'en 1920, la SFIO voit ainsi naître en son sein des fractions qui ont une double et indissociable ambition : prendre ou conserver le contrôle de la direction du parti, et affirmer la primauté de leurs principes. Ainsi malmenée, la SFIO traverse entre 1915 et 1918 une crise profonde de ses structures et de son identité.

Rétrospectivement, le majoritaire de guerre a été considéré comme responsable d'une crise dont il est plutôt la victime. Les communistes l'ont érigé en bouc émissaire de la « trahison » socialiste de 1914, au prix de quelques oublis opportuns, en particulier de Marcel Cachin, dont le nom avait été avancé en mars 1917 pour occuper un poste de sous-secrétaire d'État[12]. Mais la SFIO reconstituée après 1920 ne s'est pas non plus montrée accueillante avec certaines figures de l'épisode majoritaire. Albert Thomas, aussi tard que mars 1921, a dû combattre pour se maintenir en son sein[13]. Son exil suisse au Bureau international du travail (BIT), la mort de Jules Guesde puis de Marcel Sembat en 1922, l'effacement durable de Jean Longuet après le congrès de Tours ont contribué à imposer un silence pudique sur cette expérience fondamentale mais embarrassante du socialisme au pouvoir.

La bataille d'appareil qui se déroule au sein du parti socialiste pendant la guerre est dominée par une préoccupation envahissante, bien qu'elle soit rarement formulée explicitement : comment sauvegarder l'identité socialiste face à la guerre et à l'unanimisme patriotique officiel ? La tâche s'avère rapidement délicate. Aux yeux de Jules Guesde, ministre d'État nommé à la fin d'août 1914, la guerre est une « parenthèse » dans la lutte des classes. Aussi longtemps qu'elle dure, les socialistes doivent non seulement s'interdire de la saboter, mais contribuer activement à la victoire des armes de l'Entente. Les réseaux guesdistes fidèles à la majorité se mettent ainsi au service de la diplomatie alliée[14]. Pour les majoritaires, comme l'énonce l'ordre du jour de la Commission administrative permanente (CAP)* publié dans *L'Humanité* le 9 novembre 1915, « une paix durable ne peut être obtenue que par la victoire des Alliés et la ruine de l'impérialisme militariste allemand […][15] ». Ce n'est qu'avec 1917 et la perspective d'une conférence socialiste internationale à Stockholm, qui ne devait jamais avoir lieu, que la majorité amorce son rapprochement avec la minorité, au prix d'ailleurs de nouvelles divisions. Pour les ministérialistes les plus endurcis, l'expérience acquise au gouvernement et l'antibolchevisme justifient la remise en cause de l'unité du parti, gangrené par le pacifisme minoritaire. Ce sont eux d'ailleurs qui provoquent la première scission d'après guerre : en octobre 1919, un petit « parti socialiste français » voit le jour à l'initiative d'un groupe de parlementaires dissidents proches du journal *La France libre*, créé en juillet 1918[16]. Ce parti échoue, cependant, à rallier à lui de véritables figures du socialisme : ni Albert Thomas ni le

---

* La CAP est l'organe de direction administrative de la SFIO. Son pouvoir est limité à la fois par la structure fédérale du parti et par l'indépendance du groupe parlementaire.

guesdiste Adéodat Compère-Morel ne rompent alors avec la SFIO.

Pour la direction du parti, cette aile droite est presque aussi embarrassante que la minorité pacifiste. Elle menace de transformer en règle la situation d'exception imposée par la guerre. « C'est une calomnie d'assimiler ce que nous avons fait alors à un acte de ministérialisme et de participation ministérielle, affirme encore Sembat lors des débats du congrès de Tours. Il n'y avait rien dans notre attitude qui engageât l'avenir ; et Guesde, comme moi, nous réservions pour l'après-guerre toute l'indépendance du Parti[17]. » Une telle dénégation de l'évidence suggère à quel point l'existence d'une identité socialiste autonome fut l'enjeu crucial de la politique de la SFIO pendant et après la guerre. C'est pourtant cet argumentaire qui a servi à la majorité pour endiguer, avec un succès indéniable, les progrès de la minorité.

Ce succès est d'abord le fait de l'habileté manœuvrière de Pierre Renaudel, député socialiste du Var et véritable « éminence grise » du parti avant guerre[18], propulsé à la tête de *L'Humanité*, dont il était l'administrateur, après la mort de Jaurès. Sa stratégie à l'égard de la minorité est simple mais efficace : il s'agit d'« amener » les minoritaires « à se renier » en jouant de leurs divisions[19]. Les difficultés qu'elle oppose aux minoritaires font bientôt de Renaudel la cible d'un violent ressentiment qui se manifeste dès la fin de 1915 dans les réunions des instances fédérales ou nationales du parti où il apparaît. Le 13 novembre 1915, alors qu'il vient d'affirmer devant la 14e section parisienne que la guerre doit aller « jusqu'au bout, c'est-à-dire jusqu'à l'écrasement des deux puissances centrales », Renaudel est vivement pris à parti par plusieurs auditeurs, qui lui rétorquent qu'il veut mener la guerre « jusqu'à l'épuisement [du] pays », voire « jusqu'à la mort du dernier homme » : « Allez-y donc combattre vous-mêmes jusqu'au bout[20] ». Renaudel, dès ce moment, est en butte aux sifflets et aux obstructions systématiques. Le 1er avril 1917, lors du meeting en faveur de la révolution russe organisé par la Ligue des droits de l'homme, il ne peut même pas prendre la parole[21]. Il est alors devenu l'un des symboles de la « trahison » de 1914.

Son diagnostic sur la minorité est pourtant juste. Les conditions de sa naissance y ont scellé une tension permanente entre une composante modérée, gagnée à l'idée de « paix blanche » mais fidèle au principe de défense nationale, et une frange radicale, séduite par une contestation directe de la guerre qui la condamne à l'isolement. C'est cette coalition hétéroclite qui s'empare, position par position, de la majorité des mandats dans le parti : de la direction de la Fédération de la Seine, conquise de haute lutte en décembre 1916, à la direction de la SFIO elle-même, entre juillet et octobre 1918. Mais ces succès trahissent les divisions des vainqueurs : si la Seine a été acquise par le cumul des mandats des modérés et des « zimmerwaldiens[22] », le basculement de la fin de 1918 consacre au contraire l'alliance nouvelle des modérés des deux bords, aux dépens des « zimmerwaldiens » désormais isolés.

Qui sont les minoritaires ?

Jean Longuet et la minorité

Le 15 mai 1915, la publication d'un manifeste par la Fédération socialiste de la Haute-Vienne marque la naissance officielle de la minorité au sein de la SFIO. Le 9 mai, à Limoges, les militants de la Haute-Vienne, issus de nombreuses sections rurales, se sont réunis en séance plénière, en présence de quatre députés, pour discuter de « l'attitude du Parti socialiste au sujet de la guerre ». « Nous ne pensons pas, concluent-ils, que ce soit le rôle du Parti socialiste de pousser à la guerre à outrance, d'adopter une allure belliqueuse et de fermer les oreilles à toute rumeur de paix[23]. » Le manifeste publié une semaine plus tard reprend les mêmes idées : le parti, affirme-t-il, « doit se tenir prêt à accueillir toute proposition de paix d'où qu'elle vienne », dans l'espoir de mettre un terme à la « boucherie effroyable » dont la guerre est responsable[24]. Il ne s'agit pas de saboter l'effort de défense nationale, ni de rompre l'unité du parti, mais de réaffirmer que la « fonction propre [du parti socialiste] est de se dégager de la guerre, tout en y coopérant[25] ».

Jean Longuet s'affirme rapidement comme le chef de file de la minorité socialiste. Ce jeune « quadra » – il est né en 1876 – est un militant en pleine ascension, doté d'un solide réseau et d'un avenir dans le parti. Issu d'une lignée illustre du socialisme révolutionnaire, puisqu'il est le petit-fils de Karl Marx, il est élu député de la Seine en mai 1914. Précis, documenté, cultivé, Longuet est un spécialiste du socialisme international : il émerge, dans la SFIO d'avant guerre, comme un expert, catégorie nouvelle d'hommes dont les partis modernes ont besoin pour faire de la politique. Peut-être Longuet serait-il resté, sans l'aventure de la minorité, un second couteau du socialisme organisé, mais la « lutte pour la reprise des relations internationales » est devenue, en 1915, le grand combat de sa vie, auquel la mémoire socialiste l'associe. Devant le naufrage du socialisme d'avant guerre, Longuet affirme la nécessité de briser le consensus forcé autour de la ligne de défense nationale et de guerre à outrance contre le militarisme allemand. Son choix d'organiser la minorité en tendance s'appuie sur la perception de plus en plus nette du mécontentement diffus né du premier hiver de guerre.

Longuet, cependant, n'entend changer la ligne officielle de la SFIO qu'avec la plus grande prudence, pour ne pas remettre en cause ce qui lui paraît le plus précieux : l'unité du parti. La stratégie qu'il élabore est donc profondément ambiguë : l'unité ne doit pas être brisée par la politique pourtant très combative qu'il mène au nom de l'identité socialiste contre les positions et les intérêts de la direction du parti. De ce fait, Longuet adopte des attitudes qui, à un siècle de distance, paraissent opaques, alors qu'elles sont conformes au tempérament de l'homme et aux contraintes dans lesquelles se déploie sa stratégie.

Député minoritaire, il n'a jamais pris la parole à la tribune de la Chambre pendant la guerre, laissant à d'autres – les députés Pierre Brizon, Alexandre Blanc et Jean-Pierre Raffin-Dugens, tous trois instituteurs et tous trois délégués à la conférence internationale de Kienthal, en avril 1916 – le soin de s'opposer au vote des crédits de guerre, dans une séance mouvementée le 24 juin 1916. De même, alors qu'il vient de jeter les fondements de la minorité, Longuet approuve pourtant l'entrée d'Albert Thomas au gouvernement lors du débat interne à la direction de la SFIO le 19 mai 1915 : « L'entrée de Thomas serait heureuse, s'il n'a pas les mains liées. Je suis d'avis qu'il ne nous est pas possible de refuser[26]. »

Longuet n'a pas souhaité rompre le dialogue des tendances qui divisent de plus en plus le parti. Mais son pacifisme met ce dernier en difficulté face au gouvernement, face à ses militants, face à l'opinion. C'est pourquoi la situation intérieure du parti se dégrade immédiatement après la publication du manifeste de la Haute-Vienne. La majorité, dans une circulaire du 14 juin 1915, réagit durement : la CAP rappelle par deux fois la nécessité de la « guerre jusqu'au bout » et constate la divergence désormais officielle sur l'interprétation des buts de guerre de l'Entente. Les débats du Conseil national des 14 et 15 juillet 1915 sont extrêmement tendus[27], et ce n'est qu'un début : avec la formation progressive d'une extrême gauche pacifiste, la violence n'est plus seulement verbale. Obstructions, bagarres, insultes : la sociabilité socialiste se dégrade continûment. Du front aussi, les menaces viennent. Ainsi un « lecteur de *L'Humanité* », le 11 novembre 1915, écrit-il à Albert Thomas : « Pendant que vous faites la mouche du coche, vos anciens "gogos" vont se colleter contre les Turcs et les Boches. Vous garantissiez leur fraternité, leur amour de la paix ? [...] Patience. Les temps sont changés, nos idées aussi. De retour on demandera des comptes. Et je ne suis pas le seul, dans mon cas, rien qu'à la compagnie de sapeurs[28]. » Et un soldat anonyme, sur une carte postale de l'emprunt national de 1916 détournée pour l'occasion : « Vieux socio, viens donc avec nous dans la Somme tu verras si on les a si facilement que tu veux le dire, patriote de l'arrière, saligaud, "souscrivez" et vous ferez tuer vos enfants. Quand tu viendras aux réunions socialistes on te mettra en pratique ce que tu nous fais apprendre depuis deux ans[29]. »

Longuet partage-t-il ce ressentiment envers la majorité ? Jusqu'à la fin de 1917, il ne cesse d'adresser à son « cher collègue » Albert Thomas des demandes de protection et de placement pour ses électeurs et sa clientèle militante, exercice obligé de son mandat parlementaire[30]. Il entretient toujours des liens privilégiés avec son vieux camarade et grand adversaire de tendance Pierre Renaudel, mais aussi avec « l'ami de la famille » Georges Clemenceau, même après l'accession de celui-ci à la présidence du Conseil en novembre 1917[31]. Mais s'il ne veut pas rompre l'unité, Longuet réclame des « épurations nécessaires », en particulier dans la motion qu'il présente au congrès national extraordinaire de la Bellevilloise en avril 1919. Préserver l'unité révolutionnaire du socialisme réclame d'immoler symboliquement quelques personnalités trop compromises, et de laisser la place à une jeune relève que Longuet veut inspirer comme un mentor et non diriger comme un chef. Après la fondation du *Populaire*, à la mi-1916, Longuet « symbolise dorénavant la plus notable force politique critique à l'égard de la conduite de la guerre. Il se sent d'ailleurs assez influent pour aider à la promotion de nouveaux cadres afin de "régénérer" le parti[32] ». Cette attitude, cependant, l'oblige à s'attacher le service de militants qui, par leur véhémence, ont finalement entraîné la minorité beaucoup plus loin qu'il ne l'entendait. Un militant comme Raoul Verfeuil, épurateur obsessionnel des congrès socialistes de la fin de la guerre, en est le meilleur exemple.

Journaliste et militant actif du Tarn-et-Garonne, dont il a créé la fédération à 27 ans, en 1910, placé en sursis d'appel en tant que commis des PTT, Raoul Lamolinairie, dit Verfeuil, est un minoritaire de la première heure. Son parcours est exemplaire de la montée en puissance de la minorité. Militant de second ordre, elle lui offre l'accès à la politique nationale. En juillet 1916, il est chargé avec Maurice Maurin, et sous la supervision de Maurice Delépine, de « créer une sorte de centralisation d'orateurs minoritaires qui seront chargés tour à tour de prendre la parole dans diverses fédérations[33] ». Il accompagne ainsi la formation de la minorité non plus en simple tendance, mais en véritable fraction : le journal de la minorité, *Le Populaire*, existe depuis le 1er mai 1916, se dote de groupes d'« Amis » qui forment les noyaux de l'organisation de sa frange modérée, fédérés le 31 juillet en un Comité de défense du socialisme international. Ce jour-là, un certain Boileau propose même une résolution, unanimement applaudie, refusant de payer les cotisations à la CAP tant que le journal *L'Humanité* n'aura pas rouvert équitablement ses colonnes aux tendances en présence[34]. En mai 1917, l'équipe de Verfeuil est remplacée : le jeune Boris Souvarine devient, avec Ulysse Leriche, le coordonnateur des « propagandistes anti-Thomas » qui parcourent le pays[35].

Dans ses Mémoires, publiés en 1931, Frossard accuse Verfeuil d'être responsable de la dégradation de l'atmosphère morale du parti : « On a peu à peu habitué les militants à cette idée que, pour qu'il retrouve [...] "le sens du coude à coude", [le parti] doit pratiquer dans ses rangs des "épurations"[36]. » Animé d'une haine farouche contre les majoritaires, Verfeuil contribue à la popularité d'un slogan qui devait figurer dans les « vingt et une conditions » imposées par les bolcheviks pour l'adhésion à la IIIe Internationale. « La guerre a creusé entre nous un fossé que la paix ne comblera pas », lance-t-il ainsi aux majoritaires dans *Le Populaire* le 8 décembre 1917. Il flanque Longuet dans tous ses combats des congrès et de la CAP : il inspire en particulier avec lui la campagne contre l'intervention militaire française en Russie quand il défend le principe du grand meeting anti-interventionniste du 19 janvier 1919[37]. Au congrès fédéral de la Seine, en septembre 1918, il accuse la majorité d'avoir assis son emprise « sur le vol et la fraude[38] ». Les « traîtres à Jaurès » suscitent chez lui une révulsion particulière, lui-même considérant son engagement comme un « apostolat » au service du socialisme révolutionnaire.

Après 1918 et la formation de la néo-majorité, Verfeuil est pourtant devenu un homme encombrant pour l'ancienne minorité : il la pousse à des choix que sa direction ne veut plus faire. De tels hommes l'ont en effet engagée dans un engrenage épuratoire qu'elle ne parvient pas à enrayer. C'est pourquoi Longuet apparaît, rétrospectivement, comme le responsable d'un processus qu'il espère limité et vertueux, mais qui devait aboutir à la scission du parti et à sa propre éviction hors du camp qu'il a, plus qu'aucun autre, contribué à créer. Dans le *Bulletin communiste*, le journaliste Amédée Dunois, membre de la « gauche » de la SFIC, devait lui faire la leçon en 1921 : « Il y avait un moyen d'éviter la rupture. C'eût été de procéder aux "épurations nécessaires" réclamées en vain par Verfeuil. […] [Or] non seulement, dans ses deux années d'existence, [la nouvelle majorité composite de 1918] a menti aux promesses qu'elle avait faites ; non seulement cette régénération complète du socialisme qu'on attendait d'elle, ne fut pas réalisée, mais ce n'était un secret pour personne que, de plus en plus, la nouvelle majorité penchait, glissait à droite[39]. » Verfeuil a offert malgré lui à la fraction la plus radicale de l'ancienne minorité la caution morale nécessaire à l'épuration régénératrice du socialisme qu'elle réclame depuis son apparition.

Le zimmerwaldisme français

Cette division de la minorité n'est pas une conséquence des remaniements de la fin de la guerre. Elle existe au contraire depuis ses origines. Si les amis de Longuet sont proches de la majorité, la minorité qu'on appellera bientôt « zimmerwaldienne » se situe, elle, dans l'étroite proximité de la minorité syndicaliste de la CGT (dominée par le métallurgiste Alphonse Merrheim, le tonnelier socialiste Albert Bourderon et le groupe de l'ancienne *Vie ouvrière*), et des petits groupes militants de la presse et du syndicalisme issus des différentes tendances du mouvement anarchiste, Henri Fabre autour du *Journal du peuple*, Sébastien Faure avec *Ce qu'il faut dire*, Raymond Péricat dans la Fédération syndicale du bâtiment[40]. Ce milieu pacifiste, à la fois très actif et très hétérogène, converge vers un comité dont le rôle est central dans l'histoire de la minorité de guerre : le Comité pour la reprise des relations internationales (CRRI). Créé en janvier 1916 à l'initiative de Merrheim et de Bourderon, qui se sont rendus en septembre 1915 à la conférence internationale de Zimmerwald, ce Comité ne possède pas d'existence légale au sein du parti socialiste : il s'agit d'abord d'un groupement de propagande, qui ne peut revendiquer aucun mandat en son nom. Cela signifie, en contrepartie, qu'il n'exerce aucun pouvoir de contrôle sur les hommes qui le fréquentent : ni sur ceux qui, dans les congrès du parti, votent pour des motions qui ne sont pas conformes à son esprit, ni sur ceux qui, en son sein, présentent des résolutions extrémistes. Cette structure légère s'est révélée de ce fait un instrument à la fois efficace et fragile aux mains des minoritaires.

Elle est tout d'abord le point de rencontre privilégié entre les minoritaires syndicalistes et socialistes. Or cette rencontre, pour l'avenir, est d'une importance fondamentale. Le CRRI, en effet, est le creuset où se politisent les militants qui aspirent à une régénération ascétique des principes et des pratiques du mouvement ouvrier français. C'est en son sein que s'élabore leur culture politique originale, nourrie des valeurs sacrificielles du syndicalisme révolutionnaire et du rejet de la trahison de l'oligarchie socialiste. Le refus de parvenir, la méfiance à l'égard de la bureaucratisation des organisations ouvrières et de l'embourgeoisement de leurs cadres permanents, le rejet virulent d'un « monde bourgeois » corrompu par le vice et le profit puisent une nouvelle vigueur dans la lutte contre un ennemi né de la guerre, à la fois omniprésent et indistinct – profiteur, embusqué, « traître » socialiste chauvin, député corrompu. Convaincue d'être la dépositaire des traditions les plus combatives de la classe ouvrière française, la génération qui accède à la politique par le CRRI prétend rétablir la continuité de l'histoire du socialisme révolutionnaire par un acte de rupture avec l'état-major socialiste. L'élan initial de la génération du premier communisme français s'est ainsi nourri d'une aspiration très puissante à s'évader des cadres de structures hiérarchiques perçues comme illégitimes – vers ce que le socialiste menchevique Jules Martov appelle « la plénitude d'une auto-administration sans tutelle[41] » habitée d'une puissante force de rupture. La volonté de construire un « parti de type nouveau », formule vague qui exprime le besoin d'une organisation révolutionnaire dégagée des compromissions du socialisme de guerre, a nourri en profondeur le futur courant d'adhésion à la IIIe Internationale dont le CRRI a formé une partie des cadres.

Certes, la collaboration des syndicalistes et des socialistes s'avère difficile. La formation, au sein même du CRRI, d'un Comité de défense syndicaliste (CDS) de plus en plus autonome, puis tout à fait indépendant de celui-ci, témoigne de l'irréductible méfiance des syndicalistes anarchistes vis-à-vis des « politiques ». Laminé par la répression gouvernementale après sa participation active aux grèves du printemps 1918, pour lesquels il a dressé un plan de grève générale[42], le CDS inspire l'éphémère « parti communiste » de Raymond Péricat, situé à l'ultra-gauche du mouvement pacifiste[43]. L'expérience témoigne, à tout le moins, de la persistance des clivages traditionnels hérités du mouvement ouvrier d'avant guerre. Ni Merrheim ni Bourderon, les fondateurs du CRRI, n'ont d'ailleurs souhaité la collaboration durable des anarchistes que Merrheim considère comme responsables des impasses dans lesquelles la CGT d'avant guerre s'est abîmée[44]. La mission que Bourderon assigne au Comité est limitée, tout comme chez les amis de Longuet, par le refus de la scission : il s'agit d'abord, selon lui, de « relever le principe et la pratique de l'internationalisme défaillant, sans pour cela sortir du cadre de l'Internationale existante et des organismes qui la constituent[45] ». « Ce qui importe à la classe ouvrière, et ce qu'il faut qu'elle apprenne de cette guerre, ajoute Merrheim à sa suite, c'est de chercher à reprendre et à fortifier le sens de son intérêt de classe, le sens de sa conscience internationale[46]. » L'un et l'autre considèrent le Comité comme un instrument de défense et de vigilance ouvrières face aux excès de la défense nationale et aux compromissions dangereuses qu'elle implique à leurs yeux pour la CGT et la SFIO. En cela, Merrheim et Bourderon sont les représentants typiques de l'« esprit de Zimmerwald » tel qu'il est interprété en France.

Ces réserves, il est vrai, sont violemment attaquées par ceux qui les considèrent précisément comme incompatibles avec cet « esprit ». Le vote de Bourderon sur une motion de la minorité longuettiste modérée lors du Conseil national SFIO du 9 avril 1916 provoque ainsi une violente polémique au sein du Comité. Dans cette motion, le minoritaire Adrien Pressemane a demandé le « rétablissement des rapports » entre les différents partis socialistes et soutenu les initiatives en ce sens du secrétaire du Bureau socialiste international, Camille Huysmans. Bourderon a alors jugé « vain et inhabile » de diviser la minorité par une motion d'« internationalisme intransigeant et absolu répondant davantage aux vues du Comité[47] ». C'est pourquoi il est pris à parti, à plusieurs reprises, par les Russes et les jeunes syndicalistes membres du CRRI qui refusent cette « tactique de demi-opposition » contre ceux qui « ont poignardé dans le dos le socialisme internationaliste[48] ».

En effet, par sa structure même, le Comité est ouvert aux militants qui, situés à la gauche du mouvement de Zimmerwald comme les russes Léon Trotski, Alexandre Lozovski et Inessa Armand, veulent librement prendre part à la discussion de la politique socialiste de guerre.

Certes, en juillet 1916, Merrheim a bien tenté, sous prétexte que Trotski n'est pas membre de la SFIO, de l'écarter du Comité[49], mais cela est contraire à ses statuts. En fait, ni Merrheim ni Bourderon n'entendent « dire brutalement à la classe ouvrière », comme le réclame Trotski dans une résolution du 31 juillet, que « l'action énergique contre la guerre sans aucune considération de défense nationale » est le devoir des vrais zimmerwaldiens qui doivent dénoncer non seulement la majorité, mais aussi les compromissions de la minorité longuettiste. Ils ne veulent ni accepter la partition du Comité, ni se rallier au principe d'une troisième Internationale qui se dessine au bout de la stratégie trotskiste. Finalement, à la mi-septembre 1916, le ministre de l'Intérieur Louis-Jean Malvy décide d'expulser Trotski et de supprimer le journal *Naše Slovo*, tribune des révolutionnaires russes en exil. À ce moment, cependant, Trotski est parvenu, par ses interventions énergiques, à favoriser l'émergence d'une « gauche de Zimmerwald », rassemblée autour de l'instituteur Fernand Loriot, alors même que Merrheim et Bourderon, instruits par cet affrontement, décident de s'éloigner d'un Comité qui leur échappe et dont la radicalisation devient compromettante.

Qu'est-ce donc, dès lors, que le zimmerwaldisme français ? C'est d'Italie et de Suisse qu'est venue l'idée d'une réunion internationale des socialistes minoritaires, dans le but de penser et de préparer l'intervention de la classe ouvrière contre la guerre. En septembre 1915, Merrheim et Bourderon se rendent en Suisse pour rencontrer, venus de toute l'Europe, quelques dizaines de délégués neutres ou minoritaires. Dans la « Déclaration commune des socialistes et des syndicalistes franco-allemands » puis dans le célèbre manifeste de Zimmerwald, ils affirment nettement la nécessité pour la classe ouvrière de « s'opposer à la guerre » et de dénoncer son caractère impérialiste : « Cette guerre n'est pas notre guerre[50]. » Ce manifeste exerce un rayonnement important parmi les petits états-majors minoritaires de toute l'Europe : il représente, selon les termes du syndicaliste Georges Dumoulin, « le trait de lumière qui a réveillé [leurs] espérances », la « flamme d'espoir à laquelle [ils ont] donné à nouveau [leur] foi internationaliste[51] ».

Les divergences tactiques sont cependant immédiates. Le mouvement de Zimmerwald est gangrené par des divisions qui, en tant que réalité internationale, devaient avoir raison de lui en 1917. Lénine, en particulier, n'a accepté qu'avec réticence d'en signer le manifeste, pour organiser immédiatement une gauche dont la « devise » est « guerre civile et non union sacrée[52] ». La fraction de la « gauche de Zimmerwald » dénonce de plus avec vigueur l'« opportunisme » masqué dont le mouvement serait pénétré du fait de son inaction supposée face aux gouvernements mais aussi aux minorités modérées de leurs propres partis. Ces antagonismes ne s'atténuent guère, au contraire, lors de la seconde conférence tenue à Kienthal, à la fin du mois d'avril 1916. La résolution finale sur « l'attitude du prolétariat en face des problèmes de la paix » demande, certes, d'intensifier la lutte du prolétariat contre la guerre, par l'exigence d'un « armistice immédiat », sans quoi « les conditions de la paix future seront fixées par les gouvernements, les diplomaties, les classes dirigeantes, sans aucun égard aux peuples[53] ». Mais là encore, une assez grande latitude d'action est laissée aux délégués minoritaires de chaque pays. Les Français, pour leur part, sont représentés par trois « pèlerins », les députés socialistes Pierre Brizon, Alexandre Blanc et Jean-Pierre Raffin-Dugens. Ceux-ci cependant n'ont pas été mandatés par le CRRI, dont les délégués n'ont pas obtenu leurs passeports : ils s'y rendent donc « en leur nom propre ». Ils y jouent pourtant un rôle significatif. Le manifeste célèbre de Kienthal, « Aux peuples qu'on ruine et qu'on tue », est largement issu de la plume de Brizon lui-même et renferme les formules qui inspirent la ligne de son journal, *La Vague*, lancé en août 1917 : refus de la guerre « jusqu'au bout », lutte contre le « parti qui veut prolonger la guerre », contre les embusqués et les profiteurs, pour le rétablissement des « libertés confisquées », par l'exercice du « maximum de pression possible sur [les] élus, sur [les] parlements, sur [les] gouvernements[54] ». Un tel programme, défendu par un parlementaire parvenu librement en Suisse, sans que le gouvernement Briand ait tenté de l'en empêcher, est caractéristique des buts et des slogans de la minorité de guerre française.

L'idée de « reprise des relations internationales » est donc, au-delà de ses différentes tendances, le fondement de l'esprit zimmerwaldien. En cela, la minorité zimmerwaldienne n'est pas absolument éloignée des amis de Longuet dans le parti socialiste : c'est pourquoi ils peuvent épisodiquement se retrouver. Mais les divergences de tactiques s'accentuent en même temps que le ressentiment né de la guerre creuse le fossé séparant les zimmerwaldiens de la majorité. La reprise des relations internationales, toujours repoussée et mise en échec par les circonstances comme par les résistances des organisations socialistes elles-mêmes, est ainsi devenue le véhicule du ressentiment antimajoritaire qui contient la menace grandissante d'une scission. Il ne s'agit donc pas de savoir si le zimmerwaldisme français est ou non léniniste : cette question est en réalité tout à fait secondaire. Les minoritaires les plus influents, Jean Longuet, Alphonse Merrheim ou Pierre Brizon, se préoccupent bien plus des conséquences du mouvement pour la paix qu'ils ont engagé, dès lors que son succès même dépasse les limites dans lesquelles ils ont d'abord tenté de l'enfermer. Trotski, là-dessus, n'avait pas tort : tôt ou tard, ils seraient contraints d'acquitter les traites qu'ils ont tirées sur l'espérance. En fait, le zimmerwaldisme français n'est pas défaitiste : il est épurateur. Sa volonté de « redresser » la moralité révolutionnaire du socialisme et de promouvoir de jeunes cadres gagnés au pacifisme pendant la guerre le condamne, à un moment ou à un autre, à définir à nouveaux frais son socialisme rénové et à en fixer les limites par des exclusions symboliques.

L'échec de la réunion de la conférence internationale de Stockholm constitue, de ce point de vue, une désillusion et une défaite profondes pour le mouvement zimmerwaldien et la minorité en général. Cette conférence, en effet, représente, au bout de deux ans et demi de guerre, la dernière occasion offerte au socialisme international pour peser de manière significative sur le cours du conflit. Dès janvier 1915, les socialistes hollandais et scandinaves sollicitent du Bureau socialiste international la réunion d'une conférence socialiste aussitôt que les circonstances le permettront, mais cet appel est resté lettre morte. La révolution russe de février 1917 relance le processus : un nouvel appel est lancé, à la fin d'avril 1917, par un comité hollando-scandinave auquel s'adjoignent bientôt les Russes, avec l'accord de Kerenski. Lors du Conseil national de la SFIO le 28 mai 1917, la direction du parti s'est ralliée unanimement à l'« initiative russe » de la conférence internationale de Stockholm. La majorité, inquiète d'une paix séparée, ne peut plus alors refuser un dialogue imposé par les événements ; la minorité, elle, envisage la tenue d'une conférence internationale comme le signe de sa victoire morale et politique. Le soir même, Jean Longuet, Charles Rappoport et les députés minoritaires Pierre Brizon et Jean-Pierre Raffin-Dugens haranguent les badauds : « Nous irons à Stockholm » – prédiction apaisante qui ne sera pas tenue. Plusieurs fois repoussée, la conférence devait se tenir en principe au tout début de septembre 1917, mais le 4 août, dans une déclaration faite à la Chambre des communes britannique, les gouvernements de l'Entente refusent les passeports des délégués convoqués par le BSI, sans que ce dernier d'ailleurs oppose de véritable résistance. Cet échec subi sans combattre laisse du même coup le champ libre à la « gauche de Zimmerwald » et à la revendication léniniste d'une nouvelle Internationale. « Il ne suffit pas, écrit Lénine à l'automne 1916, d'adopter des résolutions de solidarité avec Liebknecht ; il faut prendre au sérieux son mot d'ordre disant que les partis sociaux-démocrates actuels ont besoin d'être régénérés », en vue d'une « réforme complète de la tactique social-démocrate » d'agitation et de propagande[55]. Avec une parfaite clarté, Lénine relie ainsi l'aspiration vague à une régénération de l'idéal socialiste au problème de l'organisation d'un « parti de type nouveau » dont le bolchevisme devait bientôt proposer et étendre le modèle grâce à la IIIe Internationale.

La montée en puissance de la minorité

À la conquête de l'appareil de la SFIO

La croissance de la minorité socialiste pendant la guerre est l'idéal-type de la bataille d'appareil, menée par quelques groupes déterminés dotés d'une stratégie bien établie. La formation de la SFIC, en 1920, est d'abord la conséquence de l'action d'une petite élite militante, aux caractéristiques bien précises, qui en explique à la fois le succès et les difficultés immédiates : autrement dit, elle n'est pas seulement un fait ouvrier, sorti tout droit des grèves et du *Labour boom* des années 1917-1920. Après la conquête de la majorité des mandats dans la Fédération de la Seine, à la fin de 1916, les victoires de congrès s'accumulent – en mai 1917 « pour Stockholm », en juillet puis en octobre 1918, lorsque la minorité s'empare de la direction de la SFIO, au prix d'une alliance avec les majoritaires modérés qui conservent une influence politique considérable, à l'instar de Marcel Cachin placé à la tête de *L'Humanité*. La minorité a grignoté les positions de la majorité, réduite dès 1916 à la défensive.

Les minoritaires ont-ils incarné, contre la politique majoritaire, la révolte du rang contre la direction ralliée à l'Union sacrée ? Ou s'agit-il plutôt d'une bataille d'appareil déconnectée des enjeux de la guerre, qui se déroule au sein d'un mouvement ouvrier appauvri en hommes, muselé dans son expression, bouleversé dans ses structures ? Pour le savoir, le détour par une sociologie historique de la minorité est nécessaire. À la fin de 1916, le socialiste majoritaire belge Louis de Brouckère adresse un long rapport à Marcel Sembat à la suite de la tournée de propagande qu'il a effectuée dans près de la moitié des fédérations socialistes dans la France non occupée entre le 19 juin et le 30 juillet 1916[56]. En deux mois, Louis de Brouckère estime avoir rencontré 1 500 militants, soit près de 5 % de l'effectif théorique du parti. Ce large sondage, qui livre à l'historien une radiographie de la SFIO à la veille du grand réveil ouvrier de 1917, permet d'interpréter, à travers le regard d'un majoritaire convaincu, les mécanismes du grignotage minoritaire de l'appareil socialiste.

Aux yeux de Louis de Brouckère, le mouvement minoritaire est le fruit d'une révolte circonstancielle et superficielle, mais néanmoins dangereuse, car il se nourrit de la réalité tragique d'un conflit qui n'en finit pas. Sa croissance tient selon lui à la fois « aux conditions d'existence toutes particulières que la guerre a fait [au] parti et dans la méthode et la discipline assez imprévue avec lesquelles le mouvement minoritaire est mené[57] ». Le vide créé par la mobilisation expose les sections fantômes de la SFIO à des coups de force de petits groupes de minoritaires organisés en une véritable « machine » politique. « Dans toutes les localités où [le CRRI ou les Amis du *Populaire*] découvrent un partisan, [ils] se tiennent en correspondance avec lui, le documentent, le conseillent, l'aident à s'élever à quelques-uns des nombreux postes de délégués et de commissaires que comportent les organisations démocratiques[58]. » L'efficacité de cette organisation est d'autant plus déconcertante qu'elle ne s'appuie selon de Brouckère sur aucune tendance ni aucune personnalité connue d'avant guerre : à l'exception de Jean Longuet ou d'Adrien Pressemane, la minorité est un mouvement d'obscurs, gagné par de « jeunes gens, comme [Paul] Faure, qui n'ont encore donné que des promesses, ou des hommes dont la renommée demeure exclusivement locale », à l'instar du guesdiste isérois Henri Cartier. La force du discours antioligarchique des minoritaires est bien l'arme de propagande privilégiée d'une relève en pleine ascension.

Du fait de cette efficacité tactique, Louis de Brouckère considère que la minorité peut devenir redoutable si elle parvient à s'ancrer dans les masses et à conquérir une audience parlementaire. Elle recrute selon lui ceux qui, « géographiquement ou socialement, sont les plus éloignés de la guerre[59] ». L'argument n'est pas tout à fait dénué de fondement : les fédérations de la Haute-Vienne et du Vaucluse sont des bastions de la minorité. Selon le jeune syndicaliste Louis Bertho, le CRRI compterait par ailleurs 850 membres en avril 1916, dont 500 en province[60], au moment où l'effectif théorique de la SFIO est réduit à moins de 35 000 militants. Mais cette définition comporte aussi une dimension politique et polémique : la minorité organiserait tous ceux qui veulent échapper à leurs devoirs. De fait, elle n'a cessé de susciter un violent rejet : Hubert Bourgin, proche collaborateur d'Albert Thomas, la considère, de manière plus désobligeante encore que Jean-Richard Bloch, comme un « état-major de gamins et de femelles[61] » ! Ces antiportraits ont cependant le mérite de dessiner en creux une sociologie sommaire de la minorité, qui puise ses cadres parmi les instituteurs et ses troupes parmi les jeunes non mobilisés, les soldats démobilisés et réformés, les femmes, les ouvriers des usines de guerre. Celle-ci s'implante, autrement dit, dans le halo de populations fragiles confrontées à la mobilisation totale et contrainte de la société française au service de la guerre : parmi les catégories sociales dont la sécurité relative est sous la menace permanente d'une mobilisation, dont la détérioration des conditions de vie est rapide du fait des conséquences économiques du conflit, ou dont la chance d'échapper au front est quasi nulle.

Les instituteurs fournissent au mouvement minoritaire l'encadrement dont il a besoin. Louis-Oscar Frossard et Fernand Loriot, mais aussi les députés de Kienthal, appartiennent à cette profession qui compte 21 000 mobilisés en janvier 1915. À cette date, 3 500 d'entre eux ont disparu, 1 000 autres ont été tués. Les instituteurs sont poussés à la revendication d'autant plus sûrement qu'ils ont peu de chance d'échapper à la mobilisation dans l'infanterie. Inorganisée syndicalement, la profession est exposée de manière accrue à la mort : à l'instar des typographes, des petits employés, des chapeliers, elle ne peut guère espérer une affectation à l'arrière. Fortement féminisée, elle est plus disponible à l'action militante : Hélène Brion devient ainsi un symbole de la lutte minoritaire, en particulier après son arrestation en novembre 1917, aux lendemains de l'accession de Clemenceau à la présidence du Conseil. On se tromperait cependant à croire que tous les instituteurs sont gagnés à la minorité. Les prises de position minoritaires suscitent d'âpres débats[62]. Mais l'interdiction qui leur est faite de se syndiquer a entretenu avant guerre une tradition d'action militante revendicative et illégale, chèrement payée parfois par la révocation. En fait, jusqu'au milieu des années 1920, les instituteurs forment une véritable avant-garde de la minorité puis du communisme français. La réorganisation des structures de ce dernier, entreprise dès 1923-1924 sous le terme de « bolchevisation », leur sera éminemment préjudiciable. Les enseignants, qui représentent 18,75 % des membres du Comité directeur de la nouvelle SFIC en 1920[63], ne sont plus que 3 % parmi les 200 permanents du parti communiste en 1931[64]. Ce dernier, en effet, s'est construit comme une aristocratie révolutionnaire à base ouvrière : de là, les instituteurs ont vu, à l'instar des anciens combattants, leurs positions rognées par la promotion systématique de jeunes ouvriers étrangers à leurs luttes.

Le clivage discret qui sépare combattants et non-combattants n'est pas encore saillant en 1916, mais il devait déployer ses pleins effets avec la démobilisation de 1918-1919. Nombre de militants réformés ou placés en sursis d'appel s'engagent au sein du CRRI. Boris Souvarine lui-même, incorporé comme bibliothécaire au 155e RI avant guerre, est mobilisé le 10 septembre 1914 à la 22e section de commis et ouvriers d'administration (COA) à Paris – où il retrouve d'ailleurs Alfred Rosmer –, avant d'être réformé n° 2 le 28 mars 1916*. L'expérience de guerre de la « génération du feu » n'est donc pas homogène. Quoi de commun en effet entre la guerre de Souvarine et celle du capitaine Albert Treint ou du sous-lieutenant Paul Vaillant-Couturier, tous deux blessés plusieurs fois, jeunes officiers sortis du rang et démobilisés en 1919 ? Il existe, au sein du premier communisme français, un clivage caché fondé sur le partage exclusif d'une fraternité d'armes.

Au-delà de ses cadres, la cohorte militante minoritaire est plus difficile à scruter. Jeunes soldats blessés, permissionnaires ou démobilisés, étudiants ou militants d'origine étrangère, jeunes femmes activement revendicatives, ouvriers des usines de l'arrière revenus au syndicalisme avec les grèves de 1917 : la minorité puise dans le halo des marginaux de l'effort de guerre. Lors des bagarres qui éclatent à la sortie du Conseil national SFIO du 28 mai 1917, des arrestations sont opérées parmi les 200 à 250 militants qui insultent et prennent à partie certains délégués de la majorité : une jeune coiffeuse de 22 ans, décrite comme une « militante pacifiste auprès des soldats en permission », un militaire convalescent de 27 ans, un Espagnol de 37 ans muni d'une arme à feu, et un adolescent russe juif[65]. Cette bigarrure sociologique ne s'est d'ailleurs effacée qu'avec lenteur, sous l'effet de la restructuration bureaucratique des organisations ouvrières après 1920.

La minorité a puisé dans le ressentiment antioligarchique de ses jeunes cadres la détermination nécessaire pour s'organiser. Sa sociologie hétéroclite lui fournit la capacité de s'arrimer au refus[66] suscité par la guerre. Elle peut rallier à elle les innombrables « minoritaires d'un instant » que le conflit ne cesse d'engendrer. Il est évident, aux yeux de Louis de Brouckère, que le coût de la vie et la spéculation, la crise du vin et du charbon, l'explosion des loyers dans les villes où affluent les réfugiés suscitent un

---

* Le frère cadet de Souvarine, Léon Lifschitz, né deux ans après lui, en février 1895, est tué dans la Somme, comme sapeur de 2ᵉ classe, le 19 mars 1915.

« mécontentement sans lequel le mouvement minoritaire n'aurait pu s'affirmer[67] ». Les profits de guerre, les atteintes à la liberté syndicale, la censure et le retour à un ordre moral qui semble remettre en cause le caractère laïque et républicain du régime suscitent une inquiétude diffuse que capitalise la minorité. « Si la forme républicaine [du gouvernement] est placée au-dessus de toute contestation », écrit de Brouckère, c'est « l'esprit républicain » qui s'insurge, froissé par le favoritisme, la censure et la « puissance nouvelle du pouvoir exécutif[68] ». La défense intérieure menée par les minoritaires s'alimente ainsi à la source d'une révolte qui s'apprête, au seuil de l'année 1917, à prendre une ampleur sans précédent. « Le vrai problème, conclut Louis de Brouckère en décembre 1916, est de savoir, non point si l'on peut vaincre, mais si la victoire vaut d'être achetée au prix effroyable dont chacun sait maintenant qu'il la faudra payer[69]. »

Paradoxalement, l'existence de la minorité est suspendue à la guerre et à sa continuation. Doit-elle dissoudre ses organisations après la victoire ? Albert Bourderon n'a jamais considéré que le CRRI survivrait à la paix ; mais très tôt, la gauche française de Zimmerwald, derrière Fernand Loriot, a refusé d'envisager la dissolution du Comité tant que le mouvement ouvrier n'aurait pas été rétabli sur le droit chemin de la révolution. La lutte pour la « reprise des relations internationales » a généré une forme de camaraderie militante, élaborée contre la majorité, qui n'a pas disparu soudainement en 1918. Elle s'est prolongée au contraire dans la lutte pour l'adhésion à la IIIe Internationale, inspirée et encadrée par le personnel politique formé dans la minorité de guerre. Pour les amis de Longuet, il s'agit désormais de stabiliser la direction d'un parti conquis de haute lutte et de prouver leur capacité à inspirer au socialisme une « autre politique » que celle qu'elle avait condamnée dès 1915. Très vite, cependant, cet effort de stabilisation échoue. L'agitation ouvrière, la fascination croissante exercée par le bolchevisme et la persistance au sein du parti d'une fraction de gauche ardemment épuratrice rendent ingouvernable une SFIO restaurée dans sa puissance par un formidable afflux militant. « Voilà quatre ans que nous sommes en lutte avec les majoritaires et nous n'avons obtenu aucun résultat appréciable, affirme ainsi le minoritaire Victor Méric en décembre 1918. Nous devons nous séparer de ceux qui travaillent contre les intérêts du travailleur en pactisant avec les gouvernants et la classe bourgeoise[70]. » Le socialisme français se trouve, en novembre 1918, à la croisée des chemins.

DEUXIÈME PARTIE

L'ENGRENAGE DE LA SCISSION

4

La génération de l'armistice

La paix est une défaite pour le mouvement socialiste français. Pas plus qu'en 1917, la SFIO ne parvient à influencer le processus de paix qui aboutit à la signature du traité de Versailles le 28 juin 1919. Le 18 septembre, Jean Longuet intervient à la Chambre pour s'opposer à sa ratification dans un discours – « Contre la paix impérialiste. Pour la révolution russe ! » – qui constitue le sommet de sa carrière militante. Interrompu sans cesse par une opposition déchaînée contre ce « quart de boche* », il ne convainc qu'à moitié son propre camp, au sein duquel une trentaine de députés s'abstiennent prudemment, inquiets de la réaction de l'opinion à quelques semaines des élections législatives[1]. Longuet et Frossard sont certes parvenus à reconstituer un nouveau groupe dirigeant, une « néo-majorité » autour d'un programme de redressement socialiste, formulé par Léon Blum en avril 1919. Mais cet effort de regroupement dissimule mal les tensions que suscitent l'attraction grandissante du bolchevisme, l'implosion de la IIe Internationale et l'afflux soudain d'une nouvelle sève militante libérée par la démobilisation. Armé de sa clairvoyance inutile, Marcel Sembat peut

---

* Ainsi désigné parce qu'il est le petit-fils de Karl Marx.

bien regretter la « paix de Revanche » et le « nouveau Kaiser » qu'elle promet à l'Europe[2] : ses prédictions sont impuissantes face aux revers en chaîne de 1919.

La conquête de la direction de la SFIO par la minorité de guerre est une victoire qu'elle n'a pas remportée par ses seules forces : elle s'est imposée, au contraire, grâce à une habile alliance tactique avec les majoritaires modérés qui épargne une scission que ni Longuet ni Frossard ne souhaitent. Mais comment, dès lors, faire œuvre « de clarté et de franchise », comme ils l'avaient promis au congrès national d'octobre 1918[3] ? La néo-majorité est animée d'un « culte de l'unité » qui tient moins à une mystique, comme les jeunes militants de la gauche ne cessent de le lui reprocher, qu'à son intérêt bien compris et au caractère incontrôlable d'un processus de scission que chacun redoute. C'est dans la plus grande discrétion que la nouvelle majorité maintient par ailleurs trois hauts-commissaires au sein du gouvernement Clemenceau jusqu'en mai 1919[4]. S'ils ne sont pas tenus en principe à la solidarité gouvernementale, ces commissaires sont assimilables à des ministres et permettent ainsi à la SFIO de conserver une représentation dans un cabinet qu'ils combattent par ailleurs bruyamment, au moment où l'ancien ministre Louis-Jean Malvy, l'homme de la « politique de confiance » de 1914, est condamné pour « forfaiture » par l'Assemblée réunie en Haute Cour le 6 août 1918[5]. « C'est le triomphe de la stupidité intégrale, écrit Charles Dumas à l'Allemand Hjalmar Branting. La minorité triomphe matériellement à l'heure précise où la majorité triomphe moralement par la victoire[6]. »

En fait, la condamnation de la « paix impérialiste de Versailles » et le soutien exalté à la révolution russe, de plus en plus critiqués à la droite du parti, tiennent lieu de caution révolutionnaire à une direction qui n'a pas rompu avec ses traditions et ses routines. Malgré les dissentiments violents qui traversent la SFIO, personne n'est disposé à prendre le risque d'une scission politiquement et moralement coûteuse. La néo-majorité s'installe d'ailleurs à la tête du parti alors même que celui-ci est réduit à presque rien : entre janvier et novembre 1918, 13 725 cartes d'adhérent sont placées, soit 50 % de moins que l'année précédente, tandis que les cartes prises ne s'élèvent guère qu'à quelques milliers[7]. Autant dire que cette nouvelle direction détermine ses choix dans le brouillard, sans prise avec la chair du parti meurtrie par quatre années de guerre. Seuls les nouveaux groupes prosélytes formés aux deux extrémités du parti réclament un *aggiornamento* de sa ligne politique et une épuration des cadres. Tout au long du conflit, la minorité de guerre s'est refusée à attendre la victoire au nom d'une révolte morale contre le « massacre » ; arrivée à la tête du parti, elle est contrainte par les circonstances d'accepter la paix sans condition. Cette défaite morale ne pouvait pas ne pas avoir de conséquences sur son avenir.

Cet avenir, pour autant, sera-t-il révolutionnaire ? La victoire de 1918 a opéré comme une justification *a posteriori* des sacrifices consentis pendant le conflit, chez ceux-là mêmes qui parfois n'ont cessé d'en réclamer la fin. Si la guerre a recelé un immense potentiel de révolte, c'est la défaite qui contient la révolution : partout en Europe, elle éclate là où vacillent les empires et les États multinationaux[8]. L'armée française, en ordre victorieux, se révèle être au contraire un solide rempart contre-révolutionnaire. Lorsqu'elle entre à Strasbourg le 21 novembre 1918, l'ordre est promptement rétabli après s'être décomposé sous le coup de la débâcle allemande. Mutineries, ouverture des prisons, création de soviets et de milices : durant les deux semaines qui la séparent de son occupation par les Français, la ville éprouve les prémices de la révolution qui devait se prolonger outre-Rhin[9]. Démobilisée en bon ordre, l'armée française est épargnée par la révolution de la soldatesque qui constitue l'arrière-fond commun des troubles de la fin de la guerre, remarquablement décrit par le menchevique Jules Martov : « En Allemagne comme en Russie, nous avons constaté bien des fois que les foules soldatesques manifestaient leur premier souci de la politique par une tendance à "y mettre de l'ordre" par la force des armes. [...] [À droite comme à gauche], nous nous trouvons en présence d'une collectivité convaincue qu'il suffit de détenir les armes et de savoir s'en servir pour diriger les destinées du pays[10]. »

En France, cette révolution n'aura pas lieu. « Nous traînons après nous le boulet de la victoire, qui a empoisonné le pays », se désespère Raoul Verfeuil[11]. Les socialistes français peuvent bien se préparer ou attendre la révolution : ils ne peuvent pas la vivre. Sans doute Frossard peut-il espérer que « la Révolution aura son heure » : « Eh quoi ? La Révolution éclaterait chez les vaincus et non chez les vainqueurs ? C'est ce que nous verrons. La Révolution est fatale, inéluctable, elle est la logique même de la guerre[12]. » Pour les socialistes français, la révolution est un mythe, une visée investie d'un sens éthique et politique positif ; elle est aussi un idéal, un modèle abstrait et formellement cohérent auquel ils aimeraient que sa réalité corresponde[13]. Mais elle n'est jamais pour eux – à l'exception du petit groupe de Français de Russie qui aura son influence[14] – un état vécu. Ce conditionnement à un futur qui n'aura pas lieu est un trait caractéristique du socialisme révolutionnaire français au XXe siècle : elle nourrit le sentiment d'une fraternité avec les bolcheviks, nantis d'un prestige inégalé et d'une expérience d'une violence inouïe.

Face aux révolutions russes : l'aura du bolchevisme

Le désamour du menchevisme

Le mouvement révolutionnaire russe n'a pas attendu octobre 1917 pour revendiquer la direction du socialisme européen. Dès la révolution de Février, les socialistes russes ont tenté d'imposer leur slogan d'une « paix sans annexions ni indemnités » dans l'Internationale par le truchement de la conférence de Stockholm dont ils endossent la responsabilité, sans en avoir pris l'initiative. La formule elle-même, apparue dès mars 1917 dans les *Izvestia*, le journal du Soviet de Petrograd, a pour but de donner à la guerre une paix socialiste et révolutionnaire adaptée à sa dimension. Mais elle pose d'épineux problèmes d'interprétation à ceux qu'elle séduit.

Elle jette en particulier la suspicion à l'encontre du « droit des peuples à disposer d'eux-mêmes » sur lequel s'appuie la « guerre du Droit » de l'Entente et les « quatorze points » formulés par le président américain Woodrow Wilson en janvier 1918, rapidement devenus la ligne quasi officielle de la néo-majorité de la SFIO. Il est évident en effet qu'un tel droit ne peut être appliqué si l'on s'interdit tout transfert de territoire d'un pays à un autre[15]. Albert Thomas, présent en Russie pendant l'été 1917, l'a fort bien compris : d'accord avec le gouvernement français, il ne cesse d'adresser au Soviet questions et demandes de précision sur ce qui apparaît comme sa position diplomatique officielle. Le refus de toute annexion s'applique-t-il à l'Alsace et à la Lorraine ? La France défend-elle par conséquent des buts de guerre illégitimes ? Très vite – au début de mai 1917 –, le gouvernement provisoire russe est contraint de réserver une exception pour les provinces perdues : l'appui militaire français est l'une des conditions de sa survie. Il n'empêche : la revendication d'une paix blanche par la révolution russe, en même temps qu'elle oppose une autre issue à la guerre que la paix par les armes, tend à assimiler tout déplacement de frontières conforme au principe des nationalités à une annexion imposée par esprit de conquête. Cette immense faiblesse de la « paix du Droit » brutalement révélée par la fin de la guerre devait nourrir le révisionnisme communiste du traité de Versailles et les critiques bolcheviques contre l'« institution bourgeoise » de la Société des Nations (SDN).

La formule de la paix sans annexions ni indemnités n'en séduit pas moins les socialistes minoritaires. Ils l'adoptent, non sans débat, lors de leur conférence nationale en mai 1917, à la veille du Conseil national de la SFIO qui décide d'« aller à Stockholm ». Dans l'attente des événements et de l'issue de la conférence tant espérée, malgré l'hypothèque de l'Alsace-Lorraine dont Frossard et Longuet sont tout à fait conscients, faire sienne une formule équivoque paraît plus prudent que de la rejeter. Cependant, outre le fait qu'elle contient une critique implicite du principe du droit des peuples à disposer d'eux-mêmes, la formule du Soviet de Petrograd incite aussi le mouvement ouvrier européen à rompre avec les buts de guerre de ses gouvernements et à se reconstituer en force d'action révolutionnaire autonome – une extrémité à laquelle les leaders de la minorité socialiste modérée ne peuvent alors songer.

L'adoption de la formule du Soviet, mélangée voire confondue avec l'enthousiasme pour le wilsonisme et l'exaltation du « 1792 » russe, suggère l'ampleur des déformations subies par les idées venues de l'Est – il en est de même pour le bolchevisme. Mais leur succès démontre surtout que le réveil de l'internationalisme prolétarien, la montée en puissance du socialisme russe dans la IIe Internationale et le procès qu'il intente au socialisme occidental ne sont pas nés de la révolution d'Octobre, mais bien de la révolution de Février. On comprend mieux dès lors pourquoi, malgré ses efforts sincères pour combattre l'intervention militaire française en Russie en 1919-1920, Jean Longuet devait rester en butte aux insultes des bolcheviks. En décembre 1919, après son discours parlementaire contre le traité de Versailles, Longuet est ainsi traité par Trotski d'« avocaillon » qu'il faut « nettoyer[16] » du socialisme révolutionnaire ! Dès 1915, Lénine considère que le zimmerwaldisme modéré est le plus grand danger encouru par l'internationalisme prolétarien, et Longuet en est le symbole. Pour les bolcheviks, le parti communiste ne sera pas le parti de la minorité de guerre. Cet immense malentendu est tapi au cœur des désillusions et des impasses du premier communisme français.

Cet appui sans contrepartie au mouvement révolutionnaire russe, très diversement interprété[17], rend inaudible le socialisme menchevique russe, retiré dans l'opposition et bientôt dans l'exil[18]. Très vite, les critiques que les partis socialistes d'opposition adressent au pouvoir bolchevique ne sont plus entendues qu'à la droite de la SFIO. La réunion privée organisée le 24 novembre 1918 par la Fédération de la Seine en présence de plusieurs délégués socialistes russes est particulièrement révélatrice à cet égard : lorsque le S-R V. Sukhomlin accuse Lénine d'être le « Galliffet* » de la Révolution et qu'il adjure les Français de « ne croire ni à Lénine ni aux bolcheviks », il est insulté et accusé d'avoir reçu de l'argent de Clemenceau[19] !

Les minoritaires ne sont pas les seuls à brûler l'idole russe qu'ils avaient adorée à l'époque de Stockholm : ainsi, lorsque Rosalie Plekhanov dénonce auprès de Jules Guesde les agissements de la Tcheka soviétique et la « caricature tragique et sanglante » du socialisme que serait le bolchevisme[20], elle reçoit une fin de non-recevoir. L'ancien ministre d'État en expose implicitement la raison dans une lettre à Gustave Delory, en octobre 1920 : « Sans prendre la responsabilité de ce qui peut se passer dans l'ancien Empire des Tsars, nous devons à nous-mêmes de nous opposer de toutes nos forces à toute intervention contre la Révolution qui doit décider seule de son présent et de son avenir[21]. » Les vaincus ne trouveront grâce auprès de leurs anciens camarades français qu'après la scission de 1920, qui libère réellement la parole antibolchevique socialiste. La politique de soutien à la révolution russe, menée par les anciens leaders de la majorité avec une évidente réserve, a permis au camp de l'adhésion à la IIIᵉ Internationale de croître à l'abri des critiques contre le bolchevisme, considérées avec défiance comme antisocialistes.

---

* Le général marquis Gaston de Galliffet est resté dans les mémoires comme le « fusilleur de la Commune » de 1871. En 1899, il est ministre de la Guerre dans le gouvernement Waldeck-Rousseau : la présence à ses côtés du socialiste Alexandre Millerand provoque une très grave crise entre les socialistes en cours d'unification.

Cette situation délicate est la conséquence de l'opposition des tendances dans le parti. À la mi-décembre 1918, plusieurs entrevues informelles ont lieu « dans le but de rechercher un terrain d'entente pour la reconstruction de l'unité du PS[22] ». L'adoption d'un programme commun, l'ouverture des colonnes du *Populaire* aux anciens majoritaires et la cessation des attaques nominales contre l'ancien directeur de *L'Humanité* Pierre Renaudel permettent de reconstituer une solidarité minimale. Renaudel et ses amis sont cependant déterminés à combattre toutes les concessions faites au bolchevisme : quelques jours avant que cet accord tacite de reconstruction ne soit passé, Renaudel s'est opposé à la tenue d'une fête en l'honneur du premier anniversaire de la révolution russe et contre l'intervention en Russie. Par onze voix contre dix, il est battu, mais un tel vote révèle que la SFIO de 1919 n'est pas, loin s'en faut, un instrument docile aux mains de minoritaires. Le bolchevisme, dès la fin de 1918, s'est invité dans les débats internes du parti et constitue un obstacle infranchissable à sa recomposition durable.

La matrice léniniste

À aucun moment une doctrine bolchevique ou léniniste ne s'est présentée toute constituée devant le mouvement ouvrier français – du moins jusqu'à la publication des « vingt et une conditions » d'adhésion à l'Internationale communiste[23]. Lénine n'est sans doute pas, au moins jusqu'en 1917, le plus connu des membres de la petite société révolutionnaire russe en exil. Il n'a séjourné à Paris qu'épisodiquement, entre 1908 et 1911, ce qui a suffi d'ailleurs à le faire surveiller par la police française. Le 11 février 1909, il prononce une conférence dans la Salle des Sociétés savantes, au cours de laquelle il exhorte l'assistance à faire de la « propagande secrète parmi les masses » pour « se préparer à l'attaque contre le régime actuel[24] ». Le « conspiratisme » léniniste n'est donc pas inconnu des élites du socialisme français avant 1914, mais sa diffusion est si restreinte qu'il n'a aucun impact sur les pratiques politiques de la SFIO avant guerre. L'entrée dans l'ère des partis annonce pour les socialistes français l'avancée de leurs idées au grand jour et la fin de l'époque des sociétés secrètes : la trajectoire du blanquisme avant 1914 est particulièrement significative à cet égard[25]. Pour les militants héritiers du socialisme d'avant guerre, l'illégalisme communiste ne peut constituer qu'une dérive anarchiste ou une résurgence anachronique.

Lénine, par ailleurs, n'est pas aussi bien intégré au mouvement ouvrier français que d'autres militants socialistes russes, comme A. Lozovski, secrétaire appointé du syndicat des casquettiers affilié à la CGT[26]. Adhérent à la SFIO, celui-ci fréquente le groupe de *La Vie ouvrière* où s'élaborent des tentatives de rénovation du syndicalisme français. Avec Trotski, Lozovski est, de son propre aveu, le socialiste russe le plus proche de la minorité syndicale française, mais il ne milite pas exactement sur la même ligne que Lénine. À l'instar de son conspiratisme d'avant guerre, le défaitisme léniniste a bien été « perçu » par le petit état-major pacifiste français, mais pour s'en détourner[27].

« Une guerre malheureuse peut parfois avoir une conséquence bienfaisante. Mais la désirer pour cela, c'est un crime », écrit ainsi le socialiste français d'origine russe Charles Rappoport, qui participe à la rédaction du journal des émigrés russes à Paris *Naše Slovo*[28]. Le jeune Souvarine, dans la réponse de Lénine à la lettre à « ses amis qui sont en Suisse », en novembre 1916, s'est heurté lui aussi à la critique radicale du longuettisme[29]. Et Merrheim combat autant qu'il peut au sein du CRRI l'influence des « idées tendancieuses d'action illicite » qui y sont défendues par l'ancienne maîtresse de Lénine, Inessa Armand, que celui-ci a dépêchée en France[30]. « Les Français ont très vite appris à se tapir dans les tranchées, ils sauront bien se faire aux nouvelles conditions d'action illégale et de préparation du mouvement révolutionnaire en France », peut-on lire dans un tract distribué le 11 avril 1916[31]. Le défaitisme de Raymond Péricat et du Comité de défense syndicaliste, qui inspire la tentative avortée de grève générale en 1918, n'est pas non plus léniniste : il représente au contraire une extension logique d'un antimilitarisme radical, déduit d'une révolte contre la guerre et contre l'institution militaire. Au-delà du cercle restreint des leaders minoritaires, ce sont la révolution d'Octobre, l'épisode du « wagon plombé* » et la paix séparée de Brest-Litovsk qui ont fait connaître Lénine à l'opinion française.

Le socialisme français s'est donc déterminé face à Octobre dans l'indifférence, voire le déni des idées léninistes. L'effort de régénération de ses pratiques et de ses principes qu'il engage avant même la fin de la guerre ne peut prendre la forme d'un débat théorique avec une doctrine étrangère, même victorieuse en Russie rouge, mais dont la diffusion est lente et restreinte. Les militants du premier communisme français se sont en effet déterminés devant le bolchevisme dans une relative méconnaissance de la pensée de son fondateur.

Avant 1920, les traductions de textes de Lénine sont rares : elles ne prennent leur essor qu'avec la fondation par Souvarine des éditions de la Bibliothèque communiste en janvier 1920. Pourtant, même parmi les documents qui parviennent alors à la connaissance des militants, de façon limitée du fait des formats réduits et des tirages souvent modestes, les textes de Lénine ne sont pas nécessairement les plus nombreux : jusqu'en 1924, Trotski est un auteur prisé des traducteurs français. Sur les cinquante et un titres publiés par la Bibliothèque communiste et la Librairie de *L'Humanité* entre le 31 décembre 1920 et le 31 janvier 1922, quatre brochures seulement sont de Lénine, dont *L'État et la révolution* et *La Maladie infantile du communisme*, tirées toutes deux à 5 000 exemplaires. *L'Impérialisme, stade suprême du capitalisme* n'est traduit qu'en

---

* En avril et mai 1917, Lénine, mais aussi d'autres militants révolutionnaires comme Dimitri Manouilski, quittent la Suisse pour se rendre en Russie à travers le Reich grâce à deux trains affrétés par les Allemands.

1923, un an avant que la réédition du *Capital* de Marx ne soit abandonnée, devant le coût de l'entreprise et son échec annoncé[32]. La publication de textes russes ne s'intensifie qu'après 1924. Certes, la connaissance du bolchevisme n'est pas nécessairement livresque : la présence de délégués français à Moscou, de délégués de Moscou à Paris, la presse et la propagande orale permettent de diffuser slogans et mots d'ordre, de rendre célèbres des noms et des visages. L'essentiel est que, dans l'Europe meurtrie par la guerre, toute une génération de jeunes militants a ressenti l'intense besoin de s'étiqueter communiste pour se distinguer radicalement d'un socialisme officiel compromis dans la guerre.

On ne saurait écarter comme accidentelle et négligeable cette aspiration profonde, qui a constitué le véhicule de l'influence du bolchevisme en France, au fil de déformations, d'appropriations et de pratiques de lecture complexes dont il faut rendre compte. Il s'est agi de construire une communauté de discours idéologique, appuyée sur la triple relève des hommes, des idées et des pratiques de vie du socialisme européen. Les premiers communistes français ont été saisis par l'aura révolutionnaire qui émane du bolchevisme russe : ils ont cru trouver en lui le ressort d'une rénovation de leurs pratiques et de leurs idéaux bouleversés par la guerre. Habités par cette nécessité intimement ressentie d'une régénération du socialisme, ils ont méconnu et parfois désiré méconnaître[33] une part de la doctrine léniniste et de la réalité soviétique.

Cette méconnaissance permet de comprendre pourquoi ce « parti de type nouveau » auquel ils aspiraient est devenu une machine partisane incompatible avec les principes et les pratiques régénérés qu'elle était destinée à réaliser. La défaite politique de la première génération communiste française ne provient pas tant de la trahison prétendue de ses espoirs que de son incapacité à enrayer l'engrenage partisan qu'elle a enclenché. Les premiers communistes français ont été brisés par la bureaucratie de parti qu'ils ont contribué à mettre en place. En effet, la fraction du mouvement ouvrier français qui s'est portée vers la IIIe Internationale à partir de 1919 a élu le bolchevisme comme un modèle et un bloc d'exigences dont elle ne perçoit qu'une face – sans pourtant que ces jeunes militants aient toujours eu une conscience claire du prix politique et moral que ces exigences comportaient.

Le bolchevisme les fascine à la fois comme méthode de prise violente du pouvoir et d'incarnation de la volonté politique, comme doctrine de don de soi et comme outil politique de rupture avec le socialisme « opportuniste ». À leurs yeux – et en cela, ils ne se trompent guère –, le bolchevisme est un ascétisme révolutionnaire : une remise radicale de soi à la révolution socialiste, identifiée au parti qui en est l'avant-garde et annoncée par un marxisme orthodoxe où la tension entre le déterminisme et le rôle de la volonté libre est maximale[34]. Ni la substitution tendancielle du parti à la révolution, ni la rigidité d'une interprétation finaliste de l'Histoire ne les préoccupent encore. Ce n'est qu'au milieu des années 1920, revenus de leur propre expérience de militants du Komintern, que de jeunes intellectuels exclus du parti comme Boris Souvarine jettent les fondements théoriques de l'antitotalitarisme de gauche. Même alors, pourtant, leur éloignement ne revêt pas l'aspect d'un débat théorique avec le léninisme : il prend au contraire la forme d'une lutte politique contre la mainmise stalinienne sur le parti de Lénine. Dans l'univers des « ex », la critique du léninisme est la dernière étape du désenchantement.

Le bolchevisme, pour un jeune militant ouvrier français en 1920, n'est pas seulement une doctrine russe : il lui parle un langage qu'il peut comprendre. Le bolchevisme désigne des ennemis qui sont familiers à son univers mental – le bourgeois, le profiteur, le traître – et promet l'émancipation du prolétariat selon des modes qui, malgré leur confusion, le séduisent. Le « soviétisme », à l'évidence, exalte des militants qui l'interprètent diversement : avant que les échos de la guerre civile ne favorisent les premiers reclassements, l'autoémancipation ouvrière que semble promettre le soviet permet la coalition passagère de sensibilités distinctes, de l'extrême à l'ultra-gauche[35]. *L'État et la révolution* compte d'ailleurs parmi les premiers textes traduits de Lénine : alors même que les bolcheviks rétablissent brutalement le « principe de l'État » en pleine guerre civile[36], celui-ci promet son extinction aux mains du prolétariat dans le communisme réalisé, à l'issue d'une phase de transition où cet État est « encore nécessaire », mais réduit à la « simple organisation des masses armées[37] ».

L'étrangeté russe du bolchevisme ne saurait par ailleurs faire oublier que la pensée de Lénine s'est élaborée au fil des débats et des crises qui traversent la IIe Internationale : le marxisme orthodoxe de Lénine est d'abord une réaction virulente à la tentative de révision bernsteinienne, importée en Russie en 1899 par Pierre Struve. Mais Lénine se distingue de bien des marxistes orthodoxes par sa conception antispontanéiste d'un parti de révolutionnaires professionnels rémunérés et par la conviction progressivement acquise que la révolution russe pouvait faire l'économie de sa phase « bourgeoise ».

Le rigorisme politique et moral, qui confine parfois à la pudibonderie, est un trait distinctif du communisme. Il n'est cependant pas allé de soi et possède aussi son histoire. Consacré « jour et nuit » à la besogne révolutionnaire, organisé méthodiquement en vue de ce travail qui le définit tout entier, habité par une « entière confiance fraternelle entre révolutionnaires » censée rendre inutiles les procédures et les institutions protectrices des militants caractéristiques de la social-démocratie occidentale[38], le parti est, selon le modèle léniniste, une entité à laquelle le militant se remet. L'entrée en son sein est à la fois une conversion et une initiation : conversion à un idéal exigeant, initiation à un sens et des pratiques cachés, suivant le dévouement montré dans l'acquisition de cette connaissance clef. Ce bloc d'exigences constitutif du style de vie communiste procède de sa vocation originelle de régénération ascétique du socialisme « parlementaire », « social-patriote » et « embourgeoisé ».

Lénine lui-même a une conception pessimiste de la nature humaine : il voue une haine profonde à l'« oblomovisme », cette forme de paresse et d'impuissance incarnée par le jeune intellectuel réformiste Oblomov, un personnage d'Ivan Gontcharov incapable de s'extraire de son sofa pour agir[39]. De même que la tendance naturelle de la classe ouvrière est de se porter vers le réformisme (ce que Lénine appelle dans *Que faire ?* le « trade-unionisme »), l'individu doit s'épurer des tentations petites-bourgeoises qui le travaillent. L'ascétisme révolutionnaire léniniste réclame autodiscipline et contrôle permanent d'autrui : il allie à un ascétisme sacrificiel constitutif du sentiment régénérateur un ascétisme inquisitorial considéré comme le moyen le plus sûr d'assurer le contrôle et la fidélité des militants du parti. Le perfectionnement de soi ouvre des droits sur l'orthodoxie des autres[40]. Ce principe simple, qui transpose « les méthodes militaires dans l'aménagement de la vie[41] », s'impose également dans les rapports entre le parti et la classe ouvrière : le premier doit enrégimenter la seconde pour la soumettre à la tâche « titanesque » de la construction du socialisme[42].

Tel est le modèle d'appareil politique dont l'Internationale communiste assure bientôt la promotion. Il est vrai, cependant, que tous les modes d'appartenance au parti ne sont pas identiques[43]. Ce pour quoi le jeune communiste de 1920 agit est sans doute aussi important que ce à quoi il se donne – et cet écart est essentiel pour comprendre l'histoire de la genèse du communisme en France. Sans la révolution d'Octobre, le léninisme serait resté une curiosité d'érudits du mouvement ouvrier russe. Dans la grande discussion sur l'attitude à tenir devant la guerre qui préoccupe les instances internationales de la social-démocratie avant 1914, Lénine est un acteur marginal : il porte peu d'intérêt au problème de la définition des moyens préventifs par lesquels les différentes sections de la IIe Internationale entendent interdire la guerre[44]. Pour lui, la crise de

1914 n'est pas une défaite, mais une surprise : dès septembre 1914, son défaitisme est une mise au point plutôt qu'une révision déchirante. De la même manière que l'Allemand Karl Liebknecht a affirmé au printemps 1915 que « l'ennemi principal est dans son propre pays[45] », Lénine invite la relève militante de l'après-guerre à purger ses rangs de ses mauvais bergers. C'est à l'ombre de Clemenceau que le mouvement ouvrier français retourne à la paix, mais pas à la tranquillité. La crise de ses idéaux et de ses pratiques, le gonflement brutal de ses effectifs et le retour en force de l'idée révolutionnaire dans le sillage du bolchevisme réclament qu'il acquitte les traites tirées sur l'espérance.

Le prosélytisme révolutionnaire dans la SFIO d'après guerre

Déformation et transfert politique

La SFIO s'est déterminée à reculons devant la question de l'adhésion à la IIIe Internationale. Cette hésitation est naturelle pour un parti qui s'est efforcé d'éviter toute division dans ses rangs, avec un indéniable succès jusqu'à la fin de 1919. La fondation en mars 1919 de l'Internationale communiste (IC) à Moscou constitue, de ce point de vue, la menace la plus grave qui ait pesé depuis 1914 sur l'unité récente du socialisme français : par son appel à une scission universelle, la IIIe Internationale mobilise partout des troupes hétéroclites, qui ont en commun de vouloir en découdre avec les élites vieillies de la social-démocratie européenne. Malgré sa résistance initiale, la SFIO est aussi l'un des seuls partis européens à se rallier majoritairement au Komintern dans le courant de l'année 1920 – double originalité qui semble presque saugrenue. Le petit état-major du Comité de la IIIe Internationale, à gauche de la SFIO, n'aurait sans doute pu aboutir seul à un tel résultat : c'est le ralliement d'une grande partie des

« reconstructeurs » modérés au camp de l'adhésion, à la suite du retour de Russie de Marcel Cachin et Louis-Oscar Frossard à l'été 1920, qui permet d'obtenir ce succès inattendu pour l'IC.

Souvarine, dans les Mémoires sur le congrès de Tours qu'il rédige au début des années 1980, peu de temps avant sa mort, continue à affirmer que le Comité de la IIIe Internationale aurait pu seul fabriquer une majorité d'adhésion : l'occasion, selon lui, en a été manquée lors du congrès socialiste de Strasbourg, en février 1920, du fait des manipulations dont les mandats de la Fédération du Nord auraient été l'objet[46]. L'hypothèse n'est pas absurde, même si elle est difficilement démontrable : elle témoigne pour le moins qu'à soixante ans de distance, le souvenir des trahisons et des occasions manquées de 1920 pèse toujours sur la mémoire d'un des principaux acteurs de la scission.

L'histoire du congrès de Tours a été élaborée par ses vaincus : par les socialistes restés minoritaires dans la « vieille maison » gardée par Léon Blum, mais aussi par ceux qui, après leur triomphe au congrès, ont quitté ou ont été exclus de la Section française de l'Internationale communiste (SFIC) au milieu des années 1920. Ces hommes ont alors éprouvé le besoin de justifier leurs actes, qui avaient mené à la destruction de l'« œuvre de Jaurès ». Leurs motivations, cependant, n'étaient pas identiques en 1920.

Nombreux sont ceux qui, derrière le secrétaire du parti Louis-Oscar Frossard, ne songent pas à rompre avec la tradition socialiste, mais à lui redonner une certaine jeunesse en renouant la chaîne des temps révolutionnaires. Si, souligne Frossard, les nouveaux communistes aspirent à « un effort de transformation totale », « la vie en [les] entraînant dans son tourbillon assouplira [leur] doctrine et [leurs] méthodes et éliminera sans effort ce qu'elles peuvent avoir de trop rigoureux pour l'action même [qu'ils vont] entreprendre[47] ». Autant dire que Frossard et ses amis sont très réservés vis-à-vis des innovations bolcheviques en matière de pratique militante. Mais ils sont contraints d'accepter certaines évolutions nécessaires pour justifier la politique de redressement socialiste qu'ils ont endossée. Le renforcement de la discipline, l'exclusion de certaines figures marquantes de la majorité de guerre, la consolidation de l'organisation du parti doivent être obtenus dans le respect et la continuation des traditions du socialisme jaurésien d'avant 1914. C'est pourquoi Frossard s'est montré particulièrement méfiant à l'égard du changement du nom du parti, qui ne sera effectif qu'en mai 1921, lorsque l'appellation de « Parti socialiste/SFIC » adoptée à Tours est abandonnée pour celle de « Parti communiste/SFIC ». « Il n'est pas possible à mon sens, explique-t-il à Moscou le 28 juillet 1920, de modifier le titre du parti, dont l'histoire, malgré tout, est glorieuse, de l'abandonner à la droite, si elle part, et d'en prendre un nouveau, avec lequel le pays est loin d'être familiarisé[48]. » Si ces rénovateurs se sentent, ou croient se sentir moralement proches de Moscou, et s'ils proclament parfois ouvertement la nécessité d'épurer le parti de ses brebis galeuses, ils sont en pratique acquis à une rénovation limitée de l'organisation et de la discipline de la SFIO d'avant guerre, dans le prolongement des efforts entrepris par les groupes d'Amis du *Populaire* pendant la guerre.

Cette prudence n'est pas partagée par la fraction dite « de gauche » de la SFIO, pour laquelle la réorganisation du parti doit permettre d'imposer une nouvelle morale et de nouvelles attitudes de vie révolutionnaires au sein d'un mouvement ouvrier trahi par ses chefs. Non qu'il faille abandonner toute condition à l'adhésion : l'idée d'un ralliement inconditionnel à la IIIe Internationale n'a jamais regroupé qu'une minorité extrême. Souvarine et les leaders de la gauche sont convaincus de la nécessité d'« adapter » les mots d'ordre bolcheviques à la situation française[49]. Mais ils persistent à l'envisager comme le seul recours capable de régénérer un parti ébranlé par ses échecs et ses compromissions.

Ces « passeurs », leurs réseaux et les déformations qu'ils ont fait subir à la source bolchevique originale, à la fois volontairement (pour des raisons de tactique politique) et inconsciemment (du fait de sa très forte puissance d'attraction), ont joué un rôle décisif dans l'acculturation communiste en France. Seule l'étude de ces réseaux militants prosélytes peut permettre de saisir la logique de la déformation qui détermine les caractéristiques de la bifurcation communiste[50].

Le rythme du transfert des idées bolcheviques s'accélère brutalement en 1920. La création de bureaux internationaux de relais à Amsterdam et Berlin et de filières régulières d'information favorisent alors la démultiplication bureaucratique des rapports à l'IC, érigés en véritable civilisation. Bien qu'il n'ait jamais été vraiment interrompu depuis 1917, ce processus de transfert change de nature après la fondation de la SFIC : cette pédagogie est désormais soutenue et financée par un parti doté de structures nouvelles, intégré dans un système au sommet duquel le modèle d'organisation soviétique s'impose progressivement. Qu'elle soit intellectuelle ou microbienne, « une contagion suppose deux choses : des générations de microbes et, l'instant où le mal prend, un "terrain"[51] ». La jeune relève militante née de la guerre au sein du mouvement ouvrier est prête à se donner.

C'est pourquoi la question de savoir si les multiples réseaux et groupes militants engagés dans le camp de l'adhésion sont ou non « bolcheviques » présente en soi peu d'intérêt. La « peur des rouges » et le zèle policier contribuent à étiqueter abusivement des militants et des organisations dont il nous importe au contraire de connaître l'identité idéologique et sociologique, afin de comprendre ce qui les porte à un certain bolchevisme. Si le Comité de la IIIe Internationale et les Comités syndicalistes révolutionnaires (CSR)* ont mené le combat au sein

---

* Les CSR, qui rassemblent les militants de la minorité de la CGT, sont constitués à l'issue du congrès confédéral de Lyon en septembre 1919.

des organisations ouvrières, ils ont été secondés par une nébuleuse de structures politiques très différentes et à l'influence inégale. Parmi elles, le microscopique groupe communiste français de Russie et le mouvement Clarté occupent une place particulière. Avec l'entrée en ébullition du mouvement pacifiste à la fin de la guerre[52], ces groupes marginaux favorisent, malgré leur grande instabilité, la pénétration d'idées nouvelles et la coalition d'innovateurs culturels.

Le groupe communiste français de Russie

Du 2 au 9 mars 1919, les bolcheviks convoquent à Moscou le congrès fondateur du Komintern. La marche accélérée des événements commande alors de constituer un organe centralisé qui romprait définitivement avec la IIe Internationale et servirait de centre de direction et de coordination de l'effort révolutionnaire mondial. Deux Français figurent parmi les trente-six délégués à voix consultative et les quinze délégués à voix délibérative que compte la représentation officielle du congrès : Henri Guilbeaux, qui siège avec voix délibérative au nom de la gauche française de Zimmerwald, et Jacques Sadoul, délégué par le groupe communiste français de Russie, simplement doté d'une voix consultative. Le congrès déclare dissous le groupement de Zimmerwald et, le 4 mars, fonde officiellement une nouvelle « Internationale communiste » en dépit de l'abstention de la délégation allemande mandatée par Rosa Luxemburg[53].

Les deux délégués français, malgré les chemins distincts que leurs entrées respectives en bolchevisme ont empruntés, sont membres du groupe communiste français de Russie, un noyau réduit et hétérogène de militaires, de prisonniers et d'institutrices français ralliés sur des modes très divers à l'internationalisme bolchevique[54]. Guilbeaux et Sadoul se haïssent sincèrement et leurs dissentiments ont rapidement anéanti la maigre capacité de travail du groupe après l'arrivée du premier au beau milieu des délibérations du congrès, le 5 mars. De tous les communistes français, les membres du groupe sont les seuls à disposer d'une expérience prolongée de la révolution russe mais, à l'exception de Suzanne Girault, ils n'occuperont jamais dans la SFIC que des positions subalternes. Placés par hasard au contact des bolcheviks, dont ils fréquentent bientôt les principaux leaders, Guilbeaux comme Sadoul sont des instruments de leur politique française. Bien qu'ils ne soient mandatés par personne et ne représentent rien, leur présence comme délégués au Ier Congrès de l'IC atteint son but : inventer une délégation française qui cautionne l'existence d'un mouvement communiste international.

Henri Guilbeaux est un franc-tireur du zimmerwaldisme français. Entré très tôt en minorité par germanophilie – il se flatte d'avoir l'un des premiers introduit en France Reiner Maria Rilke[55] –, il s'est rendu en Suisse en mai 1915 pour y retrouver Romain Rolland, qu'il admire pour sa profession de foi pacifiste réaffirmée dans un article resté célèbre du *Journal de Genève*, « Au-dessus de la mêlée », en septembre 1914. Guilbeaux appartient, à la veille du conflit, à l'intelligentsia révolutionnaire et vitaliste qui se heurte alors à la jeunesse nationaliste : c'est dans ce cénacle anarcho-littéraire que, selon l'expression de Raymond Lefebvre, devaient se compter, en 1914, les « derniers Européens d'avant guerre[56] ». Sa réforme militaire, obtenue en 1909, confirmée après quelques frayeurs en 1915, l'éloigne cependant du destin de sa génération – il est né en 1884 – mais lui en permet un autre. Employé à la Croix-Rouge, Guilbeaux fonde en janvier 1916 une revue mensuelle pacifiste rapidement connue en France, *Demain*, en même temps qu'il adhère au Parti socialiste suisse. C'est dans les pages de cette revue qu'il annonce publiquement sa conversion au zimmerwaldisme en mai 1916. Mais déjà l'influence du pacifisme rollandien s'estompe à mesure qu'il se rapproche des bolcheviks, à la suite de sa rencontre inaugurale avec Lénine à Kienthal.

Le 7 avril 1917, Guilbeaux est avec Fernand Loriot l'un des signataires du protocole qui permet à Lénine et un petit groupe de révolutionnaires bolcheviques, bundistes et S-R de rentrer en Russie dans le fameux « wagon plombé ». Dans sa revue, il affirme, non sans ambiguïté, ses convictions défaitistes : « Tout internationaliste fidèle et conséquent souhaite la défaite de son propre gouvernement et la victoire de son propre peuple – et il s'y emploie de toutes ses forces[57]. »

Cet engagement devait par la suite inciter Lénine à recommander Guilbeaux à Ian Berzine, le représentant politique soviétique en poste à Berne depuis avril 1918, afin que celui-ci fournisse les fonds nécessaires au travail de propagande et de publication : « Deux ou trois fois par semaine, vous devriez rencontrer des gens comme Guilbeaux, Hubacher et autres, de Genève, des Italiens de Lugano, des Allemands de Zurich [...]. Appointez des agents parmi eux, et payez-les extrêmement généreusement pour leurs voyages et leur travail. Prêtez une attention minimale aux formalités officielles. Prêtez une attention maximale aux publications et aux voyages illégaux. Je vous envoie des pamphlets : ordonnez immédiatement (et de façon urgente) la traduction dans toutes les langues. Publiez, publiez, publiez[58]. » Ses émoluments nouveaux d'« agent » bolchevique permettent alors à Guilbeaux de rompre pour un temps avec la vie de bohème qu'il avait ouvertement refusé de quitter avant guerre. Cet embourgeoisement soudain lui sera d'ailleurs reproché, au grand étonnement de Lénine, acquis par principe à la rémunération par le parti de ses révolutionnaires professionnels[59]. En même temps que s'accroissent ses responsabilités de traducteur, de propagandiste et d'intermédiaire avec les groupes zimmerwaldiens français, sa dépendance financière et affective avec l'appareil international bolchevique augmente. Condamné à mort par contumace le 21 février 1919 pour « intelligence avec l'ennemi », contraint à un exil prolongé, il se rend finalement dans la Russie révolutionnaire pour la réunion du congrès fondateur de la IIIe Internationale.

« À Lénine, j'avais voué un véritable culte[60] » : c'est la raison pour laquelle Guilbeaux lui a consacré une biographie, la première du genre rédigée par un Français, publiée et traduite en 1924 malgré l'opposition de Souvarine[61]. À cette date, pourtant, Guilbeaux est déjà marginalisé : « Savez-vous, se plaint-il à Fritz Brupbacher, que je reçois parfois des lettres terminées ainsi : "avec nos salutations léninistes" et dans lesquelles on me fait les recommandations à l'usage d'un novice ! [...] Le parti qui représente les idées que j'ai défendues un des tout premiers (sinon le premier) parmi les Français n'entreprend rien pour moi et me traite comme on traite un intrus. [...] En Suisse, j'étais injurié chaque jour, la police était à mes trousses, on m'arrêtait, on m'emprisonnait, mais j'étais heureux de travailler, de lutter et de faire quelque chose d'utile. Je vivais. Ici [à Berlin], je végète et les murs de mon exil sont plus étroits que ceux d'une prison[62]. » La nostalgie de cet âge héroïque ne devait cependant pas l'empêcher par la suite de donner des gages au parti en acceptant la ligne du Ve Congrès de l'IC (27 juin-28 juillet 1924) et en « critiquant sans réserve l'attitude de Monatte et de Rosmer », ces anciens minoritaires aux côtés desquels il avait mené, depuis la Suisse, le combat pacifiste. L'enthousiasme de 1919 s'est dissous lentement dans les exclusions et les inimitiés.

Dès son arrivée en Russie, Guilbeaux a tenté de s'imposer à la tête du groupe communiste français. « C'est à partir de mars 1919 que le groupe se réunit régulièrement, qu'un bureau est constitué et que des procès-verbaux sont rédigés. [...] Des statuts furent rédigés serrant de près les statuts du Parti communiste russe[63]. » Ce redressement providentiel dissimule en réalité de violentes querelles suscitées par l'autoritarisme du nouvel arrivant. En fait, il n'est qu'un tard-venu : le noyau du groupe s'est formé à l'origine autour de soldats et d'officiers de la mission militaire française en Russie ralliés au bolchevisme – Pierre Pascal, Marcel Body, René Marchand, Raoul Chapoan, Robert Petit et Jacques Sadoul.

Malgré la divergence de leurs parcours après 1920*, ces hommes sont profondément marqués par l'expérience révolutionnaire qui les a rassemblés pour un temps au service du bolchevisme. S'y adjoignent plusieurs femmes, en particulier Jeanne Labourbe, tuée à Odessa en mars 1919, et Suzanne Depollier, dite Suzanne Girault, future secrétaire de la Fédération communiste de la Seine au milieu des années 1920. En mars 1919, au moment de l'arrivée de Guilbeaux, six mois après sa création, le groupe est intégré dans le parti russe, dont il était jusqu'ici relativement autonome. Ses membres sont donc soumis au contrôle politique non pas de l'IC, mais de la direction bolchevique elle-même. Or, contre toute attente, ce contrôle s'avère extrêmement difficile. Le *lunatic circle* des communistes français de Moscou devient rapidement ingouvernable, secoué par d'irréductibles conflits de personnes et confronté à la violence de l'expérience révolutionnaire russe.

L'hostilité entre Sadoul et Guilbeaux est immédiate. Elle tient avant tout à une querelle de préséance révolutionnaire : « Sadoul a appartenu au Parti socialiste français, a suivi la presque totalité de ses représentants en août 1914, écrit Guilbeaux le 8 octobre 1919. [...] Ceux qui ont trahi le 4 août peuvent accomplir une nouvelle trahison quand viendra la révolution[64]. » Le socialisme « opportuniste » de Sadoul, d'ailleurs présenté comme candidat aux élections législatives françaises de novembre 1919, a suffi à dresser contre lui les membres du groupe les plus intransigeants – Guilbeaux, mais aussi Pierre Pascal. Ce dernier, brillant intellectuel slavisant transféré à la mission militaire française après sa blessure au front, est saisi en pleine Russie révolutionnaire par un communisme ascétique et sacrificiel, viscéralement hostile à toute ostentation et tout arrivisme bureaucratique. « La tête

---

* Chapoan, Petit et Sadoul resteront communistes jusqu'à leur mort, tandis que Pierre Pascal et Marcel Body deviendront des antistaliniens convaincus.

rasée, une grosse moustache de cosaque, de bons yeux toujours souriants, habillé d'une blouse de paysan et s'en allant nu-pieds par la ville[65] », Pascal est convaincu qu'existe une morale communiste, chérie comme un bien intérieur et érigée en règle de vie et de mesure de la valeur de ses camarades. D'abord rallié à Guilbeaux, Pascal s'en éloigne rapidement pour s'enfoncer lentement dans une solitude désespérée.

L'activité même du groupe provoque la division. Selon Guilbeaux, celui-ci doit d'abord administrer et surveiller la petite « commune » française de Moscou. Au printemps 1919, en compagnie de Marchand et Chapoan, Guilbeaux offre ses services à la police politique bolchevique, la Tcheka. Les trois hommes déploient une réelle activité policière pour encadrer, interroger et ficher les membres de la colonie française. Dans un rapport du 27 février 1920, Guilbeaux réclame même à Elena Stassova la déportation de certains « éléments indésirables[66] ». Sadoul s'oppose cependant à cet activisme tchékiste : il n'admet pas, selon Guilbeaux, « qu'un révolutionnaire contribue activement à la lutte contre la contre-révolution et prête son concours à des institutions telles que la VTchK[67] ».

La découverte d'importantes sommes d'argent en liquide dans les coffres du groupe offre alors l'occasion à Sadoul de conclure le conflit à son avantage. Ni Pascal ni Guilbeaux ne semblent en avoir profité pour s'enrichir, mais l'ampleur des sommes concernées oblige en effet le PC russe à constituer une commission d'enquête afin d'éteindre l'affaire : Feliks Dzerjinski lui-même ordonne une instruction au sein du groupe français[68]. Mais le groupe, qui a exclu Sadoul de ses rangs le 15 décembre 1919, refuse quelques jours plus tard d'appliquer les décisions de la commission d'enquête du parti russe, pourtant composée de Trotski, Kamenev, Rakovski et Stassova ! « Le Comité central n'a aucune possibilité, écrit Guilbeaux, d'obliger tel ou tel groupe de conserver en son sein l'un de ses membres, reconnu par tous les autres comme un élément ayant commis des fautes abominables[69]. » Malgré leur ralliement au bolchevisme, les

Français n'ont pas perdu leurs habitudes de militants socialistes occidentaux, attachés à l'autonomie décisionnelle des sections qui composent le parti.

Le 25 décembre 1919, la commission russe condamne ces remontrances « inconvenantes », ordonne la réintégration de Sadoul et dissout le groupe, pour le reconstituer membre par membre, après un interrogatoire individuel serré. Pascal, qui doit subir cette vérification, est révolté : « Nous avons passé au confessionnal, les membres du bureau une heure chacun, les autres un quart d'heure. Une liste de questions : discussions politiques au groupe, conditions d'admission de certains membres, renseignements sur tel ou tel, enfin autobiographie [...]. Je suis indigné parce que les camarades russes agissent contre leur conscience : ils savent que nous sommes communistes, cent fois plus que Sadoul, et malgré cela ils veulent nous donner tort. Leur jugement est fait d'avance, et ils font semblant de le former. C'est de la politique, et non du communisme... Je perds toute envie de travailler[70]. »

Pour la première fois, des militants français sont confrontés, non sans réticence, au « contrôle » partisan bolchevique et à la biographie critique de soi. Aux yeux de Pascal, cette procédure inquisitoriale est une insulte à la vertu révolutionnaire : celui-ci ne se considère pas comme le militant d'un parti au sens étroit et bureaucratique du terme, il appartient à une petite cohorte d'élus sélectionnée selon ses œuvres. Ses sacrifices lui ont ouvert des droits sur l'orthodoxie de ses membres. Guilbeaux et Pascal ont défié « en camarades » l'autorité des bolcheviks dont ils se jugent à la fois inférieurs et égaux, et la sanction de leur justice partisane est immédiate. Même reconstitué, le groupe français est désormais moribond, mais il ne disparaîtra qu'à la fin de l'été 1920. Ses missions ont changé : il perd alors son autonomie révolutionnaire pour devenir un instrument de la politique internationale des bolcheviks.

Sadoul et ses Notes

Jacques Sadoul, l'homme qui a dénoncé Pascal comme un « papiste », un « papalin », un « sombre fanatique à l'âme d'inquisiteur[71] », est le seul, avec Marcel Body, à avoir adhéré à la SFIO avant 1914. Le 30 janvier 1920, il informe Fernand Loriot, le leader du camp de l'adhésion à la IIIe Internationale en France, que le groupe communiste est dissous, la majorité de ses membres exclue et les autres placés sous l'étroit contrôle du parti russe : « Les efforts [de Guilbeaux et Pascal] n'ont eu pour résultat que de déterminer les camarades russes à multiplier les manifestations de confiance en ma faveur[72]. »

Sadoul, ancien avocat socialiste, franc-maçon, athlétique et amateur de femmes, est venu au bolchevisme par des voies plus tortueuses que Guilbeaux. Dans un télégramme inédit à Me Flach, à l'occasion de son procès, le 2 avril 1925, Trotski a raconté comment son influence s'est imposée à un Sadoul scandalisé par la politique française à l'égard de la Russie[73]. Dès janvier 1918, l'ambassadeur français Joseph Noulens s'est inquiété de l'ascendant de Trotski sur cet officier[74] finalement relevé de tout commandement militaire le 2 octobre 1918. Son ralliement au bolchevisme s'est opéré en trois étapes : au printemps 1918, quand les négociations de Brest-Litovsk intensifient ses contacts avec Trotski ; à l'été 1918, lorsque, après les déboires de la mission militaire et de la délégation diplomatique françaises, il est critiqué par Lénine dans la *Pravda* et sommé de choisir son camp ; à l'automne 1918 enfin, où, libéré de son commandement, il entre dans l'Armée rouge et s'engage activement et sans retour pour les bolcheviks.

Cette conversion progressive, Sadoul l'a mise en scène dans ses *Notes sur la révolution bolchevique*, qui rassemblent sa correspondance adressée à Albert Thomas, Romain Rolland et Jean Longuet entre octobre 1917 et janvier 1919. L'ouvrage, présenté par Henri Barbusse pour sa première édition en juillet 1919, est exalté pour sa valeur documentaire, mais Guilbeaux s'est efforcé, dans ses *Mémoires*, de le présenter comme une œuvre de propagande constituée de lettres apocryphes et de documents saisis avec la complicité de Sadoul par les bolcheviks lors de la perquisition de la mission militaire en août 1918[75]. L'auteur aurait arrangé son manuscrit de manière à ce qu'il serve d'arme contre la politique d'intervention française en Russie – « faute colossale » et « honte ineffaçable »[76]. Les accusations de Guilbeaux, on le sait, sont sujettes à caution, mais Rolland lui-même refuse d'endosser la responsabilité d'une publication adressée par des « hommes d'État russes » à des « hommes d'État français »[77].

Les *Notes* de Sadoul, quelle que soit leur véritable valeur documentaire, ont pour but de défendre plusieurs idées fortes et de les rendre directement disponibles à l'usage de la minorité socialiste en France. Selon Sadoul, la révolution d'Octobre est une « révolution sociale » et universelle, menée par des hommes d'exception, animés d'une volonté et d'un sens du sacrifice sans équivalent[78]. Le bolchevisme, à la fois doctrine et mouvement « né de la guerre », est l'unique moyen de rétablir l'ordre en Russie, dont il est, malgré sa violence nécessaire, le gouvernement de fait[79]. On ne saurait donc regretter la dissolution de la Douma par la force, puisque c'est la préoccupation de la paix qui domine les masses : la paix séparée se serait imposée à n'importe quel gouvernement[80]. Le récit de cette dissolution est d'ailleurs l'occasion pour Sadoul d'exécuter un long exercice d'antiparlementarisme destiné à séduire les syndicalistes et les socialistes antiministérialistes « isolés dans les profondeurs des vieux partis[81] ».

Cet appel à la solidarité internationaliste n'est pas ignoré en France. « Les lettres [de Sadoul] à Albert Thomas [...] avaient dissipé bien des légendes qui couraient sur le compte des bolcheviks », écrit ainsi Marcel Ollivier, futur délégué français au IIe Congrès de l'IC à l'été 1920[82]. Pour l'aile gauche du mouvement ouvrier français, la correspondance de Sadoul offre la preuve du ralliement d'un socialiste modéré et patriote à la grande révolution bolchevique. Le 2 mars 1919, Frossard lit ainsi devant la Fédération de la Seine une lettre à Longuet du 17 janvier 1919, dans laquelle Sadoul demande à la CGT et à la SFIO « d'agir et de réagir » contre la politique d'intervention[83]. À une époque où les contacts directs avec les bolcheviks sont extrêmement difficiles en raison de l'intervention alliée et de la guerre civile, les *Notes* offrent des révolutionnaires russes un portrait moins tragique et plus conforme aux traditions socialistes françaises. Les lettres de Sadoul entretiennent l'atmosphère de sympathie à l'égard de la révolution russe qui permet de museler les critiques et les oppositions et d'amener les amis de Longuet dans le camp de l'adhésion. « Le bolchevisme est devenu une notion mystique (quelque chose de mystérieux et d'attirant), on commence à y croire. Malgré la censure et d'autres tentatives de l'interdire, le bolchevisme pénètre de plus en plus en France », constate le bolchevique Dimitri Manouilski à l'issue de son voyage à Malo-les-Bains, en mars 1919, sous mandat de la Croix-Rouge[84].

Ce travail de propagande n'est pas inutile, mais ce sont sans doute les mutineries dans le corps expéditionnaire français en Russie qui décident finalement Clemenceau à renoncer, le 9 avril 1919, à envoyer des renforts à l'Est : dès juillet 1919, il ne reste plus, à Moscou et ailleurs, que 400 militaires français en Russie, même si le soutien logistique et matériel aux « blancs » n'est pas interrompu[85]. La propagande du Bureau du Sud n'est pas la cause de l'agitation des troupes : l'impatience de la démobilisation, la dureté des conditions de vie et de combat, le manque de courrier et de permissions expliquent un mouvement qui frappe, presque simultanément, les régiments de Russie du Nord et la flotte de la mer Noire[86]. Certains mutins, cependant, font l'objet de l'attention des bolcheviks, comme Louis Badina, arrêté le 16 avril 1919 et interné à Galatz (Roumanie) dont il s'échappe quelques jours plus tard. Quant à André Marty, il devient en France un « héros de cette guerre inique sans déclaration de guerre » et un symbole de « tous les autres soldats révoltés, en qui l'homme fut plus grand que l'esclave[87] ». Les présidences d'honneur confiées aux deux mutins se multiplient en France, avant que Marty ne soit finalement présenté lors d'une élection partielle à Paris en octobre 1921, où il est élu triomphalement grâce au soutien de la SFIO et de la SFIC, qui espèrent encore l'attirer à elles*.

Ce succès final n'est pas étranger à l'action du Comité de défense des marins animé par Henri Barbusse et Yvonne Sadoul, constitué dès 1919. Membre du Comité de la IIIe Internationale en 1919 et de la section SFIO de Poitiers, l'épouse du capitaine Sadoul a participé activement à la diffusion des lettres de son mari auprès de ses amis, des revues et des journaux de l'ancienne minorité. Elle est l'une des intermédiaires par lesquels l'expérience de ces Français de l'Est nourrit les tensions et les débats au sein d'une SFIO en plein essor militant.

Sadoul, d'ailleurs, a joué un rôle important, mais peu connu, d'intermédiaire en direction des partisans français de l'adhésion. Au début de 1920, il a intégré le Bureau du Sud de l'IC, chargé des contacts avec les partis communistes en Europe du Sud et de l'Est. En qualité de secrétaire, flanqué d'un représentant du parti russe, il organise le séjour des étrangers de passage, conviés à des visites officielles des « différentes organisations soviétistes[88] », et expédie vers l'Europe d'importants fonds destinés au financement de l'activité des groupes favorables aux bolcheviks. Des quantités considérables de diamants quittent ainsi clandestinement le port d'Odessa, pour être vendus ensuite dans des conditions difficiles, si tant est que ces pierres ne sont pas fausses[89] ! En mai 1920, Louis Badina et Rosalie Barberey sont envoyés séparément en France, porteurs de plusieurs dizaines de milliers de roubles et de plus de 13 carats de diamants, destinés au Comité de la IIIe Internationale[90]. Leur message est clair : la rupture

---

* Finalement, Marty devait adhérer à la SFIC en septembre 1923, à l'issue de quatre années de guerre et d'autant d'années de prison.

avec les « pontifes timorés du PS et de la CGT » et la création d'un parti « avec le rouge vif de la IIIe Internationale pour étendard, la dictature du prolétariat et la République des Soviets pour devises, l'action directe des masses pour moyen[91] ».

« Clarté »

Le mouvement Clarté[92] est une initiative d'origine essentiellement parisienne : il se constitue dans le giron de l'intelligentsia pacifiste de la capitale à la fin du printemps 1919, dans le prolongement des deux grands projets imaginés pendant la guerre par le triumvirat ancien-combattant Henri Barbusse, Paul Vaillant-Couturier et Raymond Lefebvre : une Internationale de la pensée et une association de vétérans contre la guerre. Le groupe Clarté n'est jamais parvenu à trancher entre ces deux destins : la révolte contre la guerre exprimée avec force par la revue *Clarté*, qui a exercé une influence intellectuelle incontestable, ne devait jamais prendre la dimension d'un mouvement de masse. Cet échec militant, qu'il est désormais possible de comprendre à l'aide de nouvelles archives, met en évidence la difficulté éprouvée par le militantisme internationaliste pour s'implanter dans l'univers ancien-combattant. Mais il n'est pas non plus étranger aux difficultés mêmes du projet de Clarté. Cette expérience originale témoigne en effet de la dissociation progressive du prosélytisme communiste et du pacifisme rollandien, qui se situe délibérément au-dessus des partis. Les reclassements successifs désorganisent le mouvement et le placent dans la dépendance croissante des militants « politiques » du Comité de la IIIe Internationale puis de la SFIC. Le groupe prosélyte constitué par Clarté est par conséquent l'un des lieux historiques où la « génération de l'armistice » évoquée par Frossard a tenté d'étancher sa soif de « mystique » et de « hiérarchie[93] », avant que les déceptions, les postures et les exclusions ne mettent un terme à cette expérience dans ce qu'elle avait d'original.

Barbusse, Lefebvre et Vaillant-Couturier sont unis par une expérience et des aspirations communes, même s'ils sont séparés par le fossé d'une génération. La similarité des parcours de ces hommes est confondante : tous trois issus d'une souche protestante, ils sont nés dans la bonne bourgeoisie, avec laquelle ils sont chacun à leur manière en délicatesse. Tous ont fréquenté la Sorbonne, après l'obtention du baccalauréat, et entretiennent avec « l'art » une relation intime – « Je sens en moi, écrit Lefebvre, toute joie d'art polluée, tant que j'aurai le soupçon de cette misère, comme un reproche monte vers un luxe[94] ». Barbusse, né en 1873, a témoigné d'une sympathie immédiate pour les deux jeunes soldats, anciens condisciples avant guerre au lycée Janson-de-Sailly : la rencontre est pour lui un ressourcement plus encore qu'une preuve de la solidarité combattante et de l'ardeur pacifiste nées du conflit.

Les trois hommes ne sont d'ailleurs pas seuls à bâtir des projets sur le désastre de la guerre. Parmi l'entourage combattant de Lefebvre au printemps 1917, ce sont Georges Bruyère et le minoritaire Maurice Delépine qui ont formulé les premiers l'idée d'une association d'aide aux victimes du militarisme. Lefebvre a rencontré Bruyère à Verdun et immédiatement admiré l'effort de ce fils d'ouvrier vers la « vie intelligente[95] » : pour le jeune homme, la découverte de la classe ouvrière consciente s'est faite dans la boue des tranchées. De là, Lefebvre et Vaillant-Couturier mûrissent le projet d'une Internationale qu'ils soumettent à Barbusse : c'est ce dernier qui propose la création d'un périodique, mieux à même de rassembler les grands noms auxquels a été adressée l'esquisse d'appel « pour une Internationale de la pensée », à la fin de 1916[96]. Par la suite, les noms des hommes qui ont élaboré les futures institutions du communisme ancien-combattant français se sont effacés : Bruyère lui-même devait mourir en janvier 1923. Un fait demeure : Clarté puise ses origines dans le bouillonnement intellectuel et militant de la minorité de guerre.

Lefebvre et Vaillant-Couturier ont prôné, encore étudiants, une *Lebensreform* analogue à la « lame de fond qui traverse la bourgeoisie allemande cultivée à partir des années 1890[97] ». Dans leur alcôve estudiantine – il n'y a en France que 42 000 étudiants en 1914 –, les deux jeunes gens veulent réviser les « valeurs impressionnistes dominantes » et prônent un refus anarchisant du conservatisme social et politique. Leur appétit de déclassement social ostentatoire aurait pu conserver une certaine superficialité inaboutie, si la rencontre avec le syndicalisme révolutionnaire puis la guerre ne l'avait solidifié dans un ensemble d'idées et d'émotions violentes. Eux aussi ont ressenti cet « immense besoin de sacrifice et d'amour » dans la confrérie microscopique qu'ils forment avec Drieu La Rochelle, unie par une solidarité intellectuelle et virile : Vaillant-Couturier conservera ainsi de ses années lycéennes passées à défendre le « poulet » Lefebvre – sobriquet dont ses camarades avaient affublé ce jeune homme phtisique – les cicatrices d'un coup de canif dans l'index et d'un silex dans l'arcade sourcilière[98]. Depuis 1912, les deux jeunes gens se sont rapprochés de *La Vie ouvrière* : c'est là, en août 1914, que Lefebvre reçoit le choc de la guerre et qu'il rencontre Trotski dont le « marxisme implacable » l'a d'abord « laissé hermétique[99] ». C'est Lefebvre encore qui, le 16 août 1914, aurait épargné à Vaillant-Couturier la « psychose des trains fleuris » et la « tentation de la glissade au jacobinisme[100] ». Romain Rolland, cependant, ne témoigne qu'une prudente défiance envers la « jubilation » à la fois violente et antiguerrière de Lefebvre : « Ces hommes insubordonnés, irraisonnés, incapables de toute organisation, livrés à la violence meurtrière, qui ont lapé le sang et qui en sont ivres, ne peuvent que détruire et se faire détruire[101]. »

Blessé en 1916 après s'être engagé volontairement pour échapper au morne désespoir de l'hôpital où il est affecté, Lefebvre est démobilisé en mai 1917 et désormais disponible à l'action : le 2 novembre 1917, l'Association républicaine des anciens combattants (ARAC) voit le jour. Pourtant, malgré le souhait de ses fondateurs, l'ARAC tourne rapidement à la mutuelle combattante et ce n'est qu'en juillet 1919, avec la démission forcée de Gaston Vidal, qu'elle retrouve sa vocation radicale originelle. Les circonstances ont joué en faveur des adversaires de Vidal : le 6 avril 1919, l'ARAC participe ainsi à la manifestation contre l'acquittement de Raoul Villain, l'assassin de Jaurès, puis à celle du 1er mai 1919 lors de laquelle un jeune ouvrier électricien syndiqué de Saint-Ouen, Charles Lorne, est tué. En juin 1919, Lefebvre démissionne de la Coalition républicaine – il avait été nommé membre de son comité directeur en avril 1918. Cette formation républicaine de gauche, constituée pour la « défense des libertés publiques[102] » à la suite du discours de Wilson et de l'arrestation de Caillaux, ne correspond plus désormais à ses convictions, qui se radicalisent. La déception face à la grève générale manquée du 21 juillet 1919 le détermine finalement à rendre publique son adhésion à la IIIe Internationale dans *La Vie ouvrière* le 6 août suivant, même s'il continue de s'opposer jusqu'en mai 1920 à la création d'un parti révolutionnaire. La ligue de combattants conscients que l'ARAC devait être demeure son modèle d'organisation, et il persiste à percevoir en Lénine l'exécuteur testamentaire de Marx et de Tolstoï, greffant la mystique de l'amour évangélique du peuple sur la révolte sociale. « J'ai beau écrire des livres, j'ai beau n'avoir que 29 ans, [...] j'ai beau avoir ceci avec beaucoup de copains d'être "né de la guerre", je m'obstinerai dans ma mauvaise action[103] », lance-t-il, en juin 1920, à la direction de la CGT, qui, autour des ralliés Georges Dumoulin et Alphonse Merrheim, s'est caparaçonnée contre les attaques d'une minorité syndicale bigarrée. L'année 1919 a sonné l'heure des ralliements et des refus. Clarté en est, en partie, le fruit.

Barbusse l'a imaginé comme un vaste mouvement de « résurrection » de l'esprit européen[104]. Le programme de Clarté de 1919 est encore très proche de l'esprit de la Coalition républicaine en ce qu'il proclame, malgré le « rapprochement et la libération des classes populaires », la « guerre à l'autocratie [russe] », virtuellement gagnée par d'autres, et la lutte contre l'« ignorance » et le « cléricalisme »[105]. Ce large spectre idéologique, seul capable de ne pas effaroucher le panthéon de personnalités dont Barbusse pare sa revue, devient rapidement insuffisant pour la jeunesse « née de la guerre ».

L'ordre : le mot parsème les écrits du triumvirat combattant, mais sa définition n'est pas simple. L'appel à l'ordre lancé du milieu des ruines de la guerre est le fruit d'une révolte constructive, qui n'est pas non violente même si elle prend l'aspect du pacifisme antiguerrier : « J'ai compris ce que signifiait servir, écrit rétrospectivement Vaillant-Couturier. J'avais le goût de l'ordre. J'ai appris la grandeur de la discipline et la subordination de l'individu au tout [...]. J'ai donc appris deux choses à la guerre : l'utilité sociale du meurtre collectif et sa supériorité sur le meurtre individuel. [...] J'étais un déclassé, j'étais un soldat, j'avais appris la violence[106]. » Par ce récit de conversion – et même de « conversion-crise[107] » –, Vaillant-Couturier justifie rétrospectivement son ralliement au communisme, contre un « socialisme classique » qui « bafouillait » son « bréviaire radical »[108].

La vocation littéraire et intellectuelle de la revue, qui vise à rassembler le plus d'auteurs possible autour d'une tendance réputée moderne, progressiste et collective, n'est pas encore accaparée par l'art militant, mais l'injonction d'engagement que suscite le chevauchement de Clarté et du Comité de la IIIe Internationale provoque bientôt les premiers départs et les reclassements nécessaires. Les débuts du mouvement se déroulent, après la publication du premier numéro du journal *Clarté* le 11 octobre 1919, sous les meilleurs auspices : le 23 octobre, un grand meeting rassemble 2 000 personnes à la Maison des syndicats, contre 1 200 un mois plus tôt. En septembre 1920, le tirage atteint 15 000 exemplaires et le journal dispose, depuis juillet, de 4 500 abonnés[109].

Le mouvement lui-même atteint son apogée en janvier 1920 : son Comité d'entente présidé par Abel Doysie rassemble 280 membres actifs, alors que se tient le plus grand meeting de la période, le 25 janvier à Paris. En avril et mai, il parvient encore à rassembler plus de mille auditeurs à la Bellevilloise et à la Grange-aux-Belles, mais l'échec des grèves de mai amorce la décrue. Le Comité de la IIIe Internationale lorgne alors sur ce groupe dont il entend faire un instrument de propagande au service de la campagne pour l'adhésion : « Le groupe Clarté, qui a heureusement clarifié ses vues obscures du début et s'est nettement orienté vers la IIIe Internationale, peut rendre de grands services à notre cause, écrit ainsi Souvarine. Il touche des éléments que le parti n'atteint pas et il est pavé de bonnes intentions. [...] Clarté subira l'influence de ceux qui voudront se donner la peine de l'orienter[110]. »

Le public qu'atteint Clarté n'est pas seulement la notabilité intellectuelle de gauche, incarnée par Anatole France, c'est aussi la jeune intelligentsia universitaire pacifiste. Certes, Romain Rolland a refusé de participer à la composition de cette « "chanson de geste" de la guerre européenne[111] » : il se méfie de l'apolitisme officiel de la revue, de l'instabilité de Lefebvre et du goût de Barbusse pour les mondanités[112]. Mais il offre une large subvention et se trouve être, avec l'Américain John de Kay, le principal bailleur de fonds de l'entreprise avant qu'elle ne passe sous le contrôle de la SFIC en 1923.

C'est cependant la présence des grands notables du roman de guerre – Barbusse, bien entendu, mais aussi Dorgelès et Duhamel – qui séduit d'autres écrivains et artistes anciens combattants comme Gabriel Reuillard. Né en 1885 dans une famille de la bourgeoisie rouennaise, Reuillard a fondé en 1912 une petite revue, *Les Horizons*, pour permettre à une « jeune littérature moderne [...] nettement combattive » de s'exprimer. Mobilisé en 1914, combattant en Artois, fait prisonnier à Douaumont en juin 1916, minoritaire convaincu et actif qui écrit au *Bonnet rouge* et aux *Hommes du jour*, Reuillard adhère à Clarté dès ses débuts et y joue un rôle important de propagandiste et de conférencier jusqu'à son départ en 1923, avec les « résistants » autour de Frossard. Il refuse alors l'enrégimentement dans un parti dont il désapprouve l'évolution, sans pour autant retirer à Barbusse son admiration.

L'autre personnage emblématique du mouvement Clarté est Ernest Labrousse. Celui-ci n'a pas combattu : il est réformé en 1915, à l'âge de 20 ans. Bachelier, il obtient une licence de lettres à la Sorbonne et commence à enseigner pendant le conflit. Il adhère à Clarté avant de rejoindre la SFIC dès février 1921. Pour lui, comme il l'affirme en décembre suivant, « le communisme est le moyen, la démocratie est le but[113] ». Avec Marcel Fourrier, diplômé de l'École libre des sciences politiques (ELSP), engagé volontaire à la déclaration de guerre, blessé en 1917 et nommé sous-lieutenant, ou Jean Bernier, ancien de l'ELSP lui aussi, ami de Lefebvre et lauréat du prix « Clarté » en 1920 pour *La Percée*, Labrousse incarne ce public étudiant atteint par les idées « clartéistes », bien qu'il n'ait pas lui-même combattu.

C'est lui qui préside, à l'été 1920, à la naissance de la section universitaire de Clarté. Destinée à des tâches de traduction pour le compte du mouvement, elle ne rassemble en août qu'une douzaine de membres et un secrétaire, Abraham Galpérine. Né en Russie en 1888, cet instituteur devenu étudiant en médecine en 1911 est le médecin de la coopérative de la Bellevilloise en 1922, après son adhésion à la SFIC. Volontaire en septembre 1914, affecté à la 9ᵉ section d'infirmiers militaires à Châteauroux, il termine la guerre comme médecin auxiliaire, naturalisé et décoré de la croix de guerre avec deux citations[114]. Comme toute formation étudiante du Quartier latin qui se respecte, la section qu'il administre affronte la jeunesse nationaliste : le 6 mars 1921, lors d'une réunion de la section dans la Salle des Sociétés savantes, une bagarre générale éclate où l'on se bat avec les Camelots du roi à coups de canne, de matraque et de chaise[115]. Galpérine participe en octobre 1922 à la fondation de la revue *Clarté universitaire*, dont le normalien Georges Cogniot s'occupe activement[116]. Cogniot lui non plus n'a pas combattu, puisqu'il n'effectue son stage militaire qu'en 1922, mais Clarté est un groupe de lutte autant qu'un milieu où il tisse contacts et amitiés.

Le mouvement Clarté n'est donc pas entièrement composé d'anciens combattants, mais leur magistère s'y exerce avec rigueur. René Mady est l'un d'entre eux : originaire du Bas-Rhin, fils d'une femme de chambre devenue veuve en 1909, il est arrivé à Paris jeune garçon encore, et y obtient son certificat d'études grâce auquel il se lance dans le commerce tout en suivant des cours du soir. Reconnu apte au service le 15 avril 1918 (à 19 ans à peine), il est versé au 10e RI et gagne du galon, jusqu'à son versement dans la réserve en avril 1921. Rappelé le 3 mai, il se rebelle et profère des « propos antimilitaristes » ; il est cependant libéré le 26 novembre 1921 grâce à l'intervention auprès de Millerand et Barthou du futur académicien Georges de Porto-Riche, au service duquel sa mère s'est mise. Abonné à *Clarté* et à *L'Humanité*, ardent défenseur des mutins de la mer Noire, Mady affecte un style de dandy et porte le chapeau mou à larges bords typique des intellectuels de conviction socialiste. Cette ostentation sociale d'un jeune homme révolté dans le Paris du début des années 1920 témoigne de la bigarrure sociologique du personnel de Clarté et de son insertion dans la bohème révolutionnaire parisienne.

Quoiqu'officiellement apolitique, *Clarté* subit l'attraction permanente de l'ancienne minorité socialiste : c'est pourquoi le mouvement devait ressentir le violent contre-coup de ses divisions après la scission de 1920. Un fait le montre : jusqu'à Tours, les locaux du journal sont installés au siège du *Populaire*. Cependant, le Comité de la IIIe Internationale s'est assuré dès la mi-1920 un contrôle croissant sur le mouvement, qu'il fait ensuite basculer dans l'orbite communiste. « Clarté n'est pas un parti politique. Le parti politique qui répond à ses attentes existe déjà », écrit ainsi Paul Vaillant-Couturier à toutes les sections provinciales du mouvement en février 1921[117].

La disparition du journal en juillet 1921 et sa reparution sous forme de revue en novembre suivant sont les signes des changements intervenus, mais l'audience recule et la mainmise croissante du parti sur la revue suscite des dissensions au sein de la rédaction : Barbusse s'éloigne et les tensions s'avivent entre Vaillant-Couturier et Marcel Fourrier, qui prend la direction de *Clarté* en 1923, soutenu par André Varagnac – le neveu de Marcel Sembat – et le sorélien Édouard Berth. La revue communie dans un antisocialisme virulent et tente de reconquérir le rôle de « centre d'éducation révolutionnaire » par l'art et la littérature qui correspondait selon elle à sa vocation initiale, non sans recourir à la verve blasphématoire que maniait déjà Raymond Lefebvre à l'encontre des « pontifes » littéraires de droite et de gauche. Cette orientation intellectualiste inaugure une période trouble où la SFIC, désormais maîtresse des destinées financières de la revue, ne parvient pas à discipliner ce cénacle gauchiste, incapable qu'il est pourtant de se mettre d'accord sur les formes mêmes de sa révolte. Mais la crise de Clarté n'est pas seulement le fruit de ses choix : elle résulte aussi de l'échec de son internationalisation réelle et de son ancrage en province.

Le 23 juillet 1921, le Comité d'entente des groupes Clarté se réunit sous la présidence d'Abel Doysie : celui-ci n'est ni communiste, ni même ancien combattant au sens strict. Mobilisé dans l'auxiliaire pendant la guerre, il administre un mouvement créé par d'autres. La tension entre Paris et les sections de banlieue et de province encore survivants à Nancy, Lyon, Puteaux est alors extrême. Les groupes provinciaux protestent : la dissolution du journal a été décidée sans même les consulter. Pour justifier ce mépris, Doysie dresse le constat d'échec du mouvement Clarté : « Le C[omité] D[irecteur] n'est pas partisan d'un congrès pour cette année parce que jusqu'à présent, Clarté n'a jamais existé, il y a bien çà et là quelques bonnes volontés, mais elles sont limitées à Paris et quelques villes de province, mais il n'y a aucune organisation réelle qui puisse être l'expression d'une pensée collective[118]. » À l'été 1921, le mouvement n'existe plus en tant que tel – et l'on comprend pourquoi Barbusse, contesté à l'intérieur même de celui-ci, s'en éloigne.

Cet échec s'explique de manière différente selon les lieux où Clarté a tenté de s'implanter. En fait, le mouvement est étouffé en province par le militantisme politique. À Nancy, le groupe Clarté formé tardivement en janvier 1921 par le jeune Marcel Gauche, fils du maire radical-socialiste de Longwy, est rapidement devenu un lieu de sociabilité parmi d'autres de la Jeunesse communiste (JC) de Meurthe-et-Moselle : le groupe accueille en effet tous les secrétaires de la 24e entente régionale de la JC jusqu'en 1922 et ne dispose de ce fait d'aucune autonomie. À Bordeaux, en revanche, le groupe fondé à l'initiative du normalien René Gosse au printemps 1920 rencontre quelques succès initiaux : en novembre 1920, il aurait compté plus de 130 membres, mais il est moribond dès le printemps 1921 et disparaît en novembre suivant. Les anarchistes y sont très présents, à l'instar du lycéen Jean Barrué, et disputent à Gosse la direction d'une section qui s'enlise dans l'inaction. En effet, si elles veulent survivre, les sections provinciales ont besoin de structures politiques, et notamment municipales, pour agir et se réunir.

Il n'y a guère qu'à Lyon que le groupe Clarté participe pleinement, sous la direction de Claude Calzan, Georges Champeaux et Félix Metra, à la bataille pour l'adhésion de la Fédération socialiste à la IIIe Internationale. En décembre 1920, il est doté de quatre commissions chargées d'examiner divers problèmes, comme les « responsabilités de la guerre », véritable obsession « clartéiste », ou la « révolution russe »[119]. Le groupe appuie de son action la puissante Fédération du Rhône de l'ARAC dans la conquête de la majorité fédérale dans la SFIO, mais il sert aussi de milieu de formation militant, comme pour le jeune André Morel, mieux connu sous le nom d'André Ferrat, qui y entre dès 1919 et appartient à l'été 1920 à sa direction, avant de quitter Lyon pour Paris afin « de [s']affranchir du joug d'une famille petite-bourgeoise d'esprit extrêmement étroit et réactionnaire[120] ». Pour Ferrat, le clartéisme est la forme que prennent son besoin de déclassement social volontaire et son désir de servir, même s'il devait offrir, dans les années 1970, une vision singulièrement distanciée de ses débuts militants[121]. Clarté est l'un des creusets de l'esprit de 1919, nourri d'une révolte destinée à renverser les « oligarchies » traîtresses et corrompues d'organisations vieillies et assiégées par ce prosélytisme multiforme.

Cependant, l'échec de Clarté est flagrant : dans ses ambitions révolutionnaires et littéraires, il n'aboutit qu'à une impasse, faute de combattants et d'autonomie politique. Bien que le mouvement ne joue qu'un rôle secondaire dans le processus de scission lui-même, son influence se manifeste ailleurs, dans les jeunes têtes d'une relève habitée de manière à la fois tyrannique et inégale par le magistère combattant. Dès 1921, *Clarté* n'est plus qu'une revue, et de surcroît une revue bien française, sans véritable dynamique internationale, une fois franchi le pas de l'adhésion communiste. L'esprit bohème y survit cependant avec une certaine vigueur, ravivé même par l'alliance éphémère avec les surréalistes, mais la « division du travail[122] » imaginée par Barbusse entre le parti, l'ARAC et *Clarté* s'est heurtée à la puissance du fait partisan.

Avec la fondation de la IIIe Internationale à Moscou, la création d'un parti communiste en France est devenue l'objectif de la politique française des bolcheviks. Par cet acte inaugural, ces derniers ont signifié leur refus définitif d'appartenir à l'opposition interne de la IIe Internationale qui s'est constituée à la conférence de Berne en février 1919. Les Français, décidés à « aller à Berne », ont bien tenté de convaincre les bolcheviks de se joindre à cette opposition en reconstitution. Ils ont motivé leur refus de l'invitation russe en arguant de la nécessité de ne pas « causer une scission parmi leurs représentations[123] », mais la scission, de fait, est désormais possible : il existe à Moscou un point d'appui solide en vue d'un regroupement ouvrier international alternatif. Le principal effort des bolcheviks sera, jusqu'à Tours, de diviser et de séduire cette opposition « de gauche » dans l'Internationale socialiste, dirigée en France par Jean Longuet. Celle-ci devait se montrer d'une surprenante sensibilité à la séduction bolchevique. Dans une lettre à Camille Huysmans du 24 juillet 1920, Longuet a reproché aux chefs de la IIe Internationale l'« erreur fatale » d'avoir empêché toute négociation équilibrée entre les Russes et le socialisme occidental[124]. Mais rien n'indique, dès l'époque de Berne, que les bolcheviks aient jamais été disposés à négocier. « Ce n'est que lorsque le caractère irréductible des divergences sur le sens de la révolution russe se révéla que, rétrospectivement, Berne apparut comme le moment où s'était scellée la fin de la vieille Internationale[125]. » Toute l'Internationale se trouve désormais sommée de répondre aux deux questions qui dominent l'immédiat après-guerre : Quelle est la responsabilité des partis socialistes nationaux dans la guerre ? Quelle est l'attitude à adopter à l'égard du fait bolchevique ? Pour la jeune relève « née de la guerre » et disposée à l'action, il ne s'agit pas simplement de politique, mais de conscience.

5

Le congrès de Tours

Le congrès de Tours n'est pas un accident : c'est un événement. Comme tout congrès, son dénouement est attendu, puisque les forces en présence sont connues par les votes des fédérations du parti. Les passions soulevées par les débats et les coups de théâtre calculés de leur déroulement ont cependant dramatisé un moment considéré par nombre de militants comme une nouvelle naissance – dans la douleur. Tours consacre la défaite du socialisme de guerre, mais aussi de l'éphémère direction néo-majoritaire incapable de canaliser la montée en puissance du courant d'adhésion à la IIIe Internationale qui aboutit à la fondation, à la majorité des voix au congrès, de la Section française de l'Internationale communiste (SFIC). Ce succès n'est cependant obtenu qu'au prix d'une alliance fragile et temporaire entre le Comité de la IIIe Internationale, où s'activent les partisans décidés des bolcheviks, et la gauche, plus modérée, de la « Reconstruction » menée par Marcel Cachin et Louis-Oscar Frossard.

Partout en Europe, lorsqu'il n'a compté que sur ses seules forces, le mouvement d'adhésion à Moscou s'est en effet trouvé en minorité – plus ou moins puissante sans doute, mais en minorité. Nulle part le ralliement à l'Internationale bolchevique ne submerge les partis socialistes, contrairement à une idée reçue toujours vivace : il n'engendre de grands partis en Allemagne, en France ou en Tchécoslovaquie qu'avec l'appoint décisif et négocié du socialisme « indépendant » et « reconstructeur » issu de l'expérience de la guerre. Mais là où de grands partis sociaux-démocrates n'existent pas, les premiers partis communistes ne sont guère que des groupuscules[1]. Les principaux acteurs de la scission ne sont pas ces bolcheviks admirés, lointains et assiégés dans leur propre pays, mais bien ces socialistes néo-majoritaires français qui n'aiment plus leur passé et sont incertains devant l'avenir. Leur incapacité à construire une Internationale alternative à la IIe Internationale, qui n'est pas tout à fait morte, et à la IIIe Internationale, qui vient à peine de naître, place durablement le parti français dans une situation impossible dont il était contraint de sortir.

Le ralliement de Frossard et Cachin au principe de l'adhésion, en août 1920, au retour de leur long voyage en Russie, est l'acte inaugural de l'alliance tactique à l'origine de la coalition majoritaire de Tours. Le secrétaire du parti et le directeur de *L'Humanité* fournissent un *quitus* rassurant au choix d'aventure que constitue le vote pour l'Internationale communiste. Ils rassérènent les militants indécis ou las, confrontés depuis des mois à la bataille d'appareil : « Je crois que l'adhésion à la IIIe Internationale est nécessaire, car il faut une situation nette qui nous sorte de cette lutte intestine où se débat le Parti », écrit ainsi le conseiller municipal Louis-Éloi Bailly au député nivernais Jean Locquin en août 1920. « Les bolcheviks, poursuit-il, ne nient pas le parlementarisme et reconnaissent que la révolution peut avoir des modalités différentes selon la situation économique des pays. [...] Après la griserie du clémencisme fêtard de la victoire, les difficultés de tout ordre apparaissent aux moins clairvoyants[2]. » Pour ces militants des profondeurs rurales de la France socialiste, l'aménagement des conditions de l'adhésion, le maintien d'une pratique révolutionnaire électoraliste caractéristique de l'abécédaire socialiste d'avant guerre, un antimilitarisme aux accents antipatriotes aiguisé par le rejet de Clemenceau constituent des conditions suffisantes pour faire la clarté dans le parti. Loin de se réduire au dilemme reconstruit *a posteriori* entre réforme et révolution, la rupture de Tours traverse la gauche de la SFIO.

Adhérer à l'IC, en effet, c'est rompre avec un socialisme dont l'histoire a été entièrement revue à l'aune de sa conclusion – août 1914. Mais comment faut-il rompre ? La détermination des « conditions » de l'adhésion habite l'année 1920. On lit trop souvent que la SFIO aurait adopté à Tours les fameuses « vingt et une conditions » dictées par Lénine aux partis adhérents à l'IC. En réalité, ce texte patrimonial, canonisé par sa présence dans l'Annexe délivrée avec toute carte de militant, n'a, *sous cette forme*, jamais été adopté au congrès de Tours – nous y reviendrons. Le nombre de ces conditions est d'ailleurs incertain avant comme après le congrès : Cachin et Frossard ont d'abord feint d'en rapporter neuf de Moscou, mais les adversaires de l'adhésion en comptent vingt-deux, puisque l'interdiction de l'appartenance à la franc-maçonnerie figure parmi les « conditions » italiennes.

Malgré sa confusion, le processus de leur détermination est essentiel. Lors du congrès de Strasbourg, à la fin de février 1920, la SFIO est en effet sortie de la IIe Internationale, sans pour autant entrer dans la IIIe. Pour se dégager de cette situation intenable et déterminer le chemin de la « Reconstruction » de l'Internationale socialiste, elle lance, dans les mois qui suivent, une large série de consultations en Italie, en Suisse, auprès des Indépendants d'Allemagne (USPD) et finalement des Russes. En son sein, cependant, des groupes ont décidé de leur propre chef d'adhérer au Komintern : le Comité de la IIIe Internationale, dès sa création le 7 mai 1919, les Jeunesses socialistes un an plus tard, le 1er juin 1920. L'heure des derniers reclassements a sonné, avant la levée de rideaux de la salle du Manège, à Tours.

La régénération ascétique du socialisme :
le Comité de la IIIe Internationale

Les révolutionnaires de la SFIO

Le Comité de la IIIe Internationale, fraction de « gauche » qui travaille depuis sa création au rapprochement avec l'Internationale communiste, s'est toujours trouvé dans une position plus délicate que sa victoire finale de Tours ne l'a laissé penser : ses succès – de 270 mandats en 1919 (13,7 % du total des mandats représentés au congrès de Paris), il passe à 1 621 (34,8 %) en février 1920, au congrès de Strasbourg – ont considérablement renforcé son aura, mais aussi sa réticence à pousser jusqu'au bout son avantage. Le Comité doit-il prendre sa liberté et fonder un parti avec ses seules forces, ou sceller une alliance majoritaire avec des partenaires dont ses leaders se défient ? Sans jamais opter pour la première solution, le Comité s'est montré méfiant envers la seconde. Ses chefs ont entendu conserver sa virginité révolutionnaire propre de toute compromission avec les ralliés de la dernière heure. Dans leur esprit, ils ne se soumettent pas à une machine bureaucratique internationale venue de l'étranger, mais rallient « un parti international commun de propagande et d'action commune prolétarienne dans toutes les langues les plus importantes[3] ». Ils se sentent appartenir à une élite révolutionnaire non pas dépendante mais solidaire des bolcheviks, qu'ils admirent pour leur combativité exceptionnelle dans la Russie des Soviets, assiégée par les forces de l'Entente.

Le Comité de la IIIe Internationale s'est constitué le 7 mai 1919 en réponse à l'« appel » lancé depuis Moscou par le Ier Congrès de l'IC en mars. Son premier secrétaire est la militante Louise Saumoneau, puis l'instituteur Fernand Loriot et enfin, au début de 1920, le jeune Boris Souvarine. Comme ce dernier, Loriot ne croit plus à la nécessité de l'unité de la SFIO : au sein de la minorité de guerre, il a condamné les socialistes compromis avec l'Union sacrée, réclamé une épuration du parti et une régénération de ses principes. Cependant, Loriot a posé trois conditions à la scission : l'affirmation franche d'un courant scissionniste, la coordination de ses cadres par une fraction bien organisée et à la direction centralisée, et l'établissement d'une base d'accord entre les militants français et les bolcheviks[4]. Il faut donc agir à l'intérieur du parti socialiste et non constituer un parti dissident « de la IIIᵉ Internationale » qui serait alors contraint de s'allier ou de s'affronter avec le petit « parti communiste » d'ultra-gauche mené par Raymond Péricat et Jules Sigrand : « Nous ne quitterons pas le Parti socialiste qui est une force. Nous travaillerons en son sein pour l'attirer à nous », affirme ainsi Louise Saumoneau en juillet 1919[5]. La crainte de Loriot, en effet, c'est qu'un groupuscule sans cohérence provoque une scission sans troupes.

Certes, le Comité est capable de fédérer un courant de militants sympathisants du bolchevisme de plus en plus important. S'il est favorable à une politique d'exclusions salutaires, il recule devant une scission dont il devrait prendre l'initiative. Loriot, d'ailleurs, est attaché à l'idée d'« unité prolétarienne » : il veut conserver l'unité de la classe ouvrière, mais débarrasser sa direction d'une oligarchie compromise à ses yeux. La rupture qu'il imagine ne consiste donc pas à créer deux partis distincts et à diviser sous eux la clientèle ouvrière, mais à purger le parti de ses mauvais bergers, dont il est persuadé qu'ils sont coupés des « masses » et destinés à disparaître si le parti les condamne devant elles. Loriot n'entend pas, par le mot « parti », un appareil de captation et de représentation d'une clientèle aussi large que possible – un sens moderne qu'il ne possède pas toujours parmi les élites du mouvement ouvrier français du début du xxᵉ siècle. Il se le représente plutôt comme une avant-garde sélectionnée qui regroupe ce que la « conscience » de sa classe offre de plus élevé. Cette conception le rapproche d'ailleurs de la minorité syndicaliste révolutionnaire de la CGT, avec laquelle le Comité de la IIIᵉ Internationale entretient des rapports extrêmement étroits. La conception d'une élite « prolétarienne » de conscience, mais pas nécessairement de naissance ouvrière, dévouée à la lutte des classes et animée d'une éthique rigoureuse modelée par le refus de parvenir, leur est commune. La génération du premier communisme français n'est pas animée par une mystique du parti imaginé comme un monolithe bienfaisant : en cela, elle se distingue nettement des générations communistes qui la suivent.

Grâce à sa proximité avec la minorité syndicale, le Comité de la IIIᵉ Internationale a espéré établir durablement une forme nouvelle de coopération active entre syndicat et parti. « Le Parti socialiste, transformé et régénéré après la crise qu'il traverse, sera [...] un puissant facteur de transformation et de régénération de l'organisation syndicale, dont la structure et la politique ne correspondent en rien aux conditions de lutte des classes où se trouve l'Europe d'après-guerre[6]. » De la même manière que les socialistes, les nouveaux communistes se sont cependant heurtés au veto politique de la charte d'Amiens : dans l'esprit de Souvarine et des socialistes du Comité, la communauté d'expérience de la minorité de guerre devait permettre de contourner l'interdit antipolitique et de fonder un nouveau syndicalisme de combat. Les militants passés par la lutte pacifiste pendant le conflit n'ont jamais désiré retourner à la « normalité » d'avant 1914. La reconfiguration des rapports entre le PC/SFIC et la CGTU ne s'est cependant pas opérée comme l'avaient espéré un Monatte ou un Rosmer : cette déception a contribué à leur dissidence en 1924.

La direction du Comité émane à la fois de l'ancien Comité pour la reprise des relations internationales (CRRI) et du groupe de *La Vie ouvrière*. « Il n'est pas "rattaché" au parti unifié », précise Pierre Monatte[7], qui en est le secrétaire adjoint, mais il y entretient pourtant une tendance ! Ce statut hybride – une fraction qui n'appartient pas à la même Internationale que le parti dans lequel elle milite, et dont la direction comporte des hommes qui n'en sont pas membres – est unique dans les annales du socialisme français ; cette originalité permet précisément au Comité, en digne héritier de la minorité de guerre, de regrouper des militants anarchistes (proches, en particulier, du groupe des *Temps nouveaux*), socialistes et syndicalistes révolutionnaires, dans des proportions qu'il n'est cependant pas facile d'établir.

Contrairement à ce qu'affirmait A. Lozovski[8], le Comité n'est pas dominé par les syndicalistes : selon F. Ferrette, sur la centaine de cadres qui constituent sa direction à la fin de 1920, trente-sept ont appartenu à la SFIO avant 1914, quatorze y ont adhéré pendant la guerre et vingt-sept après, tandis que six seulement sont des syndicalistes non socialistes, mais rien n'exclut les appartenances multiples[9]. Pour la plupart, ces militants n'ont pas occupé avant guerre de postes responsables. Une poignée seulement a dirigé des fédérations, comme Paul Bouthonnier en Dordogne, Pierre Dumas dans le Rhône ou Jean Dumollard en Savoie, à quoi il faut ajouter une petite dizaine de secrétaires de section, six anciens ou nouveaux élus et un seul maire de commune[10]. Les militants parisiens de la gauche de la Fédération de la Seine y sont nombreux : la petite cinquantaine de présents en mai 1919, lors de la fondation du Comité, viennent tous ou presque de ses sections[11].

Le Comité forme donc à proprement parler une relève, bien que la moyenne d'âge de sa direction ne s'établisse qu'à 36 ans et demi : s'il n'accorde en effet qu'une prime à la jeunesse, le Comité s'est bien constitué hors des circuits de promotion militante de l'ancien parti. Ses membres partagent une position subalterne qui nourrit un ressentiment activiste contre l'oligarchie en place. La création de la SFIC, de ce point de vue, est une opération de relève politique réussie : en 1921, au moins dix-huit secrétaires fédéraux du nouveau parti sont issus du Comité et dirigent alors un ensemble de 53 000 militants[12]. Sous leur pression victorieuse, la SFIO d'avant guerre est passée entre de nouvelles mains.

Pour « un parti de type nouveau »

À l'origine, le Comité de la IIIe Internationale ne regroupe dans son état-major parisien qu'une petite centaine de militants. Dès le début de 1920, cependant, il n'en est plus de même : selon la police, le Comité compterait alors plus de 5 000 militants, socialistes et syndicalistes confondus[13]. Cependant, les archives de police, consultées autrefois par Annie Kriegel, renseignent mal sur l'implantation de cette fraction et ont amené l'historienne à en sous-estimer l'effectif. C'est la presse régionale socialiste qui constitue la principale source sur les ramifications du Comité en province[14]. On peut y recenser le nom d'au moins 450 militants différents, entre 1919 et 1921, autant de cadres d'un mouvement qui comprend entre 5 000 et 10 000 membres organisés à Paris et en province, distincts de la cohorte des élus, et répartis dans plusieurs dizaines de groupes[15] – ce qui n'est pas rien dans un parti parvenu, avec plus de 115 000 cotisants en novembre 1919, à un degré de mobilisation sans précédent. Formé en un réseau militant parallèle aux élus du parti, il leur oppose la légitimité militante « née de la guerre ».

La sociologie de sa direction rappelle celle de la minorité de guerre, dont le Comité est une émanation : parmi la centaine de cadres à sa tête à la fin de 1920, 28 sont des ouvriers et 21 des enseignants, pour l'essentiel des instituteurs. Parmi ces militants d'origine ouvrière, on compte un nombre significatif de cheminots, en particulier dans la Commission exécutive (CE) du Comité élue en 1921. En revanche, les paysans y sont très mal représentés : seul le député lot-et-garonnais Renaud Jean en rappelle la présence dans les rangs du Comité – sous-représentation problématique du fait de son ancrage et de sa stratégie. Les anciens combattants y sont plus nombreux : Paul Vaillant-Couturier ou Eugène Dondicol pour les socialistes, Pierre Monatte pour les syndicalistes, René Reynaud pour les militants plus proches des anarchistes. Henri Sirolle et

Gaston Monmousseau ont fait la guerre comme affectés spéciaux dès leur mobilisation, quant à Alfred Rosmer et Boris Souvarine, chevilles ouvrières du Comité, ils ont été mobilisés à l'arrière. À l'exception de Monmousseau, ce sont tous des militants « de la Seine* ». L'expérience du combat est donc très inégalement partagée parmi cette petite troupe de militants professionnels pour la plupart rémunérés à la petite semaine et plongés dans la « lutte quotidienne » qu'ils confondent avec l'activité révolutionnaire érigée en sacerdoce.

La haine envers les « manitous[16] » et les « princes[17] » à la tête du parti est un dispositif mental essentiel des militants du Comité. Cette relève révolutionnaire vertueuse d'un personnel socialiste prestigieux mais vieilli – Édouard Vaillant meurt en décembre 1915, Jules Guesde en juillet 1922, Marcel Sembat en septembre 1922, Louis Dubreuilh en juillet 1924 – use à son encontre d'un vaste argumentaire iconoclaste et irrévérencieux qui éclabousse jusqu'à la figure du « grand Jaurès ». Son ascétisme sacrificiel rigoureux forme, selon l'expression de Robert Michels, la « méthode prophylactique[18] » censée la protéger contre les compromissions et les apories du socialisme de leurs pères. Ses adversaires les plus acharnés, comme l'ancien syndicaliste minoritaire Georges Dumoulin, rallié à la majorité confédérale, ont beau jeu d'accuser les membres du Comité d'être des « intellectuels », en particulier après l'échec de la grève générale de mai 1920, à la suite de laquelle Raymond Lefebvre s'est lancé dans une violente campagne de presse contre les leaders de la CGT[19]. Rien n'y fait : le Comité se conçoit lui-même comme une communauté choisie de marginaux qui héroïse sa relégation hors des cadres et des réseaux d'un socialisme corrompu.

Un refus de parvenir affiché et sourcilleux, la culture volontaire d'une « conscience prolétarienne », un « paci-

---

* La Fédération de la Seine a opté en majorité pour l'adhésion dès février 1920.

fisme violent comme le temps même où il évoluait[20] » constituent les piliers de la morale révolutionnaire et internationaliste du petit état-major bolchevisant français. Solidement antiparlementaires, ces militants souvent dénués de mandats électoraux réclament non pas la suppression, mais le contrôle rigoureux des élus, vieille antienne socialiste d'avant guerre. La « tâche historique » qu'ils se sont confiée est double : épuration et organisation. La régénération révolutionnaire du socialisme est indissociable d'une transformation profonde des structures mêmes du parti. La forme que doit adopter ce « parti de type nouveau » est un enjeu essentiel des conflits de tendances dénoués à Tours. Les militants du Comité de la IIIe Internationale vont pourtant livrer bataille et vaincre leurs adversaires de la « résistance » à l'adhésion au nom d'une conception de l'organisation du parti à laquelle le PC/SFIC ne devait correspondre qu'en partie : forts du soutien de l'Internationale communiste pendant toute la durée de l'affrontement qui précède Tours, les leaders du Comité n'ont pas exactement mesuré l'écart qui pouvait séparer les objectifs des bolcheviks de leurs souhaits et de leurs interprétations des « conditions ». Ils n'ont pas non plus anticipé certains effets non désirés des bouleversements structurels introduits dans le nouveau parti.

La suppression du jeu des « tendances » et l'unité de direction du parti sont les clefs de l'arsenal de refondation du parti selon la minorité. C'est ce qu'affirme par exemple un tract du Comité, sans doute rédigé par Boris Souvarine à la fin de 1920 :

> Tous ceux qui voulaient entrer dans l'ancienne Internationale pouvaient y entrer. Ce n'était pas une organisation révolutionnaire, mais un Parlement. On y discutait sans cesse, pour ne jamais se mettre d'accord, et pour ne jamais agir. Dans la nouvelle Internationale, il n'en est pas de même. Il faut pour y entrer, satisfaire à certaines conditions. Il faut donner des preuves de dévouement à l'action communiste internationale. En un mot, l'Internationale Communiste

donne toutes garanties à ses membres, et ses membres doivent lui donner toutes garanties. [...] Le Parti doit en finir avec son système actuel de représentation et d'organisation, basé sur la représentation proportionnelle des tendances, lesquelles se neutralisent mutuellement et se livrent à des débats stériles au lieu de travailler pour le socialisme. Le Parti doit remplacer ce système défectueux par celui de la centralisation démocratique. [...] La discipline librement consentie et rigoureusement appliquée est la condition essentielle de l'action socialiste. Aussi la discipline doit-elle être restaurée dans notre Parti, où depuis longtemps elle s'est relâchée au point de permettre à des membres de l'organisation de combattre les idées fondamentales du socialisme et d'enfreindre les règles d'action établies par les congrès internationaux[21].

Dans l'esprit de Souvarine, le redressement moral et politique du socialisme est conditionné par la suppression des « tendances », tare originelle du socialisme parlementaire français. Du fait de l'imprécision des termes dans lesquels elle est formulée, cette revendication centrale de l'argumentaire du Comité aura cependant des effets catastrophiques sur la cohérence de la « gauche » communiste et sur l'avenir du jeune PC/SFIC.

Tout repose en effet, dans cette nouvelle architecture, sur la direction « collégiale » du parti, confiée à une petite élite sélectionnée selon les preuves accumulées de son mérite révolutionnaire. La discipline nouvelle qui doit régner dans ses rangs repose sur un double mécanisme : l'instauration de solides barrières à l'entrée du parti et les « garanties de l'Internationale », dont il n'est dit nulle part en quoi elles consistent. Le droit de porter le titre de « communiste », qu'elles assurent en effet, n'est délivré par aucune instance de contrôle spécifique : il semble être la simple conséquence du pacte scellé par le don de soi du militant à l'Internationale qui le reçoit. Le contre-don de l'appartenance au Komintern est à la fois consécration et clôture : consécration de la vertu révolutionnaire du militant, et clôture de l'espace de sa communauté étroite d'appartenance. Adhérer, dans ce cas, est un rite d'institution tel que le définit Pierre Bourdieu, c'est-à-dire un « coup de force symbolique » qui impose une légitimité masquée par l'apparence de son évidence et installe en position de force un personnel de représentants potentiellement usurpateurs[22].

Centralisation d'une direction collégiale, légitimité révolutionnaire sacrificielle, suppression des tendances : le triptyque du programme de régénération révolutionnaire du socialisme entrepris par le Comité de la IIIe internationale est une redoutable machine de guerre contre les structures de la SFIO d'avant guerre. Il inspire plusieurs mesures destinées à permettre la refondation administrative et politique du parti conditionnée par l'adhésion : la suppression de l'autonomie de la presse, aux dépens du gouvernement parallèle que le jauressisme exerçait avant guerre par l'intermédiaire de *L'Humanité* ; la soumission étroite des élus qui « pourraient bien profiter de leur mandat pour orienter vers l'opportunisme petit-bourgeois l'ensemble de l'organisation révolutionnaire » ; et l'imposition d'une discipline morale, personnelle et collective de militants membres d'une organisation fermée et sélective.

Leur application après 1920, sous des formes et dans des conditions finalement incompatibles avec l'idéal élaboré avant la scission, explique en partie la rupture, à partir de 1924, de la plupart des anciens leaders du Comité avec le parti qu'ils ont créé. Cet échec prend sa source dans la suppression des tendances, dont les effets n'ont absolument pas été prévus ni compris par la plupart de ceux qui l'ont réclamée. S'ils répudient la méthode de représentation progressivement instaurée dans les instances de la SFIO entre 1905 et 1914, qui apparentent celles-ci à un « Parlement » repoussant, ils ne proposent rien à lui substituer, à part une nébuleuse légitimité révolutionnaire qui ne définit aucune procédure particulière de désignation et une direction collégiale dont les attributions ne sont ni claires ni précises, nonobstant le fait qu'elles sont larges. Elle offre à l'Internationale communiste une puissance considérable d'arbitrage et de contrôle qui, de fait, ne devait cesser de croître après 1920, au prix de multiples querelles et de nombreuses désillusions.

C'est au nom de ces principes, cependant, que l'« aristocratie de politiciens » du socialisme d'avant guerre a été « jetée dehors » sans ménagement en 1920 : « Le premier acte de la nouvelle majorité doit consister à chasser avec éclat les chefs irréductibles de la minorité [opposée à l'adhésion]. Leur présence rendrait impossible la régénération du parti. L'effort sera suffisamment rude déjà pour les centristes de la veille, touchés sincèrement par la grâce communiste, qui auront à se vaincre eux-mêmes, à redresser leurs déviations opportunistes, à veiller au retour sournois du vieil homme qui, en toute occasion, et malgré eux, s'efforcera de renaître[23]. » Intransigeance doctrinale, isolationnisme sectaire, contrôle administratif de la moralité du *membership* : l'ascétisme de la relève communiste qui monte à l'assaut de la direction de la SFIO d'avant guerre est indissociablement sacrificiel et inquisitorial. Les impasses dans lesquelles cette petite dictature de la vertu révolutionnaire s'est abîmée devaient avoir raison de sa cohésion avant même que ne s'achève la première moitié des années 1920.

L'homme du Comité : Boris Souvarine

Dans ses combats de 1920, le Comité de la IIIe Internationale est mené par son jeune et dernier secrétaire, Boris Souvarine. En mars 1916, à la veille d'être démobilisé, il avait été introduit par Alexandre Lavigne, le fils d'un guesdiste historique ultra-majoritaire, aux déjeuners du Bougnat, rue Saint-Simon à Paris, où se rassemblaient alors les chefs de file de la tendance minoritaire, Jean Longuet, Paul Faure, Paul Mistral et Adrien Pressemane. Dès 1917, cependant, Souvarine multiplie les critiques envers les prudences et les hésitations des amis de Longuet. À partir de 1918, ses relations se dégradent avec l'équipe du *Populaire*, où ses talents de polémiste l'ont fait entrer. Souvarine, en effet, est hostile à la transformation de l'hebdomadaire en quotidien du soir et le fait savoir : par cette supercherie, le journal cesserait ainsi de concurrencer *L'Humanité*, qui paraît le matin. Ce *modus vivendi* avec le journal majoritaire de Renaudel le scandalise, mais le changement est effectif dès le 11 avril 1918 – signe avant-coureur de la reconstitution de la néo-majorité dans laquelle Souvarine ne se reconnaît pas. Les revenus qu'il s'assure grâce à une intense activité journalistique l'ont certes émancipé de la tutelle financière du journal minoritaire[24], mais ce sont surtout ses contacts avec le bolchevik Victor Kemerer et ses fonctions de correspondant parisien de la *Novaïa Jizn* qui le rapprochent des révolutionnaires russes[25]. Il demeure pourtant au *Populaire* jusqu'en novembre 1919, lorsqu'il est poussé dehors sans ménagement par Daniel Renoult qui devait devenir, à la veille de Tours, son principal interlocuteur dans la négociation des « conditions[26] ».

Souvarine ne se rallie définitivement au Comité de la IIIe Internationale qu'en décembre 1919, en réaction à la transformation du Comité de défense du socialisme international, dirigé par les amis de Longuet, en Comité de la reconstruction de l'Internationale – communément désigné sous le nom de « Reconstruction ». Adhérent au groupe Clarté, membre de la 11e section de la SFIO, Souvarine s'est rapproché de Fernand Loriot, Pierre Monatte et Jules Humbert-Droz, fondateur, en septembre 1919, du *Phare*, organe officiel « de liaison et d'information » de la IIIe Internationale en Suisse. Dès le mois de novembre, Souvarine propose d'adresser « de temps en temps » à Humbert-Droz un « exposé de la situation en France », où les conditions de lutte sont très « particulières[27] » : cette décision constitue, d'une certaine manière, la naissance du principe de liaison régulière avec Moscou, qui connaîtra cependant bien des aléas jusqu'au début des années 1920*.

---

* Rappelons néanmoins qu'à la fin de la guerre, Henri Guilbeaux adressait des rapports réguliers à Moscou par l'intermédiaire de Ian Berzine. C'est l'internationalisme prolétarien de 1919 qui se trouve à la source de la « civilisation » kominternienne du rapport.

Souvarine acquiert rapidement une position centrale dans le Comité : dès la mi-1920, il en a pris la direction, rédige ses brochures, prend l'initiative de grands meetings. « Quand nous serons mieux organisés, et je fais tout pour cela, et que nous aurons un organe, nous déplacerons la majorité en quelques semaines », affirme-t-il à Humbert-Droz le 6 février 1920. L'organe officiel du Comité, le *Bulletin communiste*, publie son premier numéro le 1er mars 1920 : conçu à la fois comme un périodique de combat et d'information, il permet au Comité d'accentuer son caractère de « fraction », en particulier grâce aux fonds que lui envoient les bolcheviks, au grand scandale de Frossard et de la direction du parti : « Les loriotistes ont inondé les fédérations de tracts, de circulaires et de brochures. Ils ont de l'argent et bientôt ils loueront un immense local pour la *Vie ouvrière*[28]. » Le 13 avril 1919, une résolution du Comité central du parti communiste russe transfère la mission de financement des partis et des groupes communistes étrangers du Narkomindel – le ministère soviétique des Affaires étrangères – au Komintern : de mars à août 1919, environ 5,2 millions de roubles auraient été envoyés vers l'Europe par les bolcheviks. Entre l'automne 1919 et le début de 1920, cet effort est quadruplé, sous la forme de devises et de bijoux, afin de permettre, entre autres, la création d'un bulletin de propagande en France et de financer les activités et les permanents du Comité, il est vrai, pauvre en cotisants[29].

Après le ralliement de Cachin et Frossard au camp de l'adhésion à la IIIe Internationale, cependant, le journal de Souvarine ne suffit plus et il faut un quotidien : les tensions croissantes entre *Le Populaire* de Longuet et le *Bulletin communiste* – un « torchon de guerre civile[30] » – interdisent aux bolcheviks de faire main basse sur le quotidien de l'ancienne minorité, dont l'équipe a systématiquement refusé les offres de financement. À la fin de novembre 1920, par l'intermédiaire de Marcel Goldscheider[31], ils offrent donc à Henri Fabre de racheter son quotidien, le *Journal du peuple*, pour 300 000 francs. Journal important de la minorité de guerre, né de la suspension des *Hommes du jour* à la fin de 1915, organe de l'antihervéisme où Souvarine écrit régulièrement, cette feuille influente sans être prospère est un point de rencontre des différentes sensibilités politiques de l'ancienne minorité. Les pourparlers sont néanmoins rompus par les bolcheviks dès le 8 décembre 1920, du fait des réticences de Fabre, mais aussi de la conviction désormais acquise par les bolcheviks d'une probable majorité en leur faveur à l'issue du prochain congrès, derrière laquelle se profile la prise de contrôle de *L'Humanité*[32].

Malgré son rôle éminent dans le processus de scission, Souvarine ne devait pas participer au congrès de Tours. Au début de la grande grève de mai 1920, il est arrêté en compagnie de Monatte et de Loriot et emprisonné à la Santé sous l'accusation de « complot contre la Sûreté de l'État », ce qui n'interrompt nullement son activité politique : depuis sa prison, en effet, Souvarine mène activement les négociations avec les « reconstructeurs » pour la rédaction de la motion d'adhésion à la IIIe Internationale présentée à Tours. Du fond de leur cachot, les trois hommes assistent à la défaite syndicale du mouvement de mai et au vote de la scission. L'échec de la grève générale marque le reflux de la vague d'agitation sociale ouvrière qui s'est levée en 1917. La vaste répression gouvernementale à laquelle elle donne lieu en 1920 renforce la détermination d'adhérer à une nouvelle tactique plus intransigeante : « L'élan révolutionnaire de la classe ouvrière a baissé d'un coup, la stabilité du régime bourgeois a augmenté d'un coup. Un grand changement s'est produit après cette grève générale perdue[33]. » La défaite durcit encore le conflit entre la minorité active du Comité et les directions des organisations ouvrières jugées pusillanimes[34]. C'est dans le prolongement d'une série de défaites que s'inscrivent les scissions ouvrières.

L'engrenage de la scission

Le voyage de Cachin et Frossard à Moscou (juin-juillet 1920)

L'éclatement du courant de la « Reconstruction » de l'Internationale au sein de la SFIO a constitué la condition nécessaire au regroupement, à Tours, d'une majorité favorable à l'adhésion. Jusqu'au retour de Russie des « deux pèlerins » Marcel Cachin et Louis-Oscar Frossard, le 12 août 1920, cette tendance qui domine la SFIO a regroupé les principaux chefs de la néo-majorité de 1918, en particulier Jean Longuet et Paul Faure. À partir de la fin de l'été, cependant, la présence de Longuet dans la future SFIC devient un enjeu majeur des derniers mois qui précèdent la scission. Sans lui, en effet, l'idée que le « parti socialiste/SFIC » prolonge et dépasse la SFIO d'avant guerre n'a plus de sens : le nouveau parti ne serait plus le parti de la minorité de guerre, regroupé autour de ses chefs et de ses principes. C'est pourquoi Frossard s'est employé, finalement sans succès, à l'amener dans le giron de la Section française de l'IC.

Sur le moment, les témoignages s'accordent pour reconnaître la force du courant de « mysticisme » qui s'empare du parti socialiste au retour des deux pèlerins de Russie : « Cachin-Frossard, un symbole, une synthèse ! Brusquant et déroutant le cours des événements par l'envoi d'un télégramme impérieux et dramatique*. Cet appel lancé de la terre sainte exalta la foi au cœur de chacun et provoqua une marée irrésistible[35]. » Le choix des délégués à Moscou n'a pourtant pas été arrêté sans débat ni revirements inattendus que le manque d'archives ne permet pas d'éclairer totalement.

Le regard de la direction du parti s'est tout d'abord porté, le 9 mars 1920, sur Jean Longuet et Marcel Cachin. Mais pour des raisons qui restent obscures, Longuet ne

---

* Il s'agit du télégramme du 21 juillet 1920, publié dans *L'Humanité*. Cf. *infra*.

participe pas à l'expédition russe[36]. Un troisième socialiste entend bien se joindre à l'affaire : c'est Pierre Renaudel, qui essuie un refus de la Commission administrative permanente (CAP) du parti qu'il confesse devant ses amis de *La Vie socialiste*, son journal de tendance, le 2 juin 1920[37]. Ce geste est révélateur de l'esprit de la « mission d'information » confiée aux principaux dirigeants de la SFIO : il ne s'agit pas en effet de discuter à Moscou du principe, mais du prix de l'adhésion à la IIIe Internationale, une décision à laquelle l'ancien majoritaire de guerre est farouchement opposé. Frossard n'en fait pas mystère à Tours : « Quand nous sommes allés en Russie, une seule solution me semblait possible et désirable : l'adhésion à la IIIe Internationale, et c'est avec la volonté nettement arrêtée de rendre aisée cette adhésion du Parti français à la IIIe Internationale que j'ai quitté Paris pour Moscou avec Cachin[38]. » À la différence cependant des larges délégations allemande ou italienne qui devaient se diviser au cours du IIe Congrès de l'IC, la délégation française est réduite et unanime. C'est la raison pour laquelle elle outrepasse immédiatement les limites du mandat qui lui a été confié par la direction du parti – « 1° Entrer en contact avec le PC(b) russe et la IIIe Internationale pour envisager les moyens de rétablir l'unité socialiste internationale ; 2° Recueillir des renseignements sur la situation en Russie[39] » –, dans lesquelles Renaudel espérait vainement la confiner.

S'il est vrai que l'ambiance parfois exaltée du voyage soviétique a pu incliner les deux hommes vers une sympathie certaine pour la révolution russe, ils n'ont ignoré ni les privations alimentaires, ni la violence verbale bolchevique à leur encontre. Mais lorsqu'ils rentrent à Paris, à la mi-août 1920, ils dissimulent à leurs vastes auditoires socialistes les difficultés et les brimades dont ils ont été victimes. Ainsi le 26 août à Belfort[40], devant une foule de 1 500 personnes, Frossard n'hésite-t-il pas à affirmer qu'il se sent plus en sécurité à Moscou qu'à trois heures de Paris ! Il nie avoir passé des troupes soviétiques en revue, bien qu'il se soit ému, le 27 juillet 1920, de la « sobre et émouvante grandeur » du défilé militaire à Moscou[41]. S'il reconnaît que les ouvriers russes mangent « du pain, du millet et des harengs », il n'hésite pas à affirmer à Saint-Denis, quelques semaines plus tard, que les bolcheviks ont réalisé concrètement le principe selon lequel « qui ne travaille pas ne mange pas[42] » ! Sans prononcer aucune critique directe contre le socialisme français, les deux hommes ont défendu le principe de la dictature du prolétariat « à juste titre impitoyable[43] », justifié l'existence d'une armée soviétique[44] et exalté l'œuvre scolaire réalisée par le nouveau régime[45]. L'évocation enflammée du séjour russe permet en fait d'épargner au parti les critiques acerbes du Comité de la IIIe Internationale, avec lequel une lutte d'influence est engagée, qui devait continuer bien après Tours. Mais elle accrédite aussi – et avec quelle autorité – l'image que le pouvoir bolchevique veut donner de lui-même.

À la veille de leur départ, malgré leur volonté d'adhérer, les deux hommes ne sont pas exactement dans les mêmes dispositions. Cachin, à Moscou comme à Tours, joue un rôle majeur pour imposer puis consolider le camp de l'adhésion – nous y reviendrons. La situation de Frossard est plus délicate. Jusqu'au congrès de Strasbourg, en février 1920, il s'est montré hostile au bolchevisme et à une adhésion prématurée : « Nous ne voulons pas introduire en France certaines mœurs politiques incompatibles avec nos principes[46]. » Et si, dit-il, « on me demandait demain, "Êtes-vous bolcheviste ?", je répondrais : "Je ne sais pas si je suis bolcheviste, je parle français et non russe[47]" ». Pour Frossard, le bolchevisme est une doctrine étrangère venue de l'Est qui ne saurait être greffée sur le socialisme français.

Ces réserves, qu'il conservera jusqu'à sa démission forcée en 1923, recouvrent une conception bien particulière de ce que doit être l'Internationale, même communiste : une communauté de partis socialistes autonomes, soumis à une discipline commune librement consentie. Sa prudence a d'ailleurs été confortée par ses rencontres à Berne avec l'un des leaders des Indépendants d'Allemagne, Artur Crispien, et avec le chef de file du « centre » du Parti socialiste suisse, Robert Grimm[48]. Selon Grimm, « après des grèves malheureuses [en novembre 1918, puis en juillet 1919 à Bâle], la majorité contre la IIIe Internationale s'est révélée plus forte. [...] La question de la dictature du prolétariat constitue une équivoque et nuit au socialisme[49] ». Frossard est donc pleinement conscient des objections formulées par les leaders des partis frères dont il se sent proche. Jusqu'à Tours, ses efforts de persuasion ont porté vers Jean Longuet, Raoul Verfeuil et Paul Faure, ses anciens amis « reconstructeurs » dont la présence dans le nouveau parti devait démontrer qu'il incarnait bien le socialisme rénové d'avant guerre. La scission majoritaire des Indépendants au congrès de Halle, au début d'octobre 1920, l'a sans doute rassuré sur les chances d'une victoire de congrès « pour » la IIIe Internationale. Mais elle n'a pas entamé sa détermination d'obtenir le ralliement de Longuet à la nouvelle SFIC.

Cachin et Frossard, lorsqu'ils arrivent à Petrograd le 13 juin 1920, ont donc arrêté une décision motivée par des intentions cependant bien différentes. Partis pour « discuter » d'une plate-forme commune d'adhésion, ils sont surpris de l'accueil hostile qui leur est réservé dès leur débarquement à Reval (l'actuelle Tallinn), le 9 juin : « On veut nous faire sentir par un traitement approprié que nous représentons un parti suspect, un Parti de confusionnistes dangereux[50]. » Ils apprennent le même jour que le IIe Congrès international se tiendra à Moscou à partir du 16 juillet* : cette perspective inattendue dramatise immédiatement les enjeux du voyage. Dès leurs premières conversations avec le secrétaire de la légation bolchevique estonienne, les exclusions nominales récla-

---

* Inauguré finalement le 19 juillet à Petrograd, le congrès se transporte le 23 à Moscou.

mées par les bolcheviks – pour l'heure limitées à Albert Thomas – sont évoquées : un sujet permanent d'inquiétude irrésolu à leur départ de Moscou, fin juillet 1920. En fait, soumis à une véritable « douche alternée » pendant toute la durée de leur séjour[51], Cachin et Frossard sont conscients, de retour à Paris le 12 août, de la fragilité des concessions négociées avec la direction de l'Internationale communiste. Jusqu'au 15 juillet, les deux socialistes français ont résisté pied à pied à ses critiques virulentes ; avant la fin juillet, pourtant, elle est parvenue à obtenir d'eux ce qu'elle voulait, avec l'appui de Jacques Sadoul qui leur sert d'habile chaperon pendant leur voyage : une adhésion floue, mais de principe, qui les engage personnellement.

Ce résultat décisif, arraché aux deux hommes enfermés dans le huis-clos moscovite du IIe Congrès de l'IC, est obtenu à l'issue d'un voyage éprouvant, dont les péripéties, du 13 juin au 12 août 1920, sont bien connues[52]. Il s'est d'abord agi, dans la perspective du congrès, de retenir à Moscou les deux hommes, à l'encontre de leur intention initiale. À cette fin, ils sont sommés de se justifier de leur attitude devant la guerre et le socialisme lors de leur comparution devant le Comité exécutif (CE) de l'IC le 19 juin : sur les principes de la « dictature du prolétariat », de l'illégalisme, de la trahison de 1914, de la présence de francs-maçons dans le parti, ils doivent s'expliquer à une date fixée au 29 juin. Dans l'intermède, ils sont l'objet des sollicitations multiples des bolcheviks et peuvent admirer le spectacle de la Russie révolutionnaire. Néanmoins, Frossard résiste : « La révolution nous prend aux entrailles, écrit-il le 24 juin. Mais nous n'avons pas le droit d'engager le Parti[53]. » Cachin, cependant, « hésite, mais [Frossard] tien[t] bon[54] ». Il faut une intervention personnelle de Boukharine, qui passe alors pour le principal adversaire de leur présence dans l'IC après la publication d'un violent article dans la *Pravda* le 20 juin, pour que Frossard cède une semaine plus tard : « Nous restons[55]. » Et puisque les deux hommes sont réticents à engager le parti, il suffira d'une « adhésion personnelle ». Lorsque Cachin et Frossard adressent à la SFIO un premier télégramme pour obtenir son accord afin de participer au congrès « à titre consultatif, dans un but d'informations mutuelles », ils ont déjà outrepassé leur mandat initial. Officiellement invités le lendemain, ils reçoivent le 14 juillet l'accord de principe du parti[56].

On pourrait méditer longtemps sur le sens et la portée d'une adhésion simplement « personnelle » exprimée par le directeur de *L'Humanité* et par le secrétaire général de la SFIO. Sans doute n'est-ce que le 15 juillet, de retour d'un long voyage sur la Volga pendant lequel ils sont tenus à l'écart des préparations du congrès, que Cachin et Frossard se résolvent à adresser un second télégramme à Paris en ce sens. Envoyé le 17[57], le message n'est publié que le 21 juillet dans *L'Humanité**, suscitant une émotion intense que les deux hommes ont prévue : « Envoyer un télégramme ? La chose est grave et mérite réflexion. Les conséquences ne nous en échappent point. C'est dans le Parti la surprise, l'émotion, peut-être l'inquiétude et même le désarroi[58]. » Leur adhésion personnelle, c'est en effet la scission certaine, une solution à laquelle ils se sont rendus sans doute avant même leur départ, sans qu'on puisse en déterminer la date exacte. « Nous savons que l'adhésion se heurtera à des résistances, écrit Frossard, et que, votée, elle entraînera certains départs. Qui ? Tout est là ! [...] Mais Longuet restera, nous en sommes sûrs. Une scission de droite, c'est la défaite de quelques chefs. Une scission de gauche, c'est la rupture avec la masse[59]. » Ce seront donc les « masses » contre les « élus ».

L'admission de Jean Longuet dans l'Internationale communiste est, selon les propres termes de Frossard[60], la condition *sine qua non* de l'adhésion de la SFIO. Cet héritage encombrant des luttes internes au camp zimmerwal-

---

* La rédaction parisienne du journal a sans doute délibérément repoussé la publication du texte, étant donné sa portée et les oppositions qu'il a dû susciter en son sein.

dien pendant la guerre obsède les Français, qui redoutent de compromettantes « listes de coupables ». À plusieurs reprises – le 19 juin, le 24 juillet –, les deux hommes reçoivent des assurances : « Épuration. Ce n'est pas important pour les personnes, mais ce qu'il faut, c'est que le travail du parti soit changé[61]. » Pourtant, l'après-midi du 26 juillet, Cachin et Frossard reçoivent une « réponse » du Comité exécutif de l'IC au parti français qui, rédigée contre toute attente depuis cinq semaines, est violemment hostile à l'adhésion de Longuet ! Peu après, c'est la commission d'admission de la IIIe Internationale qui décide d'aggraver les conditions contenues dans le rapport de Zinoviev, en réclamant l'exclusion de Longuet et l'attribution de deux tiers des organes de la direction du futur parti français à la « gauche » formée par le Comité de la IIIe Internationale – une décision qui devait rendre la SFIC ingouvernable jusqu'à la démission de Frossard en 1923.

Au soir du 26 juillet, « tout se trouve ainsi remis en question[62] », note Cachin. « Est-ce que je me suis trompé ? Est-ce que j'entraîne le parti dans une redoutable impasse ? [...] Où est le devoir socialiste[63] ? » s'interroge Frossard. À ce moment, les deux hommes comprennent que leur adhésion personnelle le 15 juillet les a livrés sans défense aux exigences bolcheviques : menaçant de rompre les négociations, ils obtiennent à nouveau, le 28 juillet au soir, des apaisements qui satisfont Frossard. Les bolcheviks proposent même de soutenir financièrement *L'Humanité*, ce qu'il refuse, d'accord avec Cachin[64]. Le lendemain, pourtant, la commission d'admission se répand à nouveau en violences à leur égard, bien que les deux hommes aient accepté, dans leur déclaration lue au congrès le 29 juillet, les « idées maîtresses et directrices[65] » des conditions d'adhésion. À la quasi-unanimité, le Congrès confie finalement à l'IC le soin de statuer sur la conformité des partis concernés avec les conditions d'adhésion, mais les deux Français ont déjà quitté la Russie : partis de Moscou le soir du 29 juillet, ils parviennent à Paris le 12 août où ils sont accueillis dans l'enthousiasme, sans pourtant que la question Longuet soit clairement tranchée.

Les raisons de leur attitude ont été sujettes à de multiples spéculations. La concurrence avec les délégués du Comité de la IIIe Internationale, qui arrivent à Moscou à la mi-juillet et soumettent les deux hommes à de violentes critiques, est réelle. Il est évident, par ailleurs, que l'atmosphère de la Russie révolutionnaire renforce leur détermination à adhérer dans les premières semaines de leur séjour, mais il ne faut pas exagérer l'importance de l'euphorie des victoires bolcheviques en Pologne au mois de juillet. Le 26 juillet en effet, Cachin et Frossard ont rencontré Ernest Lafont à Moscou, qui leur affirme que la Pologne « ne s'estimait pas battue », que sa proposition d'armistice était une « feinte qui lui permettait de sauver Varsovie et d'attendre deux mois pour recommencer les opérations », que de nombreux volontaires armés par l'Entente se présentaient aux bureaux de recrutement[66]. Certes, Frossard devait regretter la défaite soviétique[67], mais, pas plus qu'il ne croit à la révolution allemande après ses conversations avec Artur Crispien en janvier 1920 à Berne, il n'attend que l'Europe soit submergée par la déferlante bolchevique. Quand bien même il y croirait, il n'est pas sûr qu'il la souhaite. Frossard s'est déterminé devant la scission en fonction de la situation intérieure du parti français. Jusqu'à sa démission en 1923, il s'est imaginé en rénovateur. Mais pour que cette rénovation – Jaurès et Lénine, unis ensemble dans une « grande amitié » – puisse se réaliser sous son égide, il doit s'efforcer d'atténuer les conséquences de son adhésion inaugurale et de conserver au parti socialiste refondé un droit d'inventaire sur son passé et un droit de regard sur son présent.

La défense des deux Français, pourtant, s'est trouvée affaiblie par le fait qu'ils ont, dès leur arrivée, consenti à l'idée que le socialisme avait fauté. Depuis deux ans, affirme Cachin le 29 juin, la SFIO « a répudié en toute occasion la tactique réformiste », mais « il est équitable de réclamer de nous une attitude différente, un esprit de décision et de résolution qui, souvent, nous fit défaut[68] ». Lorsque les négociations se dégradent, il est vrai, Frossard se raidit : d'accord avec Cachin, il s'est d'ailleurs efforcé de maintenir leurs déclarations dans un clair-obscur caractéristique de l'attitude socialiste à l'issue de la guerre. Mais leurs concessions, même minimales, en disent long sur l'état d'incertitude dans lequel la SFIO se trouve vis-à-vis de ses propres principes.

Frossard, en tout cas, n'est pas disposé à humilier le parti devant l'IC. « Plus fiable, indubitablement, est Cachin, devait conclure Clara Zetkin après leur rencontre à Tours. [Il] n'a encore que la peur devant son propre courage, car il n'est pas débarrassé du spectre de son propre passé[69]. » À la différence de son jeune compagnon de voyage, le vieux guesdiste régénéré par son séjour soviétique va s'évertuer à établir un *modus vivendi* avec une machine dont il a nettement perçu la puissance : « L'agonie de la IIe Internationale [...], écrit-il dans ses carnets, c'est la fin tragique d'un temps, d'une époque du socialisme qui fut grande et féconde : les événements sont venus, qui ont hâté la dissolution de cet organisme qui n'a pu survivre à 1914. [...] Mais déjà un fait est certain : c'est que dans ses grandes lignes, la méthode, la tactique nouvelles sont fixées ; il faut agir dans le sens de Moscou, car d'abord ils ont montré le chemin et ont déjà accompli une moitié de leur tâche, celle qui est la moins aisée, la destruction du régime de l'argent[70]. »

La dernière raison de leur départ prématuré est tactique. Frossard veut s'en tenir aux conditions énumérées dans l'« Appel » de l'IC au prolétariat de France, alors que les discussions de la commission d'admission du Congrès tournent au désavantage des Français. Conscients de n'avoir plus d'influence sur le cours des débats, désireux d'en rester à leur déclaration qui les engage déjà plus qu'ils ne l'ont souhaité, Cachin et Frossard quittent Moscou sans assurances ni certitudes. On comprend dès lors pourquoi René Naegelen retrouve un Frossard « soucieux, angoissé » : « De Moscou, il n'espérait plus rien. Il craignait même le pire[71]. »

Par leur acte d'adhésion, les « pèlerins » ont créé un trouble favorable à la formation d'une majorité claire à Tours. Courant fragile et divisé, au destin incertain jusqu'au congrès, mais sur lequel les deux hommes ont bien l'intention de bâtir la légitimité du nouveau parti.

La querelle des conditions

La controverse qui entoure l'élaboration des conditions d'adhésion à l'Internationale communiste est confuse. Les versions publiées de celles-ci à l'automne 1920 sont étroitement liées à la lutte des tendances qui précède le congrès de Tours. Les « vingt et une conditions » sont pourtant restées dans la mémoire et l'historiographie comme un texte fondateur, une sorte de bréviaire du militantisme communiste. C'est leur intangibilité supposée qui les a érigées en code génétique du PCF. Le « bloc » qu'elles forment, selon l'expression du délégué d'extrême gauche à Tours Georges Leroy[72], le fait qu'elles sont « quelque chose de trop puissant, de trop cohérent, de trop stable », selon les termes célèbres du discours de Léon Blum au congrès[73], a dissimulé le caractère artificiel de ce texte consacré*.

La version la mieux connue des « vingt et une conditions » reste le texte canonique adopté par le IIe Congrès

---

* Les historiens du communisme ont peu historicisé le choix de la version qu'ils publient. Un recours logique serait la version de *L'Humanité* datée du 8 octobre 1920, puisque c'est la seule qui ait reçu l'aval de la direction de la SFIO. C'est la version présentée dans la réédition du sténogramme du congrès de Tours en 1980. Un autre choix pouvait être fait : les vingt et une conditions adoptées par l'IC le 6 août 1920 et publiées en brochure souvent reproduite. C'est celui d'Annie Kriegel dans *Le Congrès de Tours* en 1964. En revanche, la version publiée par Stéphane Courtois et Marc Lazar dans leur manuel d'histoire du PCF n'est pas identique à celle de Kriegel : il s'agit de la version publiée par le *Bulletin communiste* le 28 octobre 1920. *Cf. Le Congrès de Tours*, Paris, Éditions sociales, 1980, p. 123-127 ; Annie Kriegel, *Le Congrès de Tours (1920). Naissance du Parti communiste français*, Paris, Julliard, 1964, p. 249-253 ; Stéphane Courtois et Marc Lazar, *Histoire du Parti communiste français*, Paris, PUF, 2000 (1995), p. 50-53.

de l'IC le 6 août 1920, après le départ de Cachin et Frossard pour la France[74]. Sous cette forme, cependant, les « vingt et une conditions » n'ont jamais été adoptées à Tours, mais intégrées, reformulées et discutées dans la « charte de Tours[75] » que constitue la motion d'adhésion négociée entre Frossard, Cachin et Souvarine et votée à la majorité le 29 décembre. Frossard le rappelle dans son « adresse aux militants », publiée le jour de sa démission, le 1er janvier 1923 : « Cette motion n'impliquait pas l'acceptation dans leur intégralité des vingt et une conditions. Elle fait des réserves expresses quant à un certain nombre d'entre elles. Elle rejetait notamment la subordination des syndicats au parti, s'opposait aux exclusions et donnait, par l'institution de la commission souveraine des conflits, suggérée par Dunois et Souvarine, des garanties suffisantes de sécurité pour que tous ceux que l'adhésion à l'Internationale communiste ne gênaient pas pussent rester dans le Parti[76]. » Les vingt et une conditions sont donc une constitution adoptée sans vote. C'est cette situation paradoxale qu'il faut comprendre.

Frossard et Cachin ont toujours prétendu avoir recueilli neuf conditions à Moscou. Frossard le réaffirme en octobre 1920, alors que l'on parle depuis la fin août 1920 de dix-huit, vingt et une, voire vingt-deux conditions mises à l'entrée dans l'IC : « Nous avons quitté [Moscou] avant la fin du congrès, avec la conviction que les neuf conditions qu'on nous avait remises officiellement seraient les seules qu'il faudrait pour adhérer à la IIIe Internationale. Aujourd'hui, ces conditions sont au nombre de vingt et une, mais ce nombre, à mon avis, importe peu[77]. »

Frossard ment-il ? S'il s'exprime en ces termes devant la Fédération de la Seine, c'est qu'il doit réagir à la publication dans *L'Humanité* de la veille d'une liste nouvelle de vingt et une conditions d'adhésion, sous une forme avalisée par la CAP. Renaudel, dans *La Vie socialiste*, son journal de tendance, n'a cessé d'accuser Frossard d'avoir eu connaissance dès juillet de leur existence et de leur contenu. Par conséquent, la liste des neuf conditions défendue par lui jusqu'au début octobre serait une liste mensongère et fausse. En fait, le débat autour des conditions prend racine dans la concurrence de deux textes partiellement contradictoires : les neuf conditions de l'« Appel aux prolétaires de France » rapporté comme « document officiel » par Cachin et Frossard, et les vingt et une conditions d'adhésion aggravées dans le rapport de Zinoviev adopté à l'issue du IIe Congrès, alors que les deux hommes sont déjà rentrés en France. Si une telle situation est inédite dans les annales du socialisme international, ces conflits statutaires structurent pourtant l'histoire des débuts de la SFIC, puisqu'ils tiennent à la nature de la nouvelle Internationale communiste.

Dès leur arrivée en Russie, les deux pèlerins s'inquiètent des « conditions draconiennes » qu'on veut mettre à l'entrée de la SFIO dans l'IC[78]. À la mi-juillet, ils savent, par le bolchevik Kemerer, que « des conditions seront posées », mais cela n'entame pas leur détermination à adhérer[79]. Ils prennent connaissance d'une première série d'exigences à la mi-juillet, au retour de leur croisière sur la Volga (2-13 juillet). Mais leur adhésion « personnelle », le 15 juillet, permet aux bolcheviks de durcir des conditions acceptées par avance. Lorsqu'ils s'avisent de celles – au nombre de dix-huit – que contient le rapport présenté par Zinoviev le 26 juillet, ils peuvent bien déclarer les « accepter en principe », se réservant le droit de « les discuter en détail[80] », elles sont rapidement durcies, sans qu'ils puissent rien y faire. C'est pourquoi la version réduite qu'ils se persuadent d'avoir négociée – publiée en France sous forme d'un « Appel » solennel de l'Internationale muni de neuf conditions[81] – constitue la principale ligne de repli sur laquelle le parti devait discuter, selon Frossard, de son adhésion. Elle leur permet d'édulcorer les exigences bolcheviques et d'entamer la bataille d'arrière-garde pour réaffirmer la prééminence du parti sur l'Internationale qui caractérise l'action politique de Frossard jusqu'à sa démission en 1923. Ce dernier tente de limiter le nombre des conditions pour en noyer l'impact, mais il ne peut, au fond, en prévenir l'inflation.

Jusqu'à leur publication officielle en octobre, Cachin et Frossard ont donc fait campagne pour l'adhésion sur la base des neuf conditions publiées par *L'Humanité* le 9 septembre 1920, présentées, commentées et acceptées une par une, avec ou sans réserve, par Daniel Renoult*. Ces conditions, d'ailleurs, n'en seraient pas vraiment : elles ne seraient que des « questions » adressées par l'Internationale communiste, respectueuses des « conditions spéciales » françaises[82]. Seuls la question syndicale – le devoir fait aux communistes de conquérir la direction de la CGT – et le changement de nom de la SFIO suscitent des réserves, conformes à ce que Frossard a déclaré à Zinoviev le 27 juillet au soir à Moscou.

Contrairement aux affirmations de Frossard, cependant, ce premier document capital n'est lui-même pas exempt de manipulation. Sa modification intentionnelle est nettement suggérée par la version publiée dans la brochure du socialiste André Pierre à la veille du congrès, sur laquelle Renaudel s'est appuyé pour attaquer Frossard[83]. Établie à partir de la traduction de la version russe de l'appel du Comité exécutif de l'IC « À tous les membres du PS français, à tous les prolétaires conscients de France », qui circule en Russie et en Allemagne, ce ne sont pas neuf mais dix points qui apparaissent[84]. La version française a en effet supprimé le point extrêmement litigieux qui concerne la répartition des postes au sein des organes de direction du Parti, attribués pour deux tiers d'entre eux à la « gauche ». Le 27 juillet, Zinoviev a semblé accepter que cette condition passe d'une exigence à un « vœu » : les deux délégués l'ont donc simple-

---

* Elles concernent, dans l'ordre : la propagande écrite, la lutte contre le colonialisme, la dénonciation du « social-pacifisme », la conquête de la CGT, la subordination du groupe parlementaire, le changement de nom du parti en « parti communiste de France », l'action illégale contre la bourgeoisie et le caractère obligatoire des décisions de l'Internationale.

ment retirée de la version française du 9 septembre. Il est probable, du même coup, que la version russe ait conservé de manière calculée cette dixième condition sur laquelle Zinoviev a fait mine de reculer : elle devait resurgir après la scission.

Le Comité de la IIIe Internationale, par ailleurs, n'entend pas laisser à Frossard une entière liberté : dès le 26 août 1920, dans son organe, le *Bulletin communiste*, Souvarine fait publier les dix-huit conditions du rapport initial de Zinoviev, mais la condition n° 7, relative aux exclusions des « réformistes » indésirables, omet de mentionner le nom de Longuet. Il existe donc à cette date deux listes concurrentes et c'est pour mettre fin à cette coexistence étrange que, le 9 septembre, *L'Humanité* propose une publication – « ordonnée par la CAP » – des « neuf » conditions. Le 18, *La Vie socialiste* révèle l'existence d'une troisième liste de « vingt et une » conditions, à partir d'un texte publié en Allemagne pour la préparation du congrès de Halle de l'USPD. *L'Humanité*, le 8 octobre 1920, doit à nouveau « à la prière de la CAP » publier une liste officielle de conditions sur lesquelles, cette fois, la gauche et le centre s'accordent à peu de chose près* : Longuet figure désormais parmi les proscrits de la septième condition et la vingtième rétablit l'exigence des deux tiers des postes attribués à la « gauche ».

Il ne reste plus désormais que *Le Populaire* de Longuet et ses amis pour continuer la lutte : le 18 novembre, le journal livre l'ensemble des différentes versions des articles de proscription 7, 20 et 21 et confirme l'existence d'une « vingt-deuxième condition » qui concernerait l'exclusion des francs-maçons[85]. À Moscou le 19 juin, l'Italien Giacinto Serrati avait en effet demandé à Cachin et Frossard de préciser devant les délégués du IIe Congrès leur « attitude » à l'égard des loges. Ce qui n'est encore qu'une « question » se transformera deux ans plus tard en nou-

---

* La version publiée par le *Bulletin communiste* le 28 octobre 1920 diffère en effet légèrement sur la condition n° 9.

velle « condition » imposée à la SFIC. Mais il ne peut alors s'agir, pour les amis de Souvarine, d'accepter les révélations polémiques des partisans de Longuet.

Publié le 3 novembre 1920 dans *L'Humanité*, le texte de la motion Cachin-Frossard-Souvarine scelle en effet l'alliance entre le Comité de la IIIe Internationale et l'ancienne Reconstruction. Jusqu'à la mi-octobre, pourtant, le paragraphe VIII de la motion, qui concerne les « conditions d'admission », n'a cessé de faire l'objet de négociations entre Souvarine et Daniel Renoult. L'intransigeance de Souvarine porte sur deux points : la suppression du régime des tendances hérité de l'ancienne SFIO, et la lutte contre l'Internationale syndicale d'Amsterdam. Sur le premier point, il obtient gain de cause, dans une formulation alambiquée : « Vouloir, sous prétexte de représentation proportionnelle, imposer la collaboration entre les communistes et non-communistes, c'est vouer d'avance le Parti à l'inaction et à l'impuissance[86]. » En un mot : suppression, sans doute, mais sans véritable solution de substitution. Sur la question syndicale, aucun accord n'est encore trouvé le 31 octobre : dans la « lutte "au finish"[87] » livrée à la direction de la CGT, Renoult refuse toute formule qui supposerait une immixtion dans les affaires intérieures de la confédération. Finalement, les partis communistes devront simplement « arracher [les syndicats] à son influence[88] ». En revanche, sur les exclusions, le titre du parti et la condition des deux tiers, le représentant du Comité a cédé : sans jamais nommer Longuet, la motion réclame que les exceptions que l'IC s'arrogeait le droit de prononcer soient appliquées immédiatement. La répartition des postes de direction des organes centraux s'est réglée elle aussi en coulisse : comme l'affirmera Renoult en novembre 1922, un accord sur les « places » est intervenu entre le « centre » et la « gauche », en compensation de l'abandon par cette dernière de la revendication des deux tiers des postes[89]. C'est pourquoi le 30 décembre 1920, lors du congrès inaugural du nouveau parti, le lendemain du vote de scission, Frossard présente plusieurs listes de candidats aux organes de direction « arrêtées d'un commun accord », finalement adoptées sans discussion[90].

Les motions en présence

Les dernières manœuvres s'achèvent avec la publication de la liste « officielle » des conditions au début d'octobre. Les trois camps en présence se constituent : la « Résistance » autour de Sembat et Blum, hostile à l'adhésion, la « Reconstruction » autour de Paul Faure et Jean Longuet, très « réservée » devant l'attitude de l'IC, et le courant d'adhésion de Cachin, Frossard, Souvarine et Loriot*. Tous doivent élaborer les motions sur lesquelles leurs partisans respectifs vont se compter dans les fédérations.

Trois courants pour deux partis issus de la scission : c'est la division du Comité de la Reconstruction, officiellement ratifiée le 8 octobre 1920, qui redistribue les forces. Cachin, Frossard, Daniel Renoult, Amédée Dunois et Lucie Leiciague ont décidé de le quitter, sans pour autant rallier le Comité de la IIIe Internationale dans lequel Souvarine essaie de les amener. Mieux : c'est Cachin qui, le 27 décembre 1920, devait demander à Clara Zetkin, lors de leur entrevue dans les coulisses du congrès, de dissoudre ce dernier[91]. Les « amis » de Cachin et Frossard n'entendent pas laisser subsister dans le nouveau parti, à leurs risques et périls, un organisme dont les membres, ouvertement soutenus par l'Internationale, leur sont sourdement hostiles. Le geste de Cachin indique en tout cas la fragilité d'une alliance de raison qui craque dès les premiers mois d'existence de la nouvelle SFIC.

Frossard espérait emmener avec lui les meilleurs éléments de l'ancienne Reconstruction : non seulement Longuet, mais aussi Paul Mistral, André Le Troquer, Daniel Renoult, Raoul Verfeuil et Adrien Pressemane[92]. Ni Mistral, ni Le Troquer, ni Pressemane ne le suivent pourtant

---

* Une quatrième motion d'« adhésion sans réserves », dite Leroy-Heine, ne devait rassembler que quarante-quatre mandats au congrès.

dans la SFIC : dès la fin octobre, ce dernier s'est prononcé contre le principe même des conditions, alors qu'il était un ténor de la minorité de guerre. Il souhaite au contraire maintenir la plus large autonomie des sections nationales sur le modèle de la IIe Internationale. Approché par Pierre Renaudel, qui entend profiter de l'« indécision » du camp de la Reconstruction[93], Pressemane a accepté de le rencontrer ainsi que Blum, le 23 novembre, pour se concerter sur l'attitude à prendre après Tours en cas de défaite. Puis, le soir du 1er décembre, il s'est présenté à une réunion entre les amis de *La Vie socialiste* et les proches de Blum et Sembat au restaurant Rouanet, pour décider d'une attitude commune avant le congrès[94]. Il s'est agi sans doute de rédiger le texte du Comité de résistance socialiste publié dans *L'Humanité* le 10 décembre 1920.

Lors de la réunion de ce Comité, le jour même de la publication de sa motion, Renaudel s'est montré catégorique : en signant le manifeste du congrès international de Berne où il s'est rendu, Longuet s'est « dressé irrémédiablement contre la IIIe Internationale », ce qui risque de « déstabiliser les partisans de l'adhésion[95] » – une conclusion exactement identique à celle que tirent les bolcheviks et leur déléguée Clara Zetkin dans son rapport du 1er février 1921 sur le congrès de Tours[96]. À ce moment, les « résistants » savent que ni Faure ni Longuet n'iront à Moscou. Depuis des semaines, ils ont scruté l'attitude de ces derniers. Fin novembre, Renaudel aurait donné des assurances à Longuet sur son intention de restaurer un parti « sans collaboration ministérielle[97] ». Le 21 novembre, d'ailleurs, Longuet évoquait devant la Fédération de la Seine l'« extravagance » des conditions et son refus des exclusions nominales. Mais d'accord avec Faure, il présente, sous l'étiquette de la « Reconstruction », sa propre motion d'« adhésion avec réserves » au congrès.

Pour dévoiler la véritable nature de la « dictature du prolétariat » en Russie, Renaudel s'appuie sur les événements de Géorgie, où s'est constituée une République socialiste menchevique assiégée par les Turcs et les bolcheviks*. Le 20 octobre 1920, il a proposé à ses amis de *La Vie socialiste* de lancer une campagne de solidarité avec le gouvernement géorgien[98]. Quelques jours plus tard, devant la 20ᵉ section de la SFIO, il s'est attaqué au bolchevisme, la « doctrine d'une fraction socialiste dirigée contre d'autres socialistes[99] ». Cependant, malgré les preuves qu'il produit des exactions des bolcheviks en Géorgie, Renaudel ne parvient plus à se faire entendre dans les meetings du parti. Le 21 novembre, lors du congrès de la Fédération de la Seine, l'ancien gérant du *Populaire* Alfred Pevet l'accuse d'avoir envoyé des soldats français « se faire fusiller en cour martiale[100] ». Un mois plus tôt, devant 3 500 personnes à Rouen, il a été insulté, traité de « vendu » et d'« arriviste » et « secoué par les épaules » par Charles Hardy, un cheminot de 36 ans révoqué après les grèves de mai 1920[101].

Parmi les socialistes hostiles à l'adhésion avec ou sans réserves, les amis de Renaudel sont les seuls à prôner un antibolchevisme virulent. Ni Jules Guesde ni Léon Blum ne veulent se désolidariser de la révolution russe. Dans une lettre à Gustave Delory, le 8 octobre 1920, Guesde, nous l'avons vu, a réaffirmé la nécessité de s'opposer à toute intervention alliée en Russie[102]. Sans être présent ni avoir signé aucune motion au congrès, il est informé de son déroulement par Alexandre Bracke, l'une des principales personnalités de la « Résistance ». Quant à Léon Blum, selon les termes d'un indicateur de police, il ne « chicane pas aux Russes le droit d'appliquer leur propre doctrine [...], mais il se refuse à ériger en principe pour le socialisme universel les résolutions de Moscou[103] ». La valeur montante du socialisme reconstitué, l'auteur du programme d'action du parti en 1919, le concepteur du

---

* La Géorgie, dont l'indépendance est proclamée le 26 mai 1918, confirmée le 12 mars 1919 et reconnue par la France le 27 janvier 1921, est envahie par les Russes sans déclaration de guerre en février 1921, malgré le traité de mai 1920. En 1921, la SFIO organise des souscriptions dans *Le Populaire*.

plus célèbre des discours de Tours a décidé de faire campagne contre l'adhésion sur le plan doctrinal et théorique, et non sur les polémiques de fait et de personnes. C'est pourquoi son discours du 27 décembre 1920 a pris la forme d'un avertissement qui irrigue la mémoire socialiste de l'événement : « Votre doctrine est fixée une fois pour toutes ! *Ne varietur !* Qui ne l'accepte pas n'entre pas dans votre parti, qui ne l'accepte plus devra en sortir. [...] Vous voyez, c'est là une espèce de société secrète, une espèce de vaste carbonarisme [*Rires*], quelque chose qui, manifestement, est conçu sur le type de ces sociétés secrètes qui, je le reconnais, ont fait en France des révolutions, et dont il ne faut pas médire[104]... » Mais dans le tumulte du congrès, le discours de Blum, qui « naturellement [n'avait] qu'une voix très faible[105] », n'a été ni compris ni entendu.

Au cœur du congrès de Tours (25-30 décembre 1920)

Le décor : le congrès et ses participants

Le 25 décembre 1920*, les 285 délégués de 89 fédérations** assistent à l'ouverture du XVIIIᵉ Congrès de la SFIO à Tours. Du grand hall nu au mobilier sommaire de la salle du Manège, les menuisiers et les tapissiers sympa-

---

* Convoqué le 7 septembre 1920, le congrès devait se réunir le 12 décembre, mais il est repoussé au 25 en novembre 1920. S'il a lieu à Tours, c'est sans doute que les reconstructeurs ont craint que les voix de l'opposition à l'adhésion ne fussent étouffées par l'afflux des militants de la Seine.

** Ce chiffre est retenu par Annie Kriegel dans son *Congrès de Tours (1920)*, *op. cit.*, p. 15. Il diffère du nombre de 370 participants identifiés par le collectif d'historiens qui a réédité le compte rendu sténographique du congrès en 1980. *Le Congrès de Tours*, *op. cit.*, p. 77 *sq*. Mais que signifie exactement le terme de « participant » ? La possession d'un droit de vote ou le simple fait d'être assis dans la salle et de participer d'une manière informelle aux débats ? Cette difficulté doit rendre l'historien prudent devant l'exploitation de la sociologie des votants élaborée en introduction de l'ouvrage.

thisants du parti ont fait un espace familier, enguirlandé de fleurs et pavoisé de rouge. Une large tribune, ornée de drapeaux des sections locales et d'un buste du « grand disparu » Jaurès, accueille les quelques membres du bureau et le président de chaque séance, que Frossard a fait désigner rapidement vers 11 heures, au tout début des débats. Devant la longue table où ils sont installés, les orateurs venus de tous les coins de la France socialiste vont se succéder pendant près de cinq jours. Au-dessus de leur tête, un calicot arbore la célèbre formule du *Manifeste communiste* de Karl Marx, « Prolétaires de tous les pays, unissez-vous ! » – singulier mot d'ordre pour un congrès de scission. De symboles bolcheviques, en revanche, il n'est pas question dans le compte rendu de *L'Humanité*. Le sentiment de solidarité internationaliste supplante encore le culte de la patrie des Soviets.

Dans la salle, de longues tables disposées parallèlement accueillent les délégués qui, dans la matinée du 25, se sont pressés pendant deux heures pour retirer leurs mandats. Dominant cette agitation, l'harmonie « L'Avenir du peuple » et la « Chorale du patronage laïque Paul-Bert* » entonnent *L'Internationale* et des hymnes révolutionnaires – tout un symbole de la France socialiste. Sous un éclairage de fortune installé à la hâte pour suppléer aux quelques becs de gaz dispersés dans la salle, chacun se place selon sa sensibilité, si bien que la répartition des forces peut se lire dans l'espace du congrès. La petite poignée de délégués permanents du parti possède pour sa part son propre coin orné d'un tableau noir couvert de noms. À côté de la salle, un hangar accueille les services télégraphique, téléphonique et postal du congrès : l'endroit est stratégique, car il reçoit de Moscou et envoie à Paris des messages et – déjà – des clichés que complètent en première page de *L'Humanité* les profils croqués par

---

* Docteur en droit et en médecine, républicain anticlérical et positiviste, ancien ministre des Cultes et de l'Instruction publique du cabinet Gambetta en 1881-1882.

Henri-Paul Gassier. Et c'est par téléphone que pendant plusieurs jours les envoyés spéciaux déroulent pour leurs lecteurs la longue chronique d'une rupture annoncée.

Au faîte de sa puissance – 178 732 adhérents déclarés au 20 septembre 1920 –, la SFIO est fragmentée. Frossard le déplore à la tribune, d'où les orateurs dominent une salle enfumée et bruyante : « Depuis quatre ans, notre discipline s'est peu à peu dissoute, notre unité n'est plus que le manteau de nos divisions. Derrière cette unité, toute de façade, trois partis se sont constitués, ayant chacun sa discipline particulière, chacun son indépendance et refusant de subordonner son action à l'action générale déterminée par la majorité[106]. » Les contacts entre chaque fraction ne sont pas rompus cependant, bien au contraire : des émissaires circulent entre les lieux de rassemblement, aux heures creuses du congrès. Certaines délégations fédérales se scindent entre les réunions matinales et nocturnes pour y glaner des informations et faire des propositions.

Qui sont les délégués du congrès ? Pour près d'un quart, des délégués de la Fédération de la Seine, la plus importante du parti, qui ont voté pour l'adhésion à près de 80 %. Si l'on y ajoute les délégués du Nord (20) et du Pas-de-Calais (11), les trois plus grandes fédérations du parti rassemblent près de 35 % du total des votants. 55 % d'entre eux ont entre 30 et 50 ans, mais la barrière des cinq années de présence au parti nécessaires pour obtenir une délégation a tenu en lisière certains « jeunes » militants, proportionnellement plus nombreux dans le camp de l'adhésion – plus de 53 % de ses membres étant âgés de moins de 40 ans[107]. Près des trois quarts des délégués ont appartenu aux classes mobilisées en 1914-1915 : il est donc probable, en l'absence de comptage précis, qu'une majorité d'entre eux soient d'anciens combattants. Le poids des élus, enfin, est loin d'être négligeable. Si 66 % des participants (245) n'ont aucune légitimité électorale, 125 délégués sont titulaires d'un mandat, dont 40 députés. Leur proportion est plus forte chez les partisans de Blum dont 60 % sont des élus, contre 25,2 % pour la motion

Cachin-Frossard[108]. Ajoutons – héritage de la minorité de guerre – que les partisans de la motion d'adhésion sont pour un quart d'origine ouvrière, pour un huitième des instituteurs et des professeurs, alors qu'un cinquième des signataires de la motion Blum-Paoli viennent des professions libérales. L'alliance entre militants « intellectuels » et « manuels » contre l'oligarchie « embourgeoisée », gavée de « petits titres et petites prébendes[109] », n'est pas un dispositif imaginé : il peut se lire dans les caractéristiques sociologiques des différentes tendances.

Demeurent de grands absents, dont le poids est pourtant crucial dans la détermination des choix de Tours : les paysans. Ils ne fournissent que 2 % des délégués, bien qu'ils en élisent un grand nombre. Selon la déléguée de l'IC, Clara Zetkin, ce sont les « masses » rurales qui tirent le parti vers l'adhésion : le rapport qu'elle adresse en février 1921 confirme, de ce point de vue, le portrait de l'adhérent type de 1920 dressé par Annie Kriegel : un jeune paysan d'adhésion récente[110], trois caractéristiques cependant qui l'éloignent de l'accession à la délégation au congrès.

Parmi les adhérents « sincères », selon Zetkin, ce sont les « délégués des anciens fiefs guesdistes » qui, avec les « délégués des départements ruraux », ont joué un rôle remarquable dans la fabrication d'une majorité à Tours[111] : pour les premiers, Paul Bouthonnier en Dordogne, Célestin Philbois et Émile Clévy dans l'Aube, Ernest Montusès dans l'Allier, Jean-Pierre Raffin-Dugens dans l'Isère, Sigismond Moszkowski dans les Pyrénées-Orientales[112]. Les « jeunes » comme Jean-Baptiste Gaby dans l'Allier, Aurélien Bergère en Ariège – qui a combattu cinquante-deux mois au front avant d'offrir 90 % des mandats de sa fédération à l'adhésion –, ou Guy Jerram dans le Nord ont aussi joué leur rôle, même si Claude Pennetier, dans sa monographie sur le Cher socialiste, souligne que ce sont souvent des militants trentenaires, comme Émile Lerat, qui constituent les pièces maîtresses du « parti » de la scission. Ainsi, parmi les 137 militants qui rejoignent le

« PS/SFIC », seuls 22 sont des « anciens » d'avant 1905 ; ils suivent un mouvement qu'ils n'ont pas provoqué mais qui prolonge leurs engagements d'avant guerre[113]. La géographie de l'adhésion n'est donc pas indifférente à certains héritages militants : elle rappelle à certains égards la carte de l'implantation de l'Union socialiste révolutionnaire de 1902, qui rassemblait alors les « blanquistes » et les « guesdistes » unis dans leur rejet de la participation ministérielle après l'entrée d'Alexandre Millerand dans le gouvernement radical-socialiste de Waldeck-Rousseau en 1899. Localement – en Dordogne, dans l'Aube ou le Cher –, la relève communiste a pu s'appuyer sur une « vieille garde » de militants légitimes et sur l'antimilitarisme de sections rurales redynamisées par la démobilisation pour permettre un premier ancrage local qui s'est parfois pérennisé dans l'entre-deux-guerres.

Tous ces délégués se rendent à un congrès dont l'issue, en principe, doit être fatale. Le mécanisme de décompte des mandats ne permet pas de se faire d'illusion sur la victoire annoncée du camp de l'adhésion. Chaque fédération, en effet, a voté dans les semaines qui précèdent pour répartir les mandats sur les motions en débat. À l'issue de ce vote, un ou plusieurs délégués, selon l'importance numérique de la fédération, ont été envoyés à Tours munis d'un mandat impératif pour voter les motions des scrutins du congrès national. Cachin et Frossard ont appelé instamment les délégués de province à se rendre au congrès malgré l'éloignement pour faire nombre face à la Reconstruction et à la Résistance, dont les orateurs prestigieux occupent un temps de parole sans rapport avec leur représentativité au congrès. À Tours, les vainqueurs ont été moins bavards que les vaincus : ceux-là comptent en effet dans leurs rangs moins de professionnels de la politique et sont moins bien insérés dans l'oligarchie militante.

La nécessité d'un « redressement » salutaire du parti, la haine du parlementarisme, le besoin de discipline ont trouvé cependant largement à s'exprimer pendant le défilé inaugural des délégués de province, les 25 et 26 décembre. La rhétorique du sacrifice est inlassablement répétée par les partisans de « gauche » de l'adhésion, pour offrir d'eux-mêmes une image de pureté et de dévouement qui contraste avec les compromissions de ceux qui, selon l'expression du délégué de la Loire Ferdinand Faure, ont « prostitué le socialisme[114] ».

La rupture avec les pratiques parlementaires – sociales-démocrates et petites-bourgeoises – du socialisme d'avant guerre est un débat transversal du congrès. La répudiation volontaire de ces pratiques occupe plusieurs fonctions dans la pédagogie militante communiste. La « rupture des amitiés » du passé doit rendre la scission irréversible en constituant le parti en contre-société : elle contraint chaque militant à se faire violence pour briser les liens d'amitié « contraires à l'intérêt du parti », afin de recomposer exclusivement en son sein les solidarités familiales et amicales sans lesquelles aucune communauté d'appartenance ne peut se constituer.

Ce style politique nouveau est également, dans l'imaginaire bolchevique, un substitut à la représentation proportionnelle des tendances et aux pratiques délibératives de la SFIO d'avant guerre. Les partisans de l'adhésion opposent à celles-ci une forme de sociabilité révolutionnaire qui ne définit cependant aucun système de répartition du pouvoir dans le parti encore à naître. Lénine et les bolcheviks ont défendu les vertus de ce style de parole brutal et l'ont érigé en méthode prophylactique contre la dégénérescence bureaucratique des organisations révolutionnaires. Mais la « légitimité révolutionnaire » n'est pas un capital quantifiable en voix.

Cette forme de vigilance inquisitoriale est pourtant ressentie par les Français comme un moyen efficace pour rompre avec la « droite » honnie du socialisme de guerre et reconstruire un entre-soi militant authentiquement révolutionnaire. Elle inspire un type inédit de camaraderie militante, fondée sur le recours permanent à la « critique » entre pairs, dont les conséquences n'apparaissent cependant pas clairement à ceux qui l'adoptent. Les membres du Comité de la IIIe Internationale ont choisi avec enthousiasme une méthode de lutte qui correspond au tempérament de certains de ses chefs et à leur défiance envers les traditions du socialisme d'avant guerre. Pour eux, la révolution est un exercice impérieux et sévère : leur ascétisme révolutionnaire est à la fois sacrificiel et inquisitorial. Paul Faure et les « résistants » ont au contraire lutté pied à pied pour dénoncer la menace qu'elle fait peser sur la sociabilité militante : « J'ai connu, il n'y a pas très longtemps, l'époque des querelles de tendances très violentes entre hervéistes, blanquistes, jauressistes, guesdistes. On se disait des choses très dures dans les congrès et dans la presse. Mais la pratique de la représentation proportionnelle assurait le droit à tous de se faire entendre dans tous les organismes du Parti[115]. » À ses yeux, la représentation des tendances n'est pas une institution d'essence réformiste, même si elle est d'inspiration libérale : elle constitue un correctif nécessaire à la génération spontanée des conflits par l'activité politique.

Les partisans de Frossard ont eux aussi rêvé de rénover le socialisme français, non pas hors, cependant, mais dans la IIIe Internationale. Par une rupture symbolique et limitée avec le « social-patriotisme » de 1914, ils ont espéré régénérer miraculeusement les pratiques comme les principes de leur idéal. Le sacrifice d'une poignée de militants prestigieux mais soi-disant compromis dans l'Union sacrée devait suffire à rompre avec le passé. Cet espoir, pourtant, est profondément contradictoire avec la méthode de conformation des militants par le contrôle réciproque instituée dans le nouveau parti. Le manifeste final du PS/SFIC adopté le 30 décembre exprime assez bien cette aspiration incompatible avec la nature même du bolchevisme : « Si [la scission], peut-on y lire, restaure parmi nous les conceptions traditionnelles de Marx et d'Engels, les doctrines jadis consacrées et trop souvent désertées dans la pratique, il adapte en même temps aux nécessités des temps nouveaux [...] les méthodes de préparation et d'action qui doivent désormais prévaloir. [...] Dans cette séparation d'avec des éléments anciens, nous regardons avec joie la puissance saine et majestueuse de notre grand Parti[116]. » En réalité, cette puissance est minée de l'intérieur par les divisions du camp de l'adhésion et par les succès du combat d'arrière-garde mené par les futurs chefs de la SFIO reconstituée.

Le camp du refus de l'adhésion

Que reste-t-il donc à décider à Tours ? Est-il possible d'imaginer un renversement brutal de la situation ? Dès le début du congrès, le matin du 25 décembre, un vote sur l'ordre du jour réclamé par Albert Treint a permis de fixer l'état des forces en présence : la discussion immédiate de la question de l'adhésion est adoptée contre la proposition Goude, soutenue par Léon Blum, de maintien de l'ordre du jour prévu initialement. Le décompte est sans appel : 2 916 mandats pour, 1 228 contre et 641 abstentions*. Cette situation ne devait se modifier qu'à la marge.

Tours, en effet, c'est l'enchaînement de trois votes essentiels : la modification de l'ordre du jour par Treint le 25, puis surtout les deux votes du 29 décembre, c'est-à-dire le rejet de l'« unité actuelle » (dont le maintien est réclamé par le « résistant » Paul Mistral) par 3 247 voix contre 1 398, qui constitue le véritable vote de scission, et l'adoption proprement dite de la motion d'adhésion, par

---

* Selon les chiffres publiés par *L'Humanité* le 26 décembre 1920. Le collectif d'historiens du congrès de Tours rectifie ces données : il s'agirait de 2 885 mandats contre 1 277. Nous préférons, pour plus de clarté, retenir les chiffres officiels de *L'Humanité*, puisque ce sont eux qui peuplent les discussions militantes. Le décompte des mandats est un casse-tête inattendu. Selon Annie Kriegel, il y aurait 4 575 mandats rassemblés à Tours (*Le Congrès de Tours, op. cit.*, p. 15). Mais le vote du 29 décembre sur les motions Mistral et Renoult donne une somme totale de 4 788 mandats ; le vote du 29 décembre sur les motions Cachin-Frossard et Longuet 4 731 mandats et 32 absents, et le vote du 25 décembre, dont il est question ici, 4 785 mandats. C'est donc autour de 4 780 mandats qu'il faut fixer la force militante en présence.

3 208 mandats contre 1 022 à la motion Longuet-Faure. Avec moins de 400 mandats, la « résistance », elle, est balayée. Les déplacements de voix ont donc été limités, l'équilibre des forces respecté. Tours, d'ailleurs, n'est pas un congrès violent : si les interruptions, les cris et les « mouvements divers » – expression mystérieuse du sténographe – peuvent couvrir de leur « bruit prolongé » les discours à la tribune, il n'y a ni pugilat ni insultes. Un congrès socialiste est une arène parlementaire : souvent, les orateurs en appellent au respect et à la bonne tenue de l'auditoire. Le moment de tension extrême du congrès s'est sans doute déroulé au début de la discussion sur l'adhésion le 26 décembre, à la suite du long défilé des délégués des fédérations provinciales. Le discours de Sembat qui ouvre les débats tant attendus sur les bancs du congrès est interrompu par Vaillant-Couturier qui l'accuse, en tant qu'ancien ministre de l'Union sacrée, d'être complice du grand massacre de la « guerre impérialiste[117] ». Mais l'argument est vidé de sa force lorsqu'il apparaît que le jeune député de Paris a demandé à l'ancien ministre de figurer sur sa liste électorale. En fait, à parcourir le sténogramme du congrès, c'est surtout l'impression d'un vacarme prolongé qui s'impose.

C'est l'avenir, en réalité, qui constitue l'un des principaux enjeux du congrès : les discours et les manœuvres visent à préparer le terrain au retour des déçus et des désenchantés. C'est pourquoi le combat, si difficile soit-il, est nécessaire pour Blum, Faure et leurs amis.

Car si Blum dirige la Résistance, c'est l'ancien minoritaire Paul Faure, et non Jean Longuet, qui domine désormais la « Reconstruction ». Certes, la motion commune Longuet-Faure maintient le principe d'une adhésion « avec réserves », mais le rôle de Paul Faure n'a cessé de se renforcer depuis août 1920, en même temps que s'est durci son antibolchevisme. « Il faut dire qu'à la réunion des délégués reconstructeurs, écrit le "résistant" Alexandre Bracke, [...] la majorité est pour Paul Faure contre Longuet-Ma[n]ier-Verfeuil. [...] Paul Faure se promet de passer à la tribune et de sortir des documents. Il brûle ses vaisseaux, fort de la sympathie de beaucoup de ses tenants en province, qui sont assez différents, comme esprit, des reconstructeurs soi-disant de gauche de Paris[118]. » Le fait qu'un nombre limité de partisans de la motion d'adhésion avec réserves – 11 % seulement des délégués – rallie le PS/SFIC montre combien Faure a compté pour amener à la SFIO reconstituée toute une part de l'ancienne minorité. L'interdiction humiliante d'entrer dans la SFIC dont Faure et Longuet sont les victimes a soudé leur tendance, malgré la défection *in extremis* de Verfeuil, le 30 décembre, obtenue grâce aux trésors de conviction déployés par Frossard auprès de lui. La blessure du congrès est cependant profonde.

La situation au sein du Comité de Résistance n'est pas meilleure : inspirée par Léon Blum, cette coalition est traversée par une tension entre le noyau initial de ses amis et les ralliés de la Reconstruction. Au début d'octobre 1920, la stratégie d'« action commune » de Blum est entérinée par Sembat, non sans inquiétude : « Évitons de nous coller trop aux reconstructeurs, gardons-nous-en bien car [...] plus ils lutteront contre les vingt et une conditions, plus pour se faire pardonner, ils taperont sur nous, sur le "socialisme de guerre", etc.[119] » L'attitude de la Fédération du Nord est déterminante : lors du congrès de Strasbourg, et même pendant la guerre, ses nombreux mandats avaient permis de lutter contre l'influence des « zimmerwaldiens » dans le parti. Le 25 décembre, la délégation du Nord, forte de 570 mandats, est d'abord demeurée à l'écart des tractations. « Nous ne sommes pas satisfaits de l'attitude du Nord, écrit alors Bracke à Jules Guesde, resté en province. Nous croyons que les amis se trompent sur la possibilité de reprendre les troupes du dedans alors qu'ils les reprendraient plus aisément du dehors. Que pourra-t-on faire ? Les jours suivants vont nous apporter encore des surprises[120]. » L'avenir : voilà ce qui importe à Guesde et à ses amis. Ce n'est que le lendemain, 26 décembre, que la délégation du Nord sort de sa réserve et assiste aux réunions des reconstructeurs et des résistants. Jean Lebas, le populaire maire de Roubaix, préside la réunion de la Résistance ce jour-là et entre dans une commission de six membres chargée de « préparer l'organisation de la bataille dans le congrès et du Parti ancien maintenu à la fin du congrès[121] ».

Un troisième homme joue un rôle important dans la résistance à l'adhésion : c'est Adrien Pressemane. Il n'a qu'une exigence pour se rallier : l'exclusion de l'ancien ministre de guerre Albert Thomas, ce que redoutent Blum et Sembat. Dans une lettre instructive à ce dernier, datée du 2 mars 1921, Albert Thomas s'est d'ailleurs scandalisé de la « pseudo-convention qui aurait été passée à Tours » contre lui. Il n'est finalement pas démissionnaire du parti, parce qu'il menace de faire appel aux statuts et qu'il est porté par la Fédération du Tarn dont il est l'élu de 1919[122]. Écarté durablement des instances de décision de la SFIO, il s'installe alors à la tête du Bureau international du travail à Genève.

Ensemble, Faure, Pressemane et Blum sont les artisans de la Reconstruction de la SFIO après Tours, mais il est très clair qu'ils ont pris en ce sens de nombreuses dispositions avant même la rupture annoncée du congrès. Le calcul de Guesde devait finalement s'avérer exact : c'est du dehors que la SFIO regagnera les troupes momentanément perdues devant l'élan de « mysticisme » de 1920.

L'influence de Clara Zetkin

L'intervention de Clara Zetkin lors de la troisième journée du congrès, au beau milieu du discours de Frossard et après la lecture dramatique du « télégramme de Zinoviev », est un lieu de mémoire de l'histoire communiste. L'image est restée d'une manœuvre habile mise en place pour contraindre les Français à accepter l'oukase contre Longuet. En réalité, ce que dévoilent aujourd'hui les archives[123] se présente comme un épisode passablement embrouillé, révélateur de l'extrême fragilité de l'alliance entre l'ancienne Reconstruction et le Comité de la IIIe Internationale.

« J'étais partie d'Allemagne avec 1 % de chances d'arriver à Tours. Si j'ai pu malgré tout accomplir ma mission et revenir sans encombre, c'est à l'aide fraternelle d'amis – dont l'amie qui devrait vous rendre visite vous parlera – que je le dois ; mais le principal mérite en revient à cette amie elle-même, à sa prudence, à son énergie, à son intelligence[124]. » L'amie dont il est question, c'est Marguerite Thévenet, la compagne d'Alfred Rosmer depuis 1916[125]. Elle est aidée dans cette entreprise par Auguste Mougeot, un ancien militant anarchiste de Longwy proche de *La Vie ouvrière*, qui aurait servi de chauffeur à Zetkin[126].

Selon Souvarine, ce sont André Le Troquer et René Reynaud, secrétaire par intérim du Comité de la IIIe Internationale, qui auraient supervisé cette équipée clandestine, mais cette affirmation pose problème. Zetkin, d'une part, « affirme expressément » : « Abr[amovitch], Ker et aucun des détenus de P[aris, c'est-à-dire Souvarine, Loriot, Monmousseau] n'a eu rien à voir avec mon voyage. Ils n'ont, à aucun point de vue, fait quoi que ce soit pour organiser ma venue. [...] Mon arrivée les a totalement surpris[127] ». Pourquoi la déléguée de l'IC est-elle si catégorique ? Le 19 janvier 1921, Alexandre E. Abramovitch et sa compagne sont arrêtés à la frontière italienne, en route pour le congrès de Livourne : le carnet de chèques compromettant dont ils sont porteurs permet à la police française d'appréhender Amédée Dunois et Antoine Ker quelques jours plus tard. Une enquête est diligentée par l'IC pour démasquer d'éventuelles taupes, c'est pourquoi Zetkin est si affirmative. D'autre part, le nom de Le Troquer évoqué par Souvarine est surprenant : c'est bien lui qui lit à la tribune du congrès le télégramme de Zinoviev. D'abord rallié à l'adhésion, il se montre cependant hostile aux exclusions, refusant le principe de toute action clandestine et dénonçant la « surveillance occulte » dont le congrès serait l'objet, pour finalement rester dans la SFIO.

Parmi les hommes qui bloquent les portes du congrès pendant quinze minutes pour laisser parler Zetkin puis lui permettre de quitter la salle à la dérobée, on trouve également le cheminot guesdiste Marius Olivier, ancien conseiller municipal de Bordeaux, et le jeune Tourangeau Maurice Coste, apprenti cheminot, alors âgé de 15 ans à peine. Enfin, dans la mesure où le rapport de Zetkin ne souligne que le rôle de Marguerite Thévenet, sans fournir le nom des autres « amis » impliqués, il n'est pas impossible que René Reynaud, présent d'ailleurs aux deux réunions tenues par Zetkin pendant le congrès les 27 et 28 décembre, ait lui aussi participé au succès de l'expédition. Reste Amédée Dunois, évoqué par la police et par Frossard au congrès : là encore, Zetkin n'en fait pas mention. Il est probable qu'en fait de nombreux militants de « gauche » n'aient pas été mis dans la confidence de son arrivée.

Celle-ci doit aussi son succès à la coordination insuffisante des services de police parisiens et provinciaux, malgré les mesures prises le 23 décembre. Dans son rapport du 29 décembre 1920 qui prélude à sa rétrogradation, le commissaire spécial de Tours avoue qu'il ne disposait pas du signalement de Zetkin[128] ! Dans ces conditions, toute arrestation était difficile... La police française était pourtant informée depuis le 19 octobre que Zetkin envisageait un « voyage de propagande » en France[129] : le bruit aurait couru que Zinoviev lui-même comptait s'y rendre. Cette surveillance a contraint Zetkin à adresser par précaution une lettre au congrès, qui sera d'ailleurs lue le 28 décembre, entre le télégramme de Zinoviev et sa propre intervention[130]. Il est évident, en tout cas, que ces pratiques illégales renforcent le prestige de la nouvelle Internationale auprès d'une jeunesse particulièrement réceptive à cette dimension de la politique communiste.

Clara Zetkin est un leader historique de la minorité de guerre allemande : elle prolonge ses engagements des années 1910 à la « gauche » de la social-démocratie en rejoignant Karl Liebknecht, Rosa Luxemburg et Franz Mehring dans la lutte contre la guerre. Avant 1914, elle avait critiqué, dans des termes très proches de Robert Michels, la « suffisance bureaucratique » des « gens mesquins et susceptibles » qui sont « "à la tête" » du parti outre-Rhin[131]. Ce rejet de la « bureaucratie de parti » est omniprésent dans ses rapports sur les questions française et italienne : c'est à l'« armure » du parti italien qu'elle attribue ainsi l'échec de Livourne. C'est pourquoi, du même coup, elle sympathise avec la relève communiste qu'elle charge de détruire la social-démocratie dont elle a prononcé la condamnation lors du congrès international des femmes à Berne en mars 1915, première manifestation pacifiste collective de la guerre[132].

Zetkin, cependant, n'est pas défaitiste, au sens léniniste du terme. Elle a choisi de demeurer dans le parti social-démocrate jusqu'à la scission des « Indépendants » (USPD) en avril 1917, avec lesquels elle ne rompt qu'en mars 1919 pour rejoindre le parti communiste (KPD). La fidélité communiste de Zetkin, malgré la liberté incontestable de ton et de critique qu'elle manifeste, s'ancre d'abord dans les épreuves imposées à l'épouse et à la mère par le départ au front de tous les hommes du foyer. Mais elle se nourrit aussi de la fascination pour la révolution russe, scellée par le malheur personnel* et bientôt par l'exécution, en janvier 1919, de Karl Liebknecht et Rosa Luxemburg, amie fervente et maîtresse de son fils Kostia : « Ce que la révolution russe a été pour moi, à l'époque la plus noire de ma vie, il n'y a pas de mots pour le dire[133]. » Héritière du lourd « testament de Rosa[134] », irradiée par l'aura de la révolution russe, elle n'est pas pour autant disposée à provoquer des ruptures inconsidérées au sein de l'ancienne Internationale : à Halle, Tours ou Livourne, elle s'est efforcée d'obtenir en effet des majorités pour la IIIe Internationale aux dépens de l'« Internationale deux et demi » qu'elle exècre – un surnom dont elle serait d'ailleurs l'auteur[135]. C'est pourquoi elle n'hésite pas à critiquer à

---

* Elle est bouleversée par la rupture avec son mari en 1917. Rosa Luxemburg devait juger sévèrement cette « passion insensée » de Zetkin : « Mes amis, écrit-elle à Hans Diefenbach le 7 janvier 1917, doivent soumettre aux exigences les plus strictes non seulement leur vie officielle mais leur vie privée, la plus privée. »

plusieurs reprises la brutalité avec laquelle l'IC s'adresse aux partis occidentaux : « Vous endossez parfois, écrit-elle à Lénine, le rôle d'un intervenant brutal et dominateur à qui manque la connaissance vraie de la situation réelle à venir et à prendre en compte[136]. » Ce n'est pas le principe des exclusions qu'elle incrimine, mais la forme avec laquelle elles ont été opérées. « [Nos moscovites], affirme-t-elle ainsi, n'ont pas encore appris que le poing est assez souvent indispensable, mais que depuis le Moyen Âge, en Occident, on ne doit pas trop heurter les gens de front mais leur caresser la barbe avec un gant de velours[137]. »

Le règlement du cas Longuet

Jusqu'au dernier moment, c'est-à-dire à la lecture du « télégramme de Zinoviev » en séance le 28 décembre, le cas Longuet est resté en suspens. Ce jour-là, André Le Troquer lit en effet à la tribune la lettre du Comité exécutif de l'IC par laquelle Longuet est qualifié d'« agent de l'influence bourgeoise sur le prolétariat[138] » : il ne pourra donc pas entrer dans la IIIe Internationale. Les bolcheviks ont certes multiplié les signes de mépris à son égard, ils ont réclamé de lui une preuve humiliante de discipline personnelle pour retirer son nom de la liste de proscriptions qui circule avec les « conditions ». Lors du congrès de Halle des Indépendants d'Allemagne en octobre 1920*, Longuet avait même rencontré Krassine et Zinoviev et obtenu que les exceptions prévues par la 20e condition à l'application de la 7e condition s'appliquent à Faure et à lui-même[139]. Le *casus belli* a cependant été fourni aux bolcheviks par la délégation remplie par Longuet au congrès international de Berne au début de décembre 1920. Les bolcheviks ont pourtant retenu leur sentence jusqu'au dernier moment, pour bénéficier de l'effet de surprise et affir-

---

* C'est-à-dire du congrès de scission de l'USPD qui adhère à l'IC par 237 voix contre 156.

mer avec la plus grande force la suprématie des décisions de l'Internationale.

Les bolcheviks ont-ils jamais eu une autre intention que celle d'exclure Longuet ? Cette menace *ad hominem* possède, on l'a dit, le mérite de tracer nettement la ligne de scission à l'intérieur de la Reconstruction. Elle condamne les dirigeants français à choisir entre deux attitudes également humiliantes : supplier l'IC d'épargner Longuet, ou consentir à une décision que Frossard lui-même a publiquement désapprouvée depuis des mois. La lettre de l'IC transforme Longuet en victime expiatoire d'un « socialisme de guerre » qu'il n'a jamais représenté, mais auquel il est associé par l'alliance sacrilège de son nom avec celui de Renaudel[140]. En juillet à Moscou, comme en décembre à Tours, la certitude de l'adhésion laisse l'initiative politique aux bolcheviks. Avec l'exclusion de Longuet, l'adhésion est consacrée par une « rupture des amitiés » infamante et symbolique.

L'événement, pourtant, n'a pas déplacé les rapports de force dans les votes du congrès. Zetkin, il est vrai, a tenté de calmer les esprits échauffés par l'exécution de leur trahison programmée. « Le cas "Longuet" planait sur tout le monde comme un nuage sombre et pesant, même sur nos vieux amis "les plus proches*", écrit Zetkin. La seule raison qu'on pût me fournir fut la popularité de Longuet, car il avait été le premier à oser une faible protestation contre la politique de guerre et "l'union sacrée"[141]. » La déléguée allemande, c'est un fait, n'aime pas Longuet : elle s'accorde avec Lénine pour considérer qu'il s'est exclu de lui-même de l'Internationale. Mais lorsqu'elle rencontre les Français dans les coulisses du congrès dès son arrivée le 27 décembre, elle ignore encore la décision de l'IC à son égard. Faut-il épargner Longuet ? Si elle désapprouve personnellement ce geste, elle l'applique par discipline. Sa position est habile : « Ignorant quelle décision l'Ex[écutif] avait prise

---

* C'est-à-dire les membres du Comité de la IIIe Internationale : les « anciens », ici, sont les plus jeunes.

et ne voulant pas me retrouver en contradiction avec lui, j'ai déclaré ne pas vouloir attaquer Longuet personnellement mais caractériser son orientation [...] avec, m'en tenant au fait, tant de sévérité que les conclusions pratiques à en tirer tomberaient sous le sens[142]. » Voilà qui explique le contenu de sa lettre du 28 lue à la tribune. Les Français auraient-ils pourtant tiré les conclusions qu'elle en attendait ? Rien n'est moins sûr, tant les résistances qu'elle découvre sur place sont fortes.

Le « télégramme de Zinoviev » conforte finalement Zetkin dans sa décision. À aucun moment, cependant, elle n'a pris connaissance du texte même de ce « télégramme », que les Français ne lui ont pas communiqué. Elle sait ce qu'ils veulent bien lui en dire : « Les camarades citèrent la lettre qu'ils avaient reçue de l'Ex[écutif] comme motif particulier de leur souhait de voir épargné Longuet. Malheureusement, ils ne m'en présentèrent pas le texte et, à part qu'elle était "vraiment moscoutaire", qu'elle avait considérablement aggravé la situation et qu'elle avait apporté de l'eau au moulin du social-patriote et du centriste, je ne pus en apprendre davantage. Même nos amis "les plus proches" [le Comité de la IIIe Internationale] n'étaient pas heureux de cette initiative, la condamnant comme une maladresse rendant plus difficile leur combat lors du congrès et devant les masses. Je n'ai pas réussi à convaincre les camarades d'adopter, vis-à-vis du cas Longuet, une attitude claire et nette[143]. » Si Zetkin ignore le contenu du télégramme de Zinoviev, difficile de voir dans son intervention un geste calculé depuis Moscou ! Choisir d'envoyer Zetkin à Tours, c'était déléguer une militante hostile à Longuet pour dénouer une situation confuse qui réclamait habileté et sang-froid. Là-dessus, l'intransigeance de Zetkin est exemplaire : elle s'est pleinement acquittée de son mandat, conformément à ses convictions. Sa présence a permis d'imposer définitivement au parti français une décision nécessaire à laquelle il ne parvenait pas à se résoudre. Frossard espérait encore, à la tribune le 28 décembre, obtenir de Longuet qu'il restât : « Des hommes comme moi se déshonoreraient s'ils acceptaient de renier et de frapper ceux aux côtés desquels ils ont mené la bataille pour le redressement socialiste pendant de longues années[144]. » Il ne devait pas moins devenir, le 30 décembre, le nouveau secrétaire d'une section française de l'IC débarrassée du petit-fils de Marx.

Avec Zetkin, l'historien se trouve devant un cas exemplaire et fondateur des rapports entre le parti français et les délégués de l'IC : la fonction de délégué, en effet, qui n'est pas réductible au travail d'un ambassadeur ou d'un inspecteur général, est d'expliquer la politique du « Centre » et d'infléchir par la critique la ligne du parti[145]. Des ressources politiques, financières et symboliques que le délégué est capable de déployer dépend l'efficacité de son intervention. Informé – et donc manipulé – par les militants qu'il critique – et donc manipule –, il doit négocier avec des intérêts d'autant plus forts qu'ils sont loin de Moscou. Ce qu'offre l'IC, c'est un « appui » moral, financier et pédagogique : « Nos amis français ressentent eux-mêmes que le développement du Parti requiert la coopération fraternelle, sur les plans moraux et intellectuels, et de l'aide extérieure. Ils accepteront volontiers qu'on les oriente et qu'on les guide, et n'hésiteront pas à suivre notre voie, à la condition d'avoir l'impression qu'ils ont eux-mêmes découvert cette voie et non qu'on les y a poussés à coups de gourdin[146]. »

La multiplication des délégations et l'improvisation dans laquelle sont définis leurs mandats respectifs compliquent cependant la tâche de Zetkin. Les Français, en effet, lui expriment leurs critiques à l'encontre des autres délégués à Paris, le Bulgare Stoïan Minev, alias Lorenzo Vanini, et le Russe Alexandre E. Abramovitch. D'une part, ceux-ci ont été tenus à l'écart de l'organisation du voyage secret de Zetkin. D'autre part, les deux hommes se livrent une sourde lutte d'influence dont ils sont finalement les jouets : « J'ai pris la défense d'Abram[ovitch] en contestant les griefs formulés contre lui. […] Si [Vanini] est sans doute plus intelligent et sans doute mieux formé qu'Abram[ovitch], toute son activité consiste à ourdir des intrigues contre ce dernier. Ce qui est particulièrement fâcheux, à ce qu'on dit, c'est que tous deux disposent de moyens financiers considérables qui leur servent à aider les éléments qui les flattent ou disent ce qui leur convient, au lieu de faire de cet argent un usage absolument objectif. On a émis le souhait que vous les rappeliez[147]. » C'est pourquoi Cachin insiste auprès de Zetkin pour l'envoi d'un « camarade qui puisse coopérer avec la direction du Parti en tant que guide, conseiller et animateur[148] ». Les Français acquis au principe de l'adhésion ne contestent jamais le principe même de la délégation internationale, mais en demandent la rationalisation. C'est Jules Humbert-Droz qui sera finalement chargé, en octobre 1921, de diriger un nouveau Bureau pour l'Europe occidentale.

Dans les coulisses du congrès

Zetkin est parvenue à se poser en arbitre des tensions au sein du petit état-major de la motion d'adhésion. Avant son intervention théâtrale au congrès, le 28 décembre, elle a provoqué deux réunions avec lui, la veille au soir et le matin même. Y assistent, en plus d'Abramovitch, Marcel Cachin, Daniel Renoult, Charles Rappoport, Paul Vaillant-Couturier et René Reynaud, représentants du « centre » et de la « gauche » de la future SFIC. Tout ne s'est donc pas passé dans l'enceinte de la prison de la Santé où la motion d'adhésion de Tours a été rédigée et négociée par Souvarine.

Trois points essentiels sont discutés dans l'entrevue du 27 : le cas Longuet, la répartition des influences dans le futur parti et le statut du Comité de la IIIe Internationale. Mais ils le sont en l'absence de l'un des principaux intéressés : Frossard. « Frossard, écrit Zetkin, avait été lui aussi invité de manière pressante, mais il n'a assisté à aucun des deux entretiens. Le pourquoi de cette absence m'est ensuite apparu, à moi et aux autres amis, en raison des torrents de larmes qu'il a versés à propos de Longuet, ses prières et ses supplications pour que celui-ci demeure au

Parti[149]. » Son absence, en effet, vaut refus. Pas plus qu'auprès de Frossard, cependant, les démarches de Zetkin auprès des autres délégués pour obtenir une « attitude claire et franche » ne réussissent. Mais lors de la seconde réunion, le 28, « les camarades entourant Cachin étaient plus dispos et résolus, sur la question de la scission, prêts à mettre à profit une situation dans le sens de ce qui s'avérait être nécessaire au lieu de la fuir[150] ». Le sort de Longuet est scellé.

Cachin obtient en contrepartie que Zetkin prenne la parole devant le congrès avant son départ. Cette intervention demeurée célèbre devait permettre d'atténuer les effets néfastes du télégramme du matin. « Comme vous le savez, mon apparition devant le congrès a été l'occasion d'une manifestation enthousiaste et passionnée en faveur de la solidarité révolutionnaire à l'échelle internationale. Même les partisans de Sembat et Bracke ont, l'espace d'un instant, été transportés et n'ont pu faire autrement que suivre le mouvement. Il se peut qu'ils aient ressenti ma venue et mon attitude comme un reflet de leur propre passé[151]. » Rétrospectivement, Zetkin avoue que son discours improvisé n'a pas eu tout l'effet attendu. Prononcé à la demande de Cachin – il n'est donc en rien prévu –, il intervient trop tôt, au beau milieu de l'intervention de Frossard, plus d'un jour et demi avant les votes cruciaux du 29 : « Par suite de l'hypothèse erronée des camarades, j'ai été obligée de parler avant les discours de Longuet et compagnie. Je le regrette énormément, car si ce n'avait pas été le cas, j'aurais pu dégainer contre eux de manière fort différente. Ces messieurs ne s'en sont de toute façon pas tirés à si bon compte[152]. » L'influence de Zetkin dans les coulisses du congrès apparaît finalement plus importante que celle de son intervention légendaire. Seul Cachin, conclut-elle, « m'a fait une magnifique impression de loyauté, mais il était manifeste que son "passé" bridait et paralysait son initiative[153]. » Dans le déroulement du congrès, qui n'était en rien écrit d'avance, il a joué les premiers rôles.

Zetkin, cependant, ne parvient pas à conjurer les tensions naissantes entre les fractions qui divisent les tenants de la motion d'adhésion. Lors de la réunion du 27, la discussion des « conditions de la fusion des anciens et nouveaux communistes » révèle crûment ces dissensions : « Les nouveaux communistes [c'est-à-dire les proches de Cachin] redoutaient la prépondérance politique et intellectuelle des "anciens", ils redoutaient que ceux-ci ne les régentent et ne les entravent dans leur activité pratique. Nos amis "les plus proches" appréhendaient de leur côté le poids du nombre et la manière dont la théorie serait traduite dans l'activité et les luttes politiques et syndicales quotidiennes[154]. » La pression du Comité de la IIIᵉ Internationale est en effet maximale pour s'assurer une position de force dans le futur parti, légitimée par la condition (pour l'heure suspendue) d'attribution des deux tiers des postes de direction. L'accord sur les « places » évoqué en 1922 par Renoult intervient donc ce jour-là, mais il dissimule mal les conflits qui devaient renaître immédiatement après la scission.

En représailles, Cachin a appuyé le principe de la dissolution du Comité de la IIIᵉ Internationale. Représenté par Reynaud en l'absence de Souvarine et Loriot, le Comité largement financé par les bolcheviks espérait devenir après la scission un « comité de propagande parmi les syndicats » : il aurait persisté comme fraction contre les anciens « reconstructeurs » et aurait œuvré à la scission dans la CGT. À cette ambition, Zetkin oppose une fin de non-recevoir : sa présence dans le Parti maintiendrait un « organe perturbateur » inutile ; il entrerait de plus en concurrence avec les syndicats favorables à la scission. Finalement, le principe d'une dissolution prononcée lors du congrès international à venir est adopté : considérant sa « tâche historique accomplie », le IIIᵉ Congrès de l'IC (22 juin-12 juillet 1921) la réclame dans les trois mois. Elle sera officiellement annoncée dans le *Bulletin communiste* le 6 octobre 1921.

Deux questions secondaires sont soulevées pendant ces entrevues : l'une concerne la propagande illégale, en particulier dans l'armée, prévue par les conditions. En la matière, les réticences des Français sont très fortes : ils s'engagent, tout au plus, à reconnaître que cette « demande » est « juste » et qu'il faut la faire entrer « dans la pratique »[155]. Cachin, cependant, s'intéresse surtout à l'autre question : la prise de contrôle de *L'Humanité*, dont il est directeur depuis octobre 1918. « Malheureusement, écrit Zetkin, le bâtiment est au nom de Sembat, et la plupart des actions de l'imprimerie et de la maison d'édition appartiendraient à la femme de Jaurès. Il faut envisager l'éventualité de devoir fonder à Paris un nouveau quotidien. J'ai conseillé aux camarades de mettre tout en œuvre, dans un premier temps, pour soutenir *L'Humanité*. Plus en raison de l'importance morale et politique de l'affaire qu'en raison des complications matérielles[156]. » La conquête du quotidien de Jaurès serait un symbole fort, capable d'appuyer les prétentions régénératrices du nouveau parti sur une légitimité incontestable. En fait, Zetkin se trompe : la veuve de Jaurès ne possède que 28 % des actions du journal et elle décide de s'abstenir dans la querelle. Les parts du vieux communard et ancien trésorier de la SFIO Zéphirin Camélinat sont réparties à la proportionnelle entre les tendances issues du congrès, mais c'est la cession complète – 18 % – de celles de Philippe Landrieu qui permet aux nouveaux communistes de s'emparer du quotidien à une faible majorité[157].

La défaite pour le parti socialiste reconstitué est sévère. Mais ses nouveaux chefs révélés par le congrès, Blum et Faure, ont très solidement jeté les bases de la reconquête des mois à venir. « Ce n'est pas la première fois qu'on prépare la révolution dans le Parti[158] », constate Sembat à la tribune, mais son ironie dissimule son désespoir profond après la scission. Comme son ancien chef de cabinet, Sembat s'inquiète de la force de cette société secrète établie au grand jour[159] incarnée par la nouvelle SFIC. Mais pour la relève communiste, ce n'est plus qu'un homme du passé : « Entre [votre] conception ministérialiste et réformiste et la conception qui allait sortir de la guerre, lui a répondu Vaillant-Couturier, il y avait un fossé toujours plus profond où s'entassaient les camarades qui tombaient avec la complicité non pas seulement des ministérialistes, mais de ceux qui votaient jusqu'à la fin les crédits de guerre[160] ! »

Au lendemain du vote d'adhésion intervenu dans la nuit du 29, les deux partis désormais séparés réunissent chacun leur congrès. La « vieille maison » défendue par Blum et Faure se reconstitue dans une atmosphère morose, à l'issue de rapides tractations entre la Résistance et la Reconstruction. « Ce qui préoccupe les reconstructeurs, affirme Paul Faure, c'est le souci de ne pas laisser croire que le parti régénéré constituerait une déviation à droite[161]. » C'est pourquoi Blum le rassure immédiatement : le parti socialiste restera « à gauche ».

Un manifeste – « c'est nous qui sommes le Parti socialiste » – est hâtivement adopté, mais la défaite est amère. « Tours, c'est un coup de couteau, écrit ainsi Marcel Sembat à son neveu André Varagnac, devenu communiste. C'est du tranché dans le vif. Je ne pense au fond qu'à cela. Mon conscient regarde les montagnes, dit Kant, mon inconscient vient penser à Tours, vit à Tours. De temps en temps, je m'en aperçois, averti par une douleur sourde, je tâtonne, et puis je mets le doigt dessus. Surtout ne me parle pas de ça dans tes lettres, tu me ferais mal[162]. » Le député de Paris devait mourir brutalement en septembre 1922 : avant le milieu des années 1920, la plupart des grandes figures du socialisme d'avant guerre se sont éteintes. Blum n'est plus un jeune homme – il est né en 1872 : s'il a contribué à fonder *L'Humanité*, il s'est éloigné de la politique en 1905, l'année même de la naissance de la SFIO[163]. Avant d'être le chef socialiste révélé au parti en 1919, Blum aura été dreyfusard et ami de Jaurès, mais jamais militant.

Chapeaux brandis, regards et sourires de triomphe : les « moscoutaires » se réjouissent de leur large victoire.

L'après-midi du 30 décembre, les différents rapports dont l'examen avait été ajourné par la motion Treint cinq jours plus tôt sont expédiés. Clos à 17 h 45 le 30 décembre, le congrès se sépare au son de *L'Internationale* après avoir adopté un manifeste grandiloquent par lequel la « chaîne continue » des traditions révolutionnaires françaises est rétablie. « Dans cette séparation d'avec les éléments anciens, nous regardons avec joie la puissance saine et majestueuse de notre grand Parti[164]. » Il devait dès 1921 se réduire comme peau de chagrin.

Le grand perdant du congrès, c'est Frossard : dans son discours interrompu par Zetkin, il s'est révolté contre l'exclusion de Longuet, pour mieux formuler les réserves qu'il entend imposer à l'application des conditions en France et conserver ainsi une marge de manœuvre en tant que futur secrétaire général de la SFIC. Des hommes qu'il a envisagé de gagner à l'adhésion, seul Verfeuil s'est rallié, avec une extrême réserve. Encore quelques mois et il sera traité en ennemi dans son propre parti. Malgré tous ses efforts, l'espoir d'un socialisme régénéré, né d'un Jaurès et d'un Lénine imaginés, ne devait jamais voir le jour.

TROISIÈME PARTIE

UN « PARTI DE TYPE NOUVEAU »

6

La construction d'un appareil inquisitorial

Au lendemain du congrès de Tours, les militants du Comité de la IIIe Internationale peuvent se réjouir de leur premier grand succès politique : la rupture de l'unité factice du socialisme français a permis d'épurer le parti socialiste de ses éléments les plus compromis dans l'expérience ministérialiste d'Union sacrée. La tâche négative du Comité est terminée : l'heure est à l'œuvre positive de construction du « parti de type nouveau » que ses chefs ont appelé de leurs vœux. Il faut donc inventer une nouvelle forme de direction du parti et de rapports avec le syndicalisme ; il faut aussi rester vigilant devant la dégénérescence des convertis du « centre » regroupés autour de Cachin et Frossard. Pour y parvenir, les hommes du Comité de la IIIe Internationale se sont dotés de moyens à la hauteur de leur ambition : une direction collective révolutionnaire qui doit maintenir le parti dans une ligne antiministérialiste, antibourgeoise et antimilitariste ; un héritage de luttes solidaires pendant la guerre avec les syndicalistes minoritaires de la CGT, décidés à poursuivre le travail accompli dans la SFIO ; la confiance inspirée par Lénine dans les vertus du contrôle et de l'exclusion des militants impossibles à discipliner.

Triple ambition, triple déconvenue. Les traditions, les réflexes et les pratiques hérités du socialisme d'avant guerre ont été critiqués, répudiés, condamnés pour leur inaptitude historique à mener à bien l'entreprise révolutionnaire. Mais tout est à construire, sans plan d'ensemble ni idées précises. Par quoi remplacer le régime des tendances ? Et comment répartir les pouvoirs entre les différentes fractions de la motion d'adhésion, mais aussi entre la rédaction de *L'Humanité*, un groupe parlementaire réduit à treize députés et les instances de direction politico-administratives du parti ? La conquête de la CGT elle-même est délicate : à la différence du processus qui s'est déroulé dans la SFIO, il ne faut pas simplement combattre les réformistes, car une forte tendance existe à la gauche du camp de l'adhésion, qui se révèle très méfiante à l'égard de toute tutelle politique du syndicalisme, même communiste[1]. Quant au contrôle des membres du parti, il s'avère rapidement impossible du fait de la multiplication des dissidences et des mécontentements, mais aussi de l'affrontement entre le « centre » et la « gauche ». À la fin de 1922, ces tensions sont si violentes que la SFIC est au bord de l'éclatement.

Le climat politique en France n'est sans doute pas indifférent aux difficultés de l'entreprise communiste. La SFIC est en effet confrontée à une situation étonnamment stable dans un contexte européen ébranlé par les événements révolutionnaires. À l'instar du socialisme avant 1914, le communisme après 1920 est un mouvement révolutionnaire sans révolution, à ceci près qu'il est appuyé, financé et contrôlé par une Internationale installée à Moscou, dont l'ambiance saisit les Français qui y sont envoyés : « L'adaptation quand on rentre de Russie est toujours difficile, écrit ainsi Rosmer à Souvarine en 1923. On rentre avec, en soi, de grandes forces, un grand élan et on tombe dans ces discussions ridicules, interminables, toujours les mêmes, sur ce qui est la subordination des ⋯⋯cats et ce qui n'est pas la subordination des ⋯⋯ Le militantisme, qu'il soit ou non révolution⋯⋯ ⋯uvent une servitude héroïsée *a posteriori* par ⋯⋯ De tous les militants responsables de la SFIC en 1924, Monatte est le seul à ne pas avoir fait le voyage de Moscou[3].

Les revirements inattendus de l'Internationale aggravent cependant les conséquences de cette impasse. À l'été 1921, en effet, la ligne officielle de l'IC subit un renversement complet : jusque-là, l'heure était à la préparation de la révolution et à la rupture avec la « social-démocratie ». Pourtant, du fait de l'évolution de l'analyse des rapports de force internationaux par les bolcheviks, le IIIe Congrès de l'IC (22 juin-12 juillet 1921) impose une nouvelle tactique aux sections qui viennent de s'y rallier : le « Front unique ». L'Internationale demande maintenant aux militants français de renouer non pas avec les « chefs », mais avec les « masses » du parti dissident, alors même que ces militants viennent de rompre et que ces masses les ont suivis ! Cette politique de collaboration doit de plus être menée dans un esprit de conquête et de mépris envers la social-démocratie. Il faut, selon l'expression d'Albert Treint restée célèbre, « plumer la volaille socialiste ».

Cette volte-face doctrinale provoque la stupeur dans le parti. Une telle tactique, en rupture avec l'esprit révolutionnaire qui régnait à Tours, est particulièrement compliquée à mettre en œuvre : publiquement affichée, elle se heurte à l'hostilité immédiate des socialistes, mais aussi à des résistances au sein même du parti communiste. Comment justifier la rupture de Tours s'il faut renouer avec ceux que l'on vient de chasser ? Le Front unique, de plus, est souvent mal appliqué. Il permet à ceux qui regrettent déjà la rupture de tendre la main aux anciens « amis » socialistes. En août 1923, Souvarine doit ainsi protester de manière véhémente contre la participation des communistes à une commémoration de la mort de Jaurès au Havre : « Le Front unique, écrit-il, implique l'idée d'un combat. Ce n'est pas faire le Front unique que de verser des larmes de crocodile. [...] À la seule exception d'un article de Dunois, l'attitude des nôtres est faite d'un sentimentalisme vulgaire, d'une admiration béate qui ne sont pas pour éduquer l'élite du prolétariat. On dirait vraiment que jamais Jaurès n'a été réformiste, que Guesde n'a jamais été ministre bourgeois, que Vaillant n'a pas été social-chauvin[4]. » Le Comité de la IIIe Internationale n'a pas toujours condamné les manifestations pour Jaurès de manière aussi véhémente : ses membres ont défilé en son honneur jusqu'à l'été 1920[5]. Mais Souvarine, en tant que délégué à Moscou du parti français et membre de la direction de l'IC, doit faire entendre la voix de cette dernière. Inadaptée à la France, la nouvelle tactique de l'Internationale fait office de repoussoir pour les déçus comme pour les mécontents. « La France, conclut Monatte en 1924, n'a autant dire pas appliqué le Front unique[6]. »

L'effet sur le parti est catastrophique. Les effectifs militants ne cessent de baisser dès 1921. Pour la période du 15 juillet au 15 octobre 1922, « la diminution n'est pas inférieure à 30 000 membres[7] ». En 1923, l'hémorragie continue : « Le Parti a perdu environ 25 000 membres cette année, soit le tiers de ses effectifs de [1922] et le déchet s'accroît[8]. » Pis : « Tout oblige à présumer que c'est l'élément prolétarien industriel qui délaisse le Parti[9]. » Cette déroute signe l'échec des aspirations de la génération de l'armistice, qui se divise sans toujours retourner d'ailleurs à la SFIO, puisqu'elle s'est souvent politisée en dehors de ses cadres. Elle constitue pour les socialistes le signal de la contre-attaque, réclamée par Paul Faure en avril 1922 :

> La scission, imposée par les communistes sur l'ordre de Moscou, a affaibli notre Parti momentanément, au moins dans le nombre de ses adhérents. Mais la plupart des élections partielles qui ont eu lieu depuis ont montré que notre influence sur les masses était demeurée très grande et infiniment supérieure à celle des communistes. Le moment est venu de la grossir encore. La faillite du communisme bolcheviste en France ne fait plus de doute pour personne. Il ne faut pas laisser ses troupes désemparées se désagréger dans le découragement et le scepticisme. Ramenons-les dans le sillage du socialisme traditionnel, appelons-les à reprendre à nos côtés la place que nous leur avions promise à Tours de leur conserver[10].

Le grand retour n'aura pas lieu, mais dès 1924, la SFIO est redevenue, et elle le restera jusqu'à la Seconde Guerre mondiale, le premier parti de la gauche marxiste : le Cartel des gauches, auquel les socialistes apportent un soutien sans participation, consacre sa nouvelle prééminence dans les urnes à l'issue d'une reconstruction politique difficile[11]. Mais le choc psychologique de Tours demeure : la scission a infligé une profonde humiliation au socialisme « réformiste ».

L'imposition de la puissance discrétionnaire de l'Internationale sur le jeune parti communiste, certes inscrite dans les conditions de Tours, a été facilitée par ce désarroi. L'absence de tradition d'organisation devant les innovations provoquées par sa situation inédite de « section » de l'IC favorise les situations équivoques et les conflits à répétition. L'histoire de l'élaboration de cette nouvelle culture d'organisation partisane n'est pas encore faite. Elle s'est constituée à tâtons, sous la pression de l'Internationale et dans la violence verbale et parfois physique des exclusions et des proscriptions ; mais elle s'est enclenchée dès 1920 et non, comme il est souvent dit, en 1923-1925 avec la politique de « bolchevisation ». La suppression du régime des tendances dans le parti a laissé en friche la question de son gouvernement intérieur. Les « vingt et une conditions » contiennent en puissance les formules essentielles de la nouvelle organisation communiste : centralisation, discipline des militants, contrôle de la presse, direction « fractionnelle » des organisations de masse. Mais dans le détail, toute une jurisprudence reste à inventer.

Elle s'élabore sur fond des luttes intestines qui ponctuent l'histoire du communisme au début des années 1920. Très vite, la fraction dite « de gauche » de la SFIC issue du Comité de la IIIe Internationale s'emploie à dénier aux exclus et aux proscrits le titre de « communistes », et use à leur égard de procédés et de formules diffamatoires pour présenter le parti comme l'instance de la révolution par excellence. Que des hommes comme Souvarine aient pu, après leur propre exclusion, mener une critique virulente de la « bureaucratie » communiste « dégénérée et corrompue » ne doit pas effacer la réalité de leur ralliement positif à un idéalisme militant non dépourvu d'arbitraire et de violence. Habités par le devoir de régénérer une organisation débilitée par le « poison réformiste », tous ceux qui ont réclamé ou accepté la liquidation inquisitoriale de leurs alliés d'un moment se retrouvent cependant dépourvus de tout système de garanties lorsqu'ils sont à leur tour livrés au « contrôle » de l'institution. Abandonnés puis combattus par l'IC qui les avait soutenus, privés des contre-pouvoirs qu'ils ont eux-mêmes détruits, confrontés à l'impuissance de leurs appels à la « liberté de discussion communiste » qu'ils ont refusée à d'autres, les principaux leaders de la « gauche » sont exclus en 1924-1925. Les derniers représentants de la jeune relève de 1920 prennent alors le chemin d'une dissidence endeuillée par l'échec des idéaux « nés de la guerre ».

La défaite de Frossard

Le secrétaire général devant le IVe Congrès de l'Internationale communiste

Jusqu'en 1923, l'histoire du premier communisme français est dominée par la personnalité de Louis-Oscar Frossard. Tribun d'exception, jaurésien de cœur et de conviction, le nouveau secrétaire général de la SFIC est confronté à un double défi : maintenir la fragile cohérence de la coalition de Tours et établir les conditions pour qu'elle puisse incarner le socialisme français continué. Cette tâche, Frossard semble cependant l'avoir endossée avec une conviction égale au pressentiment qu'elle ne pourrait être accomplie. « Je suis de ceux qui, à Tours, ont fait l'effort que vous savez, non pas pour éviter la scission, mais pour la limiter. Je ne regrette pas ce que j'ai fait. Mais aujourd'hui je suis de ceux qui pensent qu'avec les hommes qui nous ont quittés, de Longuet à Blum, aucun rapprochement ne peut être tenté[12]. » En rejetant en ces termes le « Front unique », Frossard s'est engagé dans un conflit avec l'Internationale dont il devait sortir vaincu.

La « politique de la grande amitié[13] » qu'il tente d'impulser au début de 1921 ne peut en effet résister ni à la pression continue de l'IC, ni à la défiance agressive des anciens chefs du Comité de la IIIe Internationale. La dégradation continuelle de l'atmosphère du parti – « On se traite en véritables ennemis. On ne se salue même plus », conclut Souvarine dans un rapport à Zinoviev et Trotski à la fin de 1922[14] – aboutit à sa démission forcée le 1er janvier 1923, après une dernière tentative du délégué de l'IC pour obtenir sa soumission aux directives internationales. C'est tout le « groupe » Frossard, où se rassemblent quelques-uns des « principaux fonctionnaires du Parti[15] » – son secrétaire international Antoine Ker, ancien partisan de la gauche rallié, son secrétaire administratif d'ailleurs franc-maçon Edmond Soutif, le secrétaire de la Fédération de la Seine Georges Marrane et celui de la Fédération de Seine-et-Oise Marius Paquereaux* –, qui est soumis au feu roulant de la critique de l'IC et vit sous « l'empire de l'inquiétude » devant l'activisme et les progrès de la « gauche » dans la Fédération de la Seine. Le recours à la « vingt-deuxième condition » réclamant l'exclusion des francs-maçons et des membres de la Ligue des droits de l'homme (LDH) permet – nous y reviendrons – d'en briser la cohérence.

Frossard a bien tenté de poursuivre la politique de rénovation militante qui devait couronner, selon lui, la rupture de Tours. Lors du congrès de Marseille, le 25 décembre

---

* Les quatre hommes auront des destinées bien différentes. Seul Edmond Soutif est exclu à la fin de 1922. Ker se soumet à l'exigence de l'IC de quitter la franc-maçonnerie, mais décède brutalement le 21 juillet 1923. Marius Paquereaux sera exclu le 2 mars 1930 et Georges Marrane décédera communiste après avoir été ministre en 1946.

1921, il a ainsi proposé la création d'un Conseil économique communiste (CEC)[16]. Conçu comme l'antithèse du Conseil économique du travail de la CGT, le CEC imaginé par Frossard doit permettre d'élaborer une politique socialiste positive tout en maintenant une posture combative de gauche, dans une conjoncture qui n'est pas révolutionnaire. Il est chargé d'étudier les méthodes de la refonte totale de la production capitaliste, de doter les militants d'un instrument de réflexion économique par le biais d'enquêtes et de documentation, et de défendre le principe du « contrôle ouvrier » : rien de moins, autrement dit, qu'une « rénovation de [la] propagande et de [la] politique [communistes][17] ». Ce projet de Conseil prolonge les efforts entrepris par Merrheim et d'autres dans la CGT avant comme après 1914[18]. Le besoin d'une information politique, sociale et technique spécialisée exprimé par Frossard n'est guère éloigné en effet de ce qui s'est pensé dans les milieux ouvriers d'avant-garde depuis les années 1910 pour accroître l'efficacité du militantisme syndical et partisan. Le projet, enlisé dans les conflits qui minent la SFIC, ne verra jamais le jour. Cet échec manifeste, à tout le moins, la rupture du nouveau parti avec les acquis et les expériences de la pensée du social dans le syndicalisme et le socialisme français avant 1920.

L'opposition à la politique de « Front unique » détermine les amis de Frossard à en retarder l'application. Dans le « rapport » qu'il adresse avec Cachin à Zinoviev le 15 novembre 1921, Frossard reconnaît qu'il « a été à peu près impossible, au cours de l'année qui s'achève, d'adapter les thèses et les conditions de l'Internationale aux problèmes de l'actualité ouvrière en France. [Le Parti] s'est consacré, d'une façon exclusive, à une besogne ardue de regroupement et d'organisation[19] ». Il bénéficie pour cela de l'appui de la majorité des secrétaires fédéraux du parti, réunis en conférence nationale le 22 janvier 1922. Devant eux, Frossard dénonce très vigoureusement la tactique de l'IC : il réclame pour sa part un « front unique » à l'intérieur du parti et des sanctions contre l'intransigeance de la fraction de « gauche »[20].

Devant ces manœuvres dilatoires, l'IC adresse à Frossard des demandes pressantes pour qu'il vienne s'expliquer à Moscou : il s'y rend une dernière fois au début de juin 1922. Devant le Comité exécutif élargi, le secrétaire du parti français s'avère incapable de contredire les exigences de l'Internationale – centralisation et ouvriérisation de l'appareil de direction, condamnation de la politique d'autonomie syndicale. « Je ne suis pas enthousiaste des résolutions que je rapporte, affirme-t-il à son retour devant la Fédération de la Seine, le 2 juillet. Je les ai combattues, j'ai voté contre. Seulement, je dis qu'à l'heure actuelle, il y a une expérience loyale à faire[21]. » Mais celle-ci s'enlise, là encore, dans les querelles qui reprennent de plus belle avec la fraction de « gauche », bien structurée autour du *Bulletin communiste* et d'un noyau de militants décidés à provoquer une nouvelle scission épuratrice.

Jusqu'à la veille du IIIe Congrès du parti, à la mi-octobre 1922, la tension s'accroît, mais les pourparlers pour l'adoption d'une résolution commune continuent. À Moscou, le 10 novembre 1922, Antoine Ker affirme qu'ils n'ont été rompus qu'une semaine avant le congrès, du fait des exigences de la « gauche » quant à sa « suprématie » dans le parti : elle exige en effet l'éviction de Paul-Louis et de Cachin du Comité directeur et la suppression de la direction personnelle de *L'Humanité*, en échange de la parité dans la désignation des postes de direction[22].

La « gauche », pourtant, est sortie battue des scrutins de chaque congrès national, à Marseille en décembre 1921 et à Paris en octobre 1922. À Tours, on s'en souvient, la direction du nouveau parti avait été négociée entre les tendances du camp de l'adhésion et désignée sans discussion le 30 décembre 1920. Mais le retour à la souveraineté du vote militant est systématiquement défavorable aux figures de la « gauche » : en 1921, Souvarine, pourtant représentant de la SFIC à Moscou, est évincé en raison du style très martial, habilement exploité par Frossard, qu'il adopte dans ses missives moscovites. Puis c'est toute la fraction de « gauche » qui est battue à Paris en octobre 1922*. Après chaque revers, ses représentants décident de démissionner en bloc, et par deux fois ils sont réinstallés par l'Internationale[23]. Mais la situation est désormais intenable : la politique des tendances a naturellement repris ses droits, sans avoir cessé d'être illégitime aux yeux des militants de la « gauche » convaincus de leur vertu et de leurs droits de militants révolutionnaires. La convocation du IVe Congrès de l'IC, du 5 novembre au 5 décembre 1922, permet de mettre un terme définitif à la crise.

Le « grave précédent » de 1922

Le premier geste de l'Internationale est de contraindre la délégation française à revenir sur ses décisions souveraines du congrès d'octobre. Les nominations auxquelles ce dernier a procédé sont annulées et une liste nouvelle de noms est arrêtée, sous la supervision de Trotski : « Il faut décider ici, affirme-t-il au frossardien Marius Paquereaux lors de sa comparution devant la commission française le 27 novembre, pour qu'il n'y ait pas possibilité ensuite de rompre ses engagements[24]. » Le 30 novembre, la commission française du Comité exécutif de l'IC convoque un Conseil national en France pour la mi-janvier 1923, avec pouvoirs de congrès : lors de ce Conseil, réuni le 21 janvier 1923, c'est à la délégation française de défendre elle-même les listes de noms et les thèses de l'IC, adoptées finalement à l'unanimité et sans discussion, en présence du délégué russe Vassil Kolarov[25]. Louis Sellier, cosecrétaire du parti nommé avec Albert Treint à la suite de la démission de Frossard le 1er janvier, rend compte de cette conclusion en termes caractéristiques de la logocratie communiste naissante : « Les résolutions de l'Internatio-

---

* Par 1 698 voix contre 1 516.

nale ont été adoptées à l'unanimité, elles l'ont été, non d'une façon superficielle, ou par l'effet d'une discipline nécessaire, mais par l'expression d'une volonté consciente de l'appliquer loyalement après en avoir bien compris toute la portée politique et révolutionnaire. [...] Les noms proposés pour composer le Comité Directeur et le Conseil d'Administration de *L'Humanité* ont été, sans aucune discussion, approuvés unanimement[26]. »

Le IVe Congrès de l'IC, suivi par le Conseil national de janvier 1923, est bien une date charnière de l'histoire du communisme français : pour la première fois, un congrès communiste « n'élit » pas à proprement parler la direction du parti, mais en entérine la désignation hors et indépendamment de lui par une délégation sans mandat sur laquelle les militants n'ont aucune prise. Pour le député lot-et-garonnais Renaud Jean, membre de la délégation française au IVe Congrès, cette désignation a constitué un « grave précédent[27] » qui va en effet devenir la règle dans la SFIC. Il devait l'écrire à Amédée Dunois en 1928, soulignant par la même occasion la part active prise par la « gauche » dans son propre abaissement après 1924 : « Je considère que notre parti s'est privé de toute possibilité de développement à partir du jour où il a accepté, de fait, l'obéissance passive... Et ce jour-là – c'était au IVe Congrès (octobre-novembre 1922) – la castration dont tu parles fut pratiquée avec le concours de Souvarine et l'appui de... Amédée Dunois[28]. »

À partir de la fin de 1922, les délégations des partis communistes à Moscou ne peuvent plus en effet être investies d'un mandat impératif. De quoi s'agit-il ? Dans la tradition de l'Internationale socialiste d'avant guerre, une délégation n'est pas entièrement libre d'agir : elle est mandatée pour voter et discuter sur des questions précises. Lors du Ier Congrès de l'IC, en mars 1919, la délégation spartakiste menée par Hugo Eberlein a ainsi été mandatée par Rosa Luxemburg pour refuser la création immédiate du Komintern : malgré son désaccord personnel avec cette décision, Eberlein s'est abstenu lors du vote du 3 mars[29]. Si les délégations des partis adhérents avaient continué à recevoir des mandats impératifs, elles auraient conservé une grande liberté de critique des décisions de l'IC.

La question s'est posée concrètement au IVe Congrès, à propos du mandat que Constant Delplanque, délégué de la tendance d'extrême gauche Heine-Lavergne, aurait reçu pour « s'abstenir sur toutes les questions » et « ne prendre aucun engagement. » Trotski, le 10 novembre 1922, s'insurge contre ces propos et réclame la suppression pure et simple du principe du mandat impératif, entérinée par la résolution sur la question française adoptée à l'issue du congrès : « Les principes du centralisme démocratique qui sont à la base des organisations communistes excluent radicalement la possibilité de mandats impératifs, qu'il s'agisse de congrès fédéraux, nationaux ou internationaux. Les congrès n'ont de sens que dans la mesure où les décisions collectives des organisations [...] sont élaborées par le libre examen et la décision de tous les délégués. Il est tout à fait évident que les discussions, l'échange des expériences et des arguments de chacun dans un congrès seraient dépourvus de sens si les délégués étaient liés d'avance par des mandats impératifs[30]. » Cette réforme discrète mais capitale est d'une grande portée : à partir de 1922, sous couvert de la consécration de la « libre discussion », les délégations étrangères sont dépouillées de toute représentativité. Elles sont désormais conçues pour écouter plutôt que pour se faire entendre.

Cette transformation renforce considérablement le rôle des Russes au sein de l'IC : dès juillet 1920, il est vrai, Frossard avait pu constater que les bolcheviks dominaient l'Internationale de « tout leur ascendant personnel » : « Au fond, au deuxième Congrès, il y a les Russes et il n'y a guère que les Russes[31]. » La suppression des délégations mandatées renforce cette prééminence : le silence qu'elle organise autour des modes de prise de décision à Moscou dissimule sous une prétendue « liberté de discussion » la centralisation croissante du pouvoir dans un nombre réduit d'institutions.

L'autre conséquence de la disparition du principe du mandat impératif, c'est l'abolition *de facto* du droit d'appel aux sentences d'exclusion prononcées par l'IC en vertu de l'article 9 de ses statuts. Le Komintern, en effet, s'est réservé le droit d'exclure directement un militant ou un groupe de militants indisciplinés, avec ou sans l'assentiment de la section nationale concernée. Il est prévu en principe de réserver un droit d'appel de cette sentence devant l'assemblée plénière de l'IC. Mais comment faire, s'il est impossible de mandater en ce sens un ou plusieurs membres d'une délégation ? Dans sa réponse à la « lettre » de Pierre Monatte, Alfred Rosmer et Victor Delagarde, diffusée en 1924 à l'ensemble du parti pour se justifier de leur attitude de défiance et protester contre l'exclusion de Souvarine, le Bureau politique entérine clairement cette conséquence : « Dire que la délégation française n'avait pas le droit de voter l'exclusion de Souvarine, parce qu'elle n'en avait pas reçu le mandat du Parti, c'est vouloir rétablir le mandat impératif et se mettre en contradiction avec les décisions de l'Internationale approuvées à maintes reprises par le parti français[32]. » Seule la stature de Souvarine au sein de l'IC lui a permis de se défendre, d'ailleurs sans succès, devant les plus hautes instances de celle-ci.

La nouvelle camaraderie communiste

Le « style de parole » communiste

Frossard et ses protégés de la prétendue « droite » du parti – Raoul Verfeuil, Victor Méric, Henri Fabre – se sont opposés aux innovations inspirées par l'IC et ont tenté de préserver ce que Trotski désigne avec ironie comme le « droit du parti de disposer de lui-même[33] ». Autonomie des sections nationales, ouverture aux militants de la gauche intellectuelle, séparation au sein du parti entre un pouvoir administratif et un pouvoir judiciaire incarné par une Commission des conflits indépendante : ces dispositions, que Frossard considère comme des acquis du droit coutumier des organisations ouvrières françaises, volent en éclats sous la pression conjointe de l'IC et de la « gauche ».

Son entourage n'est donc pas seulement hostile au double langage du Front unique : il se refuse à adopter, en vérité, le « style de parole » bolchevique que les leaders de la « gauche » ont érigé en nouveau mode de camaraderie militante. En juillet 1920, Cachin et Frossard avaient semblé s'accommoder de ces « brutalités nécessaires » : Cachin, d'ailleurs, le répète à Tours. Mais certains membres de l'ancienne minorité de guerre, comme Georges Pioch, se scandalisent des critiques virulentes de l'Internationale dont Souvarine s'est fait le porteur. Après la démission collective des membres de la « gauche » qui suit la non-réélection de ce dernier comme délégué français à Moscou, Pioch énonce les raisons de cette rebuffade significative : « Les camarades qui se sont prononcés contre lui, dit-il à Loriot, ont voulu que dans le communisme il y ait à la base certaines vertus qui ont leur prix et leur agrément. [...] Les membres du Parti vous ont donné la discipline, mais ne vous ont pas juré la soumission. [*Applaudissements.*][34] » Ferdinand Faure, exclu de la SFIC après le IVe Congrès de l'IC, s'est lui aussi scandalisé des insultes des néo-communistes : « Nous avons rompu des amitiés bien chères et nous ne sommes pas de ceux qui permettent à des camarades, sans émettre la protestation qui s'impose, de jeter la pierre à ceux au dévouement de qui le parti doit tant. [...] Il n'est pas vrai de dire que le parti socialiste est devenu le dépotoir du socialisme[35]. » La violence verbale avec laquelle est liquidée l'ancienne solidarité de la minorité de guerre heurte la sensibilité de militants confrontés aux pratiques promues par la « gauche ».

Ce style de parole est en effet introduit par des militants qui, par tempérament, par expérience ou par formation, sont hostiles au socialisme français d'avant guerre. Certains, comme Suzanne Girault ou Boris Souvarine, ont entretenu, avant comme après 1920, un contact prolongé avec les bolcheviks en Russie ; d'autres, « nés de la guerre » comme Albert Treint, y voient un instrument de rupture définitive avec le « social-patriotisme » de 1914 et une parenté avec un style martial incorporé pendant le conflit. La « rupture des amitiés » est une manière positive de se conformer au modèle bolchevique, de s'endurcir délibérément dans la tâche ardue de préparation de la révolution et de liquider les réminiscences de l'esprit social-démocrate d'avant guerre. La « franchise » et l'« absence de formes » dans la critique des erreurs et de l'action politique du parti, comme l'adoption délibérée d'une nouvelle « camaraderie de parti » qui devait suppléer à la suppression de la représentation des tendances, recouvrent une pédagogie de soi et de l'être révolutionnaire caractéristique du communisme : elle ouvre la voie à des pratiques militantes inédites dans le mouvement ouvrier français, qui puisent leur légitimité dans la nécessité de combler un vide politique, conformément aux nouveaux principes de vie révolutionnaires destinés à régénérer le socialisme français d'avant guerre.

Ce « style » permet en effet de consolider progressivement le sanctuaire communiste par l'élaboration d'un entre-soi révolutionnaire fondé sur la « franchise ». Dans une lettre privée adressée à Louis Sellier – alors cosecrétaire du parti – en juin 1923, Souvarine s'attache à en démontrer la vertu : « N'oubliez pas que le plus difficile n'est pas de combattre ses ennemis, mais de s'en prendre à ses amis les plus proches. Vous devez faire vis-à-vis de Cachin ce que je ferai vis-à-vis de Treint, ce que j'ai toujours fait vis-à-vis des meilleurs camarades quand ils se trompaient. À cette condition seulement nous aurons un Parti capable de prétendre à la prise du pouvoir et non à quelques succès électoraux. Si vous continuez à subordonner l'intérêt du Parti aux amitiés et à la camaraderie, vous préparez au mouvement de terribles difficultés[36]. » Avec une condescendance inouïe, Souvarine s'adresse « en communiste » à ceux qu'il considère comme ses égaux en dignité révolutionnaire, ce qui ne manque pas de susciter à son égard un ressentiment non seulement des hommes du « centre », mais aussi de la « gauche ».

Souvarine est, de ce fait, l'un des premiers codificateurs du langage inquisitorial communiste en France, parce qu'il en est l'un des premiers traducteurs. Sa manière très personnelle d'exprimer les exigences concrètes du style de vie ascétique qu'il s'impose reflète les tâtonnements d'une logocratie qui n'est pas encore rationalisée en formules et en rites stéréotypés. Ce travail volontaire d'appropriation et de transfert est à ses yeux une source majeure de légitimité révolutionnaire pour les anciens militants du Comité de la IIIe Internationale.

> [Après novembre 1919], écrit-il ainsi à Zinoviev en 1921, le noyau du Comité de la IIIe Internationale grossit, de jeunes militants, écrivains ou orateurs, formèrent une petite phalange de propagandistes qui se mit au travail. [...] [À l'issue du congrès de Strasbourg], nous eûmes très nettement conscience d'être la force réelle du Parti et d'être à la veille d'en changer radicalement l'orientation, d'en prendre la direction. [...] [Le *Bulletin communiste*] a été le canal indispensable grâce auquel nous avons littéralement révélé au milieu socialiste français l'abondante et riche littérature communiste et internationale qu'il ignorait. [...] Notre fraction a manqué de théoriciens et de leaders connus ; elle a manqué par suite d'une brillante expression de sa thèse, mais elle n'a jamais manqué de netteté et de fermeté[37].

Cette « franchise » de rigueur dans le cercle fermé des hommes de confiance du parti sera revendiquée dans des termes presque identiques par Suzanne Girault et Albert Treint lorsqu'en 1924 ils mèneront l'offensive contre Souvarine : « Tant qu'un camarade est dans la bonne voie, qu'il suit la ligne politique communiste, nous avons pour ce camarade de la déférence, de la cordialité et de la justice. Mais le jour où ce camarade se trompe, où malgré son passé, ses antécédents, il risque d'entraîner ses camarades de combat dans une voie fausse, la justice exige qu'on se dresse contre ce camarade[38]. » À la fin des années 1920, ce mode de « critique franche et amicale » des déviations est devenu la marque distinctive de la pédagogie militante communiste. L'instauration d'un nouveau type de camaraderie est le vecteur par lequel s'impose en France tout un arsenal de pratiques et de valeurs constitutives de l'*ethos* communiste.

Le problème de la délégation française à Moscou

Le cumul de ses mandats internationaux – comme délégué du parti et membre de la direction de l'IC – offre à Souvarine un pouvoir que même ses camarades de la « gauche » ne sont pas disposés à lui reconnaître. Depuis l'été 1921, il est membre du Comité exécutif de l'IC, de son Præsidium et de son secrétariat – toutes fonctions dont il sera dépouillé en 1924. Son autorité, de ce fait, est potentiellement supérieure à celle du secrétaire général du parti, au cas où une « question de principes » viendrait à être posée.

Ce conflit éclate à l'automne 1921, lorsque Frossard le rappelle plusieurs fois à l'ordre afin de le contraindre à témoigner plus de déférence envers la direction du parti français. En novembre, devant les polémiques qui opposent Victor Méric, dans le *Journal du peuple*, et Souvarine, dans le *Bulletin communiste*, Charles Rappoport et Antoine Ker ont demandé que soient précisées les attributions de la fonction de délégué à l'Exécutif[39]. Instituée dans le vide statutaire le plus complet, cette fonction a propulsé l'ancien leader du Comité de la IIIe Internationale au sommet de l'IC. Un premier rappel à l'ordre lui est signifié par Frossard et Loriot : la démarche associe sans surprise deux des principaux représentants des fractions en présence dans la SFIC. Pour Frossard, dans la mesure où le délégué français à l'Exécutif est mandaté en principe par le parti français, il ne saurait attaquer ses membres en toute liberté. Ses décisions et ses actes doivent être approuvés et contrôlés par le Comité directeur (CD), instance de direction souveraine de la SFIC, avant d'être présentés à l'IC.

C'est dans cet esprit qu'est rédigée la résolution du CD du 11 novembre 1921, adoptée à l'unanimité : « Pour les questions qui intéressent la gestion des affaires du Parti français, le représentant de ce parti ne peut faire des propositions sans en avoir référé au Comité Directeur[40]. » L'envoi d'Émile Bestel à Moscou au nom du « centre » pour contrebalancer l'influence de Souvarine ne résout pas la crise, au contraire : « Il ne faut pas oublier, conclut en effet Bestel, que l'Exécutif est la plus haute instance de l'Internationale : à Tours, on a tout de même accepté le principe du centralisme. [...] [Selon l'Exécutif], on ne peut pas diminuer l'autorité morale du délégué français en face des délégués des autres pays qui ont les mêmes attributions[41]. » Pour Souvarine, en tout cas, il ne saurait y avoir de divergences sur les « questions primordiales » entre le parti et son représentant à Moscou. La polémique entre le parti et sa délégation n'a donc pas lieu d'être : si elle éclate malgré tout, c'est qu'elle remet en cause ces « principes » dont relèvent les questions de discipline et sur lesquels nul membre de l'Internationale ne saurait déroger. Il est très clair, dans son esprit, que le délégué à l'Exécutif est autant le représentant légitime de son parti qu'un homme de confiance de l'IC chargé d'en défendre et d'en expliquer la « ligne » – deux missions inconciliables dès lors qu'existent des divergences entre eux.

L'Exécutif, devant l'ampleur menaçante du conflit, est contraint de prendre des mesures. Sa définition des « droits » des délégués est cependant très vague : « L'Exécutif est d'avis que les représentants doivent être changés deux ou trois fois par année, afin qu'ils gardent un meilleur contact avec le Parti. Si le représentant en question n'exprime pas la pensée de son parti dans les questions importantes, le Parti peut et doit rappeler son représentant. Mais tant que cela ne se produit pas, le représentant doit avoir un plein droit à présenter librement ses propositions à l'Exécutif[42]. » Malgré cette mise au point, les procédures précises de détermination de cette « expression » et de son contrôle, de même que les modalités du rappel de son délégué – faut-il un vote de congrès ou un vote du CD ? – demeurent dans le flou le plus complet.

C'est donc la pratique de l'IC qui s'impose à la faveur de cette lacune des statuts. D'une part, par une lettre du 8 décembre 1921 du secrétariat de l'IC, les « relations officielles » entre le parti et l'IC sont confiées au Bureau pour l'Europe occidentale de Jules Humbert-Droz, qui dans son mandat a reçu de Zinoviev « les pleins pouvoirs pour intervenir dans le sens des décisions du Comité exécutif concernant la France[43] ». L'apparition d'une institution intermédiaire – les « bureaux » régionaux placés entre les sections nationales et l'Internationale[44] – permet de résoudre le conflit tout en resserrant l'emprise de l'IC sur les partis qui y adhèrent. Reconnaissant l'existence d'un vice de procédure, l'Internationale décide de surcroit que « les lettres signées de Boris Souvarine ne présenteront […] plus le caractère de l'Exécutif et ne seront que les lettres du représentant de la France à son parti[45] ». Mais d'autre part, lorsque Souvarine, désavoué par le congrès de Marseille, démissionne de son poste le 9 janvier 1922, il est maintenu en place par décision de l'IC : la rotation prévue n'aura pas lieu, sous la pression des circonstances. Finalement, après le IVe Congrès à la fin de 1922, l'« accord » de l'IC est indispensable pour nommer à Moscou des militants « proposés » par la section française. C'est ainsi qu'Albert Treint sera désigné comme délégué à l'IC à l'issue du congrès de Lyon, en janvier 1924, malgré les vives protestations de Souvarine.

Les principales innovations pratiques caractéristiques du communisme sont donc introduites dans un climat d'affrontement politique qui en favorise l'appropriation par les groupes prosélytes de la « gauche ». Dès 1921, Souvarine n'a en fait cessé de guetter les signes de « redressement » du parti devant la « stérilisation » de son action par les hommes du « centre ». « La fraction Cachin-

Frossard a gardé ses habitudes de compromis, de temporisation, de diplomatie, qui nuisent gravement à l'action du Parti. [...] Au lieu de clarifier la situation aux yeux des masses, elle l'a obscurcie en se montrant solidaire des centristes de droite [sic], en faisant des efforts désespérés pour sauvegarder une unité néfaste[46]. » C'est pourquoi Souvarine se réjouit que le blâme infligé le 8 novembre 1921 à Victor Méric par la direction du parti en raison de ses indisciplines soit la « première manifestation de ressaisissement du Comité Directeur[47] ».

Sa prise de position lors du débat du 26 septembre 1922 au Comité directeur sur l'exclusion de Verfeuil est caractéristique. Avec le soutien de la gauche et des Jeunesses communistes, représentées par Maurice Laporte, il défend la décision d'exclusion anticipée du Comité fédéral de la Seine, qui place le Comité directeur en porte à faux : doit-il résister à la décision d'un échelon subalterne, mais tout-puissant dans le parti par le nombre de ses militants, ou se soumettre à un acte qu'il désapprouve et qui lui est hostile ?

> Souvarine, signale le compte rendu, fait observer que le Comité fédéral n'a pas entendu statuer souverainement. Nul ne conteste au Comité Directeur le droit d'infirmer le jugement rendu par la Fédération de la Seine. Mais cette fédération a agi sagement en négligeant de s'arrêter à des considérations de forme. Elle a accompli un acte politique qui s'imposait et que le CD a le devoir de ratifier. [...] Souvarine fait observer que dans l'état actuel des choses, les statuts ne peuvent malheureusement qu'être une arme politique dont la majorité se sert contre la minorité [de gauche]. Il ne croit pas, dans ces conditions, qu'il convienne d'attacher une importance exagérée aux formalités statutaires. Il signale que, même exclu, Verfeuil pourra en usant de son droit d'appel, se faire entendre par le congrès[48].

Malgré la résistance de Frossard, le Comité directeur est informé par l'IC le 10 octobre qu'elle ne considère plus Verfeuil comme membre du parti[49]. Sans le prosélytisme ascétique de la gauche issue du Comité de la IIIe Internationale, les innovations statutaires et les pratiques inquisitoriales de l'IC n'auraient pu s'imposer au sein du parti français. C'est la raison pour laquelle, d'ailleurs, l'Internationale n'a cessé de soutenir la « gauche », condamnant formellement le « centre » à l'issue du IVe Congrès en décembre 1922. La mise en cause répétée de sa prééminence l'a contrainte à prendre parti pour briser la résistance des récalcitrants et bénéficier d'un point d'appui dans la SFIC.

Communisme et franc-maçonnerie :
l'épisode de la « vingt-deuxième condition »

La « vingt-deuxième condition » existe-t-elle ?

L'exhumation par Trotski d'une « vingt-deuxième condition » relative à l'exclusion des francs-maçons et des membres de la Ligue des droits de l'homme (LDH) est une péripétie dans l'histoire du parti communiste : soulevée sans préavis lors du IVe Congrès de l'IC, le 21 novembre 1922, elle inaugure pendant quelques mois une « chasse » aux francs-maçons et aux ligueurs finalement conclue par une amnistie proposée à l'IC par Jules Humbert-Droz, en accord avec Vassil Kolarov, dans son rapport du 21 avril 1923 : « Je crois qu'une amnistie pour les anciens maçons serait utile : ceux qui sont rentrés au parti et ont subi déjà une partie de leur peine ont prouvé leur attachement au parti et à l'Internationale. J'en avais parlé avec Kolarov en janvier qui était d'accord. Si elle est jugée trop hâtive maintenant, elle pourrait intervenir dans quelques mois[50]. » L'affaire a permis d'ériger un nouvel interdit autour du parti, sans le nettoyer de fond en comble : il restera donc des militants communistes, libres-penseurs et maçons, ménagés, tolérés ou ignorés, mais l'incompatibilité réciproque des deux univers est définitivement affirmée.

La disposition prise envers les francs-maçons communistes est en effet particulièrement dure : elle exige la démission immédiate des militants des loges et des sections de la Ligue et leur inflige deux ans d'exclusion des postes responsables du parti[51]. Cette exclusive n'est pas sans conséquence, pour une organisation régulièrement frappée par la répression gouvernementale. Au sein de la magistrature, les appuis francs-maçons ont été utiles dans le jugement de l'affaire du « complot » contre Souvarine en 1921, lors de la campagne en faveur d'André Marty finalement libéré en 1923 ou à l'occasion du procès de Jacques Sadoul à son retour en France au milieu des années 1920[52].

Le recours à la « vingt-deuxième condition » à des fins épuratoires pose à nouveau des problèmes statutaires et politiques majeurs. Lorsque *Le Populaire* de Longuet a révélé, le 4 novembre 1920[53], l'existence d'une « vingt-deuxième condition », *L'Humanité* s'est inscrite en faux contre cette affirmation. Renaud Jean, pour combattre l'initiative de l'IC, l'a bien rappelé au IVe Congrès, le 30 novembre 1922 : « Les militants [...] fouilleront leur mémoire et se souviendront qu'en effet, *Le Populaire* a parlé d'une vingt-deuxième condition, mais que *L'Humanité* a démenti formellement, et voilà des hommes qui diront : mais *L'Humanité* ment[54] ! »

En décembre 1922, l'IC affirme que le IIe Congrès a adopté une « résolution séparée » sur l'interdiction d'appartenance à la franc-maçonnerie[55]. C'est vrai : le rapport sténographique du IIe congrès rappelle que le 30 juillet Henri Guilbeaux a mis aux voix la résolution italienne défendue par Graziadei et Serrati relative à la franc-maçonnerie, adoptée à l'unanimité[56]. Les Italiens ont été en pointe du combat antimaçon puisqu'ils ont interdit la double appartenance au sein du PSI lors du congrès d'Ancône, en août 1914. Cependant, cette résolution stipule bien qu'il s'agit d'« interdire aux communistes l'entrée » dans la franc-maçonnerie, selon les termes de Serrati du 23 juillet, et d'« empêcher que ses membres [n']adhèrent à la franc-maçonnerie » selon l'amendement Graziadei du 29 juillet[57]. Mais elle ne précise pas, naturellement, la conduite à tenir après la scission à l'égard des communistes qui sont déjà francs-maçons. Cette résolution a par ailleurs été adoptée le 30 juillet 1920, en l'absence de Cachin et Frossard repartis vers Paris : elle n'était donc pas considérée par les deux hommes comme une « condition », bien qu'ils aient eu connaissance des débats qui ont précédé son adoption lors de leur séjour[58].

Pour les Français, la décision de l'IC est une surprise, mais la rumeur a couru. Antoine Ker, dans son intervention qui suit la révélation de la résolution Trotski, reconnaît qu'il « savait avant de quitter Paris que la question serait posée » : « Des camarades sont venus me dire : on va te posséder sur la question de la franc-maçonnerie et d'autres m'ont dit : il fallait donner ta démission mais j'ai estimé que ce n'était pas un procédé à employer pour esquiver une discussion[59]. » Comment, dès lors, expliquer sa « stupeur » à Moscou ? Puisqu'il est la principale victime directe de l'arbitraire de l'IC, son explication peut surtout tenir lieu de justification. D'autres délégués français, comme Marius Paquereaux, sont en effet pris au dépourvu : « La résolution était votée, explique-t-il, résolution que j'ignorais, d'ailleurs, comme la plupart des membres de la délégation. On nous a donné lecture de cette résolution qui n'a pas été communiquée au Parti français au moment où elle aurait dû l'être[60]. » Les proches de Frossard eux-mêmes ont donc la mémoire courte.

C'est Souvarine qui s'est chargé du montage du dossier antimaçon pour le IVe Congrès[61]. Il s'est efforcé, en particulier, de démontrer à la délégation française l'antécédence et la résurgence de la question maçonnique dans le parti à la fin de l'été 1922. Il affirme ainsi que la « vingt-deuxième condition » avait été posée dans le Comité de la IIIe Internationale alors qu'il était emprisonné à la Santé avant le congrès de Tours : « Dès ce moment-là, au Comité de la IIIe Internationale, nous avons convenu que ceux d'entre nous qui appartenaient à la franc-maçonnerie devaient en sortir et qu'en tout cas, comme nous n'avions aucune autorité pour leur imposer d'en sortir, nous ne présenterions pas de francs-maçons au Comité directeur⁶². » Cette histoire rétrospective présentée par Souvarine n'est pas confirmée par d'autres sources : il peut s'agir d'une légende pieuse destinée à démontrer l'exemplarité vertueuse de la « gauche ». La présence marginale de maçons en son sein lui permet de s'aligner à moindres frais sur les consignes de l'IC, d'autant qu'elles visent des militants qui, à l'exception d'Antoine Ker, ont déjà pris leurs distances avec le parti : Antonio Coen, l'avocat de Souvarine lors du procès du « complot » en 1921, l'ancien minoritaire Pierre Dumas, secrétaire fédéral de la région lyonnaise en 1921, ou Oscar Bloch, ancien membre de la Commission des conflits. Coen, en compagnie de Louis Ripert, se rend d'ailleurs en délégation au Comité directeur le 21 décembre 1922 pour en obtenir des apaisements, sans succès⁶³. Tous ont quitté la SFIC au début de 1923*. Souvarine peut donc affirmer ingénument que « ceux qui avaient promis, il y a deux ans, de sortir de la maçonnerie ne l'ont pas fait » : « C'est moi qui ai fait les démarches pour obtenir leur engagement de quitter la maçonnerie. Cet engagement a été pris. Nous n'avons pas eu l'autorité nécessaire pour l'imposer. [...] Nous avons été dans ces circonstances comme dans bien d'autres, trop bons garçons⁶⁴. » La critique sommaire de son manque de vigilance justifie la présence active de la « gauche » en pointe du combat antimaçon.

Pour expliquer le rôle de Souvarine, les services de police ont défendu la thèse de la vengeance de tendance à l'égard d'Antoine Ker, qui a déserté la gauche⁶⁵. Mais les motivations de Souvarine sont sans doute idéologiques et politiques : idéologiques, parce qu'il considère la franc-maçonnerie comme une institution parasitaire de la bourgeoisie et un instrument de corruption des élites révolutionnaires aux mains de la gauche dreyfusarde : « Son

---

* Antonio Coen restera après son départ l'un des avocats de la CGTU et du Secours rouge international (SRI), malgré les responsabilités importantes qu'il exerce dans la loge parisienne « Jean Jaurès » du Grand Orient.

activité, écrit-il, a toujours été étroitement liée au développement de la bourgeoisie, dont elle est l'expression idéologique. [...] Après l'affaire Dreyfus, le nom de franc-maçonnerie est devenu synonyme d'arrivisme[66]. » Politiques, parce qu'il sait aussi que ces mesures disciplinaires lui offrent une arme idéale contre la tendance du centre dont il réclame à mots couverts l'éviction au IVe Congrès.

Le cas Antoine Ker

Contre la « franc-cochonnerie », selon l'expression de Zinoviev[67], l'IC mène une politique qui s'appuie sur la « gauche » sans toutefois s'identifier à ses buts. Trotski, qui s'était intéressé à la fin du XIXe siècle à cette « étrange mascarade[68] », veut s'épargner à tout prix un « cas Ker », analogue au « cas Fabre » qui a empoisonné la SFIC quelques mois plus tôt : « Pour éviter un "cas Ker", écrit-il, il faut une déclaration politique de grande envergure sur la nécessité de sortir de la franc-maçonnerie et que [Ker] devienne ainsi l'auteur de la décision et non pas la victime[69]. » À l'instar de l'affaire Fabre[70], l'imposition de la « vingt-deuxième condition » participe de la nouvelle pédagogie de l'autocontrôle communiste, souvent qualifiée dans les textes de l'IC de « discipline librement consentie » : les exclusions ne doivent pas être imposées du dehors, mais relever de la propre initiative de la SFIC. Trotski l'évoque dans un propos de table de congrès le 21 novembre 1922 : « L'exclusion de Fabre, qu'est-ce que c'était ? Je le disais hier soir à quelques camarades français, dans un entretien privé, c'était le sacrifice apporté sur l'autel de l'Internationale. On apporte le bœuf. [*Rires.*] C'est tout à fait cela, encore que la chair de Fabre soit moins précieuse. On l'apporte sur l'autel de l'Internationale et l'on dit : c'est pour l'Internationale que nous le faisons[71]. »

Contre la « machine d'enveloppement révolutionnaire » maçonnique, l'IC a décidé de recourir à des « méthodes chirurgicales » pour « secouer le dessus du panier du

Parti » : « La franc-maçonnerie, c'est une question qui va engager la crème du parti, les fonctionnaires parlementaires, rédacteurs, etc.[72] » Ce nettoyage des cadres gangrenés par les pratiques sociales-démocrates nécessite d'élever le cas Ker en exemple à suivre : Trotski insiste avec une grande habileté auprès de ce dernier pour obtenir une « déclaration spontanée d'un camarade qui après avoir commis une faute prenait l'initiative d'épurer le parti des francs-maçons[73] ». La manœuvre est réussie : Ker démissionne de la franc-maçonnerie à son retour en France. L'exemplarité de son geste est d'autant plus surprenante qu'elle a été contrôlée étroitement à Paris par Jules Humbert-Droz, membre d'une loge de 1911 à 1928[74], et qu'elle est destinée à rompre la cohérence du groupe des amis francs-maçons de Frossard, alors que lui-même ne sera pas « frère » avant 1926[75] !

La soumission complète de Ker n'est pas le moindre des succès de la stratégie de l'IC. Dans sa déclaration du 1ᵉʳ décembre 1922, celui-ci avoue être demeuré maçon « par inertie » et renonce à son siège au Comité directeur, malgré son maintien à la rubrique « Vie économique et sociale » de *L'Humanité*[76]. Cet enseignant de 36 ans, sorti lieutenant décoré d'une longue guerre de cinquante-deux mois, avait, semble-t-il, dédaigné les avances de l'armée pour se consacrer au militantisme socialiste à l'égard duquel sa dépendance affective est renforcée par le caractère familial de son engagement : sa belle-sœur et son épouse Madeleine, en charge du *Bulletin de la presse communiste*, sont inscrites au parti. Sa conception sacrificielle du militantisme partisan l'incite à préférer le parti à la loge, parce qu'il lui offre une communauté d'appartenance plus solide.

L'« exemple » de Ker a-t-il suscité des vocations ? Il est difficile de le savoir, puisque l'influence maçonnique au sein de la SFIC est presque impossible à mesurer. Ker estime le nombre de maçons communistes à environ un millier, dont plusieurs centaines à Paris[77]. La franc-maçonnerie française, en 1922, n'est pas encore remise de ses blessures de la guerre. Elle peut être localement forte : Henri Sellier ou André Morizet, maires respectifs de Suresnes et de Boulogne-Billancourt, en sont membres et ils quittent le parti dans les semaines qui suivent le IVe Congrès. Mais leur geste est le fruit d'une accumulation de malentendus et de conflits d'intérêts suscités par leur situation d'élus municipaux. Cependant, certaines fédérations comme la Marne, la Drôme ou les Basses-Alpes sont sévèrement touchées[78]. Quant à l'interdiction d'appartenance à la LDH, elle a sans doute pesé plus lourd : selon Jean Dormoy et Marius Paquereaux, entre 50 et 80 % du parti y appartiendraient[79] ! La résolution de Trotski a donc suscité un large mouvement de démissions du parti. Qu'en est-il, à l'inverse, des ruptures avec la franc-maçonnerie à la fin de 1922 ? Il est encore plus difficile de le savoir. Il est possible d'égrener quelques noms, comme Maurice Brançon, Laurent Rozières, Frédéric Stackelberg et surtout André Marty. Certains militants ont sans doute fait profil bas, protégés par le secret relatif d'une affiliation que l'enquête diligentée par Vassil Kolarov[80] ne suffit pas à rompre. Mais le solde de la crise est à l'évidence au désavantage du parti communiste.

Renaud Jean devant le IVe Congrès de l'IC

L'adhésion à la franc-maçonnerie et à la LDH est un héritage du socialisme d'avant guerre : elle signe l'appartenance à un milieu militant laïque et constitue une solide matrice d'adhésion au socialisme organisé[81]. C'est pourquoi certains militants se sont fortement opposés à la « vingt-deuxième condition », comme le député lot-et-garonnais Renaud Jean, qui devait confier plus tard qu'il était « sans la moindre illusion sur l'utilité de [ses] interventions[82] ». Délégué à Moscou au IVe Congrès, Renaud Jean s'est heurté de front à Trotski, à tel point que ce dernier lui a retiré son droit de parole après que le député français a quitté la salle en compagnie de Ferdinand Faure et Jean Dormoy. Ceux-ci, cependant, sont exclus ou démissionnaires du parti avant mars 1923 alors que le député du Lot-et-Garonne peut s'abriter derrière un mandat paysan indispensable à la SFIC.

Les arguments que Renaud Jean oppose aux bolcheviks russes ne sont pas sans force : à ses yeux, en effet, les militants de province adhèrent à la franc-maçonnerie « par tradition » mais viennent au parti « par affinité ». L'affiliation maçonnique n'est donc pas plus de la « collaboration de classe », comme le prétend Manouilski, que le fait d'« aller au café[83] » ! Renaud Jean se défie des efforts entrepris par l'IC et le parti pour combattre l'« indiscipline quotidienne » contre laquelle aucun dispositif disciplinaire, si élaboré soit-il, n'est efficace. Ce combat est vain parce que l'aristocratie de parti et les petites compromissions journalières ne peuvent être supprimées : « Le mal est en moi, dit-il, comme en Souvarine, en Vaillant-Couturier, en Treint[84]. » Le déracinement de la « social-démocratie » réclame pourtant de labourer profondément le vieil humus socialiste et laïque sur lequel a prospéré la gauche avant 1914.

C'est pourquoi le règlement de la question a dû s'accommoder de certaines réalités politiques. Ainsi du secrétaire fédéral de l'Eure-et-Loir, Charles-Émile Duval, fils d'une couturière et d'un fileur républicain, devenu marchand forain par « goût de l'indépendance » : avant la guerre, ce petit patron libre-penseur avait créé la section de la LDH et le Comité de libre-pensée de Châteaudun. Mobilisé à 42 ans dans la Territoriale, il adhère à l'ARAC après la guerre et prend la tête de la fédération communiste d'Eure-et-Loir, mais sa qualité de franc-maçon menace directement sa fonction. Conscient des conséquences d'une éventuelle exclusion, le Comité directeur décide dans sa séance du 22 janvier 1923 de le maintenir en poste « à titre provisoire et exceptionnel[85] ». Ce traitement de faveur ne profite pas cependant à d'autres cadres, écartés comme un certain Leriche, membre de la commission coloniale du Comité directeur, contraint à la démission le 23 février 1923. Les militants souvent dépourvus de mandat sont écartés au profit des notables et des personnalités indispensables dans les batailles politiques locales.

Les mesures antimaçonniques accompagnent enfin les prémices de la politique d'ouvriérisation volontaire des cadres du parti lancée au IVe Congrès. Si les instruments pour la mettre en œuvre sont encore sommaires à la fin de 1922 – il est en effet décidé arbitrairement que les listes électorales présentées par le parti devront être composées au 9/10 par des candidatures ouvrières –, l'antimaçonnisme vient renforcer l'ouvriérisme communiste :

> Il faut montrer à la classe ouvrière, affirme ainsi Trotski, qu'on l'a jusque-là trompée et que les différents partis se sont servis d'elle comme d'un tremplin pour faire un bond de carrière. [...] Ce sont ses représentants les plus purs, les plus adéquats qu'il faut introduire dans le parlement, naturellement en les complétant par des camarades dévoués et sûrs qui ont une certaine instruction. [...] Du moment où quelque chose change radicalement dans le parti communiste, où il devient un parti d'une autre manière que les autres et où les ouvriers peuvent voir en lui plus qu'un parti, mais la préparation de la révolution prolétarienne, on peut prédire que les dissidents [de la SFIO] sont morts, qu'ils n'existent plus, de même que les réformistes de la CGT[86].

Comment cette sélection doit-elle être mise en œuvre ? Par une « vérification minutieuse de leurs antécédents politiques, de leurs relations sociales, de leur fidélité et de leur dévouement à la classe ouvrière[87] ».

La politique de « vérification » des cadres qui devait s'épanouir dans les années 1930 a donc commencé par la promotion de candidats ouvriers. Les mesures antimaçonniques complètent le dispositif partidaire destiné à lutter contre « l'arrivisme et le carriérisme » qui caractérise l'*ethos* communiste et prolonge le refus de parvenir de certaines tendances du mouvement ouvrier français d'avant guerre. Elles doivent aussi combattre le « lagardellisme* » congénital des Français qui les pousse à vouloir faire la révolution « en dehors du parti », en particulier dans les syndicats[88].

À Moscou, Renaud Jean ne s'est pas privé non plus de critiquer ces innovations, même si l'ouvriérisation des cadres est une initiative qui lui paraît opportune, dans la mesure où elle est adaptée à « l'élite du prolétariat français, [...] composée de gens qui sont allés à l'école jusqu'à dix ou douze ans[89] ». De fait, de nombreux cadres communistes sont munis de cette « agrégation du pauvre » qu'est le certificat d'études, dont la possession s'accompagne souvent d'un sentiment aigu de déclassement, leur diplôme leur donnant à entrevoir qu'ils pourraient quitter leur classe d'origine[90]. Le futur cadre communiste Albert Vassart l'a exprimé d'une manière transparente en 1924 : « J'avais obtenu [...] entre 10 et 11 ans le certificat d'études et c'est de ce moment que date ma première désillusion et ma première révolte. [...] Malgré [une grande] différence dans la capacité d'étudier, je quittai à douze ans l'école tandis que l'enfant du directeur [de l'usine locale] entrait au collège. L'absurdité d'une telle sélection me frappa vivement, mais vivant dans un milieu résigné à subir n'importe quelle injustice, j'oubliai assez rapidement cette révolte et entrai à l'usine[91]. »

Aux yeux de Renaud Jean, cependant, il est difficile de mesurer avec exactitude le degré « ouvrier » des représentants du parti, dès lors que lui-même se considère comme un « petit-bourgeois paysan » enrichi par le métier politique[92]. Le prolétaire devenu secrétaire fédéral appointé ou député pendant quatre ou huit ans fait-il partie des 10 % d'intellectuels de « profession libérale » autorisés à se représenter sur les listes du parti ? Dans l'esprit du député com-

---

* En 1908, Hubert Lagardelle s'était opposé à Jaurès lors du congrès de Toulouse au nom de sa conception du « socialisme ouvrier » selon laquelle l'alliance avec le syndicalisme révolutionnaire devait régénérer un appareil partisan prisonnier du parlementarisme et de l'appétit de parvenir.

muniste – lui qui avait quitté la SFIO en 1910 pour protester contre son électoralisme –, la construction d'un appareil bureaucratique de parti est virtuellement contradictoire avec une politique ouvriériste de sélection des cadres. « Pour moi, l'Internationale doit être contrôlée par les masses prolétariennes. J'ai été très ému par cette méthode qui consisterait à commencer à Moscou, à continuer à Paris et à finir à Samazan – c'est mon village[93]. » Formé dans le sein du socialisme français d'avant 1914, marqué par la lutte minoritaire contre la guerre, Renaud Jean est impuissant devant le naufrage de l'utopie d'un parti contrôlé par lui-même, partagée par la génération de l'armistice. Courtisé par Trotski, le député ancien combattant ne quittera pas la SFIC, mais il a perçu avec une acuité certaine la nouveauté déroutante des innovations statutaires qu'expérimente la jeune SFIC au début des années 1920.

L'exclusion administrative : les origines de l'inquisition communiste

Une innovation précoce

L'« affaire Fabre » est, à l'été 1922, un épisode clef de l'histoire du premier communisme français. La procédure d'exclusion engagée contre le directeur du *Journal du peuple*, ancien organe de la minorité de guerre désormais considéré comme « bourgeois » parce qu'il accueille dans ses colonnes les critiques des communistes de « droite » comme Victor Méric, inaugure l'usage de la technique de l'exclusion administrative, typique du parti communiste tout au long de son histoire.

Cette innovation précède la période dite de « bolchevisation » ouverte en 1924-1925 et souvent considérée par l'historiographie comme le moment matriciel de la culture partisane communiste[94]. La « bolchevisation » se présente sous un triple aspect, à la fois comme une politique délibérée d'ouvriérisation du personnel dirigeant communiste, comme une transformation des structures internes du parti et comme une justification de la vague d'exclusions qui frappe les supposés trotskistes et, parmi eux, les anciens militants de la « gauche » soudain déclassés à « droite » parce qu'ils ont critiqué la politique de l'IC. La désignation d'un « bloc » de suspects permet alors d'appuyer un autre « bloc » institué en direction légitime de l'organisation communiste, quitte à ménager, ensuite, toute une série d'exceptions nécessaires à la sauvegarde du parti. L'éviction de personnalités emblématiques, héroïsée par le langage de la « rupture des amitiés », manifeste l'avènement d'une nouvelle direction par un pacte avec l'IC scellé sur les dépouilles symboliques des exclus.

Le lancement de la « bolchevisation », c'est incontestable, est une étape majeure dans l'histoire du parti communiste. Cependant, le nom de baptême historique de cette nouvelle politique a introduit une très forte ambiguïté dans l'appréhension de la période qui la précède : si on l'entend à la lettre, en effet, toutes les innovations statutaires et les pratiques communistes antérieures ne seraient pas « bolcheviques ». En réalité, le transfert d'un langage et de méthodes inspirés des Russes s'est enclenché avant même la scission de Tours. La construction de l'appareil et des techniques inquisitoriales communistes est un processus cumulatif dont on ne saurait négliger aucune étape. En 1922, l'exclusion administrative ne se présente pas encore sous les formes sophistiquées de l'époque stalinienne caractérisées, à l'issue de l'affaire du « groupe Barbé-Celor » fabriquée en 1931 pour imposer une nouvelle direction[95], par la création de la Commission nationale des cadres, la pratique des questionnaires autobiographiques[96] et des listes noires[97]. Mais cette transformation des méthodes de fabrication des preuves et de liquidation des « ennemis du Parti » prétendus ou réels s'inscrit dans la continuité de pratiques de contrôle élaborées, parfois dans l'improvisation, depuis 1920.

Le recours à l'exclusion administrative s'est imposé en France à la faveur de deux conditions : la volonté de liquider les réminiscences de la morale et des pratiques « sociales-démocrates » dans le parti et la soumission de la Commission nationale des conflits, obtenue dès le début de 1923. Cette forme d'exclusion est dite « administrative » parce qu'elle supprime l'instruction d'un dossier par une Commission des conflits en principe indépendante des organismes de direction du parti. Au prix d'une certaine lenteur procédurière, cette commission créée à Tours à l'imitation du socialisme d'avant guerre devait en effet garantir à tout militant incriminé l'examen, en théorie impartial, des charges pesant contre lui. Avec l'aggravation des luttes de fraction entre le « centre » et la « gauche », le statut de la Commission des conflits derrière laquelle s'abritent les amis de Frossard est cependant devenu un enjeu politique majeur.

L'expression d'exclusion administrative elle-même a été employée par ceux qui en ont été les victimes. Elle figure ainsi, en 1925, dans un tract de l'opposition alors menée par d'anciens militants de la « gauche » comme Fernand Loriot : « Depuis près de deux ans, peut-on y lire, la pression mécanique, l'intimidation, les exclusions administratives, la crainte des forces nouvelles ont exercé leurs effets destructifs dans le Parti[98]. » Réclamant « la fin des méthodes bureaucratiques de pression, d'arbitraire et d'intimidation », l'opposition entend mener « un premier effort authentique pour régénérer le Parti et le mettre en mesure d'aller aux masses[99] ». Aux yeux de Loriot, la démission forcée de Frossard au début de 1923 aurait dû marquer le début d'une ère communiste nouvelle, mais elle ne devait jamais avoir lieu en raison de la dégénérescence bureaucratique de l'organisation du parti. En réalité, le choix de la démission de Frossard comme date symbolique est significatif : il comporte un déni de la responsabilité de la « gauche » dans son propre échec, lorsqu'au nom de la lutte contre les « tièdes » et les « indécis » auront été supprimées toutes les garanties militantes ménagées par les amis de Frossard. Ce tract en forme de manifeste formule de manière explicite le grand thème de la dissidence communiste française des années 1920 : la nécessité de relancer le processus de « régénération » du socialisme compromis après la scission par des élites corrompues et par l'immobilisation bureaucratique du dynamisme révolutionnaire. La génération fondatrice du communisme français issue de la minorité de guerre a achevé de se dissoudre sur cet espoir et cet appel.

L'enjeu caché de l'affaire Fabre : la Commission nationale des conflits

La Commission nationale des conflits (CNC) est le fruit des tractations complexes qui précèdent le congrès de Tours. Sa création à l'issue de la scission est une concession faite à Frossard par les leaders du Comité de la IIIe Internationale pour rassurer la Reconstruction sur l'avenir de leur alliance. Dès 1921, cependant, Souvarine et Treint se sont attaqués à cette institution jugée lente et pusillanime. Mais c'est la procédure d'exclusion engagée contre Henri Fabre qui leur offre l'occasion de liquider ce symbole de la « social-démocratie » détestée. Au congrès de Marseille, le 26 décembre 1921, Albert Treint critique cette « direction occulte » du parti au nom des multiples rappels à l'ordre de l'IC contre la lenteur des procédures d'exclusion engagées : « La commission des conflits, affirme-t-il, constitue, dans la mesure où elle est chargée des questions de discipline politique, une véritable direction du parti. Nous demandons que la commission des conflits jouisse des plus grands pouvoirs, mais que, dans les affaires graves, ce soit le Comité directeur qui puisse se saisir immédiatement de ces affaires, afin de ne pas entraver la marche du parti[100]. » L'intention de l'orateur est si claire que le président de la CNC, l'ancien communard Auguste Dupont, est contraint de lui rétorquer que « si la commission des conflits n'a aucun droit, elle est inutile[101] ».

Il ne s'agit pas seulement pour Treint d'obtenir l'exclusion expéditive des « éléments individualistes et libertaires assimilés » qui ont alors pour nom François et Marie

Mayoux, un couple d'instituteurs anarchistes partisans de l'autonomie syndicale. L'affaire Fabre permet en effet à la gauche, comme le constate Jules Humbert-Droz, de « faire dévier » cette question de discipline sur le terrain de la procédure : « Il était certain que, malgré la solidarité du Comité Directeur, Fabre réussirait à intéresser le parti plus à la procédure employée contre lui qu'au fond politique de l'affaire*[102]. »

Les défenseurs de Fabre, et tout particulièrement Frossard, ont très bien compris l'enjeu du conflit. À Marseille, Frossard s'est inquiété du « pouvoir de vie et de mort sur tous les membres du Parti » que conférerait au Comité directeur la suppression de la Commission des conflits : « Dans ce parti, affirme-t-il, je ne me sentirais pas très en sécurité[103]. » Dans sa déclaration du 9 juin 1922 à Moscou, il défend ainsi avec une grande clarté les raisons de sa résistance à l'exclusion de Fabre et des prétendus militants « de droite » qui l'entoureraient, comme Victor Méric ou Raoul Verfeuil :

> Sans doute est-il possible de déplorer que la procédure de la Commission des conflits comporte des lenteurs inévitables, et nous sommes loin de contester la nécessité de modifier les dispositions statutaires qui règlent le contrôle des membres de notre parti. Mais nous sommes liés par notre Charte actuelle qui confie à la Commission des conflits le droit de statuer en toute indépendance et en toute souveraineté. Il n'appartient pas au Comité Directeur de se substituer à elle et il ne pourrait le faire qu'au mépris de notre constitution organique et dans des conditions qui soulèveraient l'émotion et l'inquiétude générales dans le Parti. L'Exécutif peut trouver puérile cette préoccupation d'ordre juridique. Nous lui attachons quant à nous une sérieuse importance, car elle est l'unique garantie de tous et de chacun contre l'arbitraire des

---

* Dans ses Mémoires, publiés en 1971, Humbert-Droz n'avait pas changé d'avis : la discussion sur les statuts était toujours « oiseuse ». Jules Humbert-Droz, *De Lénine à Staline. Dix ans au service de l'Internationale communiste*, Neuchâtel, Éditions La Baconnière, 1971, p. 85.

majorités. [...] Il est clair qu'il ne s'agit plus de la personnalité de Fabre mais d'un principe essentiel dont le Comité directeur, sans manquer à son devoir envers le Parti, ne saurait se désintéresser. Entre l'Internationale et le Parti français, il n'y aura de rapports cordiaux et confiants que dans la mesure où [...] le Parti n'appréhendera pas de voir l'Internationale se substituer à lui pour frapper tel ou tel de ses membres sans qu'il ait été appelé à présenter le cas échéant sa propre défense[104].

Depuis décembre 1921 en effet, l'IC a multiplié les rappels à l'ordre envers les indisciplines et les déviations des articles de la « droite » dans le *Journal du peuple*. En février suivant, lors du plénum du Comité exécutif de l'IC à Moscou qui se déroule en présence de Marcel Cachin et Daniel Renoult, Trotski a exigé l'exclusion de Fabre : « Il faut frapper Fabre et Brizon. Il faut réaliser les décisions de l'IC. Il faut empêcher la propagande pacifiste tolstoïenne », a-t-il martelé lors de la séance de la commission française le 23 février 1922[105]. La délégation française a obtempéré : Fabre est déféré devant la Commission des conflits. Dans sa circulaire en préparation du congrès de Paris, celle-ci rapporte qu'elle a été informée de cette décision d'exclusion le 18 mars 1922, soit cinq jours après le retour de la délégation française à Paris, et a été officiellement saisie du cas Fabre le 18 avril suivant[106]. Mais réuni à nouveau les 8 et 9 mai 1922, le Comité exécutif de l'IC prononce officiellement l'exclusion de Fabre. Cette décision, publiée par *L'Humanité* le 1ᵉʳ juin 1922, pousse la majorité des membres de la CNC à démissionner le 8 juin : quatre d'entre eux pour protester contre le contournement des pouvoirs de la commission, et les trois autres, appartenant à la « gauche », pour refuser cette démission, ce qui entraîne par ricochet la démission de Dupont. La politique de l'IC vise à contraindre le parti à prononcer lui-même l'exclusion de Fabre et à étouffer ainsi le « foyer de contagion[107] » qu'il y entretiendrait par sa simple présence. Mais les résistances de la CNC légitimées par les statuts adoptés à l'issue de Tours interdisent d'y parvenir dans le délai qu'impose l'IC. Alors qu'elle n'avait accordé, en février, que quatre semaines aux Français pour liquider l'affaire, l'Internationale s'impatiente :

> Vous écrivez que l'affaire Fabre ne peut pas être encore considérée comme liquidée, s'inquiète Lozovski le 23 juin. Nous avons la même impression. Mais nous ne sommes pas d'avis que notre tâche à nous est de passer sur cet incident le plus vite possible et de le faire oublier. Au contraire, nous croyons absolument indispensable de couper l'abcès à fond jusqu'à démasquer complètement le groupe qui, en réalité, se trouve au même camp que Fabre. Dans ce point extrêmement douloureux, il faut diriger l'affaire vers ce but, c'est-à-dire : obtenir que les partisans occultes ou demi-occultes de l'orientation défendue par Fabre soient démasqués et exclus du Parti. Il nous faut obtenir en France le même résultat que dans le cas de Paul Lévi, quand il nous a été nécessaire d'obtenir l'exclusion non de lui seul, mais aussi de tout le groupe de ses adhérents les plus obstinés. [...] Nos nombreuses entrevues avec Frossard nous ont laissé une double impression. Homme de talent et intelligent, sans doute, et sincèrement dévoué au communisme, Frossard de l'autre côté paraît être sous l'influence d'hommes tels que Daniel Renoult, Méric, etc. [...] Si Frossard manquera [sic] la force pour résister valeureusement et avec fermeté et énergie aux éléments demi-anarchistes et demi-réformistes qui littéralement ruinent le parti, il faudra faire face aussi à Frossard. [...] Nous sommes en tout cas d'accord pour [dire] qu'un délai de plus dans la solution de la crise ne serait que nuisible[108].

La liquidation de la « charte » de Tours

Dans ses rapports successifs, Jules Humbert-Droz critique sans ménagement l'attachement des militants français aux statuts et aux formes, alors qu'il découle de l'essence même du socialisme « régénéré » à Tours. Selon lui, les membres de la CNC, bien que personnellement satisfaits de l'exclusion de Fabre, « affirmèrent une chose tout à fait extraordinaire : qu'ils se considéraient comme des juges qui appréciaient selon leur conscience sans se préoccuper des questions politiques[109] ! ». C'est, assez naturellement, la conception que la CNC a d'elle-même conformément à l'article 42 des statuts adoptés sans débat au congrès administratif de mai 1921*.

Une affaire mineure, à la fin de 1921**, a été l'occasion de rappeler dans un échange de lettres avec le Comité directeur la nature « illimitée » et « souveraine » de ses pouvoirs : « Non seulement la Commission statue en dernier ressort sur les litiges qui lui sont déférés, mais elle peut se saisir d'office de tout litige intéressant le Parti et trancher définitivement[110]. » Mais l'article 9 des statuts de l'IC, auxquels la SFIC semble avoir adhéré sans les lire, donne le droit à Moscou d'« exiger » une exclusion individuelle ou collective*** – disposition en contravention complète avec l'idée de souveraineté absolue de la Commission des conflits héritée de la SFIO d'avant guerre. Bien que les textes adoptés en 1921 par les Français soient très clairs, il existe effectivement un vice statutaire, évoqué d'ailleurs par Jules Humbert-Droz dans un rapport le 30 mai 1922.

---

* Les prérogatives de la CNC sont fixées par les articles 41 et 42 : art. 41 : « À la base pour les conflits individuels ou locaux une commission mixte nommée par les parties et présidée par un tiers arbitre instruit l'affaire. Tout conflit non réglé amiablement est évoqué à la commission des conflits » ; art. 42 : « La commission des conflits est composée de onze membres. Elle a pleins pouvoirs pour connaître des conflits qui n'ont pas été amiablement réglés par la procédure arbitrale. Elle peut évoquer elle-même tout conflit ou en être saisie par le Comité directeur », *L'Humanité*, 18 mai 1921.

** L'affaire Paul Meunier, qui aboutit à l'exclusion de trois membres des Jeunesses communistes, A. Simondant, Blanchard et Colly.

*** Art. 9 : « [...] Le Comité exécutif a le droit d'exiger des partis affiliés que soient exclus tels groupes ou tels individus qui auraient enfreint la discipline prolétarienne ; il peut exiger l'exclusion des partis qui auraient violé les décisions du congrès mondial [...]. » Cet article est reproduit dans l'annexe de la carte d'adhérent au parti, « Ce que chaque militant doit connaître ». AD 93, Archives du PCF, 3 MI 6/5/51. Notons qu'il s'agit d'« exiger » et non de « prononcer » une exclusion, ce qui suppose une ratification de cette décision par les instances de la direction de la section française. Ce principe, de plus, a été inscrit dans les « vingt et une conditions », signe supplémentaire que Frossard les considère comme un texte statutairement inférieur à la charte de 1920.

Ce conflit de compétences ne pouvait donc se conclure qu'au prix d'une refonte complète des rapports entre la direction du parti français, la CNC et l'Internationale. Le Comité directeur, d'ailleurs, n'a pas hésité à pratiquer un double jeu dangereux : ayant lui-même intérêt à la limitation des pouvoirs de la CNC pour accroître sa propre influence[111], il s'est engagé dans un engrenage qui le condamne à se soumettre aux exigences de l'IC ou à défendre les statuts de 1921 et le contrat moral de Tours jusqu'à une extrémité à laquelle il ne veut pas parvenir. La démission collective de la CNC le 8 juin est donc logique au regard de l'ampleur d'un conflit dont le règlement ne peut être que brutal.

La démission de la CNC entraîne une double réaction. Les 13 et 14 juin, le Comité directeur décide d'abord de réduire ses prérogatives, en blâmant de manière tendancieuse l'attitude de ses membres : « Sous réserve du droit de ratification [de ses décisions] qui appartient au [Comité directeur], [la CNC] est compétente pour connaître tout litige en instance. Mais, lorsque dans un conflit, le Comité croit devoir prendre lui-même une décision, la Commission des conflits a le devoir de s'incliner[112]. » Le CD adopte donc une décision pragmatique : pour trouver une solution à la crise, il entame lui-même la souveraineté absolue de la CNC. Mais il contrevient ainsi délibérément à la « charte » de Tours, contrairement à ce qu'il prétend de manière mensongère – ce que les motions Verfeuil et Méric, déposées mais battues le 14 juin, n'ont pas manqué de rappeler. Cette décision n'est pas non plus sans arrière-pensées : le CD enregistre en effet les démissions de ses membres et se charge de reconstituer la Commission, en principe désignée lors des congrès nationaux. Malgré de nouvelles nominations le 4 juillet 1922, le CD peut arguer du fait que celles-ci ne peuvent pas « conférer à la nouvelle Commission autant d'autorité qu'un vote de Congrès[113] ». Autant dire, dans ces conditions, que la CNC est suspendue jusqu'à nouvel ordre.

La « gauche » n'est pas en reste : la motion Treint a réclamé pour sa part la dissolution pure et simple de la

Commission, « en révolte ouverte contre les décisions internationales » par son refus d'admettre l'application de l'article 9 des statuts de l'IC, rendant impossible « la coexistence d'une telle direction avec le CD [...] dans un parti communiste[114] ». Cette motion est battue puisqu'elle ne rassemble que neuf voix contre douze à la motion Cachin-Renoult du Comité directeur. Mais elle traduit par sa violence la mentalité de la « gauche », décidée à devancer les désirs de l'Internationale pour guérir le « mal » qui, selon les termes de Souvarine devant le Comité exécutif de l'IC le 9 mai 1922, ronge la chair vive du parti[115]. Dans un premier temps, c'est l'interprétation de la motion Cachin-Renoult qui s'impose, mais si l'on se place en 1925, il faut bien reconnaître que c'est la position « ultra » de la « gauche » qui l'a emporté, au prix d'une innovation majeure : la création d'une Commission de contrôle politique inféodée aux organes de direction du parti. L'affaire Fabre démontre ainsi comment cette bolchevisation avant l'heure s'opère non seulement avec le consentement, mais aussi avec la participation active d'un noyau prosélyte de « jeunes » issus de l'expérience du Comité de la IIIe Internationale. Elle permet d'apercevoir le « travail par le bas » qui préside à la construction de la nouvelle section française de l'IC. Pour cette relève révolutionnaire décidée à parvenir, mais animée d'un idéal ascétique et sacrificiel, il existe bien un intérêt au désintéressement.

Les statuts de la Commission des conflits sont donc modifiés lors du Conseil national de janvier 1923 convoqué à la demande de l'IC pour entériner le choix de la nouvelle direction du parti nommée à Moscou. Cette révision statutaire, préparée par le Comité directeur le 18 juillet 1922 dans une « réponse » de Frossard aux exigences de l'IC formulées en juin, entérine la supériorité de l'article 9 des statuts de l'IC sur toutes les autres procédures d'exclusion en vigueur dans le parti[116]. Cette réforme majeure s'accompagne de la soumission de la CNC au Comité directeur, par une série d'amendements à l'article 42 qui le vide de sa substance : désormais, « le

Comité directeur a le droit d'évoquer directement devant lui les conflits ayant un caractère politique et de leur donner telle solution qu'il juge nécessaire[117] ». Mieux : l'article 2 *bis*, qui définit les textes de référence qui régissent le droit dans le parti, admet même que « les décisions [de l'IC] sont, en toutes circonstances, appliquées immédiatement par le Parti, même si elles rendent nécessaire une révision ultérieure des statuts nationaux[118] ». Ces statuts, par conséquent, n'ont plus aucune valeur, puisqu'ils peuvent être modifiés au gré d'une instance extérieure. À partir de 1923, un militant menacé d'exclusion dépend désormais entièrement du bon vouloir de la direction nationale. Les inquiétudes exprimées par Loriot en 1925 n'étaient donc pas infondées.

Réduite à l'impuissance dès le début de 1923, la CNC est finalement remplacée par une Commission de contrôle politique (CCP) au congrès de Clichy en janvier 1925. Le président de la CNC, le vieil Auguste Dupont*, a couvert de son prestige cette liquidation[119]. À la tribune du congrès, il s'est campé en historien de l'institution dont il avait la charge : « La Commission nationale des conflits eut, au début, des pouvoirs presque illimités et ne se fit pas faute de les revendiquer. C'était le temps où le dilettantisme doctrinaire des tendances se donnait libre cours, le temps où l'indépendance des directeurs de journaux et la liberté individuelle des adhérents narguaient tous les contrôles. Cela ne dura guère, et la direction du Parti se préoccupa, dès l'origine, de limiter les pouvoirs et de préciser les attributions de la Commission nationale des conflits[120]. » Sa fidélité est récompensée, puisqu'il est maintenu à la tête de la CCP dont la composition trahit cependant la mutation profonde : outre Dupont, elle est alors constituée de Jean Crémet, pour le Bureau politique, de Robert Alloyer pour les JC et de quatre délégués « de

---

* Ce vieux guesdiste et ancien communard né en 1857 a adhéré à la SFIO en 1905. En 1920, il était « reconstructeur ».

province », en particulier Albert Vassart et Alphonsine Bernard. Étroitement soumise à la direction du parti qui s'y trouve représentée, la CNC nouvelle manière a perdu l'indépendance politique qui constituait sa marque distinctive.

Chargée de vérifier « aussi bien les incidents politiques que la situation financière du Parti[121] », la CCP procède immédiatement à la liquidation des affaires en instance. Parmi les dix dossiers instruits en 1924, seules deux décisions d'exclusion sont cassées, « cela dit, précise Dupont, pour ceux qui prétendent que la Tcheka ne sait pas faire autre chose que de faire fonctionner la guillotine[122] » – deux symboles redoutables dans la bouche du président de la commission. La CNC, il est vrai, avait entériné un an plus tôt les quatre cas d'exclusions dont elle avait été saisie. Mais la magnanimité montrée par la CCP à l'égard de deux militants qui se sont gardés « d'attaquer et de maudire le parti[123] » lui permet de s'ériger en nouvelle instance de contrôle du titre de « communiste » dont la direction centrale du parti entend s'assurer le monopole. Pour des raisons dictées par le Bureau politique, la CCP peut donc ménager des exceptions et agir à la marge contre les excès du recours à l'exclusion administrative qui se généralise du haut en bas du parti. Ces exceptions sont indispensables pour que la nouvelle commission puisse défendre les militants des « rumeurs » qui peuvent enclencher l'engrenage inquisitorial : elle doit les mettre à l'abri des ricochets des « dénonciations d'aubaine[124] » que sécrète la vie quotidienne du parti.

L'exclusion « à la base » :
la formation de l'ethos communiste

L'héritage socialiste

Avant comme après 1925, aucune des deux commissions de la SFIC n'a jamais pris connaissance de tous les litiges et de tous les cas d'exclusion qui touchent le parti :

il existe aussi « à la base » une forme de vigilance et de contrôle de l'activité militante qui s'effectue « en famille ». La généralisation de la pratique de l'exclusion administrative ouvre en effet la voie à un règlement inédit des conflits interpersonnels. On se tromperait cependant en croyant que la SFIO d'avant guerre est un parti sans conflit ni violence : certes, l'existence d'une Commission des conflits indépendante constitue un puissant moyen de dissuasion contre la multiplication des procédures d'exclusion, du fait en particulier de la lenteur de l'instruction et du caractère incertain de son résultat. Néanmoins, les haines et les rancœurs existent. Il est donc inutile de s'effaroucher de la dureté avec laquelle les communistes excluent leurs anciens « camarades » : il faut au contraire en comprendre la rationalité – même perverse – par la comparaison avec l'univers socialiste dans et contre lequel la minorité de guerre s'est pour l'essentiel socialisée. La vie politique en effet est intrinsèquement violente, au moins symboliquement.

L'expérience de la guerre a durci les conflits de la SFIO, mais le véritable débat qui divise le nouveau parti porte non pas sur leur suppression, mais sur les modalités de leur règlement. Ce qui sépare la SFIO de 1914 du parti communiste régénéré après 1920 tient à la fois au sens de la justice développé par les militants et à la nature des « fautes » qui justifient leur exclusion.

L'administration de la justice militante à l'intérieur de la SFIO relève, à bien des égards, d'institutions imitées de la « justice bourgeoise » tant décriée par ailleurs. Le principe de séparation des pouvoirs administratif et judiciaire irrigue en profondeur le sens socialiste de la justice dispensée par le parti et, par contrecoup, la conception de l'*ethos* – des valeurs et des normes – socialiste lui-même. À Tours, d'ailleurs, la motion de la Reconstruction s'est opposée vigoureusement aux « exclusions périodiques » prévues par la « treizième condition » à l'encontre des « éléments dont il serait extrêmement difficile d'établir s'ils sont ou non "petits-bourgeois", la qualité de petit-bourgeois n'ayant pas été jusqu'ici définie[125] ». Pour Paul Faure, l'existence d'une Commission indépendante des conflits devait, à l'instar de la représentation des tendances, éviter la multiplication des querelles suscitées par l'activité politique. De ce point de vue, la distance n'est pas grande entre Frossard et Faure ; ils ont été tous deux politisés dans un milieu où le respect des droits du militant-citoyen et le recours à l'arbitrage sont des pratiques et des valeurs profondément incorporées.

À la veille de la guerre, il est vrai, la normalisation statutaire des sections de la SFIO est inachevée : dans la Fédération des Ardennes, par exemple – une fédération de taille moyenne qui compte 1 500 militants, deux députés et huit mairies en 1912[126] –, un modèle-type de règlement intérieur des sections n'a été distribué qu'en décembre 1910[127]. Malgré leur diversité relative, ces statuts stipulent souvent que les militants disposent d'un droit d'appel à l'égard de toute décision inquisitoriale prise à leur encontre. Dans la petite section ardennaise de Pouru-Saint-Rémy – vingt-cinq membres en juin 1912 –, un militant ne peut être exclu qu'après avoir comparu devant la section tout entière, dont la décision n'est exécutoire que si elle est ratifiée par les instances supérieures du parti[128]. Cet attachement à une justice procédurale n'est pas étranger aux doubles appartenances qui tissent les matrices d'adhésion[129] de la gauche socialiste avant 1914 : les pratiques en vigueur dans la LDH et la franc-maçonnerie le façonnent dans une large mesure. Le nouveau secrétaire fédéral de la SFIC des Ardennes, Albert Jarlot, cordonnier natif de Mohon, est ainsi l'ancien président des comités de libre-pensée ardennais avant guerre : sous son influence, et malgré l'expérience de la guerre et de l'occupation allemande, ces pratiques se sont perpétuées dans la SFIC qui constitue bien à ses yeux une SFIO continuée[130].

Certaines sections socialistes, fortement ancrées dans le milieu ouvrier, stipulent parfois dans leurs statuts de longues listes de motifs d'exclusion : rupture des règles d'assiduité, non-paiement des cotisations, non-respect des mandats confiés par la section, ou même « intempérance[131] ». Comme toute organisation politique, la SFIO doit protéger ses caisses, mais le contrôle du comportement privé des militants n'est pas non plus absent, même s'il se limite souvent à des formes caractéristiques de l'éthique socialiste en milieu ouvrier – la lutte antialcoolique, notamment. Une morale ouvriériste et antibourgeoise peut, selon la sociologie locale des sections du parti, déterminer ou habiller des conflits interpersonnels : les liens avec les « patrons », le culte du Dieu-Argent sont des motifs de blâme[132]. L'idéologie socialiste est convertible en préceptes moraux plus ou moins contraignants, du fait de sa vocation éducative très clairement affirmée après l'affaire Dreyfus. L'existence de dispositifs de protection des militants permet cependant d'en limiter l'inflation et la dérive.

Le recours en appel doit enfin préserver les militants contre les « clientèles de bistro » qui tiennent les sections dans certaines municipalités socialistes. Un militant ardennais exclu de la section de Neufmanil écrit ainsi au député Charles Boutet : « S'il suffisait d'exciper de l'autonomie des groupes, des règlements plus ou moins draconiens pour refuser d'examiner et solutionner tout recours, où seraient, je vous le demande, les garanties individuelles, contre les fantaisies plus ou moins baroques, l'arbitraire, les antipathies irraisonnées, injustifiées, les petitesses de village[133] ? ». L'arrivée d'éléments extérieurs dans des sections qui filtrent leur entrée pour préserver leurs subtils équilibres de tendance aboutit parfois à des exclusions difficilement démêlées par la Commission des conflits : la réintégration d'un exclu dans les microsociétés militantes est généralement une cause perdue d'avance. C'est pourquoi les militants incriminés désirent souvent, par le recours à l'arbitrage, laver leur « honneur » de prolétaire et conserver leur « dignité » de socialiste. Les modalités de la contestation des sentences partisanes dans la SFIO d'avant guerre sont donc conditionnées par les procédures d'attribution et de reprise du titre de « socialiste ».

La « justice prolétarienne » dans la SFIC

La conception nouvelle de la « justice prolétarienne » qui s'installe dans la SFIC au cours de la première moitié des années 1920 est donc le fruit des modifications subies par ses méthodes d'administration : c'est la révolution des procédures qui détermine la transformation des représentations. Les formes de résistance et de consentement à cette « justice » en élaborent un nouveau sens caractéristique de l'univers communiste, en rupture avec le sens de la justice socialiste d'avant guerre modelé par le souvenir de l'affaire Dreyfus. Les conséquences de cette révolution procédurale ne sont cependant pas plus faciles à documenter que les pratiques socialistes d'avant guerre.

Les archives du PCF conservent néanmoins les minutes des réunions de la section communiste de Melun (Seine-et-Marne) de la fin de 1921 à 1928[134]. Ses effectifs sont modestes : de cinquante-six inscrits en octobre 1921, ils s'effondrent après mai 1922, pour ne plus compter qu'une petite quinzaine de présents. Les élections cantonales du printemps 1922 ont ranimé un moment ses réunions, sans enrayer le déclin engagé dès décembre 1921. Ce regain d'intérêt des militants pour l'action politique à l'occasion des échéances électorales confirme une critique récurrente des socialistes avant 1914 : la « lutte politique » est aiguillée par le calendrier électoral, au détriment de la propagande et de l'action quotidiennes. Les communistes ont largement insisté sur cette tare fondamentale du militantisme « social-démocrate » afin de justifier la « bolchevisation » des structures de la SFIC à partir de 1924. Ce bouleversement, cependant, se fait attendre à Melun : convertie en « cellule de ville » en novembre 1924, l'ancienne section ne reçoit son numéro confidentiel qu'en mars 1925. Cette transformation, en tout cas, n'a pas enrayé la baisse des effectifs, tant sont nombreuses, à partir de la mi-1923, les réunions communes de sections destinées à dissimuler la quasi-disparition du groupe de

Melun, dont le recrutement ne reprend qu'à partir de 1926. Il faut reconnaître qu'il s'est tardivement organisé : il ne se dote d'une section de Jeunesses qu'en août 1923, ne confectionne son drapeau qu'au printemps 1925, et ne crée son propre service d'ordre qu'en septembre 1926.

Malgré sa fragilité relative et la lenteur de sa transformation en cellule bolchevisée, la section de Melun procède à deux exclusions pour « manquement à la discipline » en octobre 1923 et septembre 1925. La première concerne un instituteur ancien combattant, Joseph Taché, et la seconde le trésorier de la section, Léon Revoyre. Aucun de ces deux dossiers n'est remonté au-delà de l'échelon fédéral : ces affaires se sont réglées « entre camarades », selon des logiques typiques du contrôle militant communiste naissant.

La section de Melun s'est d'abord efforcée, à la demande de la fédération, d'élaborer à l'encontre de chacun des deux hommes un « dossier complet indiquant tous les griefs » dont ils sont accusés[135]. Autrement dit, dès l'instruction de l'affaire, la « déviation » politique nominale, quelle que soit sa nature, fournit le prétexte à une extension des domaines de la « faute », afin de constituer un halo de suspicion autour de l'indésirable. L'exercice en réalité n'est pas si facile : Joseph Taché, qui affirme en ancien combattant nimbé de l'aura de ses refus de guerre être un « habitué des tribunaux », trouve « bien maigre » le réquisitoire qui lui est présenté[136]. Mais les modalités exactes de constitution de ce dossier restent opaques : il semble composé d'un amalgame de rumeurs et de rancunes imprimées dans la mémoire militante locale. Le dossier, quant à lui, est élaboré « en famille », dès lors que le secrétaire de la section Alexandre Chalon siège aux côtés de son fils, secrétaire adjoint, et de sa femme, archiviste et, selon toute vraisemblance, rédactrice des comptes rendus des séances d'exclusion. Mais d'autres militants, comme l'institutrice Jeanne Cambier, prennent également part à la mise en œuvre du pouvoir inquisitorial du parti. Certes, l'assistance – dont il est bien rare d'entendre les réactions – s'impatiente manifestement devant la longueur et la maladresse des réquisitoires de l'accusation. Cette réprobation sourde de la sentence ou, pis, de la méthode d'instruction elle-même, suggère que la pratique du procès militant n'est pas entrée si aisément dans les mœurs des sections communistes à partir du milieu des années 1920. Cependant, les accusés ne contestent pas les « déviations » qui leur sont reprochées : ils sont surtout préoccupés de préserver leur dignité de communiste.

La sentence d'exclusion les jette dans un désarroi évident, écartés qu'ils sont de leur microsociété d'appartenance. « Si vous me chassez, où voulez-vous que j'aille ? Les radicaux, je ne peux pas les sentir ; les SFIO me dégoûtent ! », s'écrie ainsi Taché devant ses juges improvisés[137]. Le caractère expéditif de l'exclusion administrative n'est pas étranger au sentiment parfois douloureux d'être un « ex ». Grâce à l'épaisseur de son passé militant, Joseph Taché est cependant parvenu à atténuer le caractère humiliant de la sentence du parti en transformant son exclusion en démission volontaire, alors que Revoyre tente de publier une lettre dans la presse communiste locale de manière à réaffirmer son attachement et sa fidélité au communisme malgré, voire contre, le parti. Les formes dans lesquelles les deux accusés protestent de la sentence qui leur est infligée illustrent précocement l'un des modes privilégiés de sortie du communisme tout au long du XXe siècle : la sortie-crise.

Ce désarroi est l'envers d'un double phénomène, celui de l'identification croissante de l'identité communiste à l'appartenance au parti du même nom, et de la construction par celui-ci d'une « contre-société » protectrice et clôturée[138]. La possession d'un capital militant antérieur à l'engagement communiste est alors un ressort de la résistance et de la reconstruction de soi après la sanction infamante de l'exclusion. Le heurt entre Joseph Taché et le jeune secrétaire fédéral Roger Matéo est tout à fait significatif à cet égard : Taché, en effet, est particulièrement blessé de devoir comparaître devant un « jeune » qui n'a jamais été « menacé de conseil de guerre ». « Matéo indigné répond qu'il a eu une jeunesse de prolétaire dont il est fier, qu'il a souffert depuis l'âge de 12 ans ; s'il n'a pas milité plus tôt, c'est parce qu'il a été obligé de faire son éducation et son instruction lui-même car il n'était pas à l'École normale au chaud avec des professeurs[139]. » L'affrontement entre deux légitimités – l'une combattante et l'autre prolétarienne – est un signe de la marginalisation progressive de la minorité de guerre au profit d'une élite ouvrière née des œuvres du parti.

La construction de la vocation contre-sociétale du parti est un processus complexe dont l'exclusion peut être une modalité. Le trésorier de la section de Melun, Léon Revoyre, est ainsi exclu en octobre 1925 pour avoir enterré religieusement sa fille, pourtant membre des Jeunesses communistes. La procédure dont il est victime, malgré son obscurité, est d'une étonnante violence symbolique : la fédération l'accuse en effet d'être en partie responsable de la mort de sa fille, du fait des conditions de travail qu'il lui imposait « en violation même des lois bourgeoises[140] ». Il n'est jamais facile pour l'historien d'établir la véracité des faits reprochés aux militants exclus, mais il n'y a aucune raison de penser qu'ils ne comportent aucune part de vérité. La réponse qu'il reçoit de la direction fédérale à sa demande d'insérer est en tout cas sans ambiguïté :

> Tu remarqueras que le B[ureau de la] R[égion] t'a exclu pour confusionnisme, la cellule, elle y a ajouté d'autres considérations sous sa propre responsabilité. [...] Comme je te l'ai dit lors de notre dernière entrevue, [les camarades] ont été révoltés du discours de ton ami en opposition avec les idées de ta fille et jamais ils ne permettront que sa pensée soit apparentée aux tiennes. Si tu publies une lettre dans un journal quelconque, ce qui est ton droit, je pense qu'il serait prudent pour toi de biffer l'allusion à ta fille, car je te le répète, tu risquerais de t'attirer un démenti plutôt pénible. Pour conclure, je t'invite à étudier Lénine sérieusement ainsi que la littérature communiste qui le concerne, cela t'aidera à comprendre l'abîme qui sépare les communistes non seulement des anarchistes mais encore des chrétiens et autres sectes politiques ou philosophiques. Bien fraternellement[141].

L'exclusion est entérinée le 8 octobre 1925 : en moins de trois semaines, un militant jusque-là accepté, ou tout au moins toléré, est chassé de la microsociété communiste melunaise. Avec la suppression des tendances et l'affirmation d'une « ligne » officielle, le parti et ses instances représentatives ont reçu l'immense pouvoir de se constituer en tribunal. Dès le début des années 1920, l'exploitation de motifs d'ordre privé dans les « dossiers » d'instruction à l'encontre de militants hétérodoxes permet de clôturer efficacement l'espace communiste grâce à la politisation d'une variété d'objets bien plus large que celle sur laquelle reposait le contrôle militant socialiste avant guerre.

L'exclusion de Revoyre permet aussi à la section melunaise de s'emparer de fonctions symboliques jusqu'ici remplies par des organisations concurrentes, en particulier la LDH. L'anticléricalisme radical partagé par des instituteurs comme Jeanne Cambier ou Paul Laguesse, secrétaire fédéral de Seine-et-Marne, fournit une caution idéologique indispensable à la fonction de société de pompes funèbres laïque que la section remplit à l'égard de ses membres. Le vieux militant guesdiste et communard Georges Becker, né en 1845 et rallié à la SFIC en 1920, demande ainsi par lettre du 4 août 1923 à la section de Melun de « le faire enterrer civilement au chant de l'Internationale, de l'Insurgé et de la Révolution[142] ». Cette fonction de certaines sections communistes de province est devenue rapidement indispensable après l'adoption des mesures antimaçonniques. Lors du Conseil national extraordinaire du parti, le 21 janvier 1923, le délégué du Puy-de-Dôme l'a justement fait remarquer : « Dans la plupart des petites communes de France, les camarades qui font partie des sociétés de libre-pensée ne le font pas pour être dans une société bourgeoise, mais parce que si l'on ne fait pas partie de ces sociétés de libre-pensée, on n'a personne pour vous enterrer et que les sociétés de libre-pensée jouent dans ces milieux un rôle de société de pompes funèbres. [*Rires*][143] » La mort et le deuil sont en effet l'occasion de resserrer les liens de la famille partisane[144].

La SFIC doit donc supplanter certaines fonctions sociales constitutives de la gauche socialiste et laïque d'avant guerre : le combat, au début des années 1920, est engagé et sera de longue haleine. Le cas Revoyre est intéressant dans la mesure où, rompant par son acte la solidarité et la continuité des générations communistes, il contrarie l'ambition de la SFIC de s'instituer en contre-société bienfaisante, investie d'une autorité supérieure aux prérogatives paternelles : ce cas-limite relève, plus largement, du quadrillage du privé mis en œuvre très précocement par le parti, qu'il s'agisse de conformer les pratiques matrimoniales, sexuelles ou culturelles des militants aux normes de sa morale ouvriériste. En témoigne l'évidente pruderie avec laquelle certains cadres en pleine ascension comme André Marty réclament un contrôle politique plus étroit : « [En raison] des fuites dues aux femmes de nombreux militants, aux relations bourgeoises de quelques militants en vue, aux "amitiés" sociales-démocrates, je pense que l'IC doit étudier la question de la pénétration policière, écrit ainsi Marty en janvier 1925. Le procédé le plus sûr serait à mon avis que le Comintern* s'en charge lui-même en faisant une enquête minutieuse sur l'appareil du centre en partant de la base que chacun est douteux, sans exception aucune[145]. » Bien que justifiée, la crainte obsidionale des « indics » légitime le recours à des pratiques de contrôle diffamatoires et policières.

Dans la mesure où le militant est livré sans défense à l'arbitraire de ses pairs dans une atmosphère de forte contrainte unanimiste, la « camaraderie » est l'antidote à la rumeur et à la calomnie qui, une fois rendues publiques, dénoncées et gravées dans la paperasserie bureaucratique du parti, sont susceptibles de devenir un moyen de pression, voire un motif d'exclusion. La nouvelle droite oppositionnelle de 1925 regroupée autour de Loriot l'a bien remarqué

---

* Ce terme dérivé du russe peut s'écrire aussi bien Comintern que Komintern. Nous respectons ici l'usage de Marty.

dans sa lettre au Comité exécutif de l'IC le 14 février 1925 : « L'absence de discussion et la défense de critiquer [la direction du parti] [...] entraînent une conséquence logique, la suppression de tout contrôle de la masse sur la direction du Parti. Aucune garantie n'est donnée aux membres du Parti. Une accusation lancée contre un militant est sûre désormais de faire son chemin. Aucune justification possible : la Commission des conflits n'existe que sur le papier[146]. »

Trois ans après avoir porté le coup fatal à l'institution dont ils ne devaient comprendre l'utilité qu'*a posteriori*, les amis de Loriot, parmi lesquels on retrouve les derniers représentants de la minorité de guerre – Marcel Hasfeld, Marthe Bigot, Amédée Dunois, Jules Hattenberger –, s'acheminent vers l'exclusion. En 1924, le délégué français à l'ISR Jules Herclet a exhorté Monatte, Rosmer et Delagarde à se rendre à Moscou pour faire appel de la décision qui les frappe[147] : peine perdue. Dès le milieu des années 1920, les désenchantés ont tacitement renoncé à leur fantomatique droit d'appel, devenu l'apanage de la « social-démocratie ». Le grand rêve du « contrôle de la masse sur le Parti » qui traversait la minorité de guerre a sombré.

Bien avant que le parti communiste ne se soit doté d'un appareil de « vérification » des cadres au début des années 1930, les mécanismes fondamentaux du contrôle idéologique communiste sont donc en place. L'espoir de Frossard était vain : sa tentative d'établir un *modus vivendi* avec l'IC par le partage de leurs prérogatives inquisitoriales s'est avérée illusoire. L'humiliation de la « droite » et le recours à la « vingt-deuxième condition » ont détruit le clan de ses « amis » : il démissionne le 1er janvier 1923. « Pourquoi conserver Frossard au parti ?, conclut Jules Humbert-Droz en février 1925. [...] Le seul service qu'il pouvait encore rendre au Parti communiste, c'était de le quitter. On pouvait le rejeter comme une écorce de citron dont on a extrait jusqu'à la dernière goutte de jus[148]. »

Cette vantardise d'Humbert-Droz ne correspond en rien à la situation réelle du parti aux lendemains de la démission de son secrétaire général : la crainte d'une crise mortelle, au contraire, est omniprésente.

> [Cachin] s'est fort lamenté de la crise qui a éclaté pleinement en raison de l'attitude de Fross[ard], écrit ainsi Clara Zetkin le 20 janvier 1923. Il explique le comportement de Fross[ard] par le fait que celui-ci est parvenu jeune à la direction, sans éducation théorique de base et il le juge très convenablement sur le plan humain. Le retrait de Fross[ard] de ses responsabilités, puis sa démission du Parti sont pour l'heure le coup le plus dur que le Parti ait eu à subir. [...] À mon avis, la situation créée par l'occupation de la Ruhr et la conférence d'Essen contribuera à ce que le parti surmonte plus rapidement la crise, et dans de meilleures conditions que ne le croit Cachin. L'autorité politique des "fidèles de Moscou" en sortira considérablement renforcée et la nécessité de la lutte aidera plus d'un hésitant à franchir le Rubicon[149].

Les circonstances, en effet, ont épargné à la SFIC une crise majeure : le 11 janvier 1923, l'armée française occupe la Ruhr pour contraindre l'Allemagne à payer les réparations prévues par le traité de Versailles. Elle offre au jeune parti un objet idéal de haine antipatriotique et de mobilisation militante.

Sa constitution et son organisation ne sont pas d'abord une invention de l'IC, ni l'effet d'une soumission à ses ordres. La « gauche » y a joué au contraire un rôle majeur, en formant un groupe prosélyte efficace, motivé par son aversion idéologique pour le « social-patriotisme » et par son besoin refoulé de parvenir. En son sein, le Komintern a trouvé mieux que des alliés : des élèves, fascinés par la pédagogie révolutionnaire ascétique des bolcheviks qui fait vibrer leur fibre prolétarienne – ce qui n'est pas le moindre des paradoxes pour ces hommes incapables d'accepter entre eux l'ombre d'une hiérarchie, mais convaincus de leur capacité à vivre parfois avec ivresse « contre le courant ».

7

La fin du premier communisme français

Le parti communiste est né du rejet de la politique partisane et des « politiciens », même s'il est devenu ensuite le prototype même du parti organisé de masse. La jeune relève communiste de 1920, profondément influencée par l'imaginaire syndicaliste révolutionnaire, s'est construite dans l'opposition au parti socialiste d'avant guerre, embourgeoisé et compromis à ses yeux par l'exercice du pouvoir parlementaire : son aspiration à incarner une nouvelle direction révolutionnaire doit en offrir une image inversée, nourrie de tout ce que le mouvement ouvrier français avant 1914 a inventé pour lutter contre l'arrivisme et le carriérisme. Cette « armée de francs-tireurs, débarrassée de l'impotent état-major de bureaucrates socialistes », veut « [mettre] en mouvement le prolétariat, sans l'intermédiaire d'une représentation indirecte au Parlement[1] ».

Au sein de la SFIO d'avant guerre, la direction politico-administrative incarnée par la Commission administrative permanente (CAP), dont son inamovible secrétaire Louis Dubreuilh avait la charge*, n'était jamais parvenue à

---

* Nommé en 1905, Louis Dubreuilh (1862-1924) est resté secrétaire de la CAP jusqu'en 1918.

imposer ses vues aux centres rivaux du pouvoir socialiste qu'étaient le groupe parlementaire et le journal *L'Humanité*. Contre les députés, le combat était trop inégal ; quant à *L'Humanité*, la CAP n'osait s'y attaquer. C'est dans cette structure floue que Jaurès bâtit son influence : directeur incontesté du quotidien qui supplanta en 1911 *Le Socialiste*, organe officiel du parti, le tribun était un orateur prestigieux et redouté du groupe parlementaire. L'intégration accélérée de la SFIO dans le système politique et parlementaire républicain après 1905 en fut la conséquence. Pour inverser ce processus, la relève communiste imagine une nouvelle architecture partisane centralisée, au sommet de laquelle serait placée une élite révolutionnaire vertueuse.

Cette petite cohorte s'est forgé un idéal d'autoémancipation de la classe ouvrière, méfiant envers toute forme de bureaucratie d'appareil, qu'il soit syndical ou politique. Le prolétariat doit s'organiser contre l'État au sein d'une institution modèle qui se substituerait à lui, qu'il s'agisse du syndicat, cellule du communisme à venir, ou du parti conçu comme une contre-société autonome. Dans cette perspective, le refus de toute installation dans la vie bourgeoise exprimé par ses représentants est une condition de leur disponibilité matérielle et intellectuelle au service de la révolution : célibat ou union libre, pauvreté vertueuse et existence semi-bohème correspondent à la sociologie et à l'univers mental de ces cadres. Cette vie révolutionnaire modèle, même théorique, peut s'appuyer sur de brillantes figures fantasmées – qu'il s'agisse de Lénine ou même du Guesde d'avant guerre. La réalité, il est vrai, est plus prosaïque : Lénine comme Guesde ont eu des maîtresses. Mais la conception ascétique du mode de vie des « guides ouvriers » n'a cessé d'habiter le communisme français.

Elle a cependant dû s'accommoder de la construction d'un appareil partisan sans précédent dans l'histoire de la gauche française. L'afflux de l'aide internationale bolchevique a bouleversé l'économie précaire du mouvement ouvrier. Ce fait nouveau et incontournable s'est finalement heurté à la moralité des leaders de la minorité de guerre, pétrie de refus de parvenir et d'une méfiance innée envers le fonctionnariat partisan. C'est la raison profonde de leur dissidence du milieu des années 1920 : le rejet de toute oligarchie, qui a nourri leur aspiration à un « parti de type nouveau », s'est délité du fait de leur propre ascension. Certains s'en sont accomodés, d'autres ont rompu : une nouvelle génération a poussé derrière eux, qui n'aura pas les mêmes états d'âme.

La refonte de la direction du nouveau parti a suscité, comme pour toutes les autres innovations introduites après 1920, un affrontement virulent avec les amis de Frossard. La « charte » de Tours a bien tenté de concilier les nouveaux principes léninistes avec la tradition socialiste française : l'article 33 des statuts, inspiré par la « douzième condition », a renforcé la centralisation de l'ancienne CAP, rebaptisée Comité directeur (CD). Le groupe parlementaire a été nominalement placé, par l'article 37 (imité de la « onzième condition ») dans la dépendance étroite de la direction. Le contrôle de la presse a bien été affirmé, conformément à la « première condition », essentielle aux yeux de Lénine. Toutes ces mesures ont paru nécessaires à l'étayage de l'appareil partisan, pour le prémunir de la tentation ministérielle et assurer un contrôle plus ferme de ses représentants. Ces transformations devaient s'arrêter là où commencent la liberté de discussion, le droit de tendance et la préservation des militants contre l'arbitraire de la majorité. Mais les leaders de la « gauche » ne peuvent s'accommoder d'une telle limitation. Leur projet repose d'abord sur la formation d'une direction « révolutionnaire » homogène, animée d'une conception stricte de la discipline de la presse et du groupe parlementaire. Cette direction « par le haut », incarnée dans un petit état-major de militants sélectionnés selon leur mérite « révolutionnaire », doit être sans cesse contrôlée « par le bas » pour combattre les tendances oligarchiques inhérentes aux organisations.

Dans cette nouvelle configuration, la question syndicale est essentielle. Frossard et ses amis ont toujours jugé « impossible » la subordination de l'action syndicale à la politique du parti : « C'est pour des raisons salutaires que s'est produite, il y a vingt ans, la rupture entre le mouvement syndicaliste et le mouvement socialiste, affirme ainsi Frossard en 1922, et depuis vingt ans, il y a toute une tradition d'autonomie, d'indépendance absolue qui a été soigneusement cultivée, et contre laquelle il est impossible de réagir[2]. » Les chefs de file du Comité de la IIIe Internationale ne l'ont évidemment pas entendu de cette oreille, mais, en la matière, ils sont profondément divisés : jusqu'à son éclatement, l'idée d'autonomie syndicale empoisonne la vie de la « gauche ». Pierre Monatte, soumis à une intense politique de charme de l'IC, en est le symbole et l'héritier. Mais d'autres militants ont accepté le principe de la prééminence du parti : sa montée en puissance multiplie les conflits dans la CGTU qui s'édifie péniblement au début des années 1920.

La rupture avec le syndicalisme « pur » est une exigence très claire de l'IC. Son délégué officiel Amadeo Bordiga l'a réclamée dans des termes sans ambiguïté devant le congrès de Marseille, le 28 décembre 1921 : « Plus que jamais, nous sommes convaincus que pour accomplir cette tâche immense, le prolétariat a besoin d'un organe efficace de lutte, qui est le parti politique, seulement le parti politique. [...] En réalité, le syndicalisme est une politique du mouvement syndical, et le communisme est une autre politique du mouvement syndical[3]. » Pour Loriot, Rosmer ou Souvarine, en tout cas, la ligne de conduite à tenir face à l'autonomisme syndical est claire : « On peut discuter la tactique et la doctrine du Parti communiste : on peut même les rejeter et les combattre, mais ce qu'on ne pourra pas faire, c'est lui opposer un autre système de transformation sociale sans fonder un autre parti politique auquel on accordera forcément le crédit et l'autorité qu'on a refusés au Parti communiste[4]. » Le parti, comme forme politique, est le vecteur incontournable du changement révolutionnaire : c'est cette affirmation qui bouleverse les équilibres traditionnels du mouvement ouvrier français. La crainte de la « subordination » du syndicat ne cessera pourtant d'être agitée par ceux qui la rejettent pendant l'entre-deux-guerres.

Pour imposer sa conception de l'organisation du nouveau parti, l'IC a disposé d'une arme redoutable : l'argent. Dès 1919, les groupements favorables à la IIIe Internationale ont reçu une aide logistique considérable de Moscou. Ce qui est en jeu dans la SFIC après 1921 n'est pas à proprement parler le principe même de cette aide, que la SFIO recevait de manière extraordinaire avant 1914 des « partis frères » de la IIe Internationale. Il s'agit en réalité de l'ampleur, de la permanence et du contrôle de celle-ci, puisqu'elle est par définition clandestine. Les sommes qui circulent dès 1919 sont sans rapport avec les quelques milliers de francs touchés çà et là par le parti de Jaurès auprès des Allemands ou des Finlandais. Bien qu'elle soit considérée au départ comme une sorte de combustible destiné à allumer les foyers révolutionnaires en Europe, le caractère permanent – c'est-à-dire à la fois régulier et constant – de cette aide devient dès le début des années 1920 un enjeu crucial pour le parti français. L'apparition d'un appareil bureaucratique qu'elle n'est pas capable de financer par elle-même, du fait de sa taille réduite et de la faiblesse traditionnelle des cotisations versées par les adhérents français d'origine ouvrière, plus avares que leurs homologues allemands ou britanniques, contraint la SFIC à maintenir et même à accroître ses demandes par le truchement d'appels de fonds extraordinaires. En 1931, alors même que les quatre cinquièmes du budget mensuel ordinaire du parti sont couverts par l'« aide internationale » et que ses effectifs sont proches de leur étiage historique – à peine 30 000 militants –, près de 1 % de ses membres sont permanents[5] ! Dès lors qu'elle est constituée, la bureaucratie de parti est particulièrement difficile à réduire : comme toute bureaucratie, elle s'auto-entretient du fait de sa très forte propension à proliférer.

Le parti dans son ensemble ne possède aucun contrôle effectif sur le montant et l'allocation des sommes perçues par l'intermédiaire des services de l'OMS, le « service technique » international de l'IC dirigé par Ossip Piatniski depuis le IIIe Congrès mondial[6]. Le silence règne autour de l'« or de Moscou », tout spécialement après la retentissante arrestation du délégué de l'IC Alexandre Abramovitch au début de 1921. Il est entretenu par l'ignorance de leur existence partagée par la base, souvent sollicitée d'ailleurs pour remplir les caisses du parti. En fait, sa politique financière n'est connue que d'un nombre extrêmement réduit de responsables. Ce n'est qu'à partir du milieu des années 1920 que les minorités communistes d'opposition commencent à critiquer la « corruption » et la « dégénérescence » de son appareil, quand le principe même d'une subvention permanente et clandestine est acquis.

Ce financement international a permis au parti de jeter les fondements de la couche protectrice d'organisations – Jeunesses, locataires, anciens combattants, organisations de solidarité internationale, groupes professionnels d'avocats ou de médecins communistes – qui l'entoure et le prolonge dans la masse des « sans-parti ». La formation de ce « conglomérat[7] » d'organisations dépendantes n'est pas allée de soi. La multi-appartenance à des organisations politiques, acceptée dans les syndicats comme dans le parti socialiste avant guerre, est un acquis fort que la SFIC a dû combattre pour imposer la primauté absolue du titre de communiste et le principe du contrôle de cette « couronne extérieure » par ses membres. Certes, cette pratique du noyautage, réclamée dans les « conditions » de 1920, découle du caractère théoriquement illégal du parti. Mais parce qu'elle suppose l'usage permanent du double langage, l'acceptation de la division du monde social entre militants et « sans-parti », et le renoncement tacite à une autre appartenance, elle ne s'est pas imposée facilement – et, à vrai dire, ne sera jamais absolue. Quand les institutions en question ont été constituées par le Komintern – comme le Secours rouge international (SRI) lors du IVe Congrès en 1924, qui finit par absorber l'essentiel des fonds et de l'activité du Secours ouvrier international (SOI) créé par Willi Münzenberg trois ans plus tôt[8] –, leur contrôle est plus aisé que lorsqu'il s'agit de s'emparer à distance d'une organisation qui préexiste à la SFIC, comme l'Association républicaine des anciens combattants (ARAC) d'Henri Barbusse.

Toutes ces innovations ont profondément ébranlé l'unité et les certitudes de la « gauche » sortie victorieuse du IVe Congrès, à la fin de 1922. Dès 1923, cette cohérence se fissure : entre juin et décembre 1924, Souvarine, Monatte et Rosmer sont « liquidés » politiquement par un petit groupe de militants dirigés par le tandem formé par Albert Treint à Moscou et Suzanne Girault à Paris. La dissidence de Loriot en 1925 et son départ définitif l'année suivante marquent la fin d'une époque : les leaders historiques du Comité de la IIIe Internationale ont cessé d'appartenir au parti. En fait de liquidation, c'est à la « liquidation des liquidateurs » de Frossard et de ses amis qu'on a procédé.

Cette péripétie de l'histoire de la SFIC n'est pas, là encore, la simple conséquence d'une querelle de « personnalités » : prolongement des luttes de pouvoir qui divisent le parti russe, les « affaires » de 1924 promeuvent à la tête de la SFIC une petite direction à la fois étrangère et hostile au mouvement ouvrier français d'avant guerre. Concomitante du lancement effectif de la bolchevisation, l'élimination des leaders de la « gauche » accompagne la réorganisation de l'univers communiste autour de la cellule d'usine, la promotion d'un ouvriérisme rigide et la résurgence d'une violence « prolétarienne » incontestable. Pour rompre avec les anciennes sections locales caractéristiques de l'organisation socialiste, le parti se réorganise alors autour de « cellules d'entreprises », afin de transporter la lutte quotidienne sur le lieu de travail. « Il faut se faire à l'idée, écrit ainsi Louis Sellier dès avril 1923, que les réunions publiques touchent toujours – à très peu d'exceptions près – les mêmes auditoires et que l'apparence d'agitation qu'elles affectent est toujours très loin d'entraîner, pour le Parti, le résultat qu'on espère[9]. » Menée à un rythme effréné, inachevée, la « bolchevisation » désorganise largement ses structures[10]. Elle accentue par ailleurs l'ouvriérisme communiste – condition indispensable pour que l'élite nouvelle sélectionnée par le parti maintienne un lien sociologique avec ses origines, malgré sa salarisation. En assurant la promotion massive d'une élite préoccupée de sa fidélité de classe, le parti communiste a bouleversé les règles traditionnelles du *leadership* ouvrier en France. Cette politique nouvelle constitue bien le dernier acte de la courte pièce jouée sur la scène politique française par la jeune relève militante « née de la guerre ».

« Centralisation démocratique »

Qui doit diriger le parti communiste ?

La création d'une institution de direction centralisée est inscrite dans la douzième des « conditions » de 1920. Le doublement du Comité directeur, organe central du parti créé à Tours, par un Bureau politique (BP) constitué d'un nombre réduit de membres n'est cependant devenu effectif qu'au Conseil national du 21 janvier 1923. Ce nouvel organisme est alors composé de sept membres répartis entre les fractions de « gauche », du « centre » et « Renoult* » selon un principe proportionnel, par dérogation exceptionnelle consentie par l'IC. La discussion sur sa formation, engagée dès 1921, aboutissait enfin, non sans conflits ni débats violents.

---

* La fraction « Renoult » n'a eu qu'une existence éphémère, à la fin de 1922, en vue du IVe Congrès. Hostile au Front unique mais « de gauche », sans s'identifier à la fraction « de gauche » qui la combat, elle a possédé sa propre délégation à Moscou et a reçu à ce titre une représentation proportionnelle dans les instances de direction du parti.

Le premier grand débat autour de la création d'une instance réduite de direction « bolchevisée » du parti s'est déroulé au congrès de Marseille, en décembre 1921. Les amis de Frossard sont hostiles, bien entendu, à la création d'un organe resserré de direction, non prévu par la « charte » de Tours, qui dominerait le Comité directeur. Ce dernier, dont les attributions sont codifiées dans l'article 33 des statuts de mai 1921, a été conçu comme une CAP renforcée : ses pouvoirs sont réels, mais limités à la fois par la convocation annuelle régulière d'un congrès qui lui est supérieur, et par l'existence d'une Commission nationale des conflits indépendante. « Pas de centralisme outrancier, comme dans la Première Internationale, ni d'absence de direction, comme dans la Seconde », déclare ainsi Charles Rappoport à Marseille le 25 décembre 1921.

Loriot et la « gauche », cependant, ont défendu très tôt, non sans une certaine confusion, la création d'un « præsidium* » imité de l'Internationale communiste, c'est-à-dire une instance réduite et permanente de direction « dans l'intervalle » de ses congrès : « Un præsidium existe dans tous les grands partis communistes et vous serez contraints d'en créer un en France, affirme ainsi Loriot. […] Nous voulons créer [un] secrétariat général, substituer au secrétariat général qui ne peut pas fonctionner avec un seul membre, un secrétariat général de cinq membres, fonctionnant tous les jours, se réunissant quotidiennement et responsables à la fois les uns devant les autres et [devant] le Comité Directeur. Or j'estime que c'est bien là le centralisme démocratique[11]. » En janvier 1922, devant la Fédération de la Seine, Loriot a précisé la conception initiale de la « gauche » : « Ce qui inspirait notre projet, c'est l'idée de substituer au "centralisme monarchique" actuel qui confie les destinées du Parti non au Comité directeur, mais au secrétaire général

---

* « Présidium », « præsidium » ou même « presidium » sont indifféremment utilisés. Nous avons respecté ces usages dans les citations.

du Parti, le véritable "centralisme démocratique" qui assure la direction politique quotidienne au moyen d'un collège restreint siégeant en permanence et responsable devant le Comité directeur. [...] Il est faux d'affirmer que nous avons eu l'intention de créer un organisme à notre profit pour nous emparer de la direction du Parti[12]. » Le flottement du sens de l'expression de « centralisme démocratique » – devenue canonique dès les années 1920 – permet d'y réunir des conceptions très différentes. L'idée d'une direction centralisée est bien, malgré les dénégations de Loriot, une arme contre l'influence de Frossard, directement visé par le projet de suppression du poste de secrétaire général. L'hostilité envers l'existence même du secrétariat sera néanmoins passagère, car elle a contribué à la défaite de la motion de la gauche devant le Comité directeur le 29 novembre 1921. Après la réunion du Comité exécutif élargi de l'IC en juin 1922, il n'en est plus question.

Les motifs de Loriot sont à la fois idéologiques et politiques. Soucieux de renforcer les positions de la « gauche », il veut mettre en place une direction révolutionnaire « contrôlée par le bas ». Dans les documents de l'opposition qu'il inspirera en 1925, la « dictature » née du « centralisme oligarchique » qui gangrène le parti sera dénoncée à maintes reprises : « Nous pourrions multiplier les exemples montrant que le Bureau politique est au-dessus de la discipline, comme il est au-dessus de tout contrôle[13]. » Loriot, même au seuil de l'exclusion, a toujours conservé une foi robuste dans le contrôle des « révolutionnaires » par eux-mêmes, mais ce projet de dictature de la vertu n'est jamais parvenu à en formuler les modalités précises. Loriot se sera montré à la fois trop sourd aux critiques de la « droite » et trop aveugle devant les conséquences des résolutions qu'il promeut sous la pression constante des émissaires de l'Internationale.

Ces derniers, en effet, ne cessent de plaider et d'intervenir en faveur de mesures concrètes. Dès le congrès de Marseille, Amadeo Bordiga et Maximilian Walecki ont participé aux discussions de la sous-commission politique générale du parti. Le procès-verbal de sa réunion du 27 décembre 1921 a été conservé et reproduit par Albert Treint dans un rapport à l'IC, afin de démontrer le caractère « verbal » des concessions des anciens reconstructeurs. Puisqu'il est le seul à avoir voté en commission contre le projet majoritaire, Treint entend également signifier à l'IC qu'il en est le plus fidèle serviteur. Les polémiques suscitées par l'appellation et les attributions du futur « præsidium » lui ont permis en tout cas de se révéler. Le 11 décembre 1921, devant le congrès de la Fédération de la Seine, il a défendu âprement mais sans succès la constitution d'une direction politique restreinte[14]. Même si Loriot et lui ont lu le 18 décembre une déclaration qui précise en termes significatifs qu'ils n'entendent pas instituer « une dictature d'un groupe de fonctionnaires actifs sur une masse d'adhérents passifs », la motion de la « gauche » est sévèrement battue[15]. Dans la résolution de politique générale du 27 décembre, celle-ci ne parvient qu'à faire retrancher le terme trop polémique de « centralisme oligarchique » pour désigner le projet de direction restreinte : la méfiance, elle, est maintenue et confirmée par le vote du congrès.

La création du Bureau politique

Cette méfiance, il est vrai, est légitime. Les déclarations de Walecki devant la commission sont moins que rassurantes : « Le centralisme reste démocratique, affirme-t-il, en ce sens que la direction même étroite du parti rend compte de ses actes chaque fois que cela est possible[16]. » En principe, c'est le Comité directeur qui contrôle le Bureau politique, selon des modalités dont il n'est fait aucune mention. Quant à la périodicité de ce contrôle, autant dire qu'elle n'est pas fixée. L'IC entend profiter de l'imprécision des formules et des failles des statuts pour instaurer une jurisprudence à son avantage. Selon Walecki, en effet, la résolution défendue par les anciens reconstructeurs, qui ne confie à ce Bureau restreint que des tâches administratives secondaires, est absurde : « Si cinq camarades consacrent quatre-vingts heures par semaine au parti, forcément ils deviendront des spécialistes de la direction et ils pèseront forcément sur la Direction et sur toute la vie du parti. En fait, ils ne pourront être relégués à des besognes secondaires. Le Petit Bureau a son rôle qui est de prendre des décisions même importantes. Le C[omité] D[irecteur] a le sien, qui est d'examiner les décisions prises par le Petit Bureau responsable devant lui et qu'il peut changer[17]. » Le langage employé par Walecki, imprégné d'expressions bolcheviques et typiquement kominterniennes, indique bien qu'il s'agit d'importer au sein de la SFIC des structures imitées de l'IC : la « gauche » s'est offerte pour ce combat.

Alors que la polémique porte en commission sur les attributions de ce nouvel organe, elle se concentre, devant le congrès de Marseille, sur son appellation. L'introduction d'un terme emprunté au vocabulaire bolchevique assure en effet à ses promoteurs, selon Frossard, qu'ils seront battus. Treint lui répond :

> [Treint] Ici, vous me permettrez de ne pas retenir cet argument qui consiste à dire : le présidium, c'est un mot qui n'est pas connu. En réalité, c'est un mot qui est connu de toute l'Internationale : c'est un mot international dont il faut que les militants français apprennent à connaître la signification.
> [Frossard] C'est la 22ᵉ condition !
> [Treint] Il y a quelques années, nous ne connaissions pas le mot bolcheviste, ni le mot soviet, et ce sont aujourd'hui des mots qui sont en train de conquérir le monde[18].

L'avertissement de Frossard est entendu : l'Exécutif élargi de l'IC abandonne en juin 1922 la dénomination de « præsidium » pour lui préférer le titre plus neutre, mais destiné à devenir célèbre, de « bureau politique ». C'est à ce bureau restreint – il existe dans le parti russe depuis 1919 – qu'échoient toutes les « tâches politiques » de direction du parti : bien que maintenu, le secrétariat devient en principe un organe purement administratif, chargé selon Jules Humbert-Droz de « toutes les petites besognes » réglementaires[19]. Confiée à Staline en mars 1922 avec la bénédiction de Lénine, l'institution du secrétariat général devait devenir l'instrument de la conquête de l'appareil russe et international par le clan de ses affidés*. Mais personne alors n'entrevoit vraiment l'avenir d'une institution que les Français ont l'intention d'abaisser pour en chasser Frossard. Après sa démission au premier jour de l'année 1923, le secrétariat connaît en effet divers avatars qui confirment la réduction de son influence. Ainsi est-il dédoublé le 21 janvier entre Louis Sellier et Albert Treint, emprisonné le 10 janvier précédent. Ce n'est que sous la direction de Thorez en 1931 que le secrétariat retrouve les attributions ravies à Frossard, pour devenir le cœur décisionnel du parti communiste[20].

La deuxième étape de la création d'un organe de direction restreint a été franchie à la fin de l'été 1922. L'IC a adopté une stratégie de contournement pour parvenir à ses fins : il faut imposer des changements dans une fédération modèle, avant d'en étendre le principe à tout le parti. Les résolutions de l'Exécutif votées en présence de Frossard à Moscou reçoivent alors une première application. Le 3 juillet 1922, Frossard a en effet accepté le principe d'une révision des statuts de la Fédération de la Seine[21]. Zinoviev et Humbert-Droz, pour préparer son congrès « excessivement important[22] », ont tout fait pour

---

* Staline n'est pas le premier secrétaire du parti russe : il a été précédé en particulier par Sverdlov et Molotov. Jusque-là, le parti russe n'avait pas de principal représentant ni de président : Lénine entendait bien en conserver la direction. Mais le 15 mai 1922, il subit sa première attaque, peu après l'opération chirurgicale destinée à retirer de son cou la balle qu'y avait fichée la socialiste-révolutionnaire Fanny Kaplan en août 1918. Lénine ne devait jamais recouvrer véritablement la santé avant sa mort en janvier 1924.

en retarder la tenue et préparer une solide délégation internationale. Finalement réuni le 20 août 1922, le congrès entérine le projet « A » des nouveaux statuts, élaboré avec le concours de Jules Humbert-Droz lui-même, par Suzanne Girault et Jean Ribaut pour la « gauche », Edmond Soutif et Georges Marrane pour le « centre[23] ». Le bureau de la fédération, qui couronne une structure complexe à quatre étages[24], est permanent et composé d'un trésorier, d'un secrétaire et de leurs suppléants, en plus d'un archiviste. Il est chargé d'« expédier les affaires courantes » et de « prendre en cas d'urgence toutes décisions que comportent les événements en cours[25] ». Mais comment distinguer les « cas d'urgence » des décisions plus « ordinaires » ? Ainsi imaginée, la structure de la direction parisienne dépouille de leurs prérogatives théoriques de contrôle les assemblées les plus proches de la base militante. Ces incertitudes vont d'ailleurs permettre à la « gauche » d'en prendre la direction en septembre 1922, lorsque Suzanne Girault en devient la secrétaire adjointe. Dans une telle structure, les conflits d'interprétation se résolvent toujours au profit des militants les plus activement favorables à l'IC. L'existence de ce nouveau mode de direction fédérale sera brève : le congrès de Clichy, en 1925, restructure le parti autour des « cellules d'entreprise », des « rayons » et des « régions* ».

Avant cette date, pourtant, le centralisme démocratique se réduit déjà à l'« obligation » faite aux « organismes subalternes » d'« exécuter » les décisions de la direction[26] : l'élection de tous les organes par les assemblées générales du parti est lettre morte depuis le « grave précédent » du IVe Congrès en 1922, tandis que l'obligation faite à la direction de rendre des comptes sur son activité n'est

---

* La « bolchevisation » introduit un nouveau vocabulaire imité du russe, comme le terme de « rayon » qui désigne un groupement de sections. Les structures fédérales (les « régions ») n'épousent plus les contours de la France départementale.

régie par aucune disposition précise et dépend entièrement des organes censés être contrôlés. Frossard, le 26 décembre 1921, a dénoncé les conséquences lointaines de cette modification fondamentale de la direction du parti : « […] Le Comité directeur, qui va se réunir une fois par mois, sera rapidement dépossédé par le Bureau, qui se réunira quotidiennement et qui sera muni de pouvoirs importants. […] Le contrôle que le Comité directeur doit exercer à tout instant est rendu impossible par ce trop long intervalle qui séparerait [s]es séances. J'entends bien qu'on a dit que le Comité directeur se réunirait "au minimum" une fois par mois, le minimum, ce n'est pas le maximum. L'organisation que l'on prévoit […] aboutit à mettre entre les mains de quelques-uns l'organisation du parti[27]. » Avec son acuité politique coutumière, Frossard entrevoit le danger de l'imprécision qui entoure les statuts projetés. La « gauche », quant à elle, ne prendra conscience que rétrospectivement des implications de la structure partisane qu'elle promeut.

La dernière étape du processus de centralisation de la direction du parti s'enclenche au moment où, fortes de l'exemple de la Seine et de la victoire définitive sur Frossard, l'IC et la gauche poussent de concert à une refonte des statuts lors du Conseil national du 21 janvier 1923. L'article 33 est modifié : désormais, le Comité directeur continue d'administrer le parti « dans l'intervalle des congrès », mais un « Bureau politique » est constitué qui « prépare le travail » et, « dans l'intervalle des réunions », « prend les initiatives commandées par les circonstances »[28]. Le Comité directeur possède encore nominalement le droit de révoquer un membre du Bureau politique, mais ce droit n'a plus lieu d'être depuis les décisions du IVe Congrès de l'IC. La direction politique du parti est donc concentrée, à partir de cette date, dans les mains des sept membres du Bureau politique.

Les prédictions de Frossard se réalisent alors : elles ne sont que la déduction logique des potentialités contenues dans cette révision des statuts. Dès le 12 mars 1923, Souvarine critique l'activité du Comité directeur, réduite à celle d'une « commission administrative[29] » ! Un mois plus tard, Rosmer déplore que « le CD ne prenne plus son rôle au sérieux et qu'à neuf heures et demie, il n'y ait que quelques camarades d'arrivés[30] » : absentéisme, passivité, impuissance, le Comité directeur de 1923-1924 est une institution en plein désarroi. Jules Humbert-Droz aggrave cette impression dans son rapport à l'IC du 14 juin 1923 :

> Le Bureau politique ne se réunit plus que deux fois par semaine et n'aborde guère, comme par le passé, que de petites questions d'organisation ou des questions politiques secondaires qui se posent au jour le jour à l'activité du parti. On n'a jamais le temps d'aborder les questions politiques importantes, qui demeurent à peine ébauchées. Le Comité directeur, qui devrait suppléer à cette carence du Bureau politique qui le décharge de la besogne administrative, n'aborde pas davantage les discussions politiques. Le Bureau politique le considère comme un rouage superflu et importun et bien des membres du Comité directeur ont l'impression que le Bureau politique lui fixe un ordre du jour qui l'écarte de toutes les questions importantes[31].

S'ébauche alors, dans une grande confusion, la fonction du futur Comité central : devenir une commission élargie et spécialisée de mise en œuvre des directives du Bureau politique. Ces changements décisifs sont opérés sous la supervision de Gouralski, dit Lepetit* : le 25 août 1924, une discrète motion autorise le Bureau politique à fixer l'ordre du jour du Comité directeur, officiellement rebaptisé « Comité central » à l'issue du congrès de Clichy, en janvier suivant.

C'est la secrétaire adjointe de la Fédération de la Seine, Suzanne Girault, qui a imposé ces changements avec l'appui du délégué officiel du Komintern. Les méthodes

---

* Abraham Heifetz, dit Gouralski, dit Lepetit, dit Klein, est délégué de l'IC auprès du parti français pour mettre en place la politique de bolchevisation.

de travail du Comité directeur sont entièrement revues. Transformé en organe d'exécution, il doit aussi être nommé directement par le Bureau politique : « Jusqu'à maintenant, affirme Girault, le principe de nomination du CD était faussé, ce qui explique en grande partie le manque de capacité de ses membres. En réalité, il faut faire entrer au CD les camarades responsables des organisations du mouvement ouvrier puis organiser des séances élargies[32]. » Ces « séances élargies » – terminologie là encore typiquement internationaliste – fixées tous les quinze jours doivent permettre au BP de « mettre en possession » le nouvel organe des « questions politiques importantes » et de lui imposer un ordre du jour.

Ce n'est pas un hasard si le conflit entre Souvarine et Treint, qui devait faire éclater définitivement la « gauche », s'ouvre en octobre 1923 : les prérogatives du secrétariat en sont l'un des enjeux. À son retour en France, fin octobre, Souvarine s'en est pris au manque d'activité du Comité directeur, mais il s'est aussi inquiété du centralisme exagéré et du « déplacement de l'autorité directoriale[33] » au sein du parti, au profit du Bureau politique et du secrétariat tenu par Treint. Souvarine s'oppose également à la politique de coterie mise en place par ce dernier, qui peut s'appuyer sur un solide réseau de militants de province qu'il a lui-même nommés comme « délégués régionaux[34] ». Ce dispositif, appuyé sur un réseau vertical de militants dévoués, devait s'avérer particulièrement efficace pour venir à bout de l'opposition soi-disant trotskiste au sein du parti à partir de 1924.

La modernisation autoritaire du militantisme ouvrier français

La génération « bolchevisée » de 1925

Le système d'influence treintiste n'est en réalité qu'un effet collatéral du mouvement de rationalisation bureaucratique du parti qui s'accélère à partir de 1923. L'établissement d'une liaison régulière avec Moscou – gage de pouvoir dans un système communiste mondial consolidé –, la multiplication des circulaires du centre du parti vers la province, l'instauration d'un premier système de délégations régionales assimilé par ses opposants à une clique de « commissaires » en sont les principales manifestations[35]. Louis Sellier y joue un rôle important : sous son impulsion, le parti élabore progressivement sa connaissance de lui-même et standardise ses pratiques et son langage par l'établissement de modèles de correspondance, d'une nomenclature des élus et des militants de confiance et d'une « cartographie » de son implantation[36].

C'est dans ce cadre général qu'il organise également une première campagne de recensement de ses militants. La direction diffuse une fiche personnelle dans les fédérations, dont un modèle n'est malheureusement conservé que pour 1924. Les questions posées aux militants sont assez précises : outre les renseignements d'état civil, les censeurs insistent sur la situation matérielle et professionnelle des militants recensés (lieu et « genre de travail »), ainsi que sur leurs engagements politiques et syndicaux actuels et antérieurs*. À l'été 1923, le secrétariat du parti a récupéré un premier échantillon de 2 800 fiches d'adhérents de la Fédération de la Seine, dont il expose les enseignements dans son rapport au Comité exécutif de l'IC en juin 1923 : 53 % d'entre eux sont des ouvriers, 20,3 % des employés ou des ouvriers d'administration, en particulier dans les mairies, 10 % des employés de commerce et 9,3 %

---

* « Date d'adhésion au PC / Indiquer les fonctions déjà remplies dans le Parti / Indiquer si l'on a appartenu à un autre parti politique et combien de temps / Indiquer si l'on a appartenu ou si l'on appartient à d'autres organisations / Indiquer le syndicat auquel on appartient et sa date d'adhésion / Indiquer la ou les coopératives auxquelles on appartient / Indiquer les fonctions remplies dans les différentes organisations / Si l'on n'est pas syndiqué, en indiquer les raisons. » AD 93, archives du PCF, 3 MI 6/8/76.

des membres des professions libérales, commerçants et « retraités ». Ce n'est donc pas un hasard si l'ouvriérisme du parti s'épanouit au moment où, à la différence de la Seine, son organisation fléchit partout en province : le parti développe une rhétorique conforme à son implantation. Selon le secrétaire fédéral de la Seine Georges Marrane, ces fiches ont permis une première sélection des membres des « noyaux syndicaux » dans la Seine et une épuration des syndicalistes « purs » : « Nous avons obligé tous les membres de la fédération à remplir des feuilles de recensement qui nous permettent d'être renseignés sur les organisations auxquelles appartiennent les membres de la fédération[37]. »

Les modalités de cette « obligation » ne sont pas très claires, mais Souvarine, dans son « mémoire » très critique sur la Fédération de la Seine en novembre 1923, s'est opposé à cette méthode de sélection « formaliste » et « bureaucratique »[38]. Il est évident, en tout cas, que les campagnes biographiques de « vérification » des années 1930 ne sont pas nées de rien : elles s'inscrivent au contraire dans le prolongement du processus de modernisation bureaucratique autoritaire engagé dans la première moitié des années 1920.

Un autre recensement est effectué, sur un échantillon plus étroit, parmi les 268 délégués du congrès de Clichy en janvier 1925. Des « listes d'enquête » leur ont été distribuées et sont utilisées de manière brute par le rapporteur, puisqu'il n'est « naturellement pas possible de contrôler l'exactitude [de ces] auto-renseignements[39] ». Le questionnaire est moins fourni, mais plus fouillé que le modèle de 1924 sur les compétences des militants questionnés et leurs appartenances politiques passées et présentes. Sur les 239 délégués recensés – près de 90 % d'entre eux ont donc accepté de répondre –, 224 sont des « ouvriers* » et

---

* 23 % sont métallurgistes, 15 % employés comptables et dactylographes, 11,7 % ouvriers du bâtiment, 5,4 % « agriculteurs », 4,6 % seulement mineurs et 2,9 % cheminots.

15 seulement, à peine 6 %, des « intellectuels* », selon la sociologie spontanée du rapporteur[40]. On ne compte que quinze femmes déléguées. La marginalisation des instituteurs – cinq en tout – est un signe de la mise à l'écart définitive de la minorité de guerre au profit d'un secteur bien particulier du monde ouvrier, la métallurgie. Une proportion écrasante de ces délégués – 93 % – ne possède d'ailleurs qu'une instruction primaire.

La plupart des membres de cette génération « bolchevisée » sont les représentants d'un syndicalisme de combat. Les dates de leur syndicalisation permettent en effet d'identifier les différentes strates de sa formation. Sur 125 délégués syndiqués (52 % des délégués recensés), 108, soit 86,5 %, sont entrés dans un syndicat après 1917, à la faveur du grand *Labour boom* de la fin de la guerre qui se prolonge jusqu'en 1922. Parmi ceux qui ont adhéré à la CGT avant guerre, une majorité l'a fait à l'occasion des grandes mobilisations de 1907, 1910 ou 1913[41]. Un syndicalisme de lutte a donc surdéterminé leur adhésion au parti communiste, même si les revers corporatifs, en 1918 comme en 1921, forment des « classes creuses » syndicales, marquant un net repli du recrutement. Bien que l'on ne dispose pas de données sur l'âge moyen de ces délégués, le rapport indique qu'il s'agit souvent de « militants nouveaux », ce que confirment les données d'ancienneté dans le parti : 68,6 % des délégués (soit 168) ont adhéré après 1919, et même 27 % depuis moins de trois ans. Si la génération fondatrice de la SFIC est encore majoritaire, puisque plus de 51 % des délégués ont adhéré au parti avant 1920, une nouvelle génération a poussé après 1921 au sein du « parti de type nouveau ». La génération du Comité pour la reprise des relations internationales (CRRI), où se sont formés les cadres du futur Comité de la IIIe Internationale, est fortement marginalisée : 29 délégués seulement (à peine 12 %) ont adhéré pendant la guerre à l'ancienne SFIO.

---

* Dont cinq instituteurs, un médecin, deux professeurs.

Le congrès de Clichy marque un moment charnière du renouvellement du personnel subalterne communiste qui permet toutes les audaces contre la « vieille garde » des fondateurs de 1920. La génération « bolchevisée » de 1925 ne s'est pas construite dans la lutte contre la guerre : elle adhère au communisme par conviction ouvriériste, et sous l'effet de l'attraction de la Russie des Soviets, ce « nouveau monde » prolétarien en train de naître à l'Est. Avec les défaites accumulées depuis 1920 en Hongrie, en Pologne ou en Allemagne, l'URSS apparaît désormais comme le cœur du monde communiste. Sa défense devient un enjeu identitaire pour les militants français. Le 4 octobre 1924, sur décision d'Albert Treint, la faucille et le marteau, « emblèmes de la République ouvrière et paysanne de Russie », apparaissent en première page de *L'Humanité*, à gauche du titre du quotidien[42]. Politisée à l'ombre des Soviets, la jeunesse « bolchevisée » de 1925 doit sa promotion au parti et non plus à elle-même, c'est pourquoi elle impose à la SFIC une nouvelle bifurcation dans son histoire. La pratique inédite de l'autocritique en est une parfaite illustration.

La naissance de l'autocritique communiste

Le terme d'autocritique est un néologisme introduit dans le vocabulaire communiste par l'intermédiaire des documents de la IIIe Internationale dès le début des années 1920. À l'origine, son sens n'est pas univoque. Il désigne alors non pas la comparution publique d'un militant contraint de reconnaître ses « fautes » et de s'amender devant le parti, mais un exercice positif et individuel d'amélioration du rendement de l'activité révolutionnaire. Le recours croissant au vocabulaire de la critique et de l'autocritique n'est pas, à cet égard, le fruit de l'importation d'une pratique étrangère : il permet en fait de désigner une pratique d'ascèse révolutionnaire à l'aide d'un terme nouveau emprunté au bolchevisme par cette génération de « passeurs » que constitue la relève communiste.

D'abord conçue comme un instrument de conformation personnelle et volontaire de soi aux exigences du sacerdoce « prolétarien », l'autocritique est progressivement érigée en pratique collective qui imprègne l'*ethos* communiste.

L'autocritique est un rituel codifié par des militants qui se conditionnent à l'avènement nécessaire de la révolution. Discipline intériorisée et d'abord personnelle, elle peut s'appliquer, par extension, à tout groupe de militants – qu'il s'agisse d'une section ou d'une fédération –, voire au parti lui-même, dès lors que « la critique et l'autocritique sont les seuls moyens de bien travailler[43] ». L'autocritique est, de ce fait, un exercice à usage interne, réservé à l'*inner circle* communiste, pratiqué entre égaux, même s'il s'ordonne bien vite en fonction de la hiérarchie du parti et de l'Internationale, sources véritables de la légitimité révolutionnaire. L'autocritique, de ce point de vue, est d'abord l'aboutissement logique de l'appel à la « rupture des amitiés » et au recours permanent à la critique caractéristiques du nouveau style de vie communiste à l'issue de la scission de 1920, même si l'avènement de Staline au centre du système communiste mondial l'a ensuite érigée en rite et en instrument privilégié d'inquisition. En même temps qu'il se ritualise, l'exercice autocritique évolue d'une pratique d'autodiscipline à une forme de confession collective. Mais cette métamorphose progressive n'aurait pu s'effectuer s'il n'avait pas été, à l'origine, perçu par les militants comme une méthode positive, typiquement communiste.

Le terme lui-même, sous réserve d'inventaire définitif, apparaît dans le vocabulaire communiste dès 1921, avec la prudence qu'un tiret entre « auto » et « critique » réclame quant à sa nouveauté. Une motion déposée par Vital Gayman au congrès fédéral de la Seine, en 1921, l'utilise explicitement : « Le Conseil fédéral affirme que ce n'est que par un travail constant d'auto-critique que la fédération de la Seine et le parti communiste pourront corriger les erreurs commises inévitablement au cours de la lutte par un parti encore en voie de développement, et acquérir, avec l'expérience, les qualités stratégiques et tactiques d'un véritable parti communiste[44]. »

Que cette pratique ascétique de vigilance ait été prônée, au lendemain de la scission, par un « jeune » militant « né de la guerre » n'est pas un hasard. Né en 1897, mobilisé en janvier 1916, engagé dans la Somme et au Chemin des Dames, Gayman termine la guerre décoré, blessé et lieutenant de réserve. À l'instar de Paul Vaillant-Couturier, Louis Sellier ou Albert Treint, Gayman s'est distingué par sa valeur, pour intégrer la petite caste de sous-officiers sortis du rang. Affilié au Comité de la IIIe Internationale, il a participé à la lutte pour la conquête de la Fédération de la Seine, finalement emportée en avril 1920. Pour la relève communiste dont il fait partie, l'autocritique est une arme idéologique qui permet d'affirmer son propre droit à diriger le parti et de conjurer la double illégitimité de toute entreprise de relève – sa jeunesse et sa marginalité. Elle permet de transporter dans l'intimité du quant-à-soi militant le devoir de déracinement des influences sociales-démocrates et petites-bourgeoises et abolit les barrières traditionnelles de l'expérience entre « jeunes » et « vieux » militants. Paul Vaillant-Couturier l'a parfaitement exprimé dans une intervention au congrès de Marseille, en décembre 1921 : « Des critiques, nous vous en demandons, car c'est par la libre critique que l'on se perfectionne dans un Parti communiste. [...] Je regrette qu'on puisse encore parler de jeunes nés de la guerre. Je regrette qu'on oppose en quelque sorte les jeunes et les anciens. Nous avons pour les anciens du Parti tout le respect que nous leur devons. Mais il n'y a pas de jeunes dans le Parti, ni d'anciens. En face d'une indiscipline, si c'est un ancien qui la commet, un jeune peut la dénoncer comme un ancien peut dénoncer celle d'un jeune[45]. » Le recours à l'égalitarisme radical institué par la pratique de la critique réciproque et de l'autocritique du « passé » et des « erreurs » a permis à la jeune relève communiste de payer son droit d'entrée en politique.

L'autocritique appartient à l'arsenal des mesures prophylactiques du parti contre l'enkystement bureaucratique de ses cadres. C'est dans cette perspective, en effet, qu'elle a d'abord été perçue comme pratique nécessaire et vertueuse. Pour favoriser la montée de la « sève » militante ouvrière, le parti met au point un dispositif de rotation efficace de ses élites fondé en particulier sur les pratiques ritualisées de l'exclusion administrative et de la critique, compensées par l'expression d'une camaraderie politique ostentatoire. L'IC déploie une véritable pédagogie pour en inculquer le bon usage : « La concentration de tous les éléments véritablement révolutionnaires, concentration qui sera soutenue sans réserve par les masses ouvrières du Parti, doit être le programme du prochain Congrès de la Seine. [...] La formation d'un Parti communiste est un processus long et compliqué, qui ne va pas sans une certaine autocritique sérieuse et une épuration intérieure[46]. »

Du même coup, il est suspect de s'y soustraire : le refus de l'autocritique devient la preuve d'une déviation imaginaire. Dès le milieu des années 1920, le langage qui l'accompagne a investi les mécanismes de circulation des élites au sommet du parti. Dans un univers militant strictement hiérarchisé où les nominations interviennent depuis « le haut », elle est un instrument d'incorporation, par les militants, des sentences du monolithe bienfaisant qu'est le parti. Consentir à l'autocritique est par conséquent une condition paradoxale de l'honneur d'être communiste.

Deux exemples, à partir du milieu des années 1920, témoignent de cette positivité, de manière parfois triviale. Cela apparaît très clairement dans le procès-verbal de la réunion du 3 avril 1926 de la cellule n° 782 de Conflans. Dans sa neuvième rubrique, « Autocritique de notre dernière réunion », le secrétaire rapporteur n'hésite pas à relater : « Il faut quatre quêteurs avec boîtes, garnies à l'intérieur d'un chiffon pour empêcher le bruit – c'est la camarade Bertrand qui est chargée de ce matériel. La distribution gratuite de *L'Ouvrière* et [de L']*Aube* [*sociale*] n'a pas été assez intense. L'éclairage a été mauvais au début, nous paierons un peu plus s'il le faut, mais il faut un très bon éclairage. Les camarades Scherps et Jordy seront responsables de cela la prochaine fois[47]. » Pour les militants de la cellule de Conflans, l'autocritique incarne bien une manière à la fois simple, positive et authentiquement communiste d'améliorer la tenue de leurs réunions et l'activité de leur cellule. Un tel document témoigne de la popularité croissante d'un terme et d'une pratique déjà bien ancrés dans les mœurs du parti au milieu des années 1920, conséquence du lent travail d'acclimatation d'un exercice aux multiples facettes. Il s'agit, de la part de la cellule n° 782, d'une application stricte, même si elle semble quelque peu dérisoire, des demandes de rationalisation politique et administrative de l'activité du parti depuis 1923. En témoigne la circulaire n° 36 du 22 juin 1924 relative au financement des activités communistes : « Parmi les pratiques excellentes que le Parti a instaurées, celle de faire le bilan d'une action entreprise par lui, de rechercher les fautes aussi bien que les initiatives heureuses qui se sont fait jour au cours de cette action doit être également appliquée au domaine administratif et financier. » Suivent alors, après le « bilan financier » du parti, deux paragraphes consacrés à l'« examen de conscience » et aux « pratiques à proscrire » pour parvenir à une centralisation financière plus efficace[48]. Avec le temps, la pratique de l'autocritique s'est étendue progressivement à tous les domaines de l'activité communiste. Ce faisant, elle s'est dotée d'un caractère collectif dont elle était à l'origine dépourvue : c'est alors qu'elle devient aveu d'une faute nuisant au parti dans son ensemble. Dès lors que son action est normée par une révolution fatale, les erreurs et les échecs d'un parti infaillible reposent nécessairement sur des défaillances individuelles. Exercée à tous les échelons de l'organisation pour en améliorer l'« action quotidienne », l'autocritique se fige dans un rite et un vocabulaire stéréotypés progressivement codifiés.

Le second exemple qui illustre la popularité grandissante de l'exercice d'autocritique dans la SFIC est emprunté à une catégorie d'archives communistes originale : la lettre d'amour, adressée en l'occurrence par Albert Vassart à sa compagne Cilly Grisenberg, militante du KPD qu'il a rencontrée en 1927. Le 28 mai 1928, l'ancien élève de l'école du parti à Bobigny lui écrit une assez longue lettre où il lui expose, en s'en excusant, un « abc » de l'autocritique communiste :

> La masse ne vit pas et ne vivra jamais sur des perspectives si justes soient-elles. Elle vit avec une réalité et si la réalité marque un progrès par rapport à une période précédente, si la réalité, en un mot, est supportable, la masse « s'adapte » à cette réalité même si nous pouvons lui montrer tout ce que cette trompeuse sécurité cache de dangers... [...] Ceci ne veut pas dire que nous pouvons en rester là et continuer la lutte sans chercher à améliorer notre ligne et nos méthodes. Je suis un peu trop farouche partisan de l'« autocriticisme » pour avoir de tels sentiments. Mais il ne faut pas que l'amour de la critique nous fasse diminuer les résultats obtenus ni les difficultés « objectives et subjectives » qu'il y a à surmonter pour obtenir des résultats encore meilleurs. [...] Excuse-moi, Cilly chérie. À force de m'occuper d'éducation, j'ai attrapé une déviation « pédagogique » et il ne faut pas que tu en sois victime au moins dans les trop rares instants que je peux consacrer à notre correspondance[49].

L'autocritique appartient désormais au bréviaire communiste : Vassart peut en identifier les usages grâce aux guillemets qui soulignent l'artificialité de leur évidence nouvelle. Ce militant plein d'avenir vient à peine d'avoir 30 ans. Nanti d'une solide expérience syndicale et politique, il se sent lui aussi appartenir à une génération dressée contre les « vieux » comme Renaud Jean, qu'il critique dans une lettre du 28 novembre suivant : « On peut dire, affirme-t-il, que le PCF est à créer presque entièrement, mais comme on ne peut le créer sérieusement qu'au travers des luttes de toutes sortes, nous avons devant nous dans le Parti et hors du Parti de nombreuses difficultés et il faut avoir beaucoup de patience et d'optimisme pour militer dans un sens réellement indispensable à la formation d'un véritable Parti[50]. » L'appel à la création d'un « vrai » parti est l'un des rituels favoris de la littérature « jeune-communiste », dont le prototype a été esquissé par le Comité de la IIIe Internationale dès 1920. La bureaucratie communiste survit et se renforce en même temps que l'aspiration à en briser l'emprise et l'inertie.

Il est significatif que certains dissidents se soient d'abord approprié un exercice qu'une direction usurpatrice se refusait à faire. Dans leur déclaration au Comité exécutif de l'IC, le 14 février 1925, Loriot et ses amis prennent ainsi prétexte de l'insuffisante « autocritique » du parti pour en diagnostiquer la « maladie » : « Ce qui apparaît avec le plus d'évidence, c'est la suppression de toute critique et auto-critique à l'intérieur du Parti. L'autocritique de la direction est nulle : elle estime sans doute, contrairement au principe et à la pratique bolcheviques, qu'elle se diminuerait en reconnaissant ses fautes pour y porter remède. [...] Ce que l'on veut étouffer dans la droite, c'est l'esprit critique, créateur d'initiatives[51]. » Placée sous les auspices d'une citation pédagogique de Lénine, la lettre ouverte des « quatre-vingts* » adressée au même moment aux militants du parti réaffirme – désormais contre la bureaucratie communiste – l'attachement des derniers représentants du Comité de la IIIe Internationale à leurs convictions antioligarchiques.

C'est parce que l'autocritique est consubstantielle à l'idée d'un parti régénéré, peuplé de militants conscients et éprouvés, que ses usages ont été perçus positivement jusque dans les oppositions du milieu des années 1920. En tant que preuve de dévouement sacrificiel à un parti assimilé à une entité supérieure et irréductible aux personnalités qui le composent, l'autocritique contribue à y instaurer une nouvelle hiérarchie de normes qui façonne

---

* Envoyée en février 1925 au Comité exécutif de l'IC, signée par quatre-vingts militants du parti, elle dénonce la suppression du droit de critique et les exclusions de Monatte, Rosmer, Delagarde et Souvarine.

le sens et les modalités d'administration de sa justice. Du fait de la substitution, à partir de 1923, du « contrôle » inquisitorial à l'arbitrage d'une Commission des conflits indépendante, l'exigence d'autocritique s'additionne progressivement aux modalités de mise en examen au sein des organisations du parti : elle devient une méthode d'aveu de la « faute » commise par l'exclu potentiel. Elle s'immisce dans les conflits interpersonnels qui, pour être réglés, sont produits « devant le Parti » : s'enracinant dans l'univers mental communiste en train de se structurer, elle permet de combattre l'ennemi indistinct que génère, en soi et autour de soi, la politique du parti – l'« indic », le traître, le petit-bourgeois, le noceur, l'arriviste, tous ceux pour qui, selon l'expression d'un groupe de jeunes militants de l'ARAC confrontés à l'influence du clan Treint, « la prise du pouvoir se borne à la prise d'un comptoir[52] ». L'autocritique sera de moins en moins « l'analyse d'une erreur » pour devenir « la révélation d'une faute » sous la forme d'une confession « attendue par l'auditoire[53] ».

L'acquisition par le militant de cette énigmatique disposition à reconnaître une culpabilité imaginaire puise ses origines dans l'adoption par la jeune relève communiste, à l'issue de l'expérience radicale de violence de la Grande Guerre, d'un nouveau style de vie ascétique et révolutionnaire. Par la rupture avec la bohème libertaire et le militantisme socialiste, comme par l'instauration d'une « camaraderie » virile et franche, cette relève a préparé la voie au démasquement collectif et inquisitorial des « fautes ». La dépendance psychologique et matérielle à l'égard du parti des générations qui vont lui succéder consacre alors l'usage d'une pratique qu'elle a érigée en vertu. La mise en place d'un réseau d'écoles de formation politique, puis la création, dans les années 1930, d'une Commission des cadres chargée de « vérifier » les militants parachèvent le dispositif d'autocontrôle politique, symbolique et social inauguré au début des années 1920.

L'appareil et ses prolongements

L'« incorporation » du groupe parlementaire

La SFIC, en marge de la bolchevisation » de ses structures, a tenté de réaliser l'un des fantasmes de la gauche antiparlementaire d'avant guerre : l'« incorporation » du groupe parlementaire au parti. Comme l'écrit le politologue Maurice Duverger, les groupes parlementaires sont la « clef de voûte de la démocratie pluraliste moderne[54] » : depuis que leur existence a été reconnue en 1910, leur rôle politique dans les partis comme dans l'enceinte parlementaire s'est progressivement affirmé. La tradition socialiste est riche de mesures destinées à réduire l'influence des députés sur le mouvement ouvrier – démissions en blanc, mandat impératif, comptes rendus réguliers de mandat. Dans le volume de l'*Encyclopédie socialiste* consacré en 1912 au « Parti socialiste en France », Paul-Louis réaffirme la nécessité de « prendre toutes les mesures contre les déviations et les trahisons possibles[55] ». En réalité, le groupe parlementaire est devenu, dès avant 1914, un « parti dans le parti » : tandis que ses membres sont tenus tant bien que mal à l'écart de la CAP, il s'arroge une influence déterminante sur le cours de la vie socialiste. La légitimité électorale conférée par le suffrage universel est un capital politique qui supplante largement la légitimité partisane. Pendant la guerre, le poids du groupe s'est encore accru face à la censure et à la déliquescence des structures du parti : sous la présidence de Marcel Sembat, ministre des Travaux publics, c'est lui qui a veillé aux destinées du socialisme rallié à la Défense nationale[56]. C'est pourquoi il est devenu une cible privilégiée des attaques de la jeune relève communiste.

À Tours, la scission s'est opérée, on le sait, « avec les masses » et « contre l'appareil ». L'effondrement des effectifs du nouveau groupe parlementaire communiste rallié à la SFIC offre alors au nouveau parti l'occasion historique de réorganiser leurs rapports réciproques. La onzième des « vingt et une conditions » a exigé de « soumettre, non pas en parole mais en fait », les élus à la direction. Cependant, les efforts déployés en ce sens restent minces pendant les premières années. Seuls treize députés ont rejoint le parti de la IIIe Internationale. Parmi eux, près de la moitié auront été exclus ou auront démissionné avant le début de la législature suivante. Quatre ans plus tard, si l'on y ajoute les vaincus du scrutin législatif de 1924, le groupe parlementaire de 1920 n'existe plus. Parmi les vingt-six élus communistes de la période du Cartel des gauches, très peu sont des sortants comme Marcel Cachin et Paul Vaillant-Couturier, deux élus de la Seine : c'est à cette matière parlementaire plus ou moins malléable que la direction impose sa politique nouvelle d'« incorporation ».

Elle commence par les manœuvres préparatoires au scrutin de mai 1924, lors du Conseil national des 14 et 15 octobre 1923. Le 15, Treint défend le principe selon lequel « aucune décision d'ordre électoral ne devra être prise sans l'assentiment préalable du Comité directeur ». Il demande qu'aucun membre du CD, de la rédaction de *L'Humanité* et en général aucun fonctionnaire du parti, à l'exception des députés sortants, ne puisse être candidat aux élections législatives[57]. Ces mesures radicales soulèvent une vague de protestations. Cette « maigre garantie contre l'arrivisme[58] » – selon l'expression de Jules Humbert-Droz, très critique à l'encontre de la motion surprise de Treint – n'est rien d'autre, aux yeux de Charles Rappoport, qu'une surenchère antiparlementaire infantile : « Vous ouvrez la porte [...] à tous les arguments, à tout l'antifonctionnarisme qui sévit dans les syndicats, si chaque fois qu'un camarade a accepté un mandat, il est, par cela même, mis dans une catégorie sociale suspecte. [...] Sous prétexte de nettoyer continuellement la maison, et de nous nettoyer nous-mêmes, nous ferons le vide absolu dans le Parti. Après avoir nettoyé la maison, il faut tout de même la remplir[59]. » Finalement, après un court affrontement entre Souvarine et Treint au congrès de Lyon, le

21 janvier 1924, une motion majoritaire reprend, en les atténuant, certaines des dispositions que Treint a fait adopter en 1923 : sont exclus des listes de candidatures ouvrières et paysannes les « militants consacrés en permanence au parti », tandis que « le Comité directeur présentera les députés sortants ayant donné les preuves de leur fidélité[60] ».

L'épisode est doublement intéressant. Il manifeste tout d'abord la force de l'héritage antiparlementaire dont sont tributaires les premiers communistes. Le parti régénéré de 1920 devait être conforme à ce que la SFIO n'avait pas été avant 1914. La mise en place de mesures de contrôle des députés relève, ensuite, d'une sorte de « domaine réservé » des Français : difficile, en effet, de trouver en Russie soviétique un modèle d'organisation du groupe parlementaire ! Au-delà du principe, le projet d'« incorporation » de 1924 est le fruit du travail exclusif des Français, selon des directives qui ne doivent rien, ou presque, à Moscou. Il marque l'aboutissement de la lente maturation de l'antiréformisme socialiste d'avant guerre, contraint par les circonstances de dépasser le stade de l'invective pour se matérialiser en pratiques politiques concrètes.

Un train de mesures est adopté à la fin du printemps 1924. L'idée directrice de cette réforme du statut du groupe parlementaire communiste, désormais désigné sous le nom de « fraction communiste au Parlement », a été formulée dans la circulaire n° 27 du 19 décembre 1923 adressée aux fédérations en vue de la préparation du congrès de Lyon : « Les camarades qui seront élus aux prochaines élections législatives seront considérés strictement comme des délégués du parti[61]. » Le principe est identique à celui que le parti entend imposer dans la presse* : toujours et partout, un communiste n'est qu'un

---

* Selon Claude Calzan, « il faut que les camarades de *L'Humanité* ne se considèrent pas comme des journalistes mais comme des délégués du Parti dans la presse ». Réunion du Bureau politique du PC/SFIC, 16 août 1924. AD 93, archives du PCF, 3 MI 6/7/64.

délégué de son parti, contrôlé et révocable à tout moment. Pour les élus communistes, cependant, il s'agit d'une profonde humiliation statutaire, et d'une violation plus ou moins flagrante de l'interdiction du mandat impératif, dont tout membre de la représentation nationale est libéré. L'arme du contrôle sera financière : le député, s'il est « délégué à la propagande », est appointé comme tel. Le Bureau politique, dans sa séance du 24 juin 1924, décide de fixer les appointements bruts des députés à 1 000 francs mensuels*, auxquels s'ajoutent une indemnité fonctionnelle de 200 francs et une indemnité quotidienne de déplacement pour les provinciaux[62]. Dans les années 1960 encore, les députés communistes devaient en théorie être rémunérés sur la base du salaire mensuel d'un ouvrier qualifié[63]. En 1932, plusieurs députés seront ainsi exclus pour n'avoir pas honoré leurs versements au Parti[64].

D'autres mesures sont prises selon les recommandations du rapport élaboré par Victor Cambier, dit « Cat » : présenté devant la fédération modèle de la Seine le 18 mai 1924[65], il est adopté un mois plus tard, le 24 juin, par le Bureau politique[66]. Le rapport Cat sur l'incorporation du groupe parlementaire est un document majeur dans la longue tradition de l'antiparlementarisme de gauche : il constitue sans doute la tentative pratique la plus élaborée émanant d'un parti politique pour encadrer le travail de ses représentants.

Il s'agit d'abord d'offrir au parti la direction du travail du groupe, en y plaçant un militant non élu chargé d'assurer la « liaison » avec le Bureau politique. Avant d'être attribué à un permanent, c'est à Georges Lévy, député sortant battu en 1924, que ce poste est confié. Le parti doit également rompre la routine du travail parle-

---

* En novembre 1906, l'indemnité parlementaire des députés avait été relevée de 9 000 à 15 000 francs annuels. Le 27 novembre 1920, elle est augmentée de 1 000 francs mensuels « pour frais de double résidence, de correspondance et autres inhérents à l'exercice du mandat parlementaire ».

mentaire traditionnel en ravissant au député le contrôle de son propre courrier parlementaire : centralisé au secrétariat technique du groupe, le courrier est traité jusqu'au début des années 1930 par un unique permanent. Sans l'aide d'une dactylographe, ce dernier est rapidement submergé par une correspondance énorme qu'il doit traiter à la main[67] ! L'intention de 1924 est claire : il faut rompre les circuits du patronage démocratique caractéristique de la profession parlementaire dans la France de la IIIe République. En juillet 1924, un indicateur de police relève d'ailleurs le mécontentement suscité par cette mesure nouvelle : « Les "camarades" n'acceptent pas l'interdiction qui leur a été faite par le Comité directeur de ne jamais s'adresser aux élus communistes pour des motifs personnels. Ils n'ont le droit d'écrire à ceux-ci que pour des raisons d'ordre général relatives à la politique du parti. Et les "camarades" sont furieux de posséder des représentants dont ils ne peuvent se servir pour leur usage particulier[68]. »

La dernière mesure prévue par Cat tendait à éloigner les députés communistes de l'enceinte du Palais-Bourbon, mais il est plus difficile, faute de documentation précise, d'en préciser les effets. Jusqu'au début des années 1930, le travail parlementaire communiste devait cependant être profondément perturbé par des dispositions inspirées par un antiréformisme auquel la centralisation croissante du pouvoir a fourni les moyens de se concrétiser.

Inféoder les satellites : l'ARAC

Ce n'est pas à la tribune du Parlement, mais par le biais d'un conglomérat d'organisations de masse que le parti communiste a voulu ramifier son influence. La prise de contrôle de l'Association républicaine des anciens combattants (ARAC) est un exemple caractéristique de la construction et du fonctionnement de cette nébuleuse protectrice qui enracine les matrices d'adhésion du communisme dans la société française. Fondée par Paul Vaillant-Couturier, Raymond Lefebvre et Henri Barbusse, son président, l'association est une compagne de route de la SFIC depuis la scission, mais les difficultés du parti ont été contagieuses. La lutte politique ouverte pour le contrôle de l'ARAC s'est engagée à la fin de 1922, lors de son congrès national à Limoges où la majorité de la Fédération de la Seine a accusé les militants communistes de l'association de vouloir l'« inféoder[69] ». L'argument fleurit partout, là comme dans la CGTU, au début des années 1920. Par la même occasion, cette majorité où gravitent anciens minoritaires de guerre et proches de Frossard a réclamé la réunion d'un Conseil national, bientôt investi de pouvoirs de congrès. Tenu le 18 février 1923, il aboutit à un renversement de la majorité nationale favorable au parti communiste. La défaite est sévère et, en mai, la fraction communiste désormais minoritaire réagit et fonde un « comité de redressement de l'ARAC ».

En juin, Treint publie de violents articles dans *L'Humanité* où il dénonce la « grimace de réformisme dissident » des majoritaires[70] : une large campagne de presse, lancée avec l'accord de Barbusse et de Vaillant-Couturier, cherche à discréditer la nouvelle direction et à reprendre l'initiative lors du nouveau congrès qui se tient à Clermont-Ferrand le 14 juillet. Dressée contre « toute forme de militarisme », même rouge, et soucieuse de l'« indépendance » de l'association, la nouvelle majorité est battue. Devant le congrès, ses représentants lisent alors une déclaration dans laquelle ils dénoncent « la profusion d'argent dont on ignore la provenance » qu'aurait reçue la minorité. À l'automne, Marianne Rauze, Marie Fernand Gouttenoire de Toury et Henry Torrès quittent l'ARAC pour fonder les « Libérés », diminutif de la nouvelle Association nationale des libérés de la Grande Guerre[71]. En janvier 1924, le délégué régional communiste Roger Rieu peut donc se féliciter : « L'ARAC est à nous[72] » et compterait, selon les services de police, entre 14 000 et 18 000 adhérents dans toute la France[73].

Sur un point, les « Libérés » de l'automne 1923 ne se sont pas trompés : « Le principe d'une mensualité à verser à l'ARAC a été décidé à Moscou au mois de juillet 1923 », reconnaît Louis Sellier devant une commission spéciale d'enquête constituée à l'été 1924[74]. Même si les premiers versements n'ont été payés vraisemblablement qu'en novembre 1923 – 3 000 francs mensuels[75] –, la déposition du trésorier du parti Maurice Fromentin devant la Commission mixte spéciale de contrôle du 3 juin 1924 prouve que le « Comité de redressement » a reçu des fonds du parti, d'un montant qui reste malheureusement indéterminé[76]. Treint, par la suite, affirmera que ces fonds extraordinaires et clandestins étaient destinés à financer la collaboration de l'ARAC au soulèvement armé des communistes allemands, écrasé dans l'œuf en octobre 1923[77]. Leur destination reste donc indécise, mais leur existence ne fait aucun doute.

Cette aide extraordinaire accordée à l'ARAC reflète l'influence croissante du Komintern dans le financement de l'Internationale des anciens combattants (IAC). Sa fragilité financière, du fait des mauvais payeurs parmi ses sections nationales, oblige son président d'honneur Henri Barbusse à en appeler à la générosité de l'IC : « Les sections nationales n'ont jamais rempli que d'une façon temporaire et insuffisante leurs obligations financières vis-à-vis de l'IAC. [...] Il est bien évident qu'une Internationale doit disposer d'un grand budget pour répondre à sa tâche[78]. » Barbusse, dans le même temps, promet une épuration des éléments « réformistes » encore présents en son sein, mais il ressent la nécessité de préciser sa conception du rôle d'une organisation de masse sympathisante : « Je considère, écrit-il, que cette "épuration", fatale à un moment donné, doit être retardée le plus possible, et que nous devons essayer, jusqu'à l'extrême limite, de cantonner l'Internationale des anciens combattants dans le seul domaine de l'idée antimilitariste franchement anticapitaliste et antipacifiste, le front unique antifasciste, etc.[79] »

Le contrôle communiste d'organisations de « sans-parti » suppose de fait l'instauration d'un double langage qu'implique la pratique des « noyaux » et des « fractions » formés par le regroupement plus ou moins clandestin des communistes au sein de la couronne des organisations extérieures au parti. Cette pratique du double langage est destinée à supplanter le principe socialiste traditionnel de la multi-appartenance à des organisations entre lesquelles les identités des militants se juxtaposent plus qu'elles ne se hiérarchisent : la qualité de communiste, elle, l'emporte sur toutes les affiliations. Cette conception s'accompagne d'une dichotomie entre initiés communistes et « sans-parti ». Le recours au secret, justifié par une distinction manichéenne entre « eux » et « nous », s'effectue au prix d'une dissimulation des objectifs réels ou supposés de l'organisation communiste. « Seul l'esprit communiste, écrit ainsi le trésorier de l'ARAC René Ledoux, peut entrer dans les décisions du Comité central et, dans les formes les plus accessibles à une majorité de non-communistes et de sans-parti, diriger l'ensemble de l'association vers le but commun de tous les groupements prolétariens : la préparation des esprits à la Révolution qui en libérant les travailleurs, doit assurer aux anciens combattants le pain et la paix[80]. »

L'afflux d'argent et les règlements de comptes dans la nouvelle direction de l'ARAC à la fin de 1924 ont réclamé une reprise en main énergique orchestrée par Barbusse lui-même. À la faveur d'une obscure affaire de corruption où sont mis en cause plusieurs militants proches d'Albert Treint*, des mesures d'exclusion sont adoptées en décembre 1924 : l'ancien secrétaire technique de l'ARAC Charles Brousse, appointé par l'IAC à hauteur de 800 francs

---

* Selon leurs adversaires, ceux-ci, dont Gérard Werth, auraient détourné 14 000 francs de l'aide internationale accordée en préparation du soutien au soulèvement allemand d'octobre 1923 et fournie aux anciens combattants communistes à l'insu de leur trésorier René Ledoux. Dès août 1924, Maurice Chambelland accuse Werth de corruption devant la section de Juvisy, pour protester contre l'exclusion de Souvarine.

par mois[81], est écarté au profit de Francis Desphelippon, un ancien aviateur entré au Comité central de l'organisation en juillet 1923[82]. Diffamé dans *L'Antiguerrier*, organe officiel de l'association, accusé de n'avoir fourni aucun « travail international » par celui-là même qui devait le remplacer, Brousse est victime d'une « exclusion d'aubaine » au profit d'un protégé de l'écrivain.

Financer le parti

C'est une véritable pluie d'argent qui s'est déversée sur le parti et ses organisations dès les lendemains du congrès de Tours. Rien qu'en mai 1921, la SFIC reçoit 96 000 francs de Moscou par l'intermédiaire du Bureau pour l'Europe occidentale[83]. Les Jeunesses communistes ont pour leur part perçu dès le début de 1921 une aide mensuelle qui s'élève, en décembre 1922, à 3 000 francs par mois[84]. Quant à l'Internationale syndicale rouge (ISR), elle entretient à Paris, en 1923-1924, un personnel d'une dizaine de personnes logées avec leur familles, ce qui lui coûte 13 700 roubles-or par an, soit près de 18,5 % des dépenses totales de son Bureau latin[85].

Cette aide considérable n'a pourtant pas résolu tous les problèmes financiers du parti français. En avril 1924, les deux cosecrétaires Treint et Sellier évaluent à environ 300 000 francs ses dépenses mensuelles, déséquilibrées par le coût des campagnes de propagande et de la réorganisation mise en œuvre selon les directives du Ve Congrès mondial. Face à cette pression financière, la question de la réduction de l'appareil est alors posée – et elle le sera encore : « Dans la bataille politique où nous sommes engagés, il est absolument impossible d'envisager pour le moment une réduction de notre appareil. Nous vous demandons d'examiner d'urgence cette situation. Il est entendu que le camarade Treint à Moscou réglera en accord avec l'Exécutif toutes les questions relatives au règlement des comptes entre le Parti et l'Internationale, ainsi que la question de la réduction éventuelle de l'appareil du Parti[86]. » Mais l'arrivée de Gouralski à Paris permet d'en écarter le risque.

La dépendance financière croissante des Français à l'égard de l'IC a été facilitée par l'avènement, au milieu des années 1920, de la génération « bolchevisée » dont l'univers mental – prééminence du parti, fascination pour la seconde patrie soviétique, ouvriérisme – s'est trouvé mieux adapté à cette nouvelle conception du nerf de la guerre révolutionnaire que la méfiance des leaders de l'ancienne minorité de guerre devant l'influence corruptrice de l'argent. Sa promotion s'accompagne d'ailleurs d'un nouvel effort de développement de l'appareil communiste : il reçoit en effet une impulsion significative pendant l'été 1924, avec l'arrivée de Gouralski à Paris pour épauler Jules Humbert-Droz dans la liquidation du cas Souvarine.

Le 2 septembre 1924, le délégué de l'IC expose devant le Comité directeur les « tâches immédiates essentielles du Parti » : la création d'une école de cadres de soixante membres, qui deviendra l'école de Bobigny, et l'élaboration d'un appareil de permanents en province. « Sans cet appareil, il est chimérique de penser que nous pourrons réaliser notre transformation[87] », c'est-à-dire la « bolchevisation » du parti français. Pour cela, il précise le même jour, devant le Bureau politique, que l'IC offre à sa section française un budget illimité : « Nous devons placer en tête de nos préoccupations l'accomplissement des tâches, lequel ne saurait être en aucun cas subordonné à des problèmes financiers. Il faut créer nos cadres, notre école de soixante membres, notre appareil légal et illégal. [...] Nous demanderons à l'E[xécutif du] K[omintern] de couvrir les frais nécessaires à l'élargissement de l'appareil. Le Parti couvrira lui-même les dettes[88]. » Ces dernières sont considérables : le déficit de la presse quotidienne de province se monterait à un million de francs en 1924[89].

Gouralski n'a pas jugé nécessaire d'évoquer le volet financier de la « bolchevisation » devant le CD : il n'est déjà plus le lieu du dévoilement de ce genre de secrets. « Certains problèmes financiers du Parti ne doivent pas sortir du Bureau politique », conclura Sémard en mars 1927[90]. En laissant à la SFIC le soin de couvrir ses dettes, Gouralski en institue explicitement l'étroite dépendance : l'existence de son appareil est conditionnée par l'afflux régulier et permanent de l'aide soviétique.

Georges Marrane, secrétaire de la Fédération de la Seine, se réjouit des mesures annoncées par Gouralski : « On a trop vécu, avoue-t-il, en comptant sur l'aide de l'E[xécutif du] C[omintern]. Notre Parti doit avoir une politique financière[91]. » La formule est révélatrice des habitudes précoces prises dans la SFIC à l'égard de la générosité de l'Internationale. Au même moment, par un courrier « absolument secret » au Bureau politique daté du 24 septembre 1924, Albert Treint dessine un vaste plan de rationalisation financière du budget de la section française : en prévision des discussions budgétaires de l'IC, il entend défendre les principes du paiement par l'Internationale du différentiel « des dépenses nécessaires et des recettes que peut se procurer » la SFIC, et de la création d'un fonds de réserve international « pour parer à toutes dépenses extraordinaires[92] ».

Les résultats de cette politique nouvelle ne sont pas immédiats. En 1925, l'appareil est encore limité dans son ampleur : « Ce n'est pas au-dessous de la vérité de dire que le Parti n'existe que dans les centres où siège un organisme supérieur du PC : région, rayon, c'est-à-dire dans quelques centres industriels importants[93]. » Neuf régions, sur quarante-deux dénombrées au congrès de Clichy, ne posséderaient aucun appareil permanent. Avec la « bolchevisation », cependant, l'instrument financier de sa prolifération est en place.

Le sens de l'appareil selon Thorez

Maurice Thorez est la figure emblématique qui témoigne de la cristallisation du nouvel état d'esprit de la génération montante du milieu des années 1920. En 1925, c'est un « jeune » né avec le siècle, mais déjà permanent :

bon élève, autodidacte, il aime lire, trop sans doute. Seule l'intervention opportune de Gouralski l'empêche de « dévier » après qu'il a apposé sa signature au bas de la souscription pour le *Cours nouveau* de Trotski, édité et traduit en France par Souvarine[94]. Même s'il a adhéré à la CGT et au Comité de la IIIe Internationale en 1919, il est étranger à la culture syndicaliste révolutionnaire : il s'est cependant classé à « gauche » et entretient une correspondance avec Souvarine de 1922 à 1924[95]. Thorez incarne en fait l'archétype du militant promu de la jeune relève non pas « née de la guerre », mais de son « travail » de parti, le premier et le seul du genre auquel il ait voué toutes ses énergies[96]. En février 1925, il fait son premier voyage à Moscou en tant que délégué du Comité central et devient, comme Souvarine, Treint ou Rosmer avant lui, un homme entre deux mondes reliés par les réseaux du Komintern.

Lors de la réunion du Bureau politique du 27 novembre 1925, Thorez, secrétaire du Nord* depuis octobre 1924, membre du Comité central et du Bureau d'organisation du parti depuis le congrès de Clichy, a défendu en termes dépourvus d'ambiguïté la nécessité de l'existence d'un appareil pour sa « région », malgré les critiques envers son caractère artificiel, c'est-à-dire financé par le parti et non par la fédération elle-même : « Je pose ces questions, dit Thorez : l'appareil est-il nécessaire ? Oui. L'appareil supprimé, aurons-nous un recul politique ? Oui. Mais l'appareil est-il artificiel ? Oui, étant donné les conditions où il se trouve. Ainsi, le rayon de Lens, avec ses cotisations, obtient 150 francs de ressources par mois et il doit payer un permanent à 1 000 francs. [...] L'effort du centre doit être fait en vue d'activer la politique dans la région du Nord et non seulement pour payer les mensualités des permanents[97]. »

Une telle prise de position est particulièrement révélatrice des mécanismes de croissance de l'appareil commu-

---

* Cette « région » du parti comprend trois départements, le Nord, le Pas-de-Calais et la Somme.

niste et de la mentalité nouvelle qui s'installe au milieu des années 1920. Le parti ne saurait se priver sans dommages d'un appareil déjà constitué, même si les résultats de son activité sont faibles, voire nuls. Thorez, en charge du Comité d'action contre la guerre du Maroc, doit ainsi faire face aux critiques des représentants de la CGTU, Gaston Monmousseau et Édouard Dudilieux, qui le jugent « superfétatoire » : « [Ce] fait, répond Thorez, nous montre que nous avons besoin de nous expliquer[98]. » En réalité, le réflexe communiste n'est pas de supprimer un appareil défectueux ou inutile, mais d'en purger le personnel. Pour Thorez, la suprématie du parti sur toutes les organisations ouvrières de masse est un principe qui va de soi. Il l'exprime avec une franchise que lui reproche même « Williams », alias Boris Mikhailov, devant le Bureau politique : « Pourquoi ne pas être franc entre nous, affirme en effet Thorez. Dans le mouvement ouvrier, c'est au Parti que revient le rôle directeur. Par quels moyens tactiques l'assurera-t-il ? Le Parti communiste étend son influence sur toutes les organisations ouvrières, en particulier sur le mouvement syndical qu'il ne doit pas sous-estimer[99]. »

Que les critiques auxquelles répond Thorez émanent des milieux syndicalistes de la CGTU n'est pas un hasard. J. Baquet, trésorier de la Fédération du textile unitaire de la Somme, a résumé leur état d'esprit à l'issue des scissions syndicales du début des années 1920 : « Le programme de la CGT unitaire [...] est celui de l'ancienne CGT mais avec cette différence que nous voulons, nous unitaires, appliquer les statuts, c'est-à-dire tout ce que contient la charte d'Amiens et aussi supprimer les chefs qui donnent des ordres à leurs troupes pour les remplacer par des délégués qui seront toujours en contact avec la classe ouvrière[100]. » Après 1923, les chefs de file du mouvement syndical unitaire se sont trouvés en effet exposés à une double menace : leur formation politique, profondément marquée par l'autonomisme syndical proclamé par la charte d'Amiens, s'est souvent opérée contre le principe de toute « liaison organique » avec un parti. C'est donc à un nouveau type de rapports entre le syndicalisme et le politique qu'ils doivent se soumettre, alors même qu'ils se heurtent – seconde menace – à l'émergence d'une génération étrangère à leur formation.

« Le malaise est bien intérieur au Parti, déclare ainsi Dudilieux devant le Bureau politique. [...] Nous constatons que le Parti qui repose sur un appareil formidable est un organisme très lourd qui moud du vide. [...] De par notre formation, nous sommes évidemment réfractaires au travail politique, mais il faut également se défier de l'enthousiasme de la jeunesse. [...] Ce qui nous choque, c'est cet appareil formidable recruté on ne sait comment et qui est en train de corrompre non seulement les vieux, mais même les jeunes. [...] Pour essayer de rénover le Parti, nous avons une tâche formidable. Nous avons peur de ne pas réussir et d'être traités en suspects. Nous ne voudrions pas, pour avoir apporté des critiques, être traités comme d'autres l'ont été avant nous[101]. » Quelques instants plus tôt, Monmousseau s'est avoué lui aussi tout à fait démoralisé : « On a créé tout un appareil dans le Parti, et nous sommes en état d'infériorité. J'ai peur de me trouver en état d'opposition doctrinale avec l'IC parce que l'on va dire : Monmousseau nous ramène à ses vieilles conceptions[102]. » Les critiques nourries du vieil ouvriérisme antibureaucratique d'avant guerre ne sont plus tolérées dès l'automne 1925, tandis que le recours à l'exclusion administrative à l'encontre de Monatte, Rosmer et Souvarine, auxquels Dudilieux fait allusion de manière transparente, a permis de contraindre les cadres à l'autodiscipline.

La réponse du secrétaire fédéral de la Seine Georges Marrane aux deux responsables de la CGTU n'est pourtant pas exempte de menace. Il est intolérable à ses yeux que la CGTU, soutenue par Moscou, attaque de la sorte l'existence d'un appareil dans le parti :

> Je suis sûr de démontrer qu'il y a plus de permanents dans les syndicats que dans le Parti. Je puis dire qu'il n'y a pas eu ici d'argent gâché. Le Parti s'est trouvé devant les tâches

nécessitées par la guerre du Maroc. Il a dû faire un effort considérable avec le comité d'action. Il participe aux frais du travail des Jeunesses. Il a ses nombreuses délégations. Je suis prêt à examiner avec vous le détail de notre budget et vous verrez que ces dépenses ne proviennent pas de l'appareil. Je voudrais que Dudilieux précise ce qu'il a voulu dire lorsqu'il fait allusion à certaines mœurs qui s'installent dans le Parti. Il n'est pas possible qu'un membre du BP ait un pareil état d'esprit[103].

De fait, ce dernier s'empresse de rectifier ses critiques*. Marrane, en effet, n'a pas tort : l'ISR, nous l'avons vu, entretient un important appareil permanent à Paris dès 1923.

Le recul progressif de l'influence du syndicalisme « pur » n'est pas seulement une conséquence du clivage nouveau qui sépare les deux générations du premier communisme français entre 1923 et 1925 : il est aussi l'effet de la défaite subie en 1924 par les héritiers symboliques du syndicalisme révolutionnaire, qui ont compté parmi les plus antifonctionnaristes des militants communistes de la première heure – en particulier Pierre Monatte. La controverse autour de la croissance de la « bureaucratie » du parti est une ligne de fracture majeure entre le clan treintiste et les oppositions de 1924-1925 autour de Souvarine puis de Loriot : le « trotskisme » alors inventé par le parti français ne suffit pas à expliquer la dissidence de communistes convaincus. C'est sur ce point que les critiques de Souvarine se sont focalisées immédiatement, lors de son retour à Paris en octobre 1923, car ce dernier est resté fidèle à l'un des soucis majeurs de Lénine : la prévention de la menace de paralysie bureaucratique de la révolution.

---

* « [...] Je reconnais que mes critiques étaient exagérées. [...] Je veux parler des cinq ou six permanents du Comité d'action, des camarades qui viennent de l'étranger qui sont placés avec leurs femmes et leurs enfants, des dactylos sur lesquelles on apprend qu'elles sont de familles tout à fait aisées, etc. » Réunion du **BP** du **PC/SFIC**, 17 novembre 1925, RGASPI, 517/1/249.

Pour lui, la prolifération de la bureaucratie de parti rend impossible sa véritable régénération, parce qu'elle nourrit un « esprit petit-bourgeois » entretenu par la promotion qu'elle assure à de nouveaux « chefs ».

Ce retour aux sources de l'antioligarchisme de la minorité de guerre est d'autant plus singulier qu'il émane de Souvarine ou de Rosmer, longtemps placés en pointe de la lutte contre les « préjugés » syndicalistes révolutionnaires dont Monatte était le « pivot »[104]. Ils ont combattu avec détermination la propagande antibolchevique répandue par les anarchistes et les syndicalistes autonomistes, informés des persécutions dont leurs « compagnons » russes étaient les victimes de la part du pouvoir soviétique. « Il faut dire les choses comme elles sont, écrivait ainsi Souvarine en novembre 1922. L'"antimoscovitisme" que signalait Ker dans son rapport au Præsidium [...] a pris un développement énorme, et l'opinion ouvrière avancée est aujourd'hui résolument hostile aux bolcheviks[105]. » Un clivage de plus en plus préoccupant oppose les partisans de Treint, acquis sans discussion au développement de l'appareil, et tous ceux qui en déplorent la « corruption » et la « dégénérescence » parce que, même fidèles, ils sont inquiets des nouvelles « mœurs » communistes.

Jules Humbert-Droz lui-même s'est vu contraint de se défendre des accusations de Treint qui lui reproche d'être hostile à la « bureaucratie » du parti : « Jamais, répond-il, je n'ai été opposé au développement de l'appareil du Parti ni à celui de la Fédération de la Seine. Seulement, dans un pays comme la France avec une vieille tradition syndicaliste hostile aux fonctionnaires permanents, il faut éviter de présenter sous une forme antipathique le développement de l'appareil[106]. » La modernisation autoritaire des pratiques du mouvement ouvrier français ne s'est donc pas opérée sans résistance, ni sans déchet : le syndicalisme révolutionnaire devait en être la principale victime.

La régénération perdue

Pour les exclus de 1924, la prolifération de l'appareil communiste est responsable de leur persécution et de l'aveuglement du parti devant le sort qui leur est réservé par des militants « aux ordres » de Moscou. C'est contre elle qu'ils se dressent pour ouvrir les yeux des camarades trompés, grâce à la publication de textes et de documents venus de l'opposition russe. Cette démarche pédagogique typique d'un militantisme d'autodidactes s'accompagne de gestes symboliques destinés à témoigner de leur volonté persistante à régénérer un socialisme compromis depuis 1914 et dont la SFIC n'a été, au fond, qu'un véhicule. Le 22 avril 1924, Maurice Chambelland, Victor Godonèche, Pierre Monatte et Alfred Rosmer démissionnent de *L'Humanité*, décidés à « rentrer dans le rang » pour y « redresser » le parti, dans un geste théâtral de déclassement volontaire qui lance à la direction un défi de « propreté morale[107] ». Par un sursaut ascétique, ces militants ont espéré détourner la jeunesse militante de l'attraction de l'appareil du parti. Il ne pouvait cependant être question que le parti devienne, selon les termes significatifs de la réponse du Bureau politique à la lettre de Monatte, Rosmer et Delagarde en 1924, une « société d'assurances mutuelles du zimmerwaldisme[108] ». À la fin de 1924, ceux qui se voient refuser le titre de « communiste » pour lequel ils avaient tant œuvré deviennent de plus en plus nombreux.

Parmi eux, Boris Souvarine devait, le premier, abandonner les espoirs de régénération du socialisme qu'il a emportés avec lui quand il est devenu, en 1924, « exclu, mais communiste ». Malgré le caractère exceptionnel de sa personnalité, Souvarine est le symbole et le bouc émissaire des échecs de la génération perdue de l'armistice. Dans la lettre ouverte qu'il adresse à l'opposition en décembre 1927, il rompt publiquement avec l'idéal qui a nourri son refus de la guerre : « On ne peut plus songer, conclut-il, à un "assainissement", à un "redressement", à une "régénération" tant que subsistera l'emprise financière du parti russe. Vous aurez beau rivaliser de remarquables thèses, réfuter, prouver, argumenter avec maîtrise, vous serez isolés par un cordon monétaire. Eussiez-vous mille fois raison, vous aurez tort contre des mercenaires[109]. »

L'« affaire de l'ARAC » devait demeurer à ses yeux comme un fait symbolique de la dégradation des mœurs communistes, provoquée par l'afflux des subventions de l'Internationale. « L'appareil pseudo-communiste » de la SFIC aurait selon lui « englouti » 25 millions de francs en quatre ans, sans que les cotisations militantes en représentent la « vingtième partie ». Cette aide matérielle, d'inspiration « pure » à l'origine, est devenue la cause de la corruption des hommes, du fait de l'« existence d'un État révolutionnaire qui dispose d'énormes subsides[110] ». Cette nouveauté fondamentale de l'après-guerre entraîne une rupture avec les pratiques en vigueur dans la IIe Internationale, qui ne dispensait qu'une aide volontaire, proportionnelle et contrôlée par les parties en présence. Après 1917, il n'en est plus de même : « Les subsides sont à la disposition des dirigeants du parti russe, à l'insu de celui-ci ; ils sont permanents, c'est-à-dire que l'existence même des partis subventionnés en dépend ; ils échappent à tout contrôle, fût-il relatif, des organisations ; ils sont hors de proportion avec les ressources habituelles du parti favorisé ; enfin, ils sont accordés d'une façon qui subordonne étroitement le communisme international au secrétariat du parti russe[111] », c'est-à-dire à Staline. La dénonciation de la subordination financière de la SFIC se situe aux origines de l'antitotalitarisme de gauche dont Souvarine devait être une figure majeure dès l'entre-deux-guerres.

La fin du premier communisme français

Le tandem Treint-Girault

Albert Treint et Suzanne Girault ont dominé la vie du parti communiste entre 1924 et 1926. Le congrès de Clichy, en janvier 1925, a marqué une étape essentielle de l'ascension de ces deux militants animés d'un mépris violent pour une social-démocratie embourgeoisée et d'un goût indéniable pour la politique sectaire, conçue comme un affrontement radical de conceptions manichéennes par personnes interposées. Ces penchants les rendent psychologiquement dépendants d'un parti qu'ils servent de manière absolue. C'est pourquoi ils participent activement à la promotion en son sein du « style » politique communiste qui leur offre un destin que toute autre formation leur aurait sans doute interdit. Leur passage à la direction du parti est d'ailleurs marqué par une radicalisation de la violence verbale et physique des communistes, au moment même où se durcit la politique ouvriériste du parti.

Albert Treint est instituteur et militant socialiste de fraîche date[112] lorsque la guerre le saisit en août 1914. De ce conflit dont il sort capitaine*, il garde un goût pour la chose militaire, qu'il étend bientôt aux formes très martiales de son militantisme communiste. Officier de « belle tenue au feu », grièvement blessé par deux fois à la mâchoire en mai 1915 et avril 1918, il se distingue aussi par son caractère tatillon et son penchant pour la procédure[113]. Dès novembre 1915, il s'est prononcé devant la 19ᵉ section de la SFIO pour une « paix honorable[114] ». Sans doute membre du CRRI, il prolonge cet engagement dans le Comité de la IIIᵉ Internationale dont il est secrétaire adjoint, non sans avoir envisagé d'abord une carrière militaire à laquelle il renonce finalement dans le courant de 1919.

Au sein de la jeune relève militante de 1920, Treint se distingue par des caractéristiques personnelles dont l'importance ne devait se révéler que rétrospectivement : une ignorance du syndicalisme en général et du syndicalisme révolutionnaire en particulier, la profonde empreinte de la

---

* Élevé à ce grade le 27 janvier 1917, il devait recevoir de ses adversaires le sobriquet de « capitaine Treint », tout spécialement après la fusillade de la Grange-aux-Belles le 11 janvier 1924.

guerre sur une personnalité difficile, la superficialité de sa culture socialiste. Doué d'incontestables qualités d'orateur, ce « jeune » intransigeant entre au Comité directeur au lendemain de Tours. Dès 1921, il semble avoir compris que son avenir dépend de sa fidélité cramponnée à l'Internationale. Mais il se heurte, à la fin de 1923, aux critiques de Souvarine à l'encontre de sa méthode et de ses erreurs. C'est la raison pour laquelle il est envoyé à Moscou le 25 janvier 1924 comme représentant du parti, fonction qui l'éloigne momentanément du Bureau politique et de la Fédération de la Seine. Ce n'est qu'avec la lutte contre le « trotskisme* », engagée à peine un mois plus tard, que Treint regagne une influence qui semblait s'effriter.

Celle qui, jusqu'à l'été 1925, a mené à ses côtés la lutte contre les déviations « trotskistes » est sans doute la plus bolchevique des militantes françaises du début des années 1920. Secrétaire personnelle d'Angelica Balabanova, membre du Bureau du Sud de l'IC pendant la guerre civile en Russie, Suzanne Girault est rentrée en France en compagnie du couple Rosmer au début de 1921. Elle organise alors une active campagne de propagande pour le compte du Comité d'assistance au peuple russe. C'est à Berlin, au début de 1922, que Clara Zetkin lui signifie qu'elle ne rentrera plus en Russie, du fait de son utilité en France : à contrecœur, elle franchit donc à nouveau la frontière allemande le 24 février 1922, porteuse de 400 000 marks saisis lors de son arrestation par les douanes françaises : évadée, à nouveau arrêtée, elle est finalement libérée[115]. Par discipline internationaliste, Girault s'est fixée à demeure au sein de la SFIC. Secrétaire adjointe de la Fédération de la Seine en août 1922, où elle représente la

---

* Trotski, considéré par Lénine dans son « Testament » comme l'un de ses successeurs potentiels, est entré en conflit avec Staline dès 1923. Après la mort de Lénine, il est rapidement battu et dépouillé de ses principales fonctions, avant d'être expulsé d'URSS en 1929. Dès 1924-1925, une Opposition qui regroupe les partisans de l'ancien chef de l'Armée rouge s'est constituée, mais elle est elle aussi étouffée.

« gauche », la jeune femme – elle n'a alors que 32 ans – entre au Bureau politique en 1924 pour y occuper le siège d'Alfred Rosmer disgracié : malgré ses liens étroits avec le couple Rosmer, elle applique avec une brutalité revendiquée la politique de l'Internationale. Déléguée au V⁰ Congrès mondial, elle est nommée membre suppléante du Comité exécutif de l'IC en juin 1924 et gravite dans l'entourage de Zinoviev. Tout, par conséquent, la prédispose, comme Treint, à prendre la tête du mouvement de « bolchevisation » de la section française.

Dès le début de 1923, les relations entre Treint, Souvarine et la direction du parti se sont dégradées. Treint, dans un article de *L'Humanité* du 5 janvier 1923, s'est en effet prononcé pour la formule du « militarisme rouge » inspirée par Boukharine, mais particulièrement impopulaire dans la section française : l'idée que l'« armée du premier État prolétarien » est une « armée de classe au service du prolétariat tout entier[116] » n'est guère audible à l'issue d'une guerre sans précédent, dans un parti pétri de l'espoir d'une révolution indigène. Le 23 mars, le Bureau politique s'est réuni pour blâmer son audace, mais Treint n'en tient aucun compte et s'oppose violemment à Dunois et Souvarine chaque fois qu'ils « revoient sa copie » pour *L'Humanité*[117].

Cet épisode est révélateur du style politique de Treint. Marqué par la sacralisation de la violence opérée par le léninisme, il est tributaire d'une mentalité de soldatesque cultivée par l'expérience du front : exaltation de la camaraderie et de la primauté de la lutte pour la vie, prévalence des jeunes, instauration d'un état de guerre avec l'adversaire politique, rejet des civilités bourgeoises et de la décadence parlementaire, promotion d'une « culture fondée sur le sentiment tragique et activiste de la vie conçue comme une manifestation de la volonté[118] », penchant pour le défilé martial et la militarisation du politique. Ce n'est donc pas un hasard si Treint est mêlé aux épisodes violents qui ponctuent le milieu des années 1920 : la fusillade de la Grange-aux-Belles contre les anarchistes le 11 janvier 1924[119] et la confrontation mortelle avec les Jeunesses patriotes le 19 avril 1925 rue Damrémont. Ces manifestations extrêmes de la violence communiste n'en épuisent pas les formes, mais leur survenue a été encouragée par l'activisme de la direction du parti et le besoin d'en découdre d'une jeunesse militante socialisée dans une atmosphère de combat idéologique et politique.

L'exaltation ouvriériste du milieu des années 1920 n'est pas non plus étrangère à cette radicalisation. Le congrès de Clichy, en 1925, consacre idéologiquement un système de valeurs appuyé désormais sur un recrutement sociologique plus étroit. Quelques-unes des grandes figures de 1920 en délicatesse avec le parti – Charles Rappoport, Fernand Loriot, Amédée Dunois – ont été accueillies à la tribune du congrès par les sifflets et les cris de la salle. « Je trouve, dit Rappoport, que l'ouvriérisme est l'exagération d'une idée qui n'est pas le marxisme, mais qui est tout de même fondamentale, à la base même de notre mouvement : j'entends le rôle historique du prolétariat[120]. » Amédée Dunois, dont la pureté des origines a été mise en cause par Girault, se défend lui aussi dans la même veine : « Soit parce que je suis marxiste, soit parce que j'ai passé autrefois par le syndicalisme révolutionnaire, j'ai toujours combattu pour la prolétarisation du Parti. […] C'est une vieille connaissance que l'ouvriérisme. C'est un mal spécifiquement français. […] L'ouvriérisme n'est pas une garantie absolue de dévouement au socialisme et de fidélité au prolétariat. […] Puisse [Lénine] nous rappeler que nous ne sommes pas seulement l'avant-garde du prolétariat, mais l'avant-garde de tous ceux qui ont à souffrir de l'organisation sociale actuelle[121]. » Parti avancé de la classe ouvrière ou parti ouvrier : cette contradiction de vocation et de structure mise en lumière par Dunois ne devait jamais vraiment être résolue. Elle explique au contraire une part du succès dont s'auréole le communisme français à partir des années 1930.

La liquidation des liquidateurs

L'éviction de Souvarine à l'été 1924 achève de dissoudre la « gauche » issue du Comité de la IIIᵉ Internationale[122]. Elle est la conséquence d'un double phénomène : la « russification » des conflits des sections nationales de l'IC et la maturation d'une forme d'affrontement partisan qui liquide définitivement la politique des « tendances ».

À partir de la fin de 1923, Souvarine s'est efforcé de renseigner le parti français sur la « question russe » sans prendre explicitement parti pour Trotski. La mort de Lénine, le 21 janvier 1924, survient au beau milieu du congrès de Lyon : « Sur l'invitation du président, Guy Jerram, raconte Dunois, [...] toute la salle se leva, et c'est dans un silence lourd de consternation [...] que Souvarine, en quelques mots, annonça la nouvelle fatale[123]. » Désormais, la lutte pour sa succession est ouverte. Depuis mars 1923, Staline, bien renseigné par le Guépéou – la police politique soviétique –, sait que l'état de santé de Lénine est définitivement compromis. Déplacé dans la maison de Gorki, hors de Moscou, ce dernier ne peut plus influer réellement sur le cours de la politique soviétique : son « Testament », cependant, oblige Staline à la prudence. Le 27 janvier, ce dernier porte le cercueil où repose le corps embaumé : Trotski, convalescent dans une lointaine datcha d'État de Soukhoumi, sur la mer Noire, est absent. D'accord avec Dzerjinski, le secrétaire du parti a donné des instructions pour que l'ancien chef de l'Armée rouge ne soit en aucun cas dérangé. Trotski ne devait rentrer à Moscou que quelques semaines plus tard[124].

Conscient des conséquences de la mort de Lénine, Souvarine inaugure une nouvelle rubrique de son *Bulletin* à partir de la mi-janvier 1924, le « cours nouveau du Parti bolchevik[125] ». Le 12 février 1924, dans un coup d'audace, il fait adopter une résolution par le Comité directeur qui affirme que les « tendances » en lutte au sein du parti russe sont toutes « inspirées du souci de faciliter la réalisation de la tâche historique du Parti du prolétariat[126] » : son objectif est de garantir à la SFIC le droit de choisir son camp, alors que sa direction semble encore peu au fait de ce qui se déroule à Moscou. Treint et Girault, initiés dans les arcanes de l'IC, votent contre : pas question pour eux de ne pas prendre parti contre le danger « trotskiste ». Sémard, lui, s'abstient. Malgré ce succès momentané, Souvarine démissionne du Bureau politique le 22 février devant l'échec de son appel à « faire prévaloir son point de vue dans l'Internationale[127] » : il ne peut accepter l'arrivée de Treint au sein du Bureau politique. Ce geste lui est fatal : dès le mois de mars, soutenu par la forte délégation de l'IC arrivée en France, ce dernier reprend en main la situation. Le 18 mars 1924, Treint présente devant le Comité directeur une motion, rédigée à l'instigation des deux délégués russes, qui efface la motion Souvarine de février : il y dénonce la « déviation réformiste » et le « péril de droite » dans le parti.

En réaction à sa disgrâce annoncée, Souvarine publie une lettre ouverte aux abonnés du *Bulletin communiste*, où il proteste contre les attaques et l'interdiction de s'exprimer qui lui est infligée. Pour en endiguer les conséquences, la direction du parti met en œuvre une très active politique de contre-publication[128]. Celle-ci profite en particulier à Henri Guilbeaux, dont la biographie de Lénine attend depuis janvier 1924 d'être mise sous presse. Le 9 avril 1924, le Bureau politique a adopté le principe de sa publication, mais son application est à nouveau retardée par les « intrigues » dont Guilbeaux rend Souvarine responsable dans une lettre virulente au Comité directeur le 22 avril : il l'accuse en particulier, fait significatif, de s'être arrogé le monopole de la publication des textes russes pendant la guerre[129]. La semaine précédente, Calzan a adressé une lettre inquiète à Guilbeaux pour vérifier les allégations de Souvarine sur l'expurgation de sa biographie, qui ont fait une « forte impression » sur le Comité directeur[130]. L'enjeu de la querelle, c'est la question du fameux « Testament » de Lénine, dont la rumeur de l'existence se répand dans le parti du fait précisément de Souvarine, qui accuse Guilbeaux, à raison, de le passer sous silence. En fait de « testament », il s'agit en réalité d'un ensemble d'articles rédigés par Lénine dans les moments de lucidité qui entrecoupent les attaques cérébrales dont il est la victime, et qui sont destinés à redresser le parti bolchevique : Staline, la formule est connue, y est qualifié de « brutal ». Face à ces révélations, le Comité directeur peut encore être gagné par le trouble : il hésite à cautionner un mensonge si évident. La thèse officielle – l'absence d'un « testament » – que devait défendre le parti communiste pendant des décennies est finalement imposée par Gouralski le 16 septembre 1924 : « Lepetit affirme qu'il y avait des lettres intimes qui ne pouvaient encore être imprimées. Dans ces lettres sont caractérisés différents camarades. Ce n'est pas nouveau. D'ailleurs maints articles en ont fait mention. Ces lettres ne jouent aucun rôle et ne changent rien à la situation mais, dans le Parti français, il y a des ennemis du Parti qui cherchent par tous les moyens à produire une crise, lançant des bruits non fondés et travaillant clandestinement. On peut se demander si, en agissant ainsi, ils travaillent pour la Révolution ou pour la contre-révolution. Les camarades qui ont fait un travail semblable sont des ennemis du Parti. Celui-ci doit les chasser[131]. »

Démissionnaire de *L'Humanité*, évincé du *Bulletin communiste* où il est remplacé par Claude Calzan, Souvarine débarque à Moscou le 9 mai, rencontre Trotski et se prépare pour l'affrontement du XIIIe Congrès du parti russe. Son intervention est exceptionnelle : sans être membre de ce dernier, il est parvenu à la tribune grâce au soutien d'anciens amis au Komintern, en particulier Radek[132]. Dans une atmosphère hostile, Souvarine tente bien de défendre Trotski « d'une manière énergique et parfois un peu trop brusque[133] ». Mais le combat, trop inégal, est rapidement conclu. L'« atmosphère de pogrom[134] » qui règne à son encontre rend bientôt son séjour impossible : la commission spéciale chargée d'examiner son cas ratifie le principe de son exclusion le 12 juillet, et les préparatifs de son départ se déroulent dans l'hostilité manifeste de la bureaucratie soviétique. Souvarine n'est plus communiste, mais il reste longtemps obnubilé par ce à quoi il a consacré sa jeunesse : il deviendra bientôt le polémiste redoutable, pourfendeur du « dispositif extravagant de tyrannie antérieur à la mort de Lénine[135] » dont il aura été la victime.

Pendant son absence, son sort est réglé à Paris : lors du Conseil national de Saint-Denis, les 1er et 2 juin 1924, Sellier accuse Souvarine d'avoir tenu le parti dans l'ignorance des débats russes à son propre profit ! L'argument est faux, mais habile : le Bureau politique lui reproche d'avoir, en février, abusé de sa méconnaissance de la situation russe pour lui imposer une résolution à laquelle il ne pouvait souscrire en conscience. La direction du parti réaffirme alors le droit des Russes à régler eux-mêmes leurs affaires, ce qui équivaut en réalité à une condamnation de l'Opposition : « Il n'y a qu'une garantie contre le développement de [...] signes de pourriture politique et sociale en Russie, conclut-il en effet, c'est le maintien rigide du contrôle vigilant du Bureau politique et du Comité central russes[136]. »

Treint, cependant, n'a pas attendu ce moment pour engager le combat. Entré au Bureau politique dès la mi-février, comme le lui a promis la puissante délégation internationale envoyée à Paris formée de Gouralski, Manouilksi et Humbert-Droz, il contribue activement à conférer à une « droite » artificielle un semblant d'organisation. Pour ce faire, Gouralski propose une méthode originale. Il veut contraindre Rosmer et Monatte à signer un « double engagement » : « 1° Être discipliné ; 2° Ne se livrer à aucun travail fractionnel. Ces engagements pris, les camarades pourront à nouveau travailler dans le Parti[137]. » Les deux hommes sont impuissants face à une telle demande : en cas de refus, celui-ci est versé comme preuve de leur déviation dans le dossier à charge qui prépare leur exclusion ; s'ils acceptent, ils devront se soumettre à une démarche humiliante à laquelle ils ne sont nullement disposés.

L'éviction de Souvarine est finalement annoncée publiquement par *L'Humanité* le 19 juillet : « La "valeur", le "talent", le "savoir" de tel ou tel ne sauraient justifier un relâchement du contrôle auquel tous les communistes sont astreints[138]. » Après ce succès, Treint décide, le 5 septembre 1924, d'appliquer cette méthode d'exclusion par anticipation aux autres « droitiers ». La technique en est simple : « Je pense qu'une bonne manière de lutter contre les déviations de droite, c'est d'obliger le Parti, par des résolutions, à prendre la position juste, dans la question italienne, dans la question yougoslave, dans la question tchécoslovaque. Lorsque le Parti aura condamné les déviations chez les autres, il nous sera plus facile d'obtenir de lui les mêmes condamnations quand des déviations analogues se manifesteront chez nous[139]. » Il convie bientôt les deux hommes, par l'intermédiaire d'une lettre transmise à Girault, à prendre position contre le dissident communiste suédois Zett Höglund. Le 21 novembre 1924, dans le premier numéro des *Cahiers du bolchevisme* dont il dirige la rédaction, Treint utilise leur refus pour justifier la lutte contre une « droite internationale » imaginaire. Cette méthode raffinée d'exclusion administrative s'avère d'ailleurs si efficace qu'elle sera appliquée à Treint lui-même en 1927-1928.

Le petit clan organisé autour de lui s'est avéré particulièrement redoutable. Dès son retour en grâce, au début de 1924, Treint s'est employé à le consolider avec l'aide de Girault. Idéologiquement, le « treintisme » ne correspond à rien de précis : c'est surtout une méthode d'organisation qui lui permet d'exercer son influence dans le parti. Le 22 mai 1924, Treint en a exposé les grandes lignes à sa comparse : « Garder nos délégués régionaux sûrs, et liquider les autres. Confier nos régions actuelles à nos délégués sûrs et à nos députés sûrs, ces derniers étant mis au courant par nos régionaux sûrs. [...] D'une manière générale, profiter de la transformation [de l'appareil] pour [le] mettre entre les mains des camarades politiquement sûrs. Faire travailler les autres éléments sous la direction de ceux-ci. On peut dès maintenant procéder à la liquidation des éléments mauvais[140]. »

Ce réseau d'influence n'est pas à proprement parler une tendance, puisqu'il ne présente jamais, sur son nom, des résolutions lors des votes nationaux. Il fonctionne en réalité comme un système de protection réciproque au sein de l'appareil dont il s'agit de contrôler certains secteurs. Dans une structure hiérarchique fortement contraignante, l'influence clientéliste s'opère par des liens verticaux qui traversent l'épaisseur de l'organisation bureaucratique du parti. Le « clan » Treint ne se destine plus à « régénérer » le parti par un sursaut vertueux, mais à le protéger, tout en l'accaparant, contre des « déviations » imaginaires. Il cherche à quadriller et à contrôler un « territoire » dans la bureaucratie du parti. Ses objectifs sont donc contradictoires : il subvertit à son profit l'organisation du parti par la mise en place d'un court-circuit clientéliste, mais il en favorise du même coup la prolifération par la protection qu'il lui assure contre les menaces extérieures ou intérieures de dissolution.

La manière dont ce clan renforce sa cohésion est double : par le tissage de liens personnels étroits, à l'image du couple Girault-Sauvage, et par l'organisation d'une épuration des ennemis qui permet de consolider son assise en s'emparant de leurs postes. Les résistances qu'il rencontre accréditent les soupçons, les « rumeurs » et les inimitiés qu'il entretient. Une telle méthode possède cependant un inconvénient majeur : elle achève de généraliser la pratique de l'exclusion administrative, seule à même de permettre le maintien d'une circulation minimale des élites nécessaire à l'accaparement clientéliste des postes de permanents. C'est pourquoi la politique des clans aboutit à ce résultat paradoxal : le renforcement de la bureaucratie du parti par l'instabilité instituée de ses membres. Ce n'est pas un hasard si la réforme de la direction du parti français dans les années 1930 s'est opérée par la stabilisation d'une junte placée sous l'autorité d'un « chef » unique, Maurice Thorez, légitimé et contrôlé par la présence quasi permanente d'un délégué international[141]. En fait, dès l'apparition de cette politique de clan, l'IC s'est mise en quête d'une « équipe » stable de direction : « Dans l'état actuel des choses, écrit ainsi Jules Herclet à Monatte le 1er janvier 1925, je suis absolument convaincu que si les dirigeants apercevaient une nouvelle équipe, un groupe de camarades dans la "ligne de l'IC", la direction actuelle du parti français Suzanne Giraud-Treint [sic] et leurs familles seraient balayés pas plus tard que le prochain Exécutif élargi[142]. »

La victoire rapide de Treint ne tient pas seulement au soutien inconditionnel, mais révisable, que lui a apporté l'IC : elle tient aussi à la désunion de la « droite ». L'ancien noyau de la gauche issue du Comité de la IIIe Internationale s'est divisé sur deux questions essentielles : l'autonomie syndicale et la discipline. Les conflits qu'elles ont suscités ont désolidarisé des hommes que leur refus de guerre avait unis. Ces dissentiments expliquent sans doute l'« attitude circonspecte » que Souvarine reproche à Rosmer et Monatte dans une lettre du 26 novembre 1924 : « Elle ne vous préservera pas de l'exclusion, tout en nous privant du bénéfice politique que nous tirerions d'explications ouvertes et honnêtes[143]. » Quant à Loriot, les regrets formulés dans la déclaration de la « droite » lue devant le Comité exécutif de l'IC interviennent un peu tard : « Nous n'avons pas protesté en son temps contre l'exclusion de Souvarine, nous nous sommes inclinés devant cette décision du Ve Congrès mais aujourd'hui, à la lumière de tout un système de faits qui s'enchaînent, le sens de l'exclusion de Souvarine nous apparaît. Souvarine n'a pas été exclu pour indiscipline, mais pour avoir soutenu une opinion différente de celle de la direction du Parti[144]. »

Cette prise de conscience tardive et inutile aura condamné les héritiers du Comité de la IIIe Internationale à être vaincus un par un, en ordre dispersé, par la machine bureaucratique qu'ils ont contribué à mettre en place. De manière significative, certains d'entre eux continuent d'ailleurs à protester contre toute assimilation avec Frossard : « Un délégué de l'Exécutif, déclare ainsi Monatte le 1er juin 1924, est venu nous assimiler à Frossard [*protestations*]. En toutes lettres... Je dis qu'il y a des militants de l'Exécutif qui nous ont assimilés à Serrati, à Lévi*. C'est le plus grand outrage qu'on puisse nous faire[145]. » Mais la liquidation des liquidateurs de Frossard est pourtant moins douloureuse pour le parti que ne l'avait été, au début de 1923, la démission du secrétaire général. « J'ai toujours considéré, affirme ainsi Jules Humbert-Droz en février 1925, que la "gauche" devait être pour l'Internationale un instrument pour épurer le Parti des politiciens, pour chercher à détacher les syndicalistes de l'influence de Frossard ; objectivement, par sa lutte contre les ennemis de l'Internationale, elle développait l'éducation communiste du Parti. Mais je n'ai jamais eu une confiance politique sans réserves à l'égard de ses principaux militants[146]. »

Ce mépris rétrospectif, proclamé après l'exclusion des principaux représentants de la « gauche », ne doit pas tromper : la SFIC s'est construite avec l'appui actif de ce que cette relève avait de meilleur. En 1925, pourtant, l'idéal d'un « parti international », nourri de l'espoir d'une régénération révolutionnaire du socialisme partagé par toute une jeunesse française « née de la guerre », est bel et bien mort.

---

* Il s'agit de Paul Levi, l'un des fondateurs du parti communiste allemand considéré ici par Monatte comme une sorte de « reconstructeur ».

CONCLUSION

La singularité française

Les bolcheviks et les communistes français étaient-ils les mêmes animaux politiques ? Rien n'est moins évident. L'apparition d'un État révolutionnaire à vocation prolétarienne à l'autre bout de l'Europe est un fait matriciel du XXe siècle qui bouleverse l'économie précaire du mouvement ouvrier continental. Les bolcheviks, rompant avec la lettre marxiste, ont utilisé sa puissance pour se maintenir au pouvoir, puis renforcer leur emprise sur une société russe en proie à une violence inouïe. En mars 1919, la création d'une Internationale centralisée siégeant à Moscou, dotée de moyens sans équivalent dans l'histoire des Internationales ouvrières, a offert à une jeunesse ardente « née de la guerre » le renfort nécessaire au renversement des oligarchies détestées d'un socialisme compromis dans la Défense nationale.

L'impact de la Grande Guerre

C'est dans la Grande Guerre que le processus de scission universelle du socialisme européen puise sa cause et son sens. La crise de conscience qu'elle a engendrée, sur fond d'effondrement moral et matériel de la IIe Internationale et de ses sections, est le creuset dans lequel s'est formée l'aspiration à une régénération révolutionnaire des principes et des pratiques d'un idéal socialiste « trahi » par le ralliement de 1914. Cette aspiration préexiste bien à la victoire, longtemps incertaine, du bolchevisme en Russie : elle s'est épanouie indépendamment de ses formules, et leur rencontre après 1917 n'obéit nullement à un mécanisme simple. Cependant, du fait de la survie inattendue de la Commune russe, les socialistes occidentaux se sont vus contraints de se prononcer pour ou contre elle. Par un acte de rupture avec le passé social-démocrate, la génération de l'armistice a voulu restaurer la chaîne des temps du socialisme révolutionnaire : adhérer à l'IC, c'était régénérer un idéal corrompu.

Cet espoir de régénération révolutionnaire du socialisme a constitué le véhicule par lequel les mots d'ordre et les pratiques bolcheviques se sont répandus en France. Adoptées et adaptées par une relève qui y voyait l'instrument nécessaire pour affirmer son droit à diriger les destinées du prolétariat, ces innovations ont été investies d'une positivité qui peut seule en expliquer le succès rapide. Elles ont servi à la modernisation autoritaire des pratiques d'un socialisme bouleversé par les conséquences de son choix de 1914.

Dès le printemps 1915, lorsqu'elle prend conscience d'elle-même à l'issue du premier été meurtrier du conflit, la minorité de guerre socialiste s'est nourrie du sentiment de résignation qu'un nombre toujours plus grand de soldats et de civils ont partagé, entretenu par une défiance croissante pour les buts et les prétextes officiels de la guerre. L'antiministérialisme et le pacifisme constituent ses matrices idéologiques initiales, mais c'est le refus de guerre diffus dans la société française mobilisée qui lui fournit ses troupes.

Politiquement divisée, sociologiquement hétérogène, la minorité de guerre a servi d'école improvisée à une jeune relève militante dont les cadres sont passés par le Comité pour la reprise des relations internationales (CRRI) avant de rejoindre le Comité de la IIIe Internationale, mené de main de maître par Souvarine à partir de décembre 1919. Constitué par quelques milliers de militants motivés et actifs, financé abondamment par l'IC, regroupé autour d'un bulletin national où cette fraction jette ses anathèmes et diffuse une importante littérature bolchevique, le Comité œuvre à la conquête de l'appareil de la SFIO. Il mène ce combat au nom d'une conception ascétique et sacrificielle du militantisme révolutionnaire que ses chefs entendent promouvoir au sein d'un « parti de type nouveau » inspiré par les méthodes et les institutions de l'Internationale communiste.

Sa volonté d'« épurer » le parti de ses « sociaux-patriotes » et son intention déclarée de ravir à ce personnel politique, à ses yeux discrédité, la direction du mouvement révolutionnaire se sont cependant heurtées à ses propres contradictions comme à la résistance de ses alliés « reconstructeurs » avec lesquels le Comité a été contraint de sceller une alliance pour remporter la majorité à Tours. Les anciens « reconstructeurs » en effet, s'ils acceptent d'évincer quelques figures trop compromises de l'ancienne majorité de guerre comme Pierre Renaudel ou Albert Thomas, n'entendent pas lâcher la bride à une jeunesse dont ils peinent à canaliser l'activisme et les aspirations. S'ils consentent à ces exclusions, c'est qu'ils y voient le moyen de réaliser le « miracle » régénérateur qui permettrait de continuer le socialisme d'avant guerre dépouillé de ses vieux habits. Ce consentement initial à une épuration symbolique et limitée enclenche un engrenage qui s'emballe sous la pression conjuguée de l'Internationale et de la jeune relève du Comité gagnée à son exemple. Tel est le sens du psychodrame noué à Tours autour de l'exclusion symbolique de Jean Longuet, finalement obtenue dans la confusion et malgré les réticences de Frossard lui-même. L'opposition entre ces conceptions divergentes d'un socialisme régénéré structure l'histoire du premier communisme français jusqu'au démembrement progressif de l'ancienne minorité de guerre entre 1923 et 1925.

Le premier communisme français

L'instabilité de la SFIC est la conséquence de la rupture presque immédiate de l'alliance de circonstance de 1920. Dans son « adresse aux militants » en janvier 1923, Louis-Oscar Frossard devait dénoncer dans la « gauche » « une minorité qui ne compte certainement pas 25 % des effectifs [mais qui] impose sa volonté et [...] sa politique, qu'il lui reste d'ailleurs à définir, à la masse des adhérents[1] ». En fait, l'abandon de Longuet consenti au congrès de Tours est le talon d'Achille de l'ancienne Reconstruction ralliée : elle a dévoilé sa faiblesse et condamné la SFIC à ne pas être le « parti de la minorité de guerre ». Au début de 1923, après de multiples abandons et concessions de plus en plus douloureux, Frossard est contraint de démissionner.

Cette démission a été vécue comme une victoire par la « gauche ». Même lorsqu'ils seront à leur tour chassés sans ménagement du parti, ses anciens leaders subiront comme une insulte l'assimilation à leurs anciennes victimes. Cet événement devait en effet marquer pour eux le moment où une SFIC débarrassée de ses poids morts apparaîtrait régénérée. Pour obtenir la tête de Frossard, la « gauche » a contribué activement à mettre en place tout un arsenal inquisitorial nouveau. L'affaire Fabre, en 1922, a permis de réduire les pouvoirs souverains de la Commission nationale des conflits installée par la « charte » de Tours. Cet abaissement est la condition nécessaire pour que puissent s'appliquer sans entrave les « exclusions administratives » caractéristiques de la justice partisane communiste. À partir de 1925, le transfert des attributions de cette commission à une Commission de contrôle politique où siège un représentant du Bureau politique supprime définitivement les garanties jusque-là offertes aux militants par l'existence d'une instance indépendante et souveraine imitée du droit « bourgeois ». C'est en cela, d'abord, que la SFIC diverge fondamentalement de la SFIO d'avant guerre.

La suppression de la Commission des conflits appartient à un processus plus large de centralisation de la direction du parti et de construction de son appareil de permanents. Les débats sur la création d'un « Bureau politique » ouverts dès 1921 aboutissent à une centralisation inédite du pouvoir de direction entre les mains d'un organe de décision réduit. Cette rétraction progressive a dissipé l'idéal de direction collégiale qui l'a justifiée au départ. La formation d'un appareil de permanents, financé massivement par l'IC, effarouche de plus en plus le système de valeurs de la génération fondatrice de 1920 : elle provoque finalement sa division dans un conflit avec l'IC qui se conclut par la liquidation des liquidateurs de Frossard en 1924-1925. En fait, dès la fin de 1922, la SFIC a perdu le pouvoir de désigner elle-même sa direction désormais nommée à Moscou.

Cette dissidence ne doit cependant pas dissimuler l'importance de la contribution de la « gauche » à la fondation du parti communiste et à la maturation de ses pratiques originales. Sa haine du social-patriotisme de guerre l'a poussée à imaginer une nouvelle architecture à ses yeux mieux adaptée à un parti révolutionnaire. L'héritage antiréformiste, antiparlementaire et antibureaucratique dont elle était porteuse s'est réinvesti dans un bolchevisme imaginé comme une solution universelle adaptée aux problèmes du mouvement ouvrier français. La « gauche » a été l'agent majeur de l'introduction d'un nouveau style politique inspiré des révolutionnaires russes qu'elle a utilisé dans les luttes pour supplanter ceux qui lui apparaissaient comme de « faux communistes ». Elle a justifié la pratique de l'exclusion administrative par sa prétention à incarner une aristocratie révolutionnaire fraternelle et vertueuse ayant aboli en son sein les mœurs « bourgeoises », capable de garantir le contrôle de tous par chacun et de la direction par la masse du parti. Politiquement formée pendant le conflit, la relève communiste de 1920 a promu les méthodes et les institutions qui ont permis de la démembrer quatre ans plus tard.

« [Au Bureau politique,] la moitié espionne l'autre et on a toujours peur de recevoir un coup de poignard dans le dos. [...] Lorsque l'on sent cet état d'esprit, que l'on vit dans les couloirs de la maison du Parti, on se défend, on fait la même chose[2] » : l'inhospitalité foncière que la « gauche » a instituée au sommet du parti favorise à partir de 1923-1924 l'apparition de « clans » dont le groupe Treint est le premier exemple. Organisé par un réseau de fidélités personnelles et familiales, destiné à contrôler un « territoire » de l'appareil bureaucratique pour assurer sa propre sécurité politique et non plus, comme les anciennes tendances socialistes, pour se grouper autour d'une même motion, voué à s'étendre et contraignant par là les autres membres de la direction à s'organiser sur le même mode, le « clan » est une réalité nouvelle de la politique communiste face à laquelle le petit « groupe intellectuel » imaginé par Souvarine après son exclusion est impuissant.

Ni totalitaire, ni social-démocrate

Longtemps repoussé hors du champ des études universitaires sur le communisme, le concept de totalitarisme y a effectué un retour en force depuis les années 1990, à la faveur de la fin de la guerre froide. S'il constitue sans doute un concept d'un immense intérêt spéculatif, le seul que la science politique du XXe siècle ait ressenti le besoin de forger pour qualifier un type inédit de régimes politiques apparu dans l'Europe d'après guerre, l'inflation récente de son usage semble avoir accru plutôt que réduit l'écart entre les partis communistes occidentaux et le socialisme réalisé à l'Est. Sans doute les communistes français ont-ils été – très tôt, à dire vrai – moralement complices de la répression à l'Est, justifiée avec enthousiasme au nom de la construction du socialisme. Ils ne sauraient cependant être identifiés aux hommes du Cercle du Kremlin[3] : il existe entre eux et les Russes une différence à la fois ténue et irréductible dont la mesure demeure un problème fondamental de l'historiographie contemporaine[4].

Le communisme français est une expérience politique hybride. Il possède deux caractéristiques originales qui le distinguent comme mouvement révolutionnaire de l'anarchisme et du socialisme d'avant 1914.

Il s'insère d'une part dans un système mondial centralisé, dominé, financé, et dirigé par le Parti-État soviétique. Ses cadres dirigeants ont été promus et sélectionnés par une puissante machine de conformation des pratiques politiques et des attitudes de vie façonnée par les standards soviétiques. Mais si cette élite transnationale étroitement dépendante des Russes devait fournir les chefs des régimes communistes de l'Est après la Seconde Guerre mondiale, ce n'est pas le cas en France, ni en Italie où les « deux T », Maurice Thorez et Palmiro Togliatti, ont régenté les destinées des deux plus grands partis communistes d'Europe occidentale[5].

Le communisme français a recouru, d'autre part, à des pratiques inédites de contrôle dont l'important n'est pas tant d'avoir suscité des ruses et des résistances, que de s'être assuré le consentement massif et durable de plusieurs générations de militants. Son caractère intrinsèquement violent repose sur son projet, à savoir la réduction de la personnalité militante à sa seule utilité révolutionnaire. Il est certes possible d'être communiste sans zèle, mais l'appareil du parti a disposé d'un pouvoir inquisitorial d'une extravagance surprenante. Loin d'être un obstacle, cette rigueur, cet « honneur » d'être communiste aiguisé par un sens particulier de la justice dispensée par le monolithe bienfaisant qu'était le parti ont constitué une source majeure de sa fascination, au-delà de l'importance sociologique de son ancrage ouvrier.

Ce parti, pourtant, ne s'est pas emparé du pouvoir, n'a pas subi l'épreuve du passage à l'acte révolutionnaire, et n'a pas disposé – à l'exception sans doute du « détachement Valmy » pendant la Seconde Guerre mondiale, chargé d'éliminer les traîtres réels ou supposés, avec plus ou moins de succès[6] – d'un bras armé pour appliquer ses sentences inquisitoriales.

L'avènement du bolchevisme en Russie a provoqué dans le mouvement ouvrier européen une vaste refonte de ses attitudes de salut – phénomène auquel le conflit mondial n'est pas non plus étranger. La jeunesse « née de la guerre » est animée d'une religiosité politique fruste. La sacralisation de la violence, l'exaltation de la camaraderie révolutionnaire – tout aussi mythique que la fraternité combattante –, la promotion d'un autocontrôle qui perpétue l'intensité du sacrifice de soi au prix de pratiques inquisitoriales inédites dans l'histoire de la gauche, son placement volontaire sous la tutelle d'une organisation internationale à laquelle sa survie matérielle était étroitement attachée sont quelques-uns des aspects fondamentaux du « style de vie » communiste qui s'est imposé comme une évidence à une partie de la génération perdue de 1918.

La société fermée des communistes a représenté sans doute une menace pour la démocratie française, et la IIIe République l'a d'ailleurs traitée sans égard, mais elle s'est politiquement constituée selon des modalités – le parti et le syndicat – qui lui ont permis d'être autre chose qu'une force de subversion. C'est un point fondamental : à la différence du fascisme italien, organisé comme un parti-milice[7], le communisme en Occident, malgré ses spécificités, s'est moulé dans des formes héritées de l'avant-guerre. La prévalence des jeunes, la visée de conquête totale du pouvoir, l'instrumentalisation du parlementarisme, l'hostilité idéologique à la démocratie « bourgeoise » sont des traits d'un parti qui a emprunté les voies d'un socialisme régénéré. C'est pourquoi il était si important de retracer la mutation volontaire des structures de la SFIC engagée à partir de 1920. L'établissement de partis communistes d'un « type nouveau » n'est pas un processus passif : ces partis sont nés au contraire de la volonté consciente de groupes prosélytes de « passeurs » de se doter de pratiques et d'institutions authentiquement révolutionnaires. L'hypothèse de la régénération permet de restituer avec précision ce « travail par le bas[8] », cette obéissance active qui demeure un grand mystère du militantisme communiste.

Il ne faut pas juger les communistes pour ce qu'ils espéraient faire, mais pour ce qu'ils ont fait. Sans avoir été totalitaire – sinon potentiellement –, leur parti s'est activement construit contre la social-démocratie : son apparition a provoqué une bifurcation majeure dans l'histoire du mouvement ouvrier français dans la longue durée duquel il s'est pourtant inséré. Il s'est en effet montré capable de remplir une nécessité fonctionnelle dans certaines démocraties occidentales : le besoin d'une force de représentation de la classe ouvrière, majoritaire dans la population. L'Histoire aura voulu que cette nécessité fonctionnelle soit remplie, en France, par un parti de type communiste, pour des raisons à la fois sociologiques, politiques – l'importance conférée en particulier à la « liaison » avec les syndicats – et conjoncturelles. Malgré ce qui l'en éloigne, le parti communiste s'inscrit dans l'histoire longue des types d'organisation ouvrière caractérisée, à la fin du XIXe siècle, par la montée en puissance de la forme-parti et du syndicat, selon des modalités qui distinguent la France de ses voisins européens.

À l'instar du guesdisme ou du syndicalisme révolutionnaire, le communisme appartient à l'éventail des doctrines qui ont tenté, non sans succès, d'allier leur ouvriérisme à une conception ascétique de la morale de leurs élites. Ces doctrines ont toutes été confrontées au défi de leur intégration dans le système politique républicain, et à la question fondamentale des modalités de contrôle et de désignation de leurs directions respectives. Elles ont été profondément travaillées par la dialectique du servir et du parvenir inhérente à l'existence militante, mais qui revêt, au sein des organisations ouvrières, des formes particulièrement aiguës. Il existe donc entre ces univers militants une parenté profonde qu'une histoire traditionnelle des influences et des filiations ne peut restituer. Parmi eux, le syndicalisme révolutionnaire – ce « parti politique d'une forme spéciale », selon l'expression de Trotski – est sans doute celui qui, avant 1914, est allé le plus loin dans la tentative pour supprimer l'hétérogénéité sociologique entre les masses et les chefs qui en incarnent les intérêts.

La France – c'est là son originalité – aura donc expérimenté toutes les formules étrangères au compromis social-démocrate : l'antibureaucratisme érigé en système par l'expérience syndicaliste révolutionnaire, et la promotion volontariste et bureaucratique d'une élite sélectionnée à travers le parti communiste. Toutes ces doctrines ont eu le même but : représenter une classe ouvrière perçue à la fois comme la classe élue de l'Histoire et comme une clientèle politique. Leurs formes seules ont varié, déterminées par une histoire complexe déclinée dans des conjonctures hétérogènes. Aucun pays occidental au XXe siècle n'a échappé à la nécessité de se doter d'organisations capables de représenter la classe la plus nombreuse, confrontée dans la France de la fin du XIXe siècle à une transformation profonde de sa condition, lorsque le salariat cesse lentement d'être une malédiction[9]. Un parti de « lutte de classes » aura dû faire face à cette révolution sociale majeure de la France du XXe siècle.

Tours, quatre-vingt-dix ans plus tard

Le congrès de Tours n'est ni une origine radicale ni un épisode accidentel dont l'importance se serait révélée rétrospectivement : il marque au contraire le moment précis de cette bifurcation – un épisode plus incertain, moins machiavélique que les mémoires socialiste et communiste opposées ne l'ont longtemps décrit. Dans tous les pays occidentaux, qu'ils aient été neutres ou belligérants, les partis socialistes, puissants ou groupusculaires, de création récente ou non, ont tous connu une scission communiste, le plus souvent minoritaire. Les déclinaisons nationales de la grande crise du socialisme d'après guerre mériteraient d'être appréhendées dans une approche historique comparée, pour mesurer les rythmes de la standardisation et de la russification des institutions des différentes sections de l'IC, les résistances qu'elles ont suscitées, les caractéristiques des relèves qui les ont mises en œuvre, les traditions ouvrières et les ressources politiques que ces dernières ont pu mobiliser. Un fait demeure : l'héritage des traditions ouvrières, d'une part, et la manière dont la guerre puis la sortie de guerre françaises se sont déroulées, d'autre part, ont favorisé l'émergence d'un fort courant d'adhésion à une Internationale de combat qui devait permettre de répudier un passé entièrement repensé à l'aune de 1914.

Une autre histoire, certes, était possible. Au début des années 1910, l'antiréformisme ouvrier s'était rétracté dans les replis d'organisations en pleine transformation. Le syndicalisme révolutionnaire était en crise. Le mythe de la grève générale s'était affaissé sous le poids de ses échecs et des déceptions de l'attente millénariste de la révolution. Dans la CGT, le besoin de spécialisation technique réclamé par l'évolution du capitalisme et la conscience de la nécessité croissante d'un « syndicalisme d'ordre, possédant des hommes, des moyens et des effectifs », selon l'expression de Georges Dumoulin, faisaient leur chemin dans les têtes. En 1912, le renouveau du débat antifonctionnariste au sein de la confédération syndicale témoigne à la fois du mûrissement des esprits et des obstacles qui restaient à franchir.

Dans la SFIO, la montée en puissance de Jaurès avait progressivement muselé les divers courants antiréformistes et antiparlementaires, contraints d'attendre « les circonstances qui [leur donneraient] l'occasion de renaître efficacement[10] ». Ainsi que l'a suggéré Lucien Lévy-Bruhl dans son essai biographique de 1924, la conception jaurésienne de l'être socialiste était profondément antiascétique[11]. La métaphysique jaurésienne était fondée sur une anthropologie optimiste qui inspirait un socialisme évolutionnaire et républicain. Celui-ci reposait sur l'idée de justice et sur la grande vision d'une humanité réconciliée avec elle-même, dans une Europe idéale habitée par une civilisation d'hommes libres débarrassée de son « vieux fond d'esclavage ». Le socialisme était l'agent qui devait la réaliser dans l'accomplissement des promesses de la République, au terme d'un processus graduel de fusion des contraires culminant dans une grande « révélation religieuse et cosmique ». La marche vers la liberté humaine devait être une autolibération de l'humanité, une actualisation de l'idée du bien et de la justice, sans laquelle l'Histoire ne pouvait avoir de sens positif. Le panthéisme optimiste de Jaurès s'oppose ainsi radicalement à la métaphysique immanente de l'ascétisme léniniste, selon laquelle l'homme est un être émotif et malléable, un « Oblomov » qui doit s'autocontrôler au service d'une passion fixe, nécessaire à l'accomplissement d'un destin prométhéen.

La guerre a brutalement vieilli les beaux systèmes bâtis sur la promesse certaine d'un bonheur commun. Jaurès mort, c'est sa figure que socialistes et communistes se disputent avec plus ou moins de bonheur. Canonisé par son assassinat dans le panthéon socialiste, puis enterré en 1924 dans le panthéon républicain, ce n'est pas la pensée de l'homme, mais l'aura de son souvenir qu'ils cherchent à capter.

Le combat mené par la jeune relève militante de 1920 pour la conquête de la SFIO est un modèle de lutte d'appareil : elle offre un solide point de comparaison aux multiples tentatives de relève, réussies ou manquées, dont l'histoire des partis est ponctuée. Ces jeunes hommes ont communié dans l'illusion que la guerre et la révolution leur avaient forgé une âme nouvelle. Adopté d'enthousiasme, leur bolchevisme s'est, pour certains d'entre eux, abîmé dans les déconvenues du début des années 1920. Ils n'en ont pas moins importé en France une doctrine et des pratiques qui satisfaisaient à la fois leur besoin de servir et leur volonté refoulée de parvenir. Ensemble, ils ont entendu diriger le « prolétariat », désigné à son insu comme classe élue de l'Histoire, pour libérer l'homme aliéné par le capital : dans ce but, sa dictature leur paraissait un mal nécessaire. Leur révolte est l'expression politique d'un besoin collectif et presque religieux de dépasser le chaos né de la guerre dans une forme de fraternité communautaire plus haute. « Une seule chose nous paraissait respectable : combattre[12]. » Les camarades ont vaincu l'oligarchie socialiste vieillie d'avant guerre. Ils ont rompu l'unité du parti de Jaurès sans se préoccuper des conséquences d'un acte d'exclusion qui devait être inaugural. Mais qu'est-ce qu'une génération montante, si personne ne descend ?

Notes

Introduction

1. Annie Kriegel, *Aux origines du communisme en France 1914-1920*, Paris, Mouton, 1964, 2 vol.

2. François Furet, *Le Passé d'une illusion*, réédité dans François Furet, *Penser le XXe siècle*, Paris, Robert Laffont, 2007, p. 505-1076, p. 512.

3. Le dynamisme et le rapport à son passé d'une extrême gauche renouvelée sont analysés en particulier par Marc Lazar, *Le Communisme, une passion française*, Paris, Perrin, 2002, et Philippe Raynaud, *L'Extrême Gauche plurielle. Entre démocratie et révolution*, Paris, Autrement, 2006.

4. Jacques Julliard, « Histoire du mouvement ouvrier français. Annie Kriegel, *Aux origines du communisme français 1914-1920* », *Le Mouvement social*, janvier-mars, 1965, n° 50, p. 121-127. Tony Judt, « "The Spreading Notion of the Town" : Some Recent Writings on French and Italian Communism », *The Historical Journal*, vol. 8, n° 4, 1985, p. 1011-1021.

5. Mona Ozouf, *L'Homme régénéré. Essais sur la Révolution française*, Paris, Gallimard, 1989, p. 122.

6. Cette expression est extraite d'un manuscrit inédit consacré aux différentes « sectes » socialistes des années 1890. Marcel Sembat, « Les idéaux sociaux », s.d. [1895], Office universitaire de recherche socialiste (OURS), archives André Varagnac, 70 APO 2.

PREMIÈRE PARTIE
LA CRISE DE CONSCIENCE DU SOCIALISME FRANÇAIS

1. Le parti de Jaurès

1. Gilles Candar et Christophe Prochasson, « Le socialisme à la conquête des terroirs », *Le Mouvement social*, n° 160, juillet-septembre 1992, p. 33-63.

2. Marcel Sembat, *Faites un roi sinon faites la paix*, Paris, Marcel Rivière, 1913, p. 110.

3. Annie Kriegel, « Jaurès en juillet 1914 », *Le pain et les roses*, Paris, PUF, 1968, p. 171-206.

4. François Furet, *Le Passé d'une illusion*, op. cit., p. 546.

5. Susan Milner, *The Dilemmas of Internationalism. French Syndicalism and the International Labor Movement, 1900-1910*, New York, Berg, 1990 ; Georges C. Friedman, « Revolutionary Unions and French Labor : The Rebels Behind The Cause ; or Why Did the Revolutionary Syndicalism Fail ? », *French Historical Studies*, n° 20, printemps 1997, p. 155-181 ; Wayne Thorpe, « Une famille agitée. Le syndicalisme révolutionnaire en Europe de la charte d'Amiens à la Première Guerre mondiale », *Mil neuf cent*, n° 24, 2006, p. 123-152. En 1913, le SSI est devenu la Fédération syndicale internationale (FSI).

6. Victor Griffuehles, « La tactique allemande », *Les Temps nouveaux*, 20 octobre 1905.

7. Victor Griffuehles, « Un souvenir plutôt mauvais », *La Voix du peuple*, n° 277, 4-11 février 1906.

8. Jacques Julliard, *Autonomie ouvrière. Études sur le syndicalisme d'action directe*, Paris, Gallimard/Le Seuil, 1988. *Cf. infra*.

9. Selon l'expression utilisée dans l'article bien connu de Griffuehles contre les « braillards » en février 1908. André Morizet, « Interview de Griffuelhes. Vers l'avenir », *L'Humanité*, 23 février 1908.

10. Gérard Baal, « Victor Pengam et l'évolution du syndicalisme révolutionnaire à Brest (1904-1914) », *Le Mouvement social*, n° 82, janvier-mars 1973, p. 55-82, p. 79.

11. Cette expression, présente dans le discours de Jouhaux aux obsèques de Jaurès, se retrouve de manière significative dans ses *Mémoires*, publiés en 1940. « Mémoires de Léon Jouhaux », présentés par Anne-Marie Renauld, *Le Mouvement social*, n° 47, avril-juin 1964, p. 81-109, p. 108. Elle est présente chez Jaurès, par exemple dans son article de réponse à Charles Andler dans *L'Humanité* du 31 mars 1913. Elle est également utilisée, de manière polémique, par le syndicaliste minoritaire Georges Dumoulin en 1918. Voir Georges Dumoulin, *Les Syndicalistes français et la guerre*, Paris, Éditions de L'Avenir international, 1918, disponible dans Alfred Rosmer, *Le Mouvement ouvrier pendant la guerre*, Aubervilliers, Éditions d'Avron, 1993 (1937), tome 1, *De l'Union*

sacrée à Zimmerwald, p. 523-542, p. 526.

12. Sur cette attitude, voir Jean-Jacques Becker, *1914. Comment les Français sont entrés dans la guerre*, Paris, Presses de la FNSP, 1977.

13. Annie Kriegel, *Les Internationales ouvrières*, Paris, PUF, coll. « Que sais-je ? », 1970.

14. Jean Jaurès, *L'Armée nouvelle*, présenté par Jean-Noël Jeanneney, Paris, Imprimerie nationale, 1992, 2 vol.

15. Jean Rabaut, « Un discours inconnu de Jaurès : Rochefort, 5 juillet 1914 », *Bulletin de la Société d'études jaurésiennes*, n° 91, oct.-déc. 1983, p. 3-8.

16. Grigore Geamanu, *La Résistance à l'oppression et le droit à l'insurrection. L'organisation pratique de la résistance révolutionnaire*, Paris, Domat-Montchrestien, 1933. Jaurès se réclame de l'article 35 de la Déclaration des droits de l'homme et du citoyen adoptée le 23 juin 1793 et publiée en tête de la Constitution du 24 juin 1793 : « Quand le gouvernement viole les droits du peuple, l'insurrection est pour le peuple, et pour chaque portion du peuple, le plus sacré des droits et le plus indispensable des devoirs. »

17. Sur ce congrès qui n'eut jamais lieu, la référence demeure Georges Haupt, *Le Congrès manqué. L'Internationale à la veille de la Première Guerre mondiale. Étude et documents*, Paris, Maspero, 1965.

18. *Ibid.*, p. 19-20.

19. « Contre les armements », *Le Socialiste*, n° 400, 9-16 mars 1913.

20. Christophe Prochasson, « Sur la réception du marxisme en France : le cas Andler (1890-1920) », *Revue de synthèse*, IVe série, n° 1, janvier-mars 1989, p. 85-108.

21. Charles Andler, *Le Socialisme impérialiste dans l'Allemagne contemporaine. Dossier d'une polémique avec Jean Jaurès*, Paris, Éditions Bossard, 1918, p. 105 et 116.

22. *Ibid.*, p. 178.

23. Marcel Sembat, *Faites un roi*, *op. cit.*, p. 245.

24. Barthélemy Montagnon, *De Jaurès à de Gaulle. Néo-capitalisme ? Néo-socialisme ?* Paris, D'Halluin et Co/Éditeurs, 1969, p. 63.

25. Notes du 11 mai 1914. Marcel Sembat, *Les Cahiers noirs. Journal 1905-1922*, présentation et notes de Christian Phéline, Paris, Viviane Hamy, 2007, p. 550.

26. Marcel Sembat, *Faites un roi*, *op. cit.*, p. 90.

27. Marcel Sembat, *Les Cahiers noirs*, *op. cit.*, p. 553.

28. Marcel Sembat, *Faites un roi*, *op. cit.*, p. 117.

29. Discours de Jaurès au meeting international contre la guerre tenu au Cirque royal de Bruxelles, *Le Peuple*, 30 juillet 1914.

30. Pierre Collart et Georges Lefranc, « Marcel Sembat. Pages du journal inédit », *Le Mouvement social*, n° 107, avril-juin 1979, p. 103-118, p. 116.

31. Nous avons attiré l'attention sur la nécessité de combler ce manque dans Vincent Chambarlhac et Romain Ducoulombier (dir.), *Les Socialistes français et la*

Grande Guerre. Ministres, militants, combattants de la majorité (1914-1918), Dijon, EUD, 2008.

32. Jean Rabaut, « Un discours inconnu de Jaurès : Rochefort, 5 juillet 1914 », *op. cit.*, p. 7.

33. Albert Thomas, *La Politique socialiste*, Paris, Marcel Rivière, 1913, p. 30. Sur la genèse du réformisme d'Albert Thomas, voir Emmanuel Jousse, *Réviser le marxisme ? D'Édouard Bernstein à Albert Thomas, 1896-1914*, Paris, L'Harmattan, coll. « Des poings et des roses », 2007, p. 236-237.

34. *Ibid.*, p. 164.

35. Alain Bergounioux et Gérard Grunberg, *L'ambition et le remords. Les socialistes et le pouvoir (1905-2005)*, Paris, Fayard, 2005, p. 77.

36. Marcel Sembat, « Un nouveau régime parlementaire », *La Renaissance politique, littéraire et artistique*, n° 2, 15 novembre 1913, p. 10-14, p. 11.

37. Jean-Jacques Becker, *1914. Comment les Français sont entrés dans la guerre*, *op. cit.*, p. 76 sq.

38. Marcel Sembat, *Les Cahiers noirs*, *op. cit.*, p. 555.

39. Madeleine Rebérioux, *La République radicale ? 1898-1914*, Paris, Le Seuil, « Points-Histoire », 1975, p. 130.

40. Notes du 11 mai 1914. Marcel Sembat, *Les Cahiers noirs*, *op. cit.*, p. 550.

41. Hubert-Rouger, *Les Fédérations socialistes*, tome III, *Encyclopédie socialiste, syndicale et coopérative de l'Internationale ouvrière*, Paris, Aristide Quillet, 1921, p. 460-464.

42. *Jean Jaurès au Congrès de Toulouse. Discours prononcé le 17 octobre 1908*, Paris, Éditions de la Vie socialiste, 1927, p. 41-42.

43. Marcel Sembat, « Cahiers noirs. Deuxième partie, 1902-1905 », *Cahier et revue de l'OURS*, novembre 1983, p. 1-64, p. 45. À cette date, l'unité n'est pas réalisée et le parti socialiste de France regroupe les éléments socialistes révolutionnaires de tendance guesdiste et blanquiste.

44. Pierre Lévêque, « La crise révolutionnaire de 1848-1851 en France : origines et développement », Pierre Lévêque, *Révolutions et républiques : la France contemporaine*, préface d'Alain Corbin, Dijon, EUD, 2005, p. 57-84.

45. Marcel Sembat, « Les idéaux sociaux », s.d. [1895], OURS, archives André Varagnac, 70 APO 2.

46. Claude Willard, « Contribution au portrait du militant guesdiste dans les dernières années du XIXe siècle », *Le Mouvement social*, oct. 1960-mars 1961, n° 33-34, p. 55-66.

47. Claude Willard (présenté par), *La Naissance du parti ouvrier français : correspondance inédite de Jules Guesde et Paul Lafargue*, Paris, Éditions sociales, 1981, p. 43-46, p. 44.

48. Jules Guesde, *Essai de catéchisme socialiste*, Paris, Marcel Rivière, 1912 (1873), p. 4.

49. Maurice Dommanget, *L'Introduction du marxisme en France*, Lausanne, Éditions Rencontres, 1969.

50. Charles Bonnier, « Le programme d'Erfurt », *Le Socialiste*, 27 octobre 1901.

51. Jean Jaurès, « Vaines prétentions », *La Petite République*, 2 avril 1901.

52. Rapport de police, 1er février 1911, AN F7 13070.

53. Cité par Georges Lefranc, *Le Mouvement socialiste sous la Troisième République (1875-1940)*, Paris, Payot, 1963, p. 185.

54. Cité par Hubert-Rouger, *Les Fédérations socialistes*, tome III, *op. cit.*, p. 305.

55. Lettre de Jules Guesde à Jules Pennequin, novembre 1915. International Institute of Social History (IISH), Amsterdam, archives Jules Guesde, 467/1.

56. Hans Kelsen, *La Démocratie. Sa nature – sa valeur*, préface de Philippe Raynaud, Paris, Dalloz, 2004 (1932), p. 6.

57. Victor Méric, « Francisco Ferrer », *Les Hommes du jour*, n° 87, 4 septembre 1909, cité par Nicolas Offenstadt, *Victor Méric. De la Guerre sociale au socialisme intégral*, DEA d'histoire, IEP de Paris, dir. Jean-Pierre Azéma, 1990, p. 54.

58. Selon le récit de l'événement donné dans *L'Humanité* le 14 octobre 1909.

59. *L'Humanité*, 14 octobre 1909.

60. Marcel Sembat, *Les Cahiers noirs. Journal 1905-1922*, *op. cit.*, p. 279.

61. *Ibid.*

62. *L'Humanité*, 17 octobre 1909.

63. Gilles Heuré, *Gustave Hervé. Itinéraire d'un provocateur*, Paris, Perrin, 1997, p. 169 *sq*.

64. AN F7 15968/2, dossier Gustave Hervé.

65. Marcel Sembat, *Faites un roi*, *op. cit.*, p. 112.

66. Marcel Sembat, *La Victoire en déroute*, préface de Léon Blum, Paris, Éditions du Progrès civique, 1925, p. 164.

67. Dieter Groh, « Intégration négative et attentisme révolutionnaire », *Le Mouvement social*, n° 95, avril-juin 1976, p. 71-116.

68. Robert Castel, *Les Métamorphoses de la question sociale*, Paris, Paris, Gallimard, « Folio », 2007 (Fayard, 1995), p. 471.

69. *Ibid.*, p. 547 *sq*.

70. John Horne, *Labour at War. France and Britain, 1914-1918*, Oxford, Clarendon Press, 1991, p. 8.

71. Ce débat, soulevé par Gérard Noiriel, est très présent dans l'historiographie actuelle de la Grande Guerre. Gérard Noiriel, *État, nation, et immigration. Vers une histoire du pouvoir*, Paris, Gallimard, 2005 (2001), p. 167.

72. Jean Jaurès, « Le prolétariat et la patrie », *La Petite République*, 24 décembre 1901.

73. Gilles Heuré, *Gustave Hervé*, *op. cit.*, p. 79.

74. *Ibid.*, p. 53.

75. Madeleine Rebérioux, « Les tendances hostiles à l'État dans la SFIO (1905-1914) », Madeleine Rebérioux, *Parcours engagés dans la France contemporaine*, *op. cit.*, p. 39-59, p. 50.

76. Hervé en est conscient. Voir Gustave Hervé, *Leur Patrie*, Paris, L'Émancipatrice, 1905, p. 4, ainsi que Madeleine Rebérioux, « Les tendances hostiles à l'État dans la SFIO (1905-1914) », *op. cit.*, p. 49 *sq*.

77. AN F7 15968/2, dossier Gustave Hervé.

78. Marcel Sembat, *Les Cahiers noirs*, op. cit., p. 566.

2. La France socialiste sous l'uniforme

1. Guy Pedroncini, *Les Négociations secrètes pendant la Grande Guerre*, Paris, Flammarion, 1969.

2. André Loez, *14-18. Les Refus de la guerre. Pour une histoire des mutins*, Paris, Gallimard, 2010, p. 545.

3. *Ibid.*, p. 24.

4. Timothy Parsons, *The 1964 Army Mutinies and the Making of Modern East Africa*, Londres, Praeger, 2003, cité par André Loez, *14-18. Les refus de guerre*, op. cit., p. 23.

5. Georges Haupt, *Le Congrès manqué*, op. cit., p. 273.

6. *Ibid.*, p. 263.

7. Abel Ferry, *Carnets secrets 1914-1918*, préface de Nicolas Offenstadt, Paris, Grasset, 2005, p. 52-53.

8. Marcel Cachin, « La dernière démarche de Jaurès était pour la paix », *L'Humanité*, 1er août 1914.

9. « Un manifeste de la CGT », *L'Humanité*, 29 juillet 1914.

10. Selon la note de police M/9538, AN F7 13574, citée par Annie Kriegel, *Aux origines…*, op. cit., p. 56.

11. *Jean Jaurès au congrès de Toulouse*, op. cit., p. 44.

12. Jean-Jacques Becker, *1914. Comment les Français sont entrés dans la guerre*, op. cit., p. 183-185.

13. AN F7 13574, citée par Annie Kriegel, *Aux origines…*, op. cit., p. 59.

14. Jolyon Howorth, « The Left in France and Germany, Internationalism and War : a Dialogue of the Deaf (1900-1914) », Eric Cahm et Vladimir Claude Fisera (dir.), *Socialism and Nationalism*, tome 2, Nottingham, Spokseman, 1979, p. 81-100.

15. Jean Jaurès, « Sang-froid nécessaire », *L'Humanité*, 31 juillet 1914.

16. Michael Walzer, *Guerres justes et injustes*, trad. de Pierre-Emmanuel Dauzat, Paris, Gallimard, 2006 (1977), p. 10.

17. Lettre de Raymond Poincaré à Marcel Sembat, 2 mars 1918, AN, Archives Marcel Sembat, 687 AP 185.

18. Cité par Jean-Pierre Rioux, *Jean Jaurès*, Paris, Perrin, 2005, p. 11.

19. *L'Humanité*, 5 août 1914.

20. John Horne, *Labour at War*, op. cit., p. 56.

21. Jean-Jacques Becker, *Le Carnet B. Les pouvoirs publics et l'antimilitarisme en France*, Paris, Klincksieck, 1973.

22. Annie Kriegel, *Aux origines…*, op. cit., p. 58.

23. *Ibid.*

24. Jean-Yves Le Naour, *L'Affaire Malvy*, Paris, Hachette Littératures, 2007, p. 66.

25. *Ibid.*, p. 68.

26. John Horne, *Labour at War*, op. cit., p. 57.

27. Jean-Jacques Becker, *1914. Comment les Français sont entrés dans la guerre*, op. cit., p. 574.

28. Philippe Boulanger, *La France devant la conscription. Géographie historique d'une institution républicaine, 1914-1922*, Paris, Economica, 2001, p. 171 et 200-203.

29. Jean-Jacques Becker, *1914. Comment les Français sont entrés dans la guerre*, op. cit.

30. André Loez, *14-18. Les refus de guerre*, op. cit., p. 27.

31. Notes manuscrites, OURS, Archives Jean Texcier, 7 APO 1.

32. L'anarchiste Émile Méo, dit Vincent Tissier, est rédacteur à la *Guerre sociale* depuis 1907. Notes manuscrites, OURS, Archives Jean Texcier, 7 APO 1.

33. *Ibid.* Dans *L'Humanité*, le même discours de Sembat est ainsi rapporté : « Vous ne vous battez pas par esprit de vengeance ni par délire belliqueux. [...] Nous tenons à défendre la culture française, mais nous ne voulons pas détruire la culture allemande. » « Les socialistes et la guerre », *L'Humanité*, 3 août 1914.

34. Jean Longuet, « Peuple et Kaiser », *L'Humanité*, 1er octobre 1914.

35. Lettre de Jacques Lamaison à Jules Guesde, Sanguinet, 3 avril 1915. IISH, Archives Jules Guesde, 462/1.

36. André Loez, *14-18. Les refus de la guerre*, op. cit., p. 546.

37. Henri Barbusse, « Lettre au directeur de *L'Humanité* », Henri Barbusse, *Paroles de combattant*, Paris, Flammarion, 1920, p. 7.

38. Thomas Mann, « Klärungen. Offener Brief an Hermann Graf Keyserling », *Das Tagebuch*, 31 mars 1920, cité par Horst F. Müller, *Henri Barbusse 1873-1935. Bio-bibliographie. Die Werke von und über Barbusse mit besonderer Berücksichtigung der Rezeption in Deutschland*, Weimar, VDG, 2003, p. 341.

39. Roland Dorgelès *et al.*, *Ce que j'ai appris à la guerre*, Paris, Éditions Montaigne, *Les Cahiers contemporains*, n° 6, 1927, p. 81.

40. Raymond Lefebvre, « Notes sur *Le Feu* », *Clarté*, n° 67, 1er novembre 1924 (1916).

41. Lettre de Paul Clergeau à Marcel Sembat, « Front de Champagne », 22 octobre 1915. AN, Archives Marcel Sembat, 637 AP 52.

42. Lettre de Roger Cibot à Marcel Sembat, Orléans, 1er septembre 1914. AN, Archives Marcel Sembat, 637 AP 49.

43. Lettre de Paul Dassonville à Marcel Sembat, Abbeville, 31 août 1914. AN, Archives Marcel Sembat, 637 AP 49.

44. Lettre de Mme Gillet au ministre d'État Jules Guesde, Arras, 11 septembre 1914. IHS, Archives Charles Dumas, B-1, Dr-1, pièce 38.

45. Lettre de Roger Picard à André Lebey, s.l., 4 mai 1915, OURS, Archives André Lebey, 50 APO 19.

46. Frédéric Rousseau, *La Guerre censurée. Une histoire des combattants européens de 14-18*, Paris, Le Seuil, 2003 (1999), p. 17.

47. *Un ethnologue dans les tranchées. Août 1914-avril 1915. Lettres de Robert Hertz à sa femme Alice*, présenté par Alexandre Riley et Philippe Besnard, préface de Jean-Jacques Becker et Christophe Prochasson, Paris, CNRS Éditions, 2002.

48. Victor Karady, « Les intellectuels juifs et les sciences sociales. Esquisse d'une problématique », Johan Heilborn, Rémi Lenoir et Gisèle Sapiro (dir.), *Pour une histoire des sciences sociales. Hommage à Pierre Bourdieu*, Paris, Fayard, 2004, p. 159-180, p. 180.

49. Philippe-E. Landau, « La communauté juive de France et la Grande Guerre », *Annales de démographie historique*, n° 1, 2002, p. 91-106.

50. Lettre de Robert Hertz à sa femme Alice, 28 août 1914, *Un ethnologue dans les tranchées, op. cit.*, p. 46.

51. Lettre à Roger Martin du Gard, 1er septembre 1916. Citée par René Garguilo, « Jean-Richard Bloch et Roger Martin du Gard. Une amitié dans la différence », Tivadar Gorilovics (dir.), *Retrouver Jean-Richard Bloch*, Debrecen, Studia Romanica, 1994, p. 21-28, p. 24.

52. Lettre de Jean-Richard Bloch à Marcel Cohen, 21 décembre 1915, Consuelo Fernandez, « Jean-Richard Bloch, un socialiste dans la guerre, d'après sa correspondance », *Guerres mondiales et conflits contemporains*, n° 175, juillet 1994, p. 123-133, p. 128.

53. Jean-Richard Bloch, « Tolstoï et la servitude volontaire », *Europe*, n° 67, juillet 1928, p. 521-532.

54. Lettre d'Henry Dispan de Floran à sa mère, 8 août 1914. Archives d'histoire contemporaine (AHC), Centre d'histoire de Sciences Po, Archives Louis Dispan de Floran, DF 3.

55. Pour de plus amples détails, voir Romain Ducoulombier, « Micro-histoire d'un refus de guerre. La famille Dispan de Floran dans la Grande Guerre, 1914-1919 », Romain Ducoulombier (dir.), *Les Socialistes dans l'Europe en guerre. Réseaux, parcours, expériences*, Paris, L'Harmattan-Fondation Jean-Jaurès, 2010, p. 87-104.

56. Lettre d'Henry Dispan de Floran à sa mère, 27 juillet 1915, AHC, Archives Dispan de Floran, DF 3.

57. Jean-Pierre Cattelain, *L'Objection de conscience*, Paris, PUF, 1973.

58. *Ibid.*, p. 55.

59. Journal de Thérèse Dispan de Floran, 8 décembre 1918, AHC, Archives Dispan de Floran, DF 3.

60. Sur Louis Lévy et ses carnets, voir Frédéric Cépède, « L'assassinat de Jaurès dans le journal de Louis Lévy, 22 juillet-5 août 1914 », *Recherche socialiste*, n° 43-44, juin-septembre 2008, p. 117-131.

61. Lettre de Léon Steindecker à Louis Lévy, s.d. [sans doute août 1914], OURS, Archives Louis Lévy, 95 APO 1. Léon Steindecker, sous le pseudonyme de Pierre-Quint, est le fondateur des Éditions du Sagittaire.

62. John Horne, « "L'impôt du sang." Republican Rhetoric and Industrial Warfare in France, 1914-1918 », *Social History*, vol. XIV, n° 2, mai 1989, p. 201-223, p. 219. Sergio Luzzatto, *L'Impôt du sang. La gauche française à l'épreuve de la guerre mondiale,*

1900-1945, Paris, Presses universitaires de Lyon, 1996.

63. Charles Ridel, *Les Embusqués*, préface de Stéphane Audoin-Rouzeau, Paris, Armand Colin, 2007.

64. John Horne, *Labour at war*, *op. cit.*, p. x.

65. *Ibid.*, p. 52-54.

66. Philippe Boulanger, *La France devant la conscription*, *op. cit.*, p. 170.

67. Charles Ridel, *Les Embusqués*, *op. cit.*, p. 122.

68. AN, Archives Albert Thomas, 94 AP 155.

69. John Horne, « "L'impôt du sang." Republican Rhetoric and Industrial Warfare in France, 1914-1918 », *op. cit.*, p. 222.

70. Lettre de Jacques Janin à Louis Lévy, 2 avril 1918, OURS, Archives Louis Lévy, 95 APO 1.

71. François Furet, *Le Passé d'une illusion*, *op. cit.*, p. 562-563.

72. Raymond Lefebvre, « Notes sur *Le Feu* », *op. cit.*

73. Lettre de Raymond Lefebvre à Pierre Brizon, Hôpital complémentaire 45, Lyon, s.d. [juillet 1916 ?], Thierry Bonzon, Jean-Louis Robert, *Nous crions grâce. 154 lettres de pacifistes, juin-novembre 1916*, Paris, Éditions ouvrières, 1989, p. 115.

74. Cette génération est « rurale, jeune, ignorante [du socialisme d'avant guerre] », Annie Kriegel, *Aux origines...*, *op. cit.*, p. 834-838.

75. Jean-Louis Robert, *Les Ouvriers, la Patrie et la Révolution. Paris 1914-1919*, Paris, Annales littéraires de Besançon, 1995, p. 111, 124 et 158-162. Voir également, pour des monographies régionales : Jane Bond-Howard, « Le syndicalisme minoritaire dans les usines d'armement de Bourges de 1914 à 1918 », *Le Mouvement social*, n° 148, juill.-sept. 1989, p. 33-62 ; Charles Sowerwine, « Aux origines du communisme à Oyonnax (Ain) : socialisme et maison du peuple », Jacques Girault (dir.), *Des communistes en France (années 1920-années 1930)*, Paris, Publications de la Sorbonne, 2002, p. 141-162.

76. Romain Ducoulombier, « La Sociale sous l'uniforme : obéissance et résistance à l'obéissance dans les rangs du socialisme et du syndicalisme français, 1914-1916 », André Loez et Nicolas Mariot (dir.), *Obéir/Désobéir. Les mutineries de 1917 en perspective*, Paris, La Découverte, 2008, p. 266-279.

77. Jacques Clemens, « Le baptême du feu d'un socialiste : Renaud Jean », *Cahiers du Bazadais*, n° 44, 1er trimestre 1979, p. 21-41.

78. *Ibid.*, p. 30.

79. *Ibid.*, p. 31-32.

80. *Ibid.*, p. 38.

81. *Ibid.*

82. *Ibid.*

83. Raymond Figeac, *Sur le front. Des plaines de Flandre aux crêtes des Vosges*, préface de Marcel Sembat, Paris, chez l'auteur, s.d., p. 117.

84. *Ibid.*, p. 139.

85. Lettre de Jean Texcier à Mme Morre-Lambelin, s.l., 1er mai 1916, OURS, Archives Jean Texcier, 7 APO 2.

86. Edmond Laskine, *Les Socialistes et le Kaiser : la fin d'un mensonge*, Paris, H. Floury, 1915.

87. Maurice Genevoix, cité par Frédéric Rousseau, *La Guerre censurée, op. cit.*, p. 62.

88. Lettres de Josué Gaboriaud à André Lebey, 26 janvier et 22 février 1915, OURS, Archives André Lebey, 50 APO 14.

89. Lettre de Josué Gaboriaud à André Lebey, s.l., 1915, OURS, archives André Lebey, 50 APO 14.

90. Lettre de Josué Gaboriaud à André Lebey, s.l., juillet 1915, *ibid*.

91. « Lettre d'un groupe de combattants du début de la guerre », octobre 1916, Thierry Bonzon et Jean-Louis Robert, *Nous crions grâce, op. cit.*, p. 47.

92. Henri Barbusse, *Le Feu. Journal d'une escouade*, Paris, Flammarion, 1916, p. 280.

93. Lettre d'Henri Barbusse à sa femme, 13 octobre 1916 (soir). Henri Barbusse, *Lettres à sa femme, 1914-1917*, préface de Frédéric Rousseau, Paris, Buchet-Chastel, 2006, p. 279.

94. Romain Rolland, *Les Précurseurs*, Paris, Éditions de L'Humanité, 1920, p. 112.

95. Horst F. Müller, « La vision du caporal Bertrand ou Plaidoyer pour une lecture historique du *Feu* de Barbusse », *Cahiers Henri-Barbusse*, n° 14, mars 1989, p. 21-39, p. 38.

96. Lettre de Léo Larguier à Henri Barbusse, 21 décembre 1916, AN, Archives Maurice Thorez, 626 AP 73.

97. Lettre de M. Nyaudey à Henri Barbusse, 18 septembre 1917, *ibid*.

98. Lettre de J. Arbouillet à Henri Barbusse, 15 juillet 1917, *ibid*.

99. Lettre de « HV 22 » à Henri Barbusse, 6 octobre 1917, *ibid*.

100. Henri Barbusse, *Lettres à sa femme, op. cit.*, p. 279.

101. Cette expression d'Henry Dispan de Floran est rapportée dans une lettre d'Henri Barbusse à Jean Prévost, 22 février 1928, AHC, Archives Dispan de Floran, DF 4.

102. Raymond Lefebvre, « Notes sur *Le Feu* », *op. cit.*, p. 28.

103. Lettre de G. Pilliet à Henri Barbusse, 9 janvier [1917 ?], AN, Archives Maurice Thorez, 626 AP 73.

104. Lettre de René Marie à Marcel Sembat, Caen, 16 mars 1915, AN, Archives Marcel Sembat, 637 AP 49.

105. Lettre d'Henri Boyer à Marcel Sembat, s.l., 11 juillet 1915, AN, Archives Marcel Sembat, 637 AP 51.

106. Lettre d'Henri Guillaumin, 11 septembre 1914. *L'Actualité de l'Histoire*, n° 31, avril-juin 1960, p. 15-48, p. 35.

107. Georges Dumoulin, *Les Syndicalistes français et la guerre, op. cit.*, p. 537-539.

108. Florent Lazarovici, « L'organisation du ministère de l'Armement sous Albert Thomas : une expérience socialiste ou technocratique ? », Romain Ducoulombier (dir.), *Les Socialistes dans l'Europe en guerre, op. cit.*, p. 55-71.

109. AN, Archives Albert Thomas, 94 AP 155.

110. Moses I. Finley, *Démocratie antique et démocratie moderne*, préface de Pierre-Vidal Naquet, Paris, Payot, 2003 (1976), p. 120.

111. Robert Brécy, *Florilège de la pensée révolutionnaire*, Paris, Éditions Hier et Demain, 1978, p. 100.

112. Leonard V. Smith, *Between Mutiny and Obedience. The Case of the French Fifth infantry Division during World War I*, Princeton, Princeton University Press, 1994.

113. *Ibid.*, p. 119.

114. André Loez, « Si loin si proche du 16 avril : les mutineries de 1917 », Nicolas Offenstadt (dir.), *Le Chemin des Dames. De l'événement à la mémoire*, Paris, Stock, 2004, p. 47-61, p. 55.

115. André Loez, *14-18. Les refus de guerre*, *op. cit.*, p. 555.

3. La fronde de la minorité de guerre

1. Gilles Candar, « Les socialistes contre Clemenceau. Contre, tout contre ? », Romain Ducoulombier (dir.), *Les Socialistes dans l'Europe en guerre*, *op. cit.*, p. 205-217.

2. Discours de Léon Jouhaux à la conférence des fédérations nationales, bourses du travail et unions des syndicats, 26 décembre 1917, séance du matin, AN, fonds « Panthéon » Albert Bourderon, F7 15935/1.

3. Réunion du Comité d'Action SFIO/CGT et du groupe parlementaire socialiste, 8 juin 1916, rapport de police, 15 juin 1916, AN, fonds « Panthéon » Pierre Renaudel, F7 16001/2.

4. Branko Lazitch, « Aspects internationaux de la scission de Tours », *Est & Ouest*, n° 458, 16-31 décembre 1970, p. 8-10, p. 8.

5. Lettre de Marcel Martinet à Jean-Richard Bloch, 8 octobre 1914. Taruo Takhashi (éd.), *Correspondance Jean-Richard Bloch-Marcel Martinet (1911-1935)*, Tokyo, université Chuo, 1994, p. 59.

6. Jean Prugnot, « Martinet, Marcel », *Dictionnaire biographique du mouvement ouvrier français* (DBMOF), CD-ROM.

7. Colette Chambelland, *Pierre Monatte. Une autre voix syndicaliste*, Paris, Éditions de l'Atelier, 1999, p. 82.

8. Lettre de Pierre Monatte à Fritz Brupbacher, [Monlet], 16 octobre 1914, IISH, Archives Fritz Brupbacher, 4-138.

9. Annie Kriegel, *Aux origines...*, *op. cit.*, p. 75.

10. Pierre Monatte, *Pourquoi je démissionne du Comité confédéral*, Paris, L'Émancipatrice, 1914. Voir également le « rapport sur la propagande pacifiste en France [janvier 1918] », AN, F7 13372.

11. Lettre d'Henri Cartier à Marcel Sembat, 1er septembre 1914, AN, Archives Marcel Sembat, 637 AP 52.

12. Marcel Cachin, *Carnets*, tome II, *1917-1920*, Paris, CNRS Éditions, 1995, p. 319.

13. Voir la lettre du 2 mars 1921 adressée par Albert Thomas à Marcel Sembat dans Vincent Chambarlhac, Romain Ducoulombier (dir.), *Les Socialistes français et la Grande Guerre*, *op. cit.*, p. 169-170.

14. Romain Ducoulombier, « Dans la "tranchée gouvernementale" : idées, personnels et pratiques des majoritaires de

guerre socialistes français », *ibid.*, p. 25-42.

15. « Les conditions d'une paix durable », *L'Humanité*, 9 novembre 1915.

16. Yves Billard, « Des impénitents de l'Union sacrée. Les quarante de La France libre », Romain Ducoulombier (dir.), *Les Socialistes dans l'Europe en guerre, op. cit.*, p. 73-83.

17. Cité dans Annie Kriegel, *Le Congrès de Tours (1920). Naissance du Parti communiste français*, Paris, Julliard, 1964, p. 43.

18. Victor Méric, « Pierre Renaudel », *Les Hommes du jour*, 14 février 1914.

19. Réunion du groupe des Amis de *La Vie socialiste*, 11 mai 1917, AN, fonds « Panthéon » Pierre Renaudel, F7 16001/2.

20. Réunion de la 14e section SFIO, 13 novembre 1915, *ibid.*

21. Meeting du 1er avril 1917, *ibid.*

22. 4 014 mandats modérés et 1 333 mandats « kienthaliens », soit 5 347 mandats, contre 5 238 mandats majoritaires. Gilles Candar, *Jean Longuet. Un internationaliste à l'épreuve de l'histoire*, Rennes, Presses universitaires de Rennes, 2007, p. 156.

23. Rapport de la CAP de la Fédération de la Haute-Vienne à la CAP de la SFIO, 9 mai 1915. Vincent Chambarlhac *et al.*, *L'Entreprise socialiste. Histoire documentaire du parti socialiste*, tome 1, *1905-1920*, Dijon, EUD, 2005, p. 206-210.

24. Le manifeste de la Haute-Vienne, souvent reproduit, est consultable par exemple dans *La Minorité du parti socialiste*, Paris, EDHIS, 1985.

25. Motion minoritaire de la Fédération de la Haute-Marne, titre III, décembre 1915. Rapport confidentiel de Louis de Brouckère à Marcel Sembat, 16 décembre 1916, AN, Archives Marcel Sembat, 637 AP 22.

26. « Affaire Thomas », 19 mai 1915. Notes manuscrites de Jean Locquin, AN, Archives Jean Locquin, 310 AP 22.

27. Gilles Candar, *Jean Longuet, op. cit.*, p. 142.

28. Lettre d'E. Marcel à Albert Thomas, reçue le 11 novembre 1915, AN, Archives Albert Thomas, 94 AP 155.

29. Carte postale anonyme à Albert Thomas, reçue le 26 octobre 1916, *ibid.*

30. Ces lettres sont conservées soigneusement par Albert Thomas AN, Archives Albert Thomas, 94 AP 38.

31. Gilles Candar, *Jean Longuet, op. cit.*, p. 23 et 31-32.

32. *Ibid.*, p. 293.

33. Réunion des Amis du *Populaire*, 10 juillet 1916, AN, fonds « Panthéon » Albert Bourderon, F7 15935/1.

34. Réunion des Amis du *Populaire*, 31 juillet 1916, rapport de police du 1er août 1916, AN, fonds « Panthéon » Pierre Brizon, F7 15936/1.

35. AN, fonds « Panthéon » Albert Bourderon, F7 15935/1. L'expression de « propagandistes anti-Thomas » est utilisée lors d'une réunion des Amis du *Populaire* en décembre 1917, AN, fonds « Panthéon » Charles Rappoport, F7 16000/1.

36. Louis-Oscar Frossard, *De Jaurès à Lénine. Notes et souvenirs d'un militant*, Paris, Éditions de la Nouvelle Revue socialiste, 1931, p. 25.

37. Réunion de la CAP, 7 janvier 1919, AN, fonds « Panthéon » Albert Bourderon, F7 15935/1.

38. AN, fonds « Panthéon » Albert Thomas, F7 16023/2.

39. Amédée Dunois, « Unité malfaisante, unité salutaire », *Bulletin communiste*, 7 juillet 1921.

40. Sur les différentes tendances de la minorité de guerre, la référence demeure Annie Kriegel, *Aux origines...*, *op. cit.*, tome 1.

41. Jules Martov, *Le Bolchevisme mondial*, Paris, Éditions Nouveau Prométhée, 1934, p. 81.

42. Annie Kriegel, *Aux origines...*, *op. cit.*, p. 207-212 ; John Horne, « The State and the Challenge of Labour in France 1917-1920 », Chris Wrigley (dir.), *Challenges of Labor*, Londres, Routledge, 1993, p. 239-262, p. 247.

43. Annie Kriegel, *Aux origines...*, *op. cit.*, p. 128-129, 206-212 et 282-307.

44. Sur ce point, nous renvoyons aux débats qui se déroulent au sein de la rédaction de *La Bataille syndicaliste* en 1913. Assemblée générale des actionnaires de *La Bataille syndicaliste*, 9 novembre 1913, CAC, 19940494-45.

45. Réunion du CRRI, 17 avril 1916, AN, fonds « Panthéon » Albert Bourderon, F7 15935/1.

46. *Ibid.*

47. Cette motion est consultable dans Hubert-Rouger, *La France socialiste*, tome 3, *Encyclopédie du socialisme*, *op. cit.*, p. 403.

48. Réunion du CRRI, 11 avril 1916, AN, fonds « Panthéon » Albert Bourderon, F7 15935/1.

49. Annie Kriegel, *Aux origines...*, *op. cit.*, p. 136.

50. Déclaration commune des socialistes et des syndicalistes franco-allemands. Jules Humbert-Droz, *L'Origine de l'Internationale communiste. De Zimmerwald à Moscou*, Neuchâtel, Éditions de La Baconnière, 1968, p. 135.

51. Intervention de Georges Dumoulin au XIIIe Congrès de la CGT, 16 juillet 1918. Cité par Annie Kriegel, *Aux origines...*, *op. cit.*, p. 120.

52. Résolution de la gauche de Zimmerwald, cité *in* Jules Humbert-Droz, *L'Origine de l'Internationale communiste*, *op. cit.*, p. 149.

53. Résolution sur « L'attitude du prolétariat en face des problèmes de la paix », cité in *ibid.*, p. 190.

54. *Ibid.*, p. 195-198.

55. Lénine, « Les tâches des zimmerwaldiens de gauche dans le parti social-démocrate suisse », fin octobre-début novembre 1916, *in* Lénine, *Œuvres complètes*, tome 23, Paris/Moscou, Éditions sociales/Éditions en langues étrangères, 1959, p. 150-162, p. 150 et 158. Ce texte n'est pas publié en français avant 1918. Lénine reprend ici les termes de la lettre de Karl Liebknecht à la direction du SPD le 2 octobre 1914.

56. Rapport confidentiel de Louis de Brouckère à Marcel

Sembat, 16 décembre 1916, AN, Archives Marcel Sembat, 637 AP 22.

57. *Ibid.*, p. 72-73.

58. *Ibid.*, p. 75.

59. *Ibid.*, p. 16.

60. Réunion du CRRI, 27 avril 1916, rapport de police, 28 avril 1916, AN, fonds « Panthéon » Albert Bourderon, F7 15935/1.

61. Hubert Bourgin, *Le Parti contre la patrie. Histoire d'une sécession politique (1915-1917)*, Paris, Plon, 1924, p. 177.

62. Voir en particulier le dossier de police d'Hélène Brion, AN, F7 15935/3.

63. Bernard Pudal, *Prendre parti. Pour une sociologie historique du PCF*, Paris, Presses de la FNSP, 1989, p. 42.

64. Sylvain Boulouque, « Et l'acier fut trempé : la fabrication du cadre communiste dans le PC/ SFIC des années 1930 », Stéphane Courtois (dir.), *Les Logiques totalitaires en Europe*, Paris, Éditions du Rocher, 2006, p. 508-528, p. 512-513.

65. Conseil national SFIO, 28 mai 1917, AN, fonds « Panthéon » Pierre Renaudel, F7 16001/2.

66. André Loez, *14-18. Les refus de la guerre, op. cit.*, en particulier p. 545.

67. Rapport confidentiel de Louis de Brouckère à Marcel Sembat, 16 décembre 1916, AN, Archives Marcel Sembat, 637 AP 22, p. 23.

68. *Ibid.*, p. 40.

69. *Ibid.*, p. 42.

70. Rapport d'ensemble sur la propagande pacifiste en France (1918), AN F7 13372.

DEUXIÈME PARTIE
L'ENGRENAGE DE LA SCISSION

4. La génération de l'armistice

1. Gilles Candar, *Jean Longuet (1876-1938). SFIO et Deuxième Internationale*, thèse de doctorat d'histoire, sous la direction de Madeleine Rebérioux, université Paris-VIII, 1995, p. 359-366.

2. « Les élections, sans coup d'État, ramèneront au pouvoir une majorité impérialiste. [...] La revanche allemande, la suprématie militaire de l'Allemagne sur le monde ne sont pas des possibilités pour demain, mais des certitudes », Marcel Sembat, *La Victoire en déroute, op. cit.*, p. 231-233.

3. Congrès national SFIO, 8 octobre 1918, AN, fonds « Panthéon » Louis-Oscar Frossard, F7 15957/2.

4. Gilles Candar, « Les socialistes contre Clemenceau, tout contre », Romain Ducoulombier (dir.), *Les Socialistes dans l'Europe en guerre, op. cit.*

5. Jean-Yves Le Naour, *L'Affaire Malvy, op. cit.*, p. 218 *sq.*

6. Lettre de Charles Dumas à Hjalmar Branting, 24 octobre 1918, citée par Annie Kriegel, *Aux origines...*, tome 1, *op. cit.*, p. 233.

7. *Ibid.*, p. 205.

8. Sur le cas italien et son rapport à la Première Guerre mondiale, voir Emilio Gentile, *Qu'est-ce que le fascisme ? Histoire et interprétation*, Paris, Gallimard, 2004 (2002), p. 22-25.

9. Christian Baechler, *Les Alsaciens et le grand tournant de 1918*, Strasbourg, L'Ami Hebdo/Media, 2008 ; Georges Foessel, « Strasbourg sous le drapeau rouge. La révolution de novembre 1918 », *Saisons d'Alsace*, n° 28, automne 1968, p. 471-509 ; Jean-Claude Richez, « Novembre 1918 en Alsace : conseils ouvriers et conseils de soldats », *Cahiers de l'Alsace rouge*, n° 1, janvier-février 1977, p. 1-22.

10. Jules Martov, *Le Bolchevisme mondial*, *op. cit.*, p. 33.

11. Congrès national SFIO, 22 avril 1919, AN, fonds « Panthéon » Louis-Oscar Frossard, F7 15957/2.

12. Réunion de la LDH et de la section socialiste de Clamart, 9 juillet 1919, AN fonds « Panthéon » Louis-Oscar Frossard, F7 15957/2.

13. Sur cette typologie des sens du mot « révolution », voir Emilio Gentile, *Qu'est-ce que le fascisme ?*, *op. cit.*, p. 146-147.

14. Cf. *supra*.

15. Pierre-Georges La Chesnais, *Le Soviet et la paix. « Sans annexions » que signifie la formule ?*, Paris, Bureaux de l'Action nationale, 1918.

16. Léon Trotski, « Lettre à Jean Longuet », *L'Internationale communiste*, n° 7-8, novembre-décembre 1919, dans Pierre Broué, *Le Mouvement communiste en France (1919-1939)*, Paris, Éditions de Minuit, 1967, p. 67-74.

17. Voir en particulier Christian Jelen, *L'Aveuglement. Les socialistes et la naissance du mythe soviétique*, Paris, Flammarion, 1984 ; François Furet, *Le Passé d'une illusion*, *op. cit.* ; Sophie Cœuré, *La Grande Lueur à l'Est. Les Français et l'Union soviétique, 1917-1919*, Paris, Le Seuil, 1999.

18. Sur la social-démocratie russe en exil, voir André Liebich, *From the Other Shore. Russian Social Democracy after 1921*, Cambridge (Mass.), Londres, Harvard University Press, 1997.

19. Réunion de la Fédération de la Seine, 24 novembre 1918, AN, fonds « Panthéon » Charles Rappoport, F7 16000/1.

20. Lettre de Rosalie Plekhanov à Jules Guesde, Stockholm, 3 février 1919, et s.l., 18 avril 1919, IISH, Archives Jules Guesde, 502/1 et 504/1.

21. Lettre de Jules Guesde à Gustave Delory, Paris, 8 octobre 1920, IISH, Archives Jules Guesde, 517/1.

22. Sur ces réunions, dont l'existence était jusqu'ici inconnue, en présence de Pierre Renaudel, Paul Mistral, Adrien Pressemane, Jean Longuet, Léon Blum et Gaston Lévy, voir Romain Ducoulombier, *Régénérer le socialisme*, *op. cit.*, p. 425-426 et 439-440, et AN, fonds « Panthéon » Pierre Renaudel, F7 16001/2.

23. Nous verrons plus loin en quoi le contenu de ces « conditions » reste longtemps indécis.

24. AN, fonds « Panthéon » Lénine, F7 15978/1.

25. Jolyon Howorth, *Édouard Vaillant. La création de l'unité socialiste en France, la politique de l'action totale*, Paris, Syros, 1982.

26. Olivia Gomolinski, « Un modèle de médiation culturelle et politique : la période parisienne de Solomon Abramovitch Drizdo, dit Alexandre Lozovsky (1909-1917) », *Archives juives*, 2001/2, n° 34, p. 17-29.

27. Annie Kriegel, « Sur les rapports de Lénine avec le mouvement zimmerwaldien français », *Cahiers du monde russe et soviétique*, vol. 3, n° 2, avril-juin 1962, p. 298-306 ; id., « Les réactions de l'opinion publique française à la Révolution russe (1917-1918) », *L'Opinion publique européenne devant la Révolution russe de 1917*, Centre universitaire des hautes études européennes de Strasbourg, Sirey, 1968, p. 85-113.

28. Charles Rappoport, « Le défaitisme », *Journal du peuple*, 16 novembre 1917.

29. Jean-Louis Panné, *Boris Souvarine, Le premier désenchanté du communisme*, Paris, Robert Laffont, 1993, p. 46-47.

30. Réunion du CRRI, 13 avril 1916, AN, fonds « Panthéon » Albert Bourderon, F7 15935/1.

31. Tract, réunion du CRRI, Maison des Syndicats, 11 avril 1916, AN, fonds « Panthéon » Lénine, F7 15978/1.

32. Marie-Cécile Bouju, *Les Maisons d'édition du Parti communiste français, 1920-1956*, IEP de Paris, thèse de doctorat d'histoire, sous la direction de Marc Lazar, 2005, p. 75 et 87.

33. Pour l'instruction du dossier sur l'ignorance volontaire de la situation en Russie, voir Christian Jelen, *L'Aveuglement*, préface de Jean-François Revel, Paris, Flammarion, 1984.

34. Andrzej Walicki, *Marxism and the Leap into the Kingdom of Freedom. The Rise and Fall of the Communist Utopia*, Stanford, Stanford University Press, 1995, p. 272.

35. Annie Kriegel, *Aux origines…, op. cit.*, tome 1, p. 282-347.

36. Nicolas Werth, « Les bolcheviks et la restauration du principe de l'État (1917-1922) », *La terreur et le désarroi. Staline et son système*, Paris, Perrin, 2007, p. 52-72.

37. Lénine, « L'État et la révolution », *Œuvres complètes*, tome 25, Paris et Moscou, Éditions sociales/Éditions en langues étrangères, 1962, p. 501.

38. Alain Besançon, *Les Origines intellectuelles du léninisme*, Paris, Gallimard, 1977, p. 268.

39. Ivan Gontcharov, *Oblomov*, Paris, Gallimard, 2007.

40. Romain Ducoulombier, *Le Premier Communisme français (1917-1925). Un homme nouveau pour régénérer le socialisme*, préface d'Alain Bergounioux, Paris, Note de la Fondation Jean-Jaurès n° 42, 2004, p. 13-14.

41. Nicolas Berdiaev, *Les Sources et le sens du communisme russe*, Paris, Gallimard, 1938, p. 167.

42. Sur le rapport de Lénine au taylorisme et à l'organisation économique de l'Allemagne en guerre en 1918, qui inspire sa conception

de la construction du socialisme, voir Jean Querzola, « Le chef d'orchestre à la main de fer. Léninisme et taylorisme », dans « Le soldat du travail. Guerre, fascisme et taylorisme », *Recherches*, n° 32-33, septembre 1978, p. 57-94.

43. Bernard Pudal et Claude Pennetier, « Écrire son autobiographie (les autobiographies communistes d'institution, 1931-1939) », *Genèses*, n° 23, juin 1996, p. 53-75.

44. Georges Haupt, « Guerre et révolution chez Lénine », *Revue française de science politique*, vol. XXI, n° 2, avril 1971, p. 256-279.

45. Tract diffusé à l'occasion de la déclaration de guerre de l'Italie. Karl Liebknecht, *Militarisme, guerre, révolution*, Paris, Maspero, 1970, p. 144-147.

46. Boris Souvarine, *Autour du congrès de Tours*, Paris, Éditions Champ Libre, 1981, p. 32-33.

47. Discours de Louis-Oscar Frossard au congrès de Tours, 28 décembre 1920, Claude Willard *et al.*, *Le Congrès de Tours*, Paris, Éditions sociales, 1980, p. 482.

48. Louis-Oscar Frossard, *Mon journal de voyage [5 juin-30 juillet 1920]. Recueil de coupures de presse extraites du journal* L'Internationale, Paris, Bibliothèque nationale, 1993 (1920), notes du 28 juillet 1920.

49. La motion d'adhésion sans condition dite Heine-Leroy ne devait remporter que 44 mandats à Tours, comme le rappelle d'ailleurs Souvarine dans ses Mémoires. Boris Souvarine, *Autour du congrès de Tours*, *op. cit.*, p. 52.

50. Sur la logique de la déformation et le concept de bifurcation, voir Marcel Gauchet, *Le Désenchantement du monde*, Paris, Gallimard, 1985, p. 138.

51. Marc Bloch, *Apologie pour l'histoire ou métier d'historien*, Paris, Armand Colin, 1997, p. 57.

52. Christophe Prochasson et Anne Rasmussen, *Au nom de la Patrie. Les intellectuels et la Première Guerre mondiale (1910-1919)*, Paris, La Découverte, 1996, p. 221 *sq*.

53. Annie Kriegel, *Aux origines...*, *op. cit.*, p. 259-263 ; Branko Lazitch, *Lénine et la IIIe Internationale*, Neuchâtel, Éditions de la Baconnière, 1951, p. 87-114.

54. Georges Haupt et Annie Kriegel, « Les groupes communistes étrangers en Russie et la révolution mondiale, 1917-1919 », *Revue d'histoire moderne et contemporaine*, n° 4, 1963, p. 289-300 ; Marcel Body, *Les Groupes communistes français de Russie 1918-1921*, Paris, Éditions Allia, 1988 ; Patrice Ville, *Les Groupes communistes français dans la Russie révolutionnaire et la naissance de l'idéologie communiste en France (1916-1921)*, thèse de doctorat d'histoire, sous la direction de Jean-Jacques Becker, université Paris-X, 1999.

55. Henri Guilbeaux, *Du Kremlin au Cherche-Midi*, Paris, Gallimard, 1933, p. 85.

56. Cité par Shaul Ginsburg, « La jeunesse de Raymond Lefebvre : un itinéraire 1891-1914 », *Le Mouvement social*,

n° 82, janvier-mars 1973, p. 83-102, p. 91.

57. Henri Guilbeaux, « Les vrais "défaitistes" », *Demain*, n° 18, octobre 1917, p. 330.

58. Lettre de Lénine à Ian A. Berzine, 18 octobre 1918. Richard Pipes, *The Unknown Lenin*, New Haven et Londres, Yale University Press, 1996, p. 59.

59. Patrice Ville, *op. cit.*, p. 199-200.

60. Henri Guilbeaux, *Du Kremlin au Cherche-Midi*, *op. cit.*, p. 263.

61. Henri Guilbeaux, *Le Portrait de Vladimir Ilitch Lénine*, Paris, Librairie de L'Humanité, 1924. Cf. *infra*.

62. Lettre d'Henri Guilbeaux à Fritz Brupbacher, Berlin, 8 octobre 1925. IISH, archives Fritz Brupbacher, 2-76.

63. Rapport d'Henri Guilbeaux à l'IC, 12 mars 1920, cité par Patrice Ville, *op. cit.*, p. 456-457.

64. *Ibid.*, p. XXIV-XXV.

65. Victor Serge, *Souvenirs d'un révolutionnaire*, Paris, Le Seuil, 1951, p. 153-154.

66. Sur tous ces points, voir Patrice Ville, *op. cit.*, p. 468-473.

67. *Ibid.*, p. 475.

68. Sur cet épisode embrouillé, voir *ibid.*, p. 481 *sq*.

69. *Ibid.*, p. 494-495.

70. Pierre Pascal, *En communisme. Mon journal de Russie*, tome 2, *1918-1921*, Paris, L'Âge d'homme, 1977, p. 144-145.

71. Patrice Ville, *op. cit.*, p. 384.

72. Lettre de Jacques Sadoul à Fernand Loriot, Moscou, 30 janvier 1920. AN, fonds « Panthéon » Jacques Sadoul, F7 16004/2.

73. AN, fonds « Panthéon » Jacques Sadoul, F7 16004/2.

74. Patrice Ville, *op. cit.*, p. 232.

75. Henri Guilbeaux, *Du Kremlin au Cherche-Midi*, *op. cit.*, p. 181.

76. Jacques Sadoul, *Vive la République des Soviets !*, Paris, Éditions du Comité de la IIIe Internationale, 1919.

77. Henri Guilbeaux, *Du Kremlin au Cherche-Midi*, *op. cit.*, p. 181.

78. Jacques Sadoul, *Notes sur la révolution bolchevique*, Paris, Maspero, 1971 (1919), p. 60 et 450.

79. « En quoi les Alliés peuvent-ils être gênés par ses tendances dictatoriales ? », *ibid.*, p. 300.

80. *Ibid.*, p. 199-201.

81. Selon une expression de Lénine rapportée par Henri Guilbeaux, *Le Portrait authentique de Vladimir Ilitch Lénine*, *op. cit.*, p. 69.

82. Marcel Ollivier, « Le IIe Congrès de l'Internationale communiste », *Communisme*, n° 55-56, 3e et 4e trimestres 1998, p. 13-55, p. 14.

83. Réunion de la Fédération SFIO de la Seine, 2 mars 1919. AN, fonds « Panthéon » Louis-Oscar Frossard, F7 15957/2.

84. Patrice Ville, *op. cit.*, p. 532. Sur cette délégation et l'entrevue des bolcheviks avec plusieurs militants français, voir Romain Ducoulombier, *Régénérer le socialisme*, *op. cit.*, p. 489-490.

85. Patrick Facon, « Les mutineries dans le corps expéditionnaire français en Russie septentrionale (décembre 1918-avril 1919) »,

Revue d'histoire moderne et contemporaine, tome 24, juillet-septembre 1977, p. 455-474, p. 455-456.

86. Philippe Masson, *Les Mutineries de la Marine française*, tome 2, *1919*, Paris, Service historique de la Marine nationale, 1975.

87. Propos d'Henri Barbusse, réunion de l'ARAC, Grange-aux-Belles, 19 octobre 1919, AHC, archives Charles Tillon, CT-2.

88. Rapport du secrétariat du Bureau du Sud au CE de l'IC, 15 mai 1920, RGASPI, 502/1/7/79.

89. RGASPI, 502/1/7/84.

90. Rapport de Jacques Sadoul, Bureau du Sud de l'IC, au CE de l'IC, Kharkov, 1er juin 1920, RGASPI, 502/1/7/99.

91. Lettre de Jacques Sadoul à Fernand Loriot, 7 novembre 1919, RGASPI, 517/1/6/21-30, publiée par le *Bulletin communiste* le 24 juin 1920.

92. Annie Kriegel, « Naissance du mouvement Clarté », *Le Mouvement social*, n° 42, janvier-mars 1963, p. 117-143 ; Nicole Racine, « The Clarté Movement in France, 1919-1921 », *Journal of Contemporary History*, 1967, vol. 2, n° 2, p. 195-208 ; *id.*, « Une revue d'intellectuels communistes dans les années vingt : *Clarté* (1921-1928) », *Revue française de science politique*, 1967, vol. XVII, n° 3, juin 1967, p. 484-520.

93. Louis-Oscar Frossard, *De Jaurès à Lénine*, *op. cit.*, p. 30.

94. Cité par Shaul Ginsburg, *Raymond Lefebvre et les origines du communisme français*, Paris, Éditions Tête de feuilles, 1975, p. 59.

95. *Ibid.*, p. 44.

96. Annie Kriegel, « Naissance du mouvement Clarté », *op. cit.*, p. 122-124 et 125-127.

97. Nicolas Le Moigne, « La "jeunesse ligueuse" *(Bündische Jugend)*. Utopie et alternative politique dans l'Allemagne de Weimar », Olivier Dard et Étienne Deschamps (dir.), *Les Relèves politiques en Europe d'un après-guerre à l'autre*, Bruxelles, Peter Lang, 2006, p. 249-266, p. 252-253.

98. Paul Vaillant-Couturier, *Ce que j'ai appris à la guerre*, Paris, Éditions Montaigne, Les Cahiers contemporains, n° 6, s.d [1927], p. 22.

99. Shaul Ginsburg, *op. cit.*, p. 26.

100. Paul Vaillant-Couturier, *Ce que j'ai appris à la guerre*, *op. cit.*, p. 123.

101. Henri Guilbeaux, *Du Kremlin au Cherche-Midi*, *op. cit.*, p. 52.

102. Shaul Ginsburg, *op. cit.*, p. 53-54.

103. *La Bataille*, 16 juin 1920, in *ibid.*, p. 76.

104. Annie Kriegel, « Naissance du mouvement Clarté », *op. cit.*, p. 123.

105. Lettre d'Henri Barbusse à Raymond Lefebvre, 9 décembre 1916, *ibid.*, p. 126.

106. Paul Vaillant-Couturier, *Ce que j'ai appris à la guerre*, *op. cit.*, p. 130-134.

107. Igal Haflin, *Terror in my Soul. Communist Autobiographies on Trial*, Cambridge (Mass.), Londres, Harvard University Press, p. 52.

108. Paul Vaillant-Couturier, *Ce que j'ai appris à la guerre*, *op. cit.*, p. 140-142.

109. Marie-Cécile Boujou, *Les Maisons d'édition du Parti communiste français*, *op. cit.*, p. 45-46.

110. Lettre de Boris Souvarine à Jules Humbert-Droz, Paris, 26 janvier 1920, CAC 20010216-122-3280.

111. Henri Guilbeaux, *Du Kremlin au Cherche-Midi*, *op. cit.*, p. 173.

112. Annie Kriegel, « Naissance du mouvement Clarté », *op. cit.*, p. 120.

113. Rapport de police, 1er décembre 1921, CAC 20010216-122-3280.

114. Rapport de police, 27 novembre 1922, *ibid.*

115. Rapport de police, 7 mars 1921, *ibid.*

116. Autobiographie de Georges Cogniot, 11 avril 1937, RGASPI, 495/270/7.

117. Cité par Nicole Racine, *Les Écrivains communistes en France, 1920-1936*, IEP de Paris, thèse de doctorat d'histoire, sous la direction de René Rémond, 1963, p. 91.

118. Compte rendu de la réunion du Comité d'entente de *Clarté*, 23 juillet 1921, CAC 20010216-122-3280.

119. Rapport de police, Lyon, 22 décembre 1920, *ibid.*

120. Autobiographie d'André Ferrat, RGASPI, 495/270/5138.

121. « Notes biographiques. Réponses à quatre questions », OURS, archives André Ferrat, 5 APO 1.

122. Lettre d'Henri Barbusse à un correspondant inconnu, 15 mars 1923, AN, archives Maurice Thorez, 626 AP 72.

123. RGASPI, 488/1/7/3-4.

124. Gilles Candar, *Jean Longuet*, *op. cit.*, p. 194.

125. Patrizia Dogliani, « Jean Longuet et la IIe Internationale », Gilles Candar (dir.), *Jean Longuet, la conscience et l'action*, Paris, PUF, 1988, p. 55-63, p. 62.

5. Le congrès de Tours

1. Marcel Van der Linden, « Communist Parties : The First Generation », Marcel Van der Linden, *Transnational Labour History. Explorations*, Aldershot et Burlington, Ashgate, 2003, p. 85-94, p. 86.

2. Lettre de Louis-Éloi Bailly à Jean Locquin, Pouilly-sur-Loire (Nièvre), 9 août 1920, AN, archives Jean Locquin, 310 AP 79.

3. Résolution sur l'organisation de l'IC, IIe Congrès, RGASPI, 490/1/153/16.

4. Annie Kriegel, *Aux origines…*, tome 1, *op. cit.*, p. 324.

5. Réunion du Comité de la IIIe Internationale, 4 juillet 1919, CAC, 19940437-199, dossier Émile Chauvelon.

6. Varine, « Vers l'orientation nouvelle du mouvement ouvrier », *Bulletin communiste*, n° 28, 2 septembre 1920. Boris Souvarine, alors emprisonné à la Santé, signe ses articles du pseudonyme transparent « Varine ».

7. Lettre de Pierre Monatte à Jules Humbert-Droz, Paris, 3 oc-

tobre 1919, *Archives de Jules Humbert-Droz*, tome 1, *Origines et débuts des partis communistes des pays latins (1919-1923)*, édition établie par Siegfried Bahne, D. Reidel Publishing Company, Dordrecht, 1970, p. 5.

8. Selon A. Lozovski, le Comité aurait compté 70 % de syndicalistes, 20 % de socialistes et 10 % d'anarchistes. Robert Wohl, *French Communism in the Making*, Stanford, Stanford University Press, 1966, p. 467.

9. François Ferrette, *Le Comité de la IIIᵉ Internationale et les débuts du PC français (1919-1936)*, mémoire de maîtrise d'histoire, sous la direction de Claude Pennetier, université Paris-I, 2005, p. 121.

10. *Ibid.*, p. 123.

11. Réunion constitutive du Comité de la IIIᵉ Internationale, 7 mai 1919, CAC, 19940437-199, dossier Émile Chauvelon.

12. *Ibid.*, p. 132.

13. « Sur la propagande bolcheviste en France », 24 août 1920, AN F7 13090.

14. François Ferrette, *op. cit.*, p. 75.

15. *Ibid.*, p. 124.

16. Lettre de Boris Souvarine à Jules Humbert-Droz, 6 février 1920, *Archives Jules Humbert-Droz*, tome 1, *op. cit.*, p. 31.

17. Jacques Sadoul, « L'expulsion des princes », *Bulletin communiste*, n° 50-51, 23 décembre 1920.

18. Robert Michels, *Les Partis politiques. Essai sur les tendances oligarchiques des démocraties*, traduction de S. Jankélévitch, Bruxelles, Éditions de l'université de Bruxelles, 2009 (1914), p. 248.

19. Shaul Ginsburg, *Raymond Lefebvre*, *op. cit.*, p. 178-179.

20. Paul Vaillant-Couturier, « Les origines et le développement de la crise du parti communiste en France », *Clarté*, n° 26, mars 1923.

21. Tract du Comité de la IIIᵉ Internationale [seconde moitié de 1920], Archives départementales de Seine-Saint-Denis (AD 93), Archives du PCF, 3 MI 6/1/3.

22. Marc Abélès, « Mises en scène et rituels politiques : une approche critique », *Hermès*, n° 8-9, 1991, p. 241-259.

23. Jacques Sadoul, « L'expulsion des princes », art. cit.

24. Quand il débute au *Populaire*, Souvarine gagne 150 francs et contracte des dettes. En 1918, ses articles à *La Vérité* et au *Journal du peuple* lui assurent 600 francs de revenus. Lettre à Alexandre Lavigne, 20 février 1918, CAC 19940459-279, pièces 288-291.

25. Jean-Louis Panné, *Boris Souvarine*, *op. cit.*, p. 63-64.

26. Lettre de Boris Souvarine à Daniel Renoult, 10 novembre 1920, AD 93, Archives Daniel Renoult, 276 J/6.

27. *Archives de Jules Humbert-Droz*, tome 1, *op. cit.*, p. 12.

28. Réunion de la CAP, 10 février 1920, AN, fonds « Panthéon » Louis-Oscar Frossard, AN F7 15957/2.

29. Victor Loupan et Pierre Lorrain, *L'Argent de Moscou. L'histoire la plus secrète du PCF*, Paris, Plon, 1994, p. 42 *sq.*

30. *Le Populaire*, 10 octobre 1920.

31. CAC 19940494-51-3985, pièce 133. Marcel Goldscheider est mieux connu sous le pseudonyme de Max Goth et de H. Laury. Né en 1893, installé à Genève depuis août 1918, il serait déserteur. Note de police n° 3620, fonds Clara Zetkin, AN F7 16028/2.

32. CAC 19940494-51-3985, pièce 138.

33. Propos de Trotski devant la Commission française, 1er décembre 1922, RGASPI, 491/1/201/26-27.

34. C'est l'une des conclusions de l'analyse des grèves de mai 1920 par Annie Kriegel, *Aux origines…*, *op. cit.*, p. 357-547, en particulier p. 538-539.

35. René Naegelen, *Cette vie que j'aime*, tome 1, Paris, Colbert, 1963, p. 248. En 1920, René Naegelen est un « jeune » proche de Frossard, qui dirige *Germinal*, organe socialiste du territoire de Belfort.

36. Gilles Candar, *Jean Longuet*, *op. cit.*, p. 202 sq.

37. Réunion des Amis de *La Vie socialiste*, 2 juin 1920, AN, fonds « Panthéon » Pierre Renaudel, F7 16000/2.

38. *Le Congrès de Tours*, édité par Jean Charles, Jacques Girault, Jean-Louis Robert, Danielle Tartakowsky et Claude Willard, Paris, Éditions sociales, 1980, p. 485.

39. Voir le texte de ce long mandat dans *Le Congrès de Tours*, *op. cit.*, p. 87-90.

40. Meeting socialiste, 26 août 1920, AN, fonds « Panthéon » Louis-Oscar Frossard, F7 15957/2.

41. Louis-Oscar Frossard, *Mon journal de Russie*, *op. cit.*

42. Meeting socialiste de Saint-Denis, 13 octobre 1920, AN, fonds « Panthéon » Louis-Oscar Frossard, F7 15957/2.

43. *Ibid.*

44. Devant 3 000 personnes à Lyon, 3 septembre 1920, *ibid.*

45. Conférence de la Jeunesse socialiste de Vitry-sur-Seine, 24 septembre 1920, AN, fonds « Panthéon » Marcel Cachin, F7 15938/2.

46. Congrès de la Fédération socialiste du Nord, 8 février 1920. Rapport du préfet du Nord, 9 février 1920, AN, fonds « Panthéon » Louis-Oscar Frossard, F7 15957/2.

47. Réunion de la 20e section SFIO, 9 octobre 1919, *ibid.*

48. Le principe de la mission Frossard en Suisse a été arrêté par la Commission administrative permanente (CAP) le 6 janvier 1920, *ibid.*

49. Compte rendu de Frossard devant la CAP, 27 janvier 1920, *ibid.*

50. Louis-Oscar Frossard, *Mon journal de Russie*, *op. cit.*, notes du 13 juin 1920.

51. *Ibid.*, notes du 15 juillet 1920.

52. Annie Kriegel, *Aux origines…*, tome 2, *op. cit.*, p. 627-651 ; *Le Congrès de Tours*, *op. cit.*, p. 45-47 ; Romain Ducoulombier, *Régénérer le socialisme…*, *op. cit.*, p. 555-580.

53. Louis-Oscar Frossard, *Mon journal de Russie*, *op. cit.*, notes du 24 juillet 1920.

54. *Ibid.*

55. *Ibid.*, notes du 27 juin 1920.

56. Annie Kriegel, *Aux origines...*, tome 2, *op. cit.*, p. 637.
57. Marcel Cachin, *Carnets*, tome 2, *op. cit.*, p. 567.
58. Louis-Oscar Frossard, *Mon journal de Russie, op. cit.*, notes du 15 juillet 1920.
59. *Ibid.*
60. Réunion de la Fédération de la Seine, 9 octobre 1920, AN, fonds « Panthéon » Louis-Oscar Frossard, F7 15957/2.
61. Marcel Cachin, *Carnets*, tome 2, *op. cit.*, p. 459.
62. *Ibid.*, p. 608.
63. Louis-Oscar Frossard, *Mon journal..., op. cit.*, notes du 26 juillet 1920.
64. Marcel Cachin, *Carnets*, tome 2, *op. cit.*, p. 613.
65. *Le Congrès de Tours, op. cit.*, p. 111.
66. Marcel Cachin, *Carnets*, tome 2, *op. cit.*, p. 609.
67. Par exemple, lors d'une réunion socialiste à Saint-Denis, 13 octobre 1920, AN, fonds « Panthéon » Louis-Oscar Frossard, F7 15957/2.
68. Louis-Oscar Frossard, *Le Parti socialiste et l'Internationale. Rapport sur les négociations conduites à Moscou, suivi des thèses présentées au 2ᵉ Congrès de l'Internationale communiste*, Paris, Librairie de L'Humanité, 1920, p. 19.
69. Lettre de Clara Zetkin à Lénine, Berlin, 25 janvier 1921. *Briefe Deutscher an Lenin, 1917-1923*, Berlin, Dietz Verlag Berlin, 1990, p. 211-213, p. 213.
70. Marcel Cachin, *Carnets*, tome 2, *op. cit.*, p. 637.
71. René Naegelen, *Cette vie que j'aime*, tome 1, Paris, Colbert, 1963, p. 249-250.
72. *Le Congrès de Tours, op. cit.*, p. 404.
73. *Ibid.*, p. 433.
74. *Manifestes, thèses et résolutions des quatre premiers congrès de l'Internationale communiste*, Paris, Librairie du Travail, 1934, p. 39-41.
75. Cette expression est utilisée plus tard par Raoul Verfeuil pour rappeler le caractère fondateur de ce texte oublié. Motion Verfeuil, *L'Humanité*, 18 septembre 1922.
76. Louis-Oscar Frossard, « Adresse aux militants », 1923, AD 93, Archives du PCF, 3 MI 6/5/48.
77. Réunion de la Fédération socialiste de la Seine, 9 octobre 1920, AN, fonds « Panthéon » Louis-Oscar Frossard, F7 15957/2.
78. Louis-Oscar Frossard, *Mon journal..., op. cit.*, notes du 27 juin.
79. *Ibid.*, notes du 15 juillet.
80. Intervention de Frossard à Tours le 27 décembre 1920, *Le Congrès de Tours, op. cit.*, p. 405.
81. Le texte de cet « Appel » du 26 juillet est publié en français dans le dossier documentaire préparatoire au congrès, *Le Parti socialiste et l'Internationale*. Voir *Le Congrès de Tours, op. cit.*, p. 112-121. Sur cette version elle-même modifiée, cf. *infra*.
82. Daniel Renoult, « Les conditions d'admission », *L'Humanité*, 9 septembre 1920.
83. André Pierre, *Le IIᵉ congrès de l'Internationale communiste*, Paris, Librairie du parti socialiste et de L'Humanité, 1920.

84. Annie Kriegel, *Aux origines...*, *op. cit.*, p. 650.

85. *Le Populaire*, 4 novembre 1920.

86. Motion d'adhésion à la IIIe Internationale, *Le Congrès de Tours*, *op. cit.*, p. 136.

87. Lettre de Boris Souvarine à Daniel Renoult, 31 octobre 1920, AD 93, Archives Renoult, 276 J/7.

88. Daniel Renoult, « Adjonctions à la note soumise au délégué du Comité de la IIIe Internationale », 17 octobre 1920, AD 93, Archives du PCF, 3 MI 6/1/3.

89. Intervention de Daniel Renoult devant la Commission française du IVe Congrès de l'IC, 21 novembre 1922, RGASPI, 491/1/295/90.

90. *Le Congrès de Tours*, *op. cit.*, p. 655.

91. Rapport de Clara Zetkin à G. Zinoviev, 1er février 1921, RGASPI, 528/2/72. Ce document capital est publié en annexe de notre thèse.

92. Louis-Oscar Frossard, *Mon journal de Russie*, *op. cit.*, notes du 15 juillet 1920.

93. Réunion des Amis de la *Vie socialiste*, 27 octobre 1920, AN, fonds « Panthéon » Pierre Renaudel, F7 16001/2.

94. Réunion des Amis de la *Vie socialiste*, 1er décembre 1920, *ibid*.

95. Réunion du Comité de Résistance socialiste, 10 décembre 1920, *ibid*.

96. Rapport de Clara Zetkin à G. Zinoviev, 1er février 1921, RGASPI, 528/2/72. Ce document capital est publié en annexe de notre thèse.

97. Réunion des Amis de la *Vie socialiste*, 24 novembre 1920, AN, fonds « Panthéon » Pierre Renaudel, F7 16001/2.

98. Réunion des Amis de la *Vie socialiste*, 20 octobre 1920, *ibid*.

99. Réunion extraordinaire des groupes de la 20e section SFIO de la Seine, 24 octobre 1920, *ibid*.

100. Congrès fédéral de la Seine, 21 novembre 1920, *ibid*.

101. Meeting socialiste, Rouen, 17 octobre 1920. AN, fonds « Panthéon » Marcel Cachin, F7 15938/2.

102. Lettre de Jules Guesde à Gustave Delory, Paris, 8 octobre 1920, IISH, Archives Jules Guesde, 517/1.

103. Réunion de la 20e section SFIO de la Seine, 24 octobre 1920, AN, fonds « Panthéon » Pierre Renaudel, F7 16001/2.

104. *Le Congrès de Tours*, *op. cit.*, p. 417 et 421.

105. *Ibid.*, p. 411.
106. *Ibid.*, p. 503.
107. *Ibid.*, p. 79.
108. *Ibid.*, p. 81-82.

109. Rapport de Clara Zetkin à G. Zinoviev sur le congrès italien de Livourne, 14 octobre 1921, RGASPI, 528/2/74.

110. Annie Kriegel, *Le Congrès de Tours*, *op. cit.*, p. 19.

111. Rapport de Clara Zetkin à G. Zinoviev, 1er février 1921, RGASPI, 528/2/72.

112. Sur ce dernier, voir Michel Cadé, « La fédération socialiste des Pyrénées-Orientales et la préparation du congrès de Tours (1918-1920). De l'électoralisme au choix révolutionnaire », *Cahiers d'histoire de l'Institut de recherches marxistes (CHIRM)*, n° 3, vol. 47, 4e trimestre 1980, p. 59-91.

113. Claude Pennetier, *Le Socialisme dans le Cher 1851-*

1921, La Charité, Éditions Delayance, 1982, p. 239-240.

114. *Le Congrès de Tours*, *op. cit.*, p. 263.

115. *Ibid.*, p. 386.

116. *Ibid.*, p. 661.

117. *Ibid.*, p. 359-362.

118. Lettre d'Alexandre Bracke à Jules Guesde, Tours, 26 décembre 1920, IISH, Archives Jules Guesde, 519/2.

119. Lettre de Marcel Sembat à Léon Blum, s.d. [octobre 1920], ACH, Archives Léon Blum, 3-48.

120. Lettre d'Alexandre Bracke à Jules Guesde, Tours, 25 décembre 1920, IISH, Archives Jules Guesde, 519/1.

121. Lettre d'Alexandre Bracke à Jules Guesde, Tours, 26 décembre 1920, IISH, Archives Jules Guesde, 519/2. À part le nom de Lebas, on ignore la composition de cette commission.

122. Lettre d'Albert Thomas à Marcel Sembat, Paris, 2 mars 1921. AN, Archives Marcel Sembat, 637 AP 185.

123. Cet ensemble de nouvelles archives repose d'abord sur le rapport de Clara Zetkin à G. Zinoviev sur le congrès de Tours, daté du 1er février 1921, contenu dans son fonds personnel des archives de Moscou (RGASPI, 528/2/72). Pour être soumis à une critique interne et externe efficace, il doit être confronté à d'autres documents, anciens ou partiellement connus : une lettre de Clara Zetkin à Lénine du 25 janvier 1921 (*Briefe Deutscher an Lenin*, *op. cit.*, p. 211-213), un deuxième rapport de Zetkin à Zinoviev, daté du 14 octobre 1921, sur sa présence au congrès italien de Livourne (RGASPI, 528/2/74), un troisième rapport, du 20 janvier 1923, sur sa délégation à la conférence communiste d'Essen (RGASPI 528/2/30), une lettre de Zetkin à Paul Lévi du 10 janvier 1921, publiée en 1970 (*Est & Ouest*, n° 458, 16-31 décembre 170, p. 27-28). Ces documents sont traduits et publiés en annexe de notre thèse. Il faut y ajouter le dossier de police de Clara Zetkin conservé aux Archives nationales (F7 16028/2).

124. Rapport de C. Zetkin à G. Zinoviev, Berlin, 1er février 1921, RGASPI, 528/2/72.

125. Ce qu'établit sans conteste la lettre de Zetkin à Lénine du 25 janvier 1921, *Briefe Deutscher an Lenin*, *op. cit.*, p. 211-213.

126. Colette Chambelland, « Mougeot, Auguste », DBMOF, CD-ROM.

127. Rapport de C. Zetkin à G. Zinoviev, Berlin, 1er février 1921, RGASPI, 528/2/72.

128. AN, fonds « Panthéon » Clara Zetkin, F7 16028/2.

129. Rapport du commissaire spécial d'Annemasse, 21 décembre 1920, AN, fonds « Panthéon » Clara Zetkin, F7 16028/2.

130. Rapport de C. Zetkin à G. Zinoviev, Berlin, 1er février 1921, RGASPI, 528/2/72.

131. Lettre de Clara Zetkin à Marie Geck, mars 1910, cité par Gilbert Badia, *Clara Zetkin, féministe sans frontières*, Paris, Éditions ouvrières, 1993, p. 114.

132. *Ibid.*, p. 152-156.

133. *Ibid.*, p. 179.

134. Lettre de Clara Zetkin à Mathilde Jacob, 18 janvier 1919. Rosa Luxemburg, *J'étais, je suis, je serai ! Correspondance, 1914-1919*, Paris, Maspero, 1977, p. 192.

135. Selon Jean Longuet. « M. Jean Longuet s'explique », *La France de Bordeaux et du Sud-Ouest*, 20 janvier 1921, AN, Archives Marcel Sembat, 637 AP/113.
136. Lettre de Clara Zetkin à Lénine, 25 janvier 1921, *Briefe Deutscher...*, op. cit., p. 211-213.
137. Lettre de Clara Zetkin à Paul Lévi, 10 janvier 1921, in *Est & Ouest*, op. cit., p. 28.
138. *Le Congrès de Tours*, op. cit., p. 465-466.
139. Gilles Candar, *Jean Longuet*, op. cit., p. 411-412.
140. Dans le discours de Clara Zetkin, *Le Congrès de Tours*, op. cit., p. 470.
141. Rapport de C. Zetkin à G. Zinoviev, Berlin, 1er février 1921, RGASPI, 528/2/72.
142. *Ibid*.
143. *Ibid*.
144. *Le Congrès de Tours*, op. cit., p. 518.
145. Annie Kriegel et Stéphane Courtois, *Eugen Fried. Le grand secret du PCF*, Paris, Le Seuil, 1997, p. 102.
146. Rapport de C. Zetkin à G. Zinoviev, Berlin, 1er février 1921, RGASPI, 528/2/72.
147. *Ibid*.
148. *Ibid*.
149. *Ibid*.
150. *Ibid*.
151. *Ibid*.
152. RGASPI, 528/2/72.
153. Rapport de C. Zetkin à Zinoviev, Berlin, 1er février 1921, RGASPI, 528/2/72.
154. *Ibid*.
155. *Ibid*.
156. *Ibid*.
157. Alexandre Courban, « *L'Humanité*, du socialisme au communisme (1918-1923) », Christian Delporte, Claude Pennetier, Jean-François Sirinelli et Serge Wolikow (dir.), *L'Humanité de Jaurès à nos jours*, Paris, Nouveau Monde Éditions, 2004, p. 59-73, p. 65-67.
158. *Le Congrès de Tours*, op. cit., p. 632.
159. Selon l'expression célèbre d'Alexandre Koyré, reprise par Hannah Arendt, *Les Origines du totalitarisme*, Paris, Gallimard, coll. Quarto, 2002, p. 701.
160. *Le Congrès de Tours*, op. cit., p. 360.
161. *Ibid*., p. 678.
162. Lettre de Marcel Sembat à André Varagnac, Chamoux, 16 janvier 1921, OURS, Archives André Varagnac, 70 APO 1.
163. Serge Berstein, *Léon Blum*, Paris, Fayard, 2006, p. 79-85.
164. Manifeste du 30 décembre 1920, *Le Congrès de Tours*, op. cit., p. 661.

TROISIÈME PARTIE
UN « PARTI DE TYPE NOUVEAU »

6. La construction d'un appareil inquisitorial

1. Pour un aperçu de l'histoire du syndicalisme communiste, en l'absence de synthèse récente, voir Michel Dreyfus,

« Syndicalistes communistes », *Le Siècle des communismes*, Paris, Le Seuil, 2004 (2000), p. 689-705 ; Jean Siwek-Pouydesseau, « Les syndicalistes », *Histoire des gauches en France*, tome 2, Paris, La Découverte, 2004, p. 76-90.

2. Lettre d'Alfred Rosmer à Boris Souvarine, Moscou, juillet ou août 1923, IHS, Archives Souvarine.

3. Lettre d'A. Lozovski à Pierre Monatte, 7 mai 1924, RGASPI, 534/6/155/59.

4. Lettre de Boris Souvarine à la direction du PC/SFIC, Moscou, 17 août 1923, IHS, Archives Souvarine.

5. François Ferrette, *op. cit.*, p. 81 et 84.

6. Déclaration de Pierre Monatte au Comité directeur (CD) du PC/SFIC, 18 mars 1924, AD 93, Archives PCF, 3 MI 6/8/79.

7. Rapport au CE de l'IC, « Le Parti communiste français, 15 juillet 1921-15 octobre 1922 », RGASPI, 491/1/53/14.

8. Rapport de Jules Humbert-Droz à Zinoviev, Paris, 20 septembre 1923, dans Siegfried Bahne (éd.), *Archives de Jules Humbert-Droz*, tome 2, *Les partis communistes des pays latins et l'Internationale communiste dans les années 1923-1927*, D. Reidel Publishing Company, Londres, Dordrecht et Boston, 1983, p. 37-45, p. 44.

9. Rapport au CE de l'IC, « Le Parti communiste français, 15 juillet 1921-15 octobre 1922 », RGASPI, 491/1/53/15.

10. Lettre de Paul Faure à Aristide Lainel, Paris, 15 avril 1922, Fondation Jean-Jaurès (FJJ), Archives de la Fédération SFIO des Ardennes, 2.

11. Tony Judt, *La Reconstruction du parti socialiste 1921-1926*, Paris, Presses de la FNSP, 1976.

12. Congrès de Marseille, 26 décembre 1921, AD 93, Archives du PCF, 3 MI 6/1/13.

13. *L'Humanité*, 23 mars 1921.

14. Rapport de Boris Souvarine à Zinoviev et Trotski, Paris, 15 septembre 1922, RGASPI, 491/1/297/25.

15. *Ibid*.

16. Intervention d'Antoine Ker, congrès de Marseille, 25 décembre 1921, AD 93, Archives du PCF, 3 MI 6/1/13.

17. *Ibid*.

18. *Cf. supra*, chapitre 1.

19. Rapport de Marcel Cachin et Louis-Oscar Frossard à Zinoviev, Paris, 15 novembre 1921, AD 93, Archives du PCF, 3 MI 6/1/10.

20. Conférence des secrétaires fédéraux du PC/SFIC, 22 janvier 1922, AN, fonds « Panthéon » Louis-Oscar Frossard, F7 15937/2.

21. Compte rendu de mandat de Louis-Oscar Frossard, Fédération SFIC de la Seine, 2 juillet 1922. « La question française devant l'Exécutif élargi », *Bulletin communiste*, n° 28, 6 juillet 1922, p. 556.

22. Commission française, IVe Congrès de l'IC, 21 novembre 1922, RGASPI, 491/1/295/163.

23. Stéphane Courtois, Marc Lazar, *Histoire du Parti communiste français*, *op. cit.*, p. 72-74.

24. Commission française, IVe Congrès de l'IC, 27 novembre 1922, RGASPI, 491/1/296/26.

25. Rapport de Jules Humbert-Droz à Zinoviev, Trotski et Kolarov, Paris, 16 janvier 1923, Siegfried Bahne, *Archives de Jules Humbert-Droz*, tome 1, *op. cit.*, p. 431.

26. Rapport « n° 4 » du secrétariat du PC/SFIC au Comité exécutif de l'IC, s.d. [fin janvier 1923], AD 93, Archives du PCF, 3 MI 6/3/32.

27. Commission française, IVe Congrès de l'IC, 2 décembre 1922, RGASPI, 491/1/206/7.

28. Lettre de Renaud Jean à Amédée Dunois, Boulogne-Billancourt, 26 mai 1928, Jean Marie, « Quelques documents relatifs à la tactique classe contre classe », *Le Mouvement social*, n° 70, janvier-mars 1970, p. 25-26.

29. Branko Lazitch, *Lénine et la IIIe Internationale*, *op. cit.*, p. 108-114.

30. Résolution sur la question française, IVe Congrès de l'IC, décembre 1922, RGASPI 491/1/298/19.

31. Louis-Oscar Frossard, *Mon journal de Russie*, *op. cit.*, notes du 24 juillet 1920.

32. Réponse du Bureau politique à la « Lettre » de Pierre Monatte, Alfred Rosmer et Victor Delagarde, 1924, AD 93, Archives du PCF, 3 MI 6/8/79.

33. Commission française, IVe Congrès de l'IC, 1er décembre 1922, RGASPI, 491/1/201/44.

34. Congrès de Marseille, séance de nuit, 29 décembre 1921, AD 93, Archives du PCF, 3 MI 6/2/15.

35. Congrès de Marseille, 25 décembre 1921, AD 93, Archives du PCF, 3 MI 6/1/13.

36. Lettre de Boris Souvarine à Louis Sellier, 30 juin 1923, IHS, Archives Souvarine.

37. Boris Souvarine, « Fragments d'un rapport sur la scission de Tours », *Est & Ouest*, n° 458, 16-31 décembre 1971, p. 23-36, p. 24-25.

38. Congrès national du PC/SFIC, Saint-Denis, 2 juin 1924, AD 93, Archives du PCF, 3 MI 6/6/60.

39. Lettre de Boris Souvarine à Zinoviev, 21 novembre 1921, AD 93, Archives du PCF, 3 MI 6/1/10.

40. Congrès de Marseille, 26 décembre 1921 après-midi, AD 93, Archives du PCF, 3 MI 6/1/13.

41. Congrès de Marseille, 25 décembre 1921, AD 93, Archives du PCF, 3 MI 6/1/13.

42. Lettre du secrétariat de l'IC, signée Jules Humbert-Droz, au CD du PC/SFIC, Moscou, 11 décembre 1921, *Archives de Jules Humbert-Droz*, tome 1, *op. cit.*, p. 100-101, p. 101.

43. Mandat de Jules Humbert-Droz, 27 septembre 1921, *ibid.*, p. 91-92.

44. Voir l'organigramme de l'IC recomposé pour la période 1920-1926 dans Alexandre Courban, David François, Christian Oppetit et Serge Wolikow, *Guide des archives de l'Internationale communiste 1919-1943*, Dijon, Archives nationales et MSH de Dijon, 2009, p. 67.

45. *Ibid.*, p. 100.

46. Boris Souvarine, « Fragments d'un rapport sur la scission de Tours », *op. cit.*, p. 26.

47. Lettre de Boris Souvarine à Zinoviev, Moscou, 21 novembre

1921, AD 93, Archives du PCF, 3 MI 6/1/10.

48. Réunion du Comité directeur (CD) du PC/SFIC, 2 septembre 1922, AD 93, Archives du PCF, 3 MI 6/3/30.

49. Réunion du CD du PC/SFIC, 10 octobre 1922, AD 93, Archives du PCF, 3 MI 6/3/30.

50. Rapport de Jules Humbert-Droz à Zinoviev, Paris, 21 avril 1923, *Archives de Jules Humbert-Droz*, tome 1, *op. cit.*, p. 475.

51. Résolution sur la question française, IVe Congrès de l'IC, décembre 1922, *ibid.*, p. 607-615, p. 613.

52. Voir sur ce point Romain Ducoulombier, *Régénérer le socialisme*, *op. cit.*, p. 702.

53. Barthélemy Mayéras, « As-tu vu la 22e ? », *Le Populaire*, 4 novembre 1920.

54. Intervention de Renaud Jean, Commission française, IVe Congrès de l'IC, 30 novembre 1922, RGASPI, 491/1/295/320.

55. Résolution sur la question française, IVe Congrès de l'IC, décembre 1922, *Archives de Jules Humbert-Droz*, tome 1, *op. cit.*, p. 607-615, p. 613.

56. *IIe Congrès de la IIIe Internationale communiste. Compte rendu sténographique, Petrograd 17 juillet, Moscou 23 juillet-7 août 1920*, Petrograd, Éditions de l'Internationale communiste, 1921, p. 391.

57. *Ibid.*, p. 99 et 265.

58. Marcel Cachin, *Carnets*, tome II, *op. cit.*, p. 691.

59. Commission française, IVe Congrès de l'IC, 24 novembre 1922, RGASPI, 491/1/295/287-288.

60. Rapport de Marius Paquereaux sur le IVe Congrès, Conseil national de Boulogne, 21 janvier 1923, AD 93, archives du PCF, 3 MI 6/4/40.

61. Voir par exemple sa synthèse non datée sous la cote RGASPI 491/1/391/15-17 accompagnée d'un questionnaire d'enquête rédigé par la rédaction du *Bolchevik*, RGASPI 491/1/391/35.

62. Commission française, IVe Congrès de l'IC, 30 novembre 1922, RGASPI, 491/1/295/328.

63. Rapport de Louis Sellier au Comité exécutif de l'IC, Paris, 21 janvier 1923, AD 93, Archives du PCF, 3 MI 6/4/43.

64. Commission française, IVe Congrès de l'IC, 30 novembre 1922, RGASPI, 491/1/295/328.

65. Note de police F.8343, Paris, 28 décembre 1922, CAC 19940459-279.

66. Rapport sans titre, sans date, RGASPI, 491/1/390/1767.

67. Commission française, IVe Congrès de l'IC, 30 novembre 1922, RGASPI, 491/1/295/340.

68. Pierre Broué, *Trotsky*, Paris, Fayard, 1988.

69. Commission française, IVe Congrès de l'IC, 30 novembre 1922, RGASPI, 491/1/295/299.

70. Voir *infra*.

71. Commission française, IVe Congrès de l'IC, 21 novembre 1922, RGASPI, 491/1/295/187-188.

72. Petite Commission française, IVe Congrès de l'IC, 28 novembre 1922, RGASPI, 491/1/296/43.

73. Commission française, IVe Congrès de l'IC, 30 novembre 1922, RGASPI, 491/1/295/330.

74. Christian Lauzeray, « Dissidents communistes et francs-maçons de la Seine de 1920 à 1940. Essai de biographie maçonnique », *Chronique d'histoire maçonnique*, n° 43, 1990, p. 69-82.

75. Denis Lefebvre, *Socialisme et franc-maçonnerie. Le tournant du siècle (1880-1920)*, Paris, Bruno Leprince Éditeur, 2000, p. 172 ; Christian Lauzeray, *op. cit.*, p. 76-77.

76. Déclaration d'Antoine Ker, IVe Congrès de l'IC, 1er décembre 1922, RGASPI, 491/1/297/7.

77. Commission française, IVe Congrès, 24 novembre 1922, RGASPI, 491/1/295/286.

78. Lettre d'Albert Treint à Léon Trotski, Essen, 6 janvier 1923, AD 93, Archives du PCF, 3 MI 6/4/43. Sur les Basses-Alpes, voir « Le conseil national du PCF », Berlin, 1923, AD 93, Archives du PCF, 3 MI 6/4/40.

79. Commission française, IVe Congrès de l'IC, 24 novembre 1922, RGASPI, 491/1/295/292.

80. Petite Commission française, IVe Congrès de l'IC, 25 novembre 1922, RGASPI, 491/1/296/2.

81. Rémi Lefebvre, « Le socialisme français et la "classe ouvrière" », *Fondations*, n° 1, mars 2006, p. 64-75.

82. Lettre de Renaud Jean à Amédée Dunois, Boulogne-Billancourt, 26 mai 1928. Jean Marie, *op. cit.*, p. 25-26.

83. Commission française, IVe Congrès de l'IC, 24 novembre 1922, RGASPI, 491/1/295/293.

84. Commission française, IVe Congrès de l'IC, 10 novembre 1922, RGASPI, 491/1/295/20.

85. Réunion du Comité directeur du PC/SFIC, 22 janvier 1923, AD 93, Archives du PCF, 3 MI 6/5/44.

86. Commission française, IVe Congrès de l'IC, 1er décembre 1922, RGASPI, 491/1/201/60.

87. Résolution sur la question française, IVe Congrès de l'IC, décembre 1922, RGASPI 491/1/298/28.

88. Commission française, IVe Congrès de l'IC, 1er décembre 1922, RGASPI, 491/1/201/15.

89. Commission française, IVe Congrès de l'IC, 10 novembre 1922, RGASPI, 491/1/295/18.

90. Bernard Pudal, *Prendre parti, op. cit.*, p. 123.

91. Autobiographie d'Albert Vassart pour l'école léniniste centrale, décembre 1924, RGASPI, 517/1/190.

92. Commission française, IVe Congrès de l'IC, 10 novembre 1922, RGASPI, 491/1/295/22.

93. Commission française, IVe Congrès de l'IC, 10 novembre 1922, RGASPI, 491/1/295/23.

94. Sur la « bolchevisation », voir Marc Lazar et Stéphane Courtois, *Histoire du Parti communiste français, op. cit.*, p. 84-91.

95. Voir en particulier Stéphane Courtois, « La pédagogie du procès interne dans le Parti communiste français », Emmanuel Le Roy-Ladurie (dir.), *Les Grands Procès politiques*, Paris, Éditions du Rocher, 2002, p. 99-140.

96. Claude Pennetier et Bernard Pudal, *Autobiographies*,

autocritiques, aveux dans le monde communiste, Paris, Belin, 2000.

97. Sylvain Boulouque et Frank Liaigre, *Les Listes noires du PCF*, Paris, Calmann-Lévy, 2008.

98. « À tous les membres du Parti. Réponse à la "Lettre ouverte" », 1925, AN, Archives Maurice Thorez, 626 AP/73.

99. *Ibid*.

100. Congrès de Marseille, 26 décembre 1921, RGASPI, 517/1/38 et AD 93, Archives du PCF, 3 MI 6/1/13.

101. *Ibid*.

102. Rapport de Jules Humbert-Droz au Præsidium de l'IC, 17 juin 1922, *Archives de Jules Humbert-Droz*, tome 1, *op. cit.*, p. 202.

103. Congrès de Marseille, 26 décembre 1921, AD 93, Archives du PCF, 3 MI 6/1/13.

104. Déclaration de Louis-Oscar Frossard à l'exécutif élargi de l'IC, 9 juin 1922, « La question française devant l'exécutif élargi », *Bulletin communiste*, n° 26, 6 juillet 1922, p. 547-560, p. 550-551.

105. Marcel Cachin, *Carnets*, tome III, *1921-1933*, Paris, CNRS Éditions, 1998, p. 143.

106. Circulaire de la Commission nationale des conflits au Congrès de Paris, AD 93, Archives du PCF, 3 MI 6/3/28. Frossard, dans son rapport au CE de l'IC le 9 juin, affirme que Fabre a été déféré devant la CNC le 22 mars.

107. Lettre de Léon Trotski à Antoine Ker, Moscou, 6 juin 1922, *Archives de Jules Humbert-Droz*, tome 1, *op. cit.*, p. 190.

108. Syntaxe respectée. Lettre d'A. Lozovski à la « gauche », RGASPI, 517/1/53.

109. Rapport de Jules Humbert-Droz au Præsidium de l'IC sur la situation du PC/SFIC, 17 juin 1922, *Archives de Jules Humbert-Droz*, tome 1, *op. cit.*, p. 202-203.

110. Rapport de la CNC, Congrès de Paris, octobre 1922, AD 93, Archives du PCF, 3 MI 6/3/29.

111. Voir sur ce point Romain Ducoulombier, *Régénérer le socialisme*, *op. cit.*, p. 689.

112. Motion du Comité directeur, 14 juin 1922, AD 93, Archives du PCF, 3 MI 6/3/28.

113. Rapport de la Commission nationale des conflits, Congrès de Paris, AD 93, Archives du PCF, 3 MI 6/3/29.

114. Motion Treint, réunion du Comité directeur, 14 juin 1922, AD 93, Archives du PCF, 3 MI 6/3/28.

115. Déclaration de Souvarine devant le CE de l'IC, 9 mai 1922, AD 93, Archives du PCF, 3 MI 6/3/26.

116. Réponse de Louis-Oscar Frossard à la résolution adoptée par le CE de l'IC, 18 juillet 1922, AD 93, archives du PCF, 3 MI 6/3/32.

117. *Ibid*.

118. *Ibid*.

119. Voir les quelques éléments dont les historiens disposent *in* Jacques Girault, Jean Maitron et Claude Pennetier, « Marius Dupont » DBMOF ; Sylvain Boulouque et Franck Liaigre, *Les Listes noires*, *op. cit.*, p. 36 ; et

Romain Ducoulombier, *Régénérer le socialisme, op. cit.*, p. 686.

120. Rapport de Marius Dupont sur la CNC, congrès de Clichy, 21 janvier 1925, AD 93, Archives du PCF, 3 MI 6/10/88.

121. Selon les fonctions énumérées par Jean Cremet. Rapport sténographique du congrès de Clichy, 21 janvier 1925, p. 1909, AD 93, Archives du PCF, 3 MI 6/10/88.

122. Rapport sténographique du congrès de Clichy, 21 janvier 1925, p. 1708, AD 93, Archives du PCF, 3 MI 6/10/88.

123. *Ibid.*, p. 1704.

124. Voir François-Xavier Nérard, *Cinq pour cent de vérité. La dénonciation dans l'URSS de Staline*, Paris, Tallandier, 2004, p. 261-265, et l'utilisation qu'en fait Pavel Chinsky, *Micro-Histoire de la Grande Terreur. La fabrique de la culpabilité à l'ère stalinienne*, Paris, Denoël, 2005, p. 74.

125. Motion de la Reconstruction, *L'Humanité*, 6 novembre 1920.

126. Lettre d'Aristide Lainel à Louis Dubreuilh, secrétaire administratif de la SFIO, 9 janvier 1912, FJJ, Archives de la Fédération SFIO des Ardennes, 1.

127. Procès-verbal de l'assemblée générale de la Fédération des Ardennes, 10 décembre 1910, *ibid.*

128. Lettre du secrétaire de la section de Pouru-Saint-Rémy à Aristide Lainel, 27 décembre 1912, *ibid.*

129. Rémi Lefebvre et Frédéric Sawicki, *La Société des socialistes. Le PS aujourd'hui*, Broissieux, Éditions du Croquant, 2006, p. 153.

130. Lettre d'Albert Jarlot au préfet des Ardennes, 2 février 1921, CAC 19940494-44-3734.

131. Lettre du groupe « La Fraternité » à Aristide Lainel, 18 mars 1910, FJJ, Archives de la Fédération SFIO des Ardennes, 1.

132. Voir par exemple le cas Pierre Thilay en 1912. Lettre de Pierre Thilay à Charles Boutet, Hautes-Rivières, 4 octobre 1912, in *ibid.*

133. Lettre d'un militant non identifié à Charles Boutet, Neufmanil, 25 juin 1912, *ibid.*

134. AD 93, Archives du PCF, 3 MI 6/2/18.

135. Lettre du Comité fédéral de Seine-et-Marne au secrétaire de la section communiste de Melun, 2 octobre 1923, AD 93, Archives du PCF, 3 MI 6/2/18.

136. AD 93, Archives du PCF, 3 MI 6/2/18.

137. *Ibid.*

138. Annie Kriegel, *Les Communistes français 1920-1970*, Paris, Le Seuil, 1985, p. 11.

139. AD 93, Archives du PCF, 3 MI 6/2/18.

140. *Ibid.*

141. Lettre du Bureau fédéral de la Fédération SFIC de la Seine à Léon Revoyre, 8 octobre 1925, AD 93, Archives du PCF, 3 MI 6/2/18.

142. Procès-verbal de la réunion de la section communiste de Melun, 4 août 1923, AD 93, Archives du PCF, 3 MI/6/2/18.

143. Conseil national du PC/SFIC, 21 janvier 1923, AD 93, Archives du PCF, 3 MI 6/4/40.

144. Jean-Pierre A. Bertrand, « La liturgie funèbre du PCF (1924-1983) », *Vingtième Siècle*,

n° 9, janvier-mars 1986, p. 37-52, p. 41.

145. Rapport d'André Marty à Zinoviev, Douarnenez, 3 mai 1925, RGASPI, 517/1/272.

146. Rapport de Marius Dupont sur la Commission nationale des conflits, Congrès de Clichy, 21 janvier 1925, AD 93, Archives du PCF, 3 MI 6/10/88.

147. Lettre de Jules Herclet à Alfred Rosmer, Moscou, 1er janvier 1925, RGASPI, 534/6/157/1-8.

148. Jules Humbert-Droz, « Réponse à Treint », 19 février 1925, RGASPI, 517/1/299.

149. Rapport de Clara Zetkin à Zinoviev, Berlin, 20 janvier 1923, RGASPI, 528/2/30.

7. La fin du premier communisme français

1. Robert Michels, *Les Partis politiques*, op. cit., p. 193-194.
2. Louis-Oscar Frossard, Discours à l'exécutif élargi de l'IC, 10 juin 1922, « La question française devant l'exécutif élargi », *op. cit.*, p. 556.
3. Congrès de Marseille, 28 décembre 1921, AD 93, Archives du PCF, 3 MI 6/2/14.
4. Fernand Loriot, « Discipline nécessaire », *L'Humanité*, 13 octobre 1921.
5. Cette proportion fournie par Albert Vassart est reproduite par Annie Kriegel, *Les Communistes français 1920-1970*, op. cit., p. 203.
6. Branko Lazitch, *Biographical Dictionary of the Comintern*, Stanford, Hoover Institute Press, 1986, p. 362-364.
7. Jacques Ion, *La Fin des militants ?*, Paris, Éditions de l'Atelier, 1997, p. 37.
8. Sean McMeekin, *The Red Millionaire. A Political Biography of Willi Münzenberg, Moscow's Secret Propaganda Tsar in the West*, New Haven & Londres, Yale University Press, 2003.
9. Lettre de Louis Sellier et Joseph Tommasi aux secrétaires fédéraux, Paris, 13 avril 1923, AD 93, Archives du PCF, 3 MI 6/5/49.
10. Stéphane Courtois et Marc Lazar, *Histoire du Parti communiste français*, op. cit., p. 83-92.
11. Intervention de Fernand Loriot, Congrès de Marseille, 26 décembre 1921, AD 93, Archives du PCF, 3 MI 6/1/13.
12. Discours de Fernand Loriot devant l'Assemblée générale de la Fédération de la Seine, janvier 1922, AD 93, Archives du PCF, 3 MI 6/2/19.
13. Lettre de la « droite » à Zinoviev, Paris, 14 février 1925, RGASPI, 517/1/294.
14. Aurélien Durr, *Albert Treint. Itinéraire politique (1914-1939)*, thèse de doctorat d'histoire, sous la direction de Jacques Girault, Paris-XIII, 2006, p. 76 *sq*.
15. *Ibid.*, p. 77.
16. Albert Treint, « Pour l'Internationale communiste », 19 janvier 1922, CAC 199440477-145.
17. *Ibid.*
18. Congrès de Marseille, 26 décembre 1921, AD 93, Archives du PCF, 3 MI 6/1/13.
19. Lettre de Jules Humbert-Droz au congrès de Marseille,

s.d., AD 93, archives du PCF, 3 MI 6/1/13.

20. Stéphane Courtois et Annie Kriegel, *Eugen Fried*, op. cit., p. 141 sq.

21. Aurélien Durr, *Albert Treint*, op. cit., p. 111.

22. Télégramme de Zinoviev à Jules Humbert-Droz, 18 juillet 1922, *Archives de Jules Humbert-Droz*, tome 1, op. cit., p. 265.

23. Rapport de Jules Humbert-Droz au Præsidium de l'IC, Paris, 11 juillet 1922, *ibid.*, p. 261.

24. Pour son détail, voir Romain Ducoulombier, *Régénérer le socialisme*, op. cit., p. 732.

25. Projet « A » des statuts fédéraux, *L'Humanité*, 13 juillet 1922.

26. Projet de statuts fédéraux, *Cahiers du bolchevisme*, n° 6, 26 décembre 1924.

27. Congrès de Marseille, 26 décembre 1921, AD 93, Archives du PCF, 3 MI 6/1/13.

28. Conseil national, 21 janvier 1923, AD 93, Archives du PCF, 3 MI 6/3/32.

29. Réunion du Comité directeur du PC/SFIC, 12 mars 1923, AD 93, Archives du PCF, 3 MI 6/5/44.

30. Réunion du Comité directeur du PC/SFIC, 15 avril 1924, AD 93, Archives du PCF, 3 MI 6/7/62.

31. Rapport de Jules Humbert-Droz à Zinoviev, Paris, 14 juin 1923, *Archives de Jules Humbert-Droz*, tome 1, op. cit., p. 489.

32. Réunion du Comité directeur du PC/SFIC, 19 août 1924, AD 93, Archives du PCF, 3 MI 6/7/62.

33. Boris Souvarine, « En vue du congrès », *Bulletin communiste*, n° 2, 11 janvier 1924, cité par Aurélien Durr, *Albert Treint*, op. cit., p. 184.

34. *Ibid.*, p. 180-184.

35. Albert Treint, « Rapport au Comité directeur du PCF sur la réorganisation du Parti », 1923, *Archives de Jules Humbert-Droz*, tome 1, op. cit., p. 627-631.

36. Lettre de Louis Sellier et Joseph Tommasi aux secrétaires fédéraux, Paris, 31 janvier 1923 ; lettre de Louis Sellier aux secrétaires de fédérations, Paris, 7 février 1923 ; lettre du secrétariat aux secrétaires départementaux, 16 mai 1923, AD 93, Archives du PCF, 3 MI 6/5/49.

37. Rapport de Georges Marrane sur la Fédération de la Seine, Conseil national du PC/SFIC, 15 octobre 193, AD 93, Archives du PCF, 3 MI 6/4/41.

38. Boris Souvarine, « Mémoire au Comité directeur sur la Fédération de la Seine », 23 novembre 1923, AD 93, Archives du PCF, 3 MI 6/4/43.

39. Rapport spécial sur le IVe Congrès (17-25 janvier 1925), première partie, Berlin, 3 février 1925, AD 93, Archives du PCF, 3 MI 6/10/88.

40. Claude Pennetier et Bernard Pudal, « La volonté d'emprise. Le référentiel stalinien et ses usages dans l'univers communiste (éléments de problématique) », Claude Pennetier, Bernard Pudal, *Autobiographies, autocritiques, aveux*, op. cit., p. 15-39, p. 19.

41. Voir le graphique et son analyse détaillée dans Romain

Ducoulombier, *Régénérer le socialisme*, *op. cit.*, p. 739-740.

42. Lettre d'Albert Treint au BP du PC/SFIC, Moscou, 28 août 1924, RGASPI, 517/1/161.

43. Gaston Monmousseau, *Critique et autocritique*, Paris, Éditions Gît-le-Cœur, s.d., p. 3. Cette brochure est publiée après la Seconde Guerre mondiale mais codifie les usages antérieurs de l'autocritique.

44. « Fédération de la Seine : congrès, résolutions, motions (1921) », motion Gayman, 5ᵉ section de la Seine, AD 93, Archives du PCF, 3 MI 6/2/19.

45. Intervention de Paul Vaillant-Couturier, congrès de Marseille, 26 décembre 1921, AD 93, Archives du PCF, 3 MI 6/1/13.

46. *L'Internationale communiste et sa section française. Recueil de documents*, Paris, Librairie de L'Humanité, 1922, p. 76.

47. Procès-verbal de la réunion de la cellule n° 782 de Conflans, 3 avril 1926, AN, F7/14792.

48. Circulaire n° 36, 27 juin 1924, AD 93, Archives du PCF, 3 MI 6/7/66.

49. Lettre d'Albert Vassart à Cilly Grisenberg, s.l., 28 mai 1928, Jean Marie, « Quelques documents relatifs à la lutte classe contre classe », *Le Mouvement social*, n° 70, janvier-mars 1970, p. 25-29, p. 28-29.

50. Lettre d'Albert Vassart à Cilly Grisenberg, s.l., 28 novembre 1928, *ibid.*, p. 29.

51. Déclaration de la « droite » au Comité exécutif de l'IC, 14 février 1925, RGASPI, 517/1/294.

52. Lettre du CC de l'ARAC à Albert Treint, 8 septembre 1924, AN, archives Maurice Thorez, 626 AP 72.

53. Annie Kriegel, *Les Grands Procès dans les systèmes communistes*, Paris, Gallimard, 1972, p. 92.

54. Préface à Pierre Ferrari et Herbert Maisl, *Les Groupes parlementaires communistes aux Assemblées parlementaires italiennes (1958-1963) et françaises (1962-1967)*, Paris, PUF, 1969, p. VII.

55. Paul-Louis, *Le Parti socialiste en France*, dans Adéodat Compère-Morel (dir.), *Encyclopédie socialiste, syndicale et coopérative de l'Internationale ouvrière*, tome 2, Paris, Éditions Quilliet, 1912, p. 319.

56. Hubert Bourgin, *Le Parti contre la patrie*, *op. cit.*

57. Conseil national du PC/SFIC, 15 octobre 1923, AD 93, Archives du PCF, 3 MI 6/4/41.

58. Rapport de Jules Humbert-Droz à Zinoviev, Paris, 22 octobre 1923, *Archives de Jules Humbert-Droz*, *op. cit.*, tome 2, p. 62.

59. Conseil national du PC/SFIC, 15 octobre 1923, AD 93, Archives du PCF, 3 MI 6/4/41.

60. *L'Humanité*, 22 janvier 1924. Sur l'affrontement entre Souvarine et Treint au congrès de Lyon (20-23 janvier 1924), voir Aurélien Durr, *Albert Treint*, *op. cit.*, p. 222-223.

61. Circulaire n° 27, 19 décembre 1923, AD 93, Archives du PCF, 3 MI/6/5/49.

62. Réunion du BP du PC/SFIC, 24 juin 1924, AD 93, Archives du PCF, 3 MI 6/7/64.

63. Pierre Ferrari et Herbert Maisl, *op. cit.*, p. 150.

64. AD 93, Archives du PCF, 3 MI 6/85/576.

65. Rapport de Victor Cat sur l'incorporation du groupe parlementaire dans l'appareil du parti, Conseil fédéral de la Seine, 18 mai 1924, AD 93, Archives du PCF, 3 MI 6/8/78.

66. Réunion du BP du PC/SFIC, AD 93, Archives du PCF, 3 MI 6/7/64.

67. Lettre de Marcel Maizières au secrétariat du PC/SFIC, 2 juin 1931, AD 93, Archives du PCF, 3 MI 6/85/576. Sur l'histoire du groupe parlementaire pendant la période thorézienne, voir Romain Ducoulombier, « Un groupe parlementaire incorporé ? Le parti communiste et son groupe parlementaire, 1924-1964 », « Les secrétariats administratifs des groupes parlementaires », colloque organisé par le Centre d'histoire de Sciences Po, 11 juin 2010.

68. Rapport F.9.396, 7 juillet 1924, AN F7 12897.

69. Sur la genèse de la crise de l'ARAC en 1922, voir Aurélien Durr, *Albert Treint*, *op. cit.*, p. 193-197.

70. Cité in *ibid.*, p. 195.

71. AN F7 13967.

72. Séance du CD du PC/SFIC, 8 janvier 1924, AD 93, Archives du PCF, 3 MI 6/7/62.

73. Andres Wirsching, *Von Weltkrieg zum Bürgerkrieg ? Politischer Extremismus in Deutschland und Frankreich 1918-1933/1939. Berlin und Paris im Vergleich*, Munich, R. Oldenburg Verlag, 1999, p. 268.

74. Rapport établi par les délégués de l'ARAC à la Commission spéciale d'enquête [15 juin 1924], RGASPI, 517/1/202.

75. Rapport non daté de René Ledoux au secrétariat du PC/SFIC, s.d. [juin 1924], RGASPI 517/1/202.

76. Séance de la Commission spéciale de contrôle, 3 juin 1924, RGASPI 517/1/202.

77. Lettre d'Albert Treint au CC de l'ARAC, 29 septembre 1924, RGASPI, 517/1/202.

78. Lettre d'Henri Barbusse à Albert Treint, Aumont (Oise), 23 septembre 1924, AN, Archives Maurice Thorez, 626 AP 72.

79. *Ibid*.

80. Rapport de René Ledoux à Pierre Sémard, 23 août 1924, RGASPI, 517/1/202.

81. Lettre de Charles Brousse au BP du PC/SFIC, s.l., octobre 1924. AN, Archives Maurice Thorez, 626 AP 72.

82. Lettre d'Henri Barbusse à Charles Brousse, Aumont-sur-Oise, 3 novembre 1924, AN, Archives Maurice Thorez, 626 AP 72.

83. Rapport de « Thomas » au CE de l'IC, 8 mai 1921, RGASPI, 499/1/5a/55.

84. Selon les déclarations de Kolarov devant la commission française du IVe Congrès, 2 décembre 1922, RGASPI, 491/1/296/65.

85. État des comptes de l'ISR, 1923-1924, RGASPI, 534/8/19/1-3.

86. Lettre manuscrite d'Albert Treint et Louis Sellier à l'IC, Paris, 2 avril 1924, RGASPI, 517/1/159.

87. Réunion du CD du PC/SFIC, 2 septembre 1924, AD 93, Archives du PCF, 3 MI/6/7/64.
88. Réunion du BP du PC/SFIC, 2 septembre 1924, AD 93, Archives du PCF, 3 MI/6/7/64.
89. Réunion du CD du PC/SFIC, 5 août 1924, AD 93, Archives du PCF, 3 MI 6/7/62.
90. Réunion du BP du PC/SFIC, 27 mars 1927, RGASPI, 517/1/507.
91. Réunion du BP du PC/SFIC, 2 septembre 1924, AD 93, Archives du PCF, 3 MI/6/7/64.
92. Lettre d'Albert Treint au BP du PC/SFIC, Moscou, 24 septembre 1924, RGASPI, 517/1/161.
93. Rapport du Bureau d'organisation du PC/SFIC au Comité exécutif de l'IC, Paris, 1925, RGASPI, 517/1/263.
94. Jean-Louis Panné, *Boris Souvarine*, op. cit., p. 142-143.
95. Annette Wieviorka, *Maurice et Jeannette. Biographie du couple Thorez*, Paris, Fayard, 2010, p. 64.
96. Stéphane Courtois et Annie Kriegel, *Eugen Fried*, op. cit. ; Philippe Robrieux, *Maurice Thorez, vie secrète et vie publique*, Paris, Fayard, 1975 ; Annette Wieviorka, op. cit.
97. Réunion du BP du PC/SFIC, 27 novembre 1925, RGASPI, 517/1/249/88.
98. Réunion du BP du PC/SFIC, 17 novembre 1925, RGASPI, 517/1/249/53.
99. Réunion du BP du PC/SFIC, 17 novembre 1925, RGASPI, 517/1/249/42-43.
100. Réunion de la CGTU, Calais, 25 mars 1922, AD du Pas-de-Calais, M-2373.
101. Réunion du BP du PC/SFIC, 17 novembre 1925, RGASPI, 517/1/249/47-48.
102. Réunion du BP du PC/SFIC, 17 novembre 1925, RGASPI, 517/1/249/40.
103. Réunion du BP du PC/SFIC, 17 novembre 1925, RGASPI, 517/1/249/51.
104. Lettre d'Alfred Rosmer à Boris Souvarine, Berlin, 21 novembre 1921, AD 93, Archives du PCF, 3 MI 6/1/10.
105. Lettre de Boris Souvarine à la Petite Commission française de l'IC, 28 novembre 1922 AD 93, Archives du PCF, 3 MI 6/3/26.
106. Jules Humbert-Droz, « Réponse à Treint », Paris, 19 février 1925, RGASPI, 517/1/299.
107. Colette Chambelland, *Pierre Monatte, une autre voix syndicaliste*, Paris, Éditions de l'Atelier, 1999, p. 143.
108. Réponse du BP à la lettre ouverte, 1924, AD 93, Archives du PCF, 3 MI 6/8/79.
109. Boris Souvarine, « Lettre à l'opposition », décembre 1927, dans Boris Souvarine, *À contre-courant*, Paris, Bureau d'Éditions, 1927, p. 138-145.
110. *Ibid.*
111. *Ibid.*
112. Selon son dossier de police inédit, Treint aurait adhéré à la SFIO en 1914, CAC 19940477-145.
113. Aurélien Durr, *Albert Treint*, op. cit., p. 30-32.
114. Rapport de police, 31 janvier 1916, CAC 19940477-145.
115. Pierre Boichu, *Suzanne Girault. Itinéraire d'une bolchevik française*, mémoire de DEA, université Paris-XIII, 2000, p. 89.

116. Cité par Aurélien Durr, *Albert Treint*, *op. cit.*, p. 160.

117. Rapport de Jules Humbert-Droz à Zinoviev, 21 avril 1923, *Archives de Jules Humbert-Droz*, tome 1, *op. cit.*, p. 474.

118. Emilio Gentile, *Qu'est-ce que le fascisme ?*, *op. cit.*, p. 120.

119. Aurélien Durr, *Albert Treint*, *op. cit.*, p. 200-205 ; Sylvain Boulouque et Olivia Gomolinski, « L'anticommunisme libertaire », *Communisme*, n° 62-62, 2000, p. 29-40 ; Sylvain Boulouque, « 11 janvier 1924, 33 rue de la Grange-aux-Belles », *Le Monde libertaire*, n° 24, 25 décembre 2003-11 janvier 2004.

120. Intervention de Charles Rappoport, congrès de Clichy, 20 janvier 1925, AD 93, Archives du PCF, 3 MI 6/10/89.

121. Intervention d'Amédée Dunois, congrès de Clichy, 20 janvier 1925, *ibid.*

122. Jean-Louis Panné, *Boris Souvarine*, *op. cit.*, p. 132 *sq.* ; Jean-Louis Chaigneau, *Boris Souvarine, militant internationaliste (1919-1924). L'Internationale communiste et sa section française (les causes de la bolchevisation du PCF)*, thèse de doctorat d'histoire, sous la direction de René Girault, université Paris-I, 1997 ; Aurélien Durr, *Albert Treint*, *op. cit.*

123. Cité par Jean-Louis Panné, *Boris Souvarine*, *op. cit.*, p. 134.

124. Robert Service, *Stalin. A Biography*, Londres, Pan Books, 2005 (2004), p. 219.

125. Jean-Louis Panné, *Boris Souvarine*, *op. cit.*, p. 135.

126. *Ibid.*, p. 138.

127. *Ibid.*, p. 139.

128. Réunion du CD du PC/SFIC, 25 mars 1924, AD 93, archives du PCF, 3 MI 6/7/62.

129. Lettre d'Henri Guilbeaux au CD du PC/SFIC, Berlin, 22 avril 1924, AD 93, Archives du PCF, 3 MI 6/7/69.

130. Lettre de Claude Calzan à Henri Guilbeaux, Paris, 16 avril 1924, *ibid.*

131. Réunion du CD du PC/SFIC, 16 septembre 1924, AD 93, Archives du PCF, 3 MI 6/7/62.

132. Sur tout cet épisode, voir Jean-Louis Panné, *Boris Souvarine*, *op. cit.*, en particulier p. 144 *sq.*

133. *Ibid.*, p. 145.

134. *Ibid.*, p. 146.

135. François Furet, *Le Passé d'une illusion*, *op. cit.*, p. 644.

136. Louis Sellier, rapport sur les questions internationales, 1er juin 1924, Conseil national du PC/SFIC, 1er et 2 juin 1924, AD 93, Archives du PCF, 3 MI 6/6/60.

137. Réunion du BP du PC/SFIC, 21 mai 1924, AD 93, Archives du PCF, 3 MI 6/7/64.

138. *L'Humanité*, 19 juillet 1924.

139. Lettre d'Albert Treint à Gouralksi, 17 septembre 1924, RGASPI, 517/1/159.

140. Lettre d'Albert Treint à Suzanne Girault, Moscou, 22 mai 1924, RGASPI, 517/1/161.

141. Stéphane Courtois et Annie Kriegel, *Eugen Fried*, *op. cit.*, p. 102-113.

142. Lettre de Jules Herclet à Pierre Monatte, 1er janvier 1925, RGASPI, 534/6/157/1.

143. Lettre de Boris Souvarine à Alfred Rosmer, Moscou, 26 novembre 1924, AN F7 13188. Cette lettre a été saisie chez

Suzanne Girault en 1925. Sur les pérégrinations de cette missive, voir Jean-Louis Panné, *Boris Souvarine*, *op. cit.*, p. 153-154.

144. Déclaration de la « droite » au Comité exécutif de l'IC, Paris, 14 février 1925, RGASPI, 517/1/294.

145. Intervention de Pierre Monatte au Conseil national du parti de Saint-Denis, 1ᵉʳ juin 1924, AD 93, Archives du PCF, 3 MI 6/6/60.

146. Jules Humbert-Droz, « Réponse à Treint », 19 février 1925, RGASPI, 517/1/299.

Conclusion

1. Louis-Oscar Frossard, « Adresse aux militants », AD 93, Archives du PCF, 3 MI 6/5/48.

2. Réunion du BP du PC/SFIC, 30 novembre 1925, RGASPI, 517/1/249/113.

3. Oleg Khlevniouk, *Le Cercle du Kremlin. Staline et le Bureau politique dans les années 1930 : les jeux du pouvoir*, Paris, Le Seuil, 1996.

4. Laird Boswell, « L'historiographie du communisme français est-elle dans une impasse ? », *Revue française de science politique*, n° 5-6, vol. 55, oct.-déc. 2005, p. 919-933.

5. Marc Lazar, *Maison rouges. Les Partis communistes français et italiens de la Libération à nos jours*, Paris, Aubier, 1992.

6. Franck Liaigre et Jean-Marc Berlière, *Liquider les traîtres. La face cachée du PCF, 1941-1943*, Paris, Robert Laffont, 2007.

7. Emilio Gentile, *Qu'est-ce que le fascisme ?*, *op. cit.*, p. 120.

8. Kevin McDermott, Jeremy Agnew, *The Comintern. A History of Communism from Lenin to Stalin*, Londres, MacMillan, 1996, p. 15.

9. Robert Castel, *Les Métamorphoses de la question sociale*, *op. cit.*

10. Madeleine Rebérioux, « Les tendances hostiles à l'État dans la SFIO (1905-1914) », Madeleine Rebérioux, *Parcours engagés dans la France contemporaine*, Paris, Belin, 1999, p. 39-59, p. 59.

11. Lucien Lévy-Bruhl, *Jean Jaurès. Esquisse biographique. Nouvelle édition augmentée de lettres inédites*, Paris, F. Rieder et Cⁱᵉ Éditeurs, 1924, en particulier p. 65 *sq*.

12. Jean Prévost, *Dix-Huitième Année*, Paris, Gallimard, 1993 (1929), p. 14.

Bibliographie indicative

Cette courte bibliographie est destinée à indiquer au lecteur des pistes et des compléments. Les sources et la bibliographie sont consultables de manière détaillée, en plus de nombreuses annexes, dans Romain Ducoulombier, *Régénérer le socialisme. Aux origines du communisme en France (1905-1925)*, thèse de doctorat d'histoire, IEP de Paris, sous la direction de Marc Lazar, 2007, p. 804-1000.

Agnew Jeremy et Mc Dermott Kevin, *The Comintern. A History of International Communism from Lenin to Stalin*, Londres, McMillan, 1996.

Audoin-Rouzeau Stéphane et Becker Annette, *14-18. Retrouver la guerre*, Paris, Gallimard, 2003 (2000).

Barbusse Henri, *Le Feu. Journal d'une escouade*, suivi de *Carnet de guerre*, préface de Pierre Paraf, Paris, Flammarion, 1965 (1916).

—, *Paroles de combattant*, Paris, Flammarion, 1920.

Barbusse Henri *et al.*, *Ce que j'ai appris à la guerre*, Paris, Éditions Montaigne, Les Cahiers Contemporains n° 6, 1927.

Barthas Louis, *Les Carnets de guerre de Louis Barthas, tonnelier, 1914-1918*, Paris, La Découverte/Poche, 1997 (1978).

Becker Jean-Jacques, *Le Carnet B. Les pouvoirs publics et l'antimilitarisme avant la guerre de 1914*, Paris, Éditions Klincksieck, 1973.

—, *1914 : Comment les Français sont entrés dans la guerre. Contribution à l'étude de l'opinion publique, printemps-été 1914*, Paris, Presses de la FNSP, 1977.

Becker Jean-Jacques et Candar Gilles (dir.), *Histoire des gauches en France*, Paris, La Découverte, 2004, 2 vol.

Bergounioux Alain et Grunberg Gérard, *L'ambition et le remords. Les socialistes français et le pouvoir (1905-2005)*, Paris, Fayard, 2005.

Bernstein Édouard, *Les Présupposés du socialisme*, traduction par Jean Ruffet et Michel Mozet, présenté par Frédéric Bon et Michel-Antoine Burnier, Paris, Le Seuil, 1974 (1899).

Bernstein Samuel, *The Beginnings of Marxian Socialism in France*, New York, Colonial Press Inc., 1933.

Besançon Alain, *Les Origines intellectuelles du léninisme*, Paris, Gallimard, 1977.

Bloch Jean-Richard, *Destin du siècle*, Paris, PUF, 1996 (1931).

Bloch Marc, « Réflexions d'un historien sur les fausses nouvelles de la guerre », *in* Marc Bloch, *Écrits de guerre 1914-1918*, Paris, Armand Colin, 1997, p. 169-184.

Body Marcel, *Les Groupes communistes français de Russie 1918-1921*, Paris, Éditions Allia, 1988.

Boichu Pierre, *Suzanne Girault. Itinéraire d'une bolchevik française*, mémoire de DEA d'histoire, sous la direction de Jacques Girault, université Paris-XIII, 2000.

Boswell Laird, « L'historiographie du communisme français est-elle dans une impasse ? », *Revue française de science politique*, n° 5-6, vol. 55, oct.-déc. 2005, p. 919-933.

Bouju Marie-Cécile, *Les Maisons d'édition du Parti communiste français, 1920-1956*, thèse de doctorat d'histoire, sous la direction de Marc Lazar, IEP de Paris, 2005.

Boulanger Philippe, *La France devant la conscription. Géographie historique d'une institution républicaine, 1914-1922*, Paris, Economica, 2001.

Boulouque Sylvain, « Les Jeunesses communistes : structures d'organisation, appareil et implantation », *Communisme*, n° 76-77, 2003/2004, p. 7-27.

—, « Usages, sens et fonctions de la violence dans le mouvement communiste en France, 1920-1936 », *Communisme*, n° 78-79, 2e et 3e trimestres 2004, p. 105-130.

Boulouque Sylvain et Liaigre Franck, *Les Listes noires du PCF*, Paris, Calmann-Lévy, 2008.

Cabanes Bruno, *La Victoire endeuillée. La sortie de guerre des soldats français (1918-1920)*, Paris, Le Seuil, 2004.

Cachin Marcel, « Les lettres de Marcel Cachin à sa femme (avril-novembre 1918) », *Cahiers d'histoire de l'Institut de recherches marxistes*, n° 48, 1992, p. 19-76.

—, *Carnets*, tomes 1 à 3, Paris, CNRS Éditions, 1993, 1995, 1998.

Candar Gilles, *Jean Longuet. Un internationaliste à l'épreuve de l'histoire*, Rennes, Presses universitaires de Rennes, 2007.

Candar Gilles et Prochasson Christophe, « Le socialisme à la conquête des terroirs », *Le Mouvement social*, n° 160, juill.-sept. 1992, p. 33-63.

Castel Robert, *Les Métamorphoses de la question sociale. Une chronique du salariat*, Paris, Gallimard, 1999 (1995).

Cavanelle-Boutet de Monvel Marie-Hélène, *Ascétisme et héroïsme dans l'œuvre de Marx/Engels*, thèse de doctorat d'État de lettres, sous la direction de Guy Planty-Bonjour, université de Poitiers, 1990.

Chambarlhac Vincent et Ducoulombier Romain (dir.), *Les Socialistes et la Grande Guerre. Ministres, militants, combattants de la majorité (1914-1918)*, Dijon, Éditions universitaires de Dijon, 2008.

Chambelland Colette, *Pierre Monatte, une autre voix syndicaliste*, Paris, Éditions de l'Atelier, 1999.

Charles Jean, Girault Jacques, Robert Jean-Louis, Tartakowsky Danielle et Willard Claude (présenté par), *Le Congrès de Tours*, Paris, Éditions sociales, 1980.

Chinsky Pavel, *Micro-Histoire de la Grande Terreur. La fabrique de la culpabilité à l'ère stalinienne*, Paris, Denoël, 2005.

Cochet François, *Survivre au front 1914-1918. Les poilus entre contrainte et consentement*, Paris, 14-18 Éditions, 2005.

Cœuré Sophie, *La Grande Lueur à l'Est. Les Français et l'Union soviétique 1917-1939*, Paris, Le Seuil, 1999.

Colas Dominique, *Le Léninisme*, Paris, PUF, 1982.

Confino Michaël, *Violence dans la violence : le débat Bakounine-Netchaïev*, Paris, Maspero, 1973.

Courtois Stéphane (dir.), *Le Livre noir du communisme*, Paris, Robert Laffont, 1997.

—, (dir.), *Quand tombe la nuit. Origines et émergence des régimes totalitaires en Europe 1900-1934*, Paris, L'Âge d'homme, 2001.

—, (dir.), *Dictionnaire du communisme*, Paris, Larousse, 2007.

Courtois Stéphane et Kriegel Annie, *Eugen Fried. Le grand secret du PCF*, Paris, Le Seuil, 1997.

Courtois Stéphane et Lazar Marc, *Histoire du Parti communiste français*, Paris, PUF, 2001.

Cru Jean Norton, *Témoins. Essai d'analyse et de critique des souvenirs de combattants édités en français de 1915 à 1928*, Paris, Presses universitaires de Nancy, 1993 (1929).

Dommanget Maurice, *L'Introduction du marxisme en France*, Lausanne, Éditions Rencontre, 1969.

Droit Emmanuel, *Vers un homme nouveau ? L'éducation socialiste en RDA (1945-1989)*, Rennes, Presses universitaires de Rennes, 2009.

Ducoulombier Romain, *Régénérer le socialisme. Aux origines du communisme en France 1905-1925*, thèse de doctorat d'histoire, IEP de Paris, sous la direction de Marc Lazar, 2007.

—, « La Sociale sous l'uniforme : obéissance et résistance à l'obéissance dans les rangs du socialisme et du syndicalisme français, 1914-1916 », André Loez et Nicolas Mariot (dir.), *Obéir/Désobéir. Les mutineries en perspective*, Paris, La Découverte, 2008, p. 266-279.

—, (dir.), *Les Socialistes dans l'Europe en guerre. Réseaux, parcours, expériences 1914-1919*, Paris, L'Harmattan, coll. « Des poings et des roses », 2010.

Dumoulin Georges, *Carnets de route (quarante années de vie militante)*, Lille, Éditions de l'Avenir, 1938.

Durr Aurélien, *Albert Treint : itinéraire politique (1914-1939)*, thèse de doctorat d'histoire, sous la direction de Jacques Girault, université Paris-XIII, 2006.

Febvre Lucien, « Une question d'influence : Proudhon et le syndicalisme des années 1910-1914 », Lucien Febvre, *Pour une histoire à part entière*, Paris, SEVPEN, 1962, p. 772-786.

Ferrette François, *Le Comité de la IIIe Internationale et les débuts du PC français (1919-1936)*, mémoire de maîtrise d'histoire, sous la direction de Claude Pennetier, université Paris-I, 2005.

Figes Orlando, *La Révolution russe 1891-1924. La tragédie d'un peuple*, Paris, Gallimard, 2009, 2 vol.

Fœssel Georges, « Strasbourg sous le drapeau rouge. La révolution de novembre 1918 », *Saisons d'Alsace*, n° 28, automne 1968, p. 417-509.

Frossard Louis-Oscar, *Mon journal de voyage en Russie (5 juin-30 juillet 1920). Recueil de coupures de presse extraites du journal L'Internationale*, Paris, Bibliothèque nationale, 1993 (1920).

—, *Le Parti socialiste et l'Internationale. Rapport sur les négociations conduites à Moscou suivi des thèses présentées au 2e Congrès de l'Internationale communiste*, Paris, Librairie de l'Humanité, 1920.

—, *Pour la IIIe Internationale. Discours prononcé au XIIIe Congrès national du parti socialiste tenu à Tours du 25 au 30 décembre 1920*, Paris, Édition de la Librairie de L'Humanité, 1921.

—, *De Jaurès à Lénine. Notes et souvenir d'un militant*, Paris, Éditions de la Nouvelle Revue socialiste, 1930.

Furet François, *Penser le XXe siècle*, Paris, Robert Laffont, 2007.

Geamanu Grigore, *La Résistance à l'oppression et le droit à l'insurrection. L'organisation pratique de la résistance révolutionnaire*, Paris, Domat-Montchrestien, 1933.

Gentile Emilio, *Qu'est-ce que le fascisme ? Histoire et interprétation*, Paris, Gallimard, 2004.

Ginsburg Shaul, *Raymond Lefebvre et les origines du communisme français*, Paris, Éditions Têtes de feuilles, 1975.

Gomolinski Olivia, « Un modèle de médiation culturelle et politique : la période parisienne de Solomon Abramovitch Dridzo, dit Alexandre Lozovsky (1909-1917) », *Archives juives*, 2001/2, n° 34, p. 17-29.

Guesde Jules, *Essai de catéchisme socialiste*, Paris, Marcel Rivière, coll. « Les documents socialistes », 1912 (1873).

Guilbeaux Henri, *Du Kremlin au Cherche-Midi*, Paris, Gallimard, 1933.

—, *Lénine à Zimmerwald*, Paris, Éditions G. Mignolet & Storz, 1934.

Griffuehles Victor, *Voyage révolutionnaire. Impressions d'un propagandiste*, Paris, Marcel Rivière, 1910.

Halfin Igal, *Terror in my Soul. Communist Autobiographies on Trial*, Cambridge (Mass.) et Londres, Harvard University Press, 2003.

Haupt Georges, *Le Congrès manqué. L'Internationale à la veille de la Première Guerre mondiale*, Paris, Maspero, 1965.

Hirschman Albert O., *Défection et prise de parole : théorie et applications*, Paris, Fayard, 1995.

Horne John, *Labour at War. France and Britain, 1914-1918*, Clarendon Press, Oxford, 1991.

Humbert-Droz Jules, *Archives de Jules Humbert-Droz*, tome 1 et 2, édition établie par Siegfried Bahne, Dordrecht, D. Reidel Publishing Company, 1970, 1983.

Humbert-Droz Jules et Kriegel Annie (en collaboration avec), *L'Œil de Moscou à Paris. Jules Humbert-Droz ancien secrétaire de l'Internationale communiste*, Paris, Julliard, 1964.

Jousse Emmanuel, *Réviser le marxisme ? D'Édouard Bernstein à Albert Thomas, 1894-1914*, Paris, L'Harmattan, coll. « Des poings et des roses », 2007.

Judt Tony, *La Reconstruction du parti socialiste 1921-1926*, Paris, Presses de la FNSP, 1976.

—, « "The Spreading Notion of the Town" : Some Recent Writings on French and Italian Communism », *The Historical Journal*, vol. 28, n° 4, 1985, p. 1011-1021.

Julliard Jacques, « La CGT devant la guerre (1900-1914) », *Le Mouvement social*, n° 49, octobre-décembre 1964, p. 47-62.

—, « Annie Kriegel, *Histoire du mouvement ouvrier français, 1914-1920. Aux origines du communisme français* », *Le Mouvement social*, janvier-mars 1965, n° 50, p. 121-127.

—, « L'éternel guesdisme », *Critique*, n° 234, novembre 1966, p. 950-959.

—, *Fernand Pelloutier et les origines du syndicalisme d'action directe*, Paris, Le Seuil, 1971.

—, *Autonomie ouvrière. Études sur le syndicalisme d'action directe*, Paris, Gallimard/Le Seuil, 1988.

Kriegel Annie, « Sur les rapports de Lénine avec le mouvement zimmerwaldien français », *Cahiers du monde russe et soviétique*, vol. 3, n° 2, avril-juin 1962, p. 298-306.

—, « Le dossier de Trotsky à la Préfecture de Paris », *Cahier du monde russe et soviétique*, vol. IV, juillet-septembre 1963, p. 264-300.

—, « Jaurès en juillet 1914 », *Le Mouvement social*, n° 49, octobre-décembre 1964, p. 63-79.

—, *Le Congrès de Tours (1920). Naissance du Parti communiste français*, Paris, Julliard, 1964.

—, *Aux origines du communisme français, 1914-1920*, Paris, Mouton, 1964, 2 vol.

—, *Le pain et les roses. Jalons pour une histoire du socialisme*, Paris, PUF, 1968.

—, *Les Grands Procès dans les systèmes communistes*, Paris, Gallimard, 1972.

—, *Communismes au miroir français*, Paris, Gallimard, 1974.

La Chesnais Pierre-Georges, *Le Soviet et la paix. « Sans annexions » que signifie la formule ?*, Paris, Bureaux de l'Action nationale, 1918.

Lalouette Jacqueline, *La Libre-Pensée en France, 1848-1940*, Paris, Albin Michel, 2001 (1997).

Lavau Georges, *À quoi sert le Parti communiste français ?*, Paris, Fayard, 1981.

Lazar Marc, *Maison rouges. Les Partis communistes français et italiens de la Libération à nos jours*, Paris, Aubier, 1992.

—, « Le parti et le don de soi », *Vingtième Siècle*, n° 60, octobre-décembre 1998, p. 35-42.

—, *Le Communisme une passion française*, Paris, Perrin, 2005 (2002).

Lefebvre Raymond, *L'Internationale des Soviets*, Paris, La Vie ouvrière, septembre 1919.

—, *La Révolution ou la mort*, Paris, Éditions Clarté, 1920.

—, *L'Éponge de vinaigre*, Paris, Éditions Clarté, 1921.

Lefebvre Raymond et Vaillant-Couturier Paul, *La Guerre des soldats*, préface d'Henri Barbusse, Paris, Flammarion, 1919.

Lefort Claude, *La Complication : retour sur le communisme*, Paris, Fayard, 1999.

Lénine, *Œuvres*, Paris, Éditions sociales/Moscou, Éditions en langue étrangère, 1960.

« Lettre de Clara Zetkin à Paul Lévi, 10 janvier 1921 », *Est & Ouest*, n° 458, 16-31 décembre 1970, p. 27-28.

Loez André, *14-18. Les Refus de la guerre. Une histoire des mutins*, Paris, Gallimard, 2010.

Luxemburg Rosa, *J'étais, je suis, je serai ! Correspondance 1914-1919*, Paris, Maspero, 1977.

Luzzatto Sergio, *L'Impôt du sang. La gauche française à l'épreuve de la guerre mondiale 1900-1945*, Paris, Presses universitaires de Lyon, 1996.
Marx Karl, *Manifeste du parti communiste*, traduction de Paul Lafargue, Paris, Mille et Une Nuits, 1994.
Marx Karl, Engels Friedrich, Marx Jenny, *Lettres à Kugelmann*, Paris, Éditions sociales, 1971.
Michels Robert, *Les Partis politiques. Essai sur les tendances oligarchiques des démocraties*, traduction S. Jankélévitch, Bruxelles, Éditions de l'université de Bruxelles, 2009 (1914).
Naegelen René, *Cette vie que j'aime*, Paris, Colbert, 1963, 2 vol.
—, *Les Suppliciés*, Paris, Colbert, 1966 (1925).
La Naissance du parti ouvrier français : correspondance inédite de Jules Guesde et Paul Lafargue, présenté par Claude Willard, Paris, Éditions sociales, 1981.
Nous crions grâce. 154 lettres de pacifistes juin-novembre 1916, présenté par Thierry Bonzon et Jean-Louis Robert, Paris, Éditions ouvrières, 1989.
Offenstadt Nicolas, *Victor Méric. De la Guerre sociale au pacifisme intégral*, mémoire de DEA d'histoire, sous la direction de Jean-Pierre Azéma, IEP de Paris, 1990.
Offerlé Michel, « Illégitimité et légitimation du personnel politique ouvrier en France avant 1914 », *Annales ESC*, n° 4, juillet-août 1984, p. 681-716.
Ozouf Mona, *L'Homme régénéré. Essais sur la Révolution française*, Paris, Gallimard, 1989.
Panné Jean-Louis, *Boris Souvarine. Le premier désenchanté du communisme*, Paris, Robert Laffont, 1993.
Pennetier Claude et Pudal Bernard (dir.), *Autobiographies, autocritiques, aveux dans le monde communiste*, Paris, Belin, 2002.
Perrot Michelle, « Les problèmes des sources pour l'étude du militant ouvrier au XIXe siècle », *Le Mouvement social*, octobre 1960-mars 1961, n° 33-34, p. 21-34.
—, « Les guesdistes : controverse sur l'introduction du marxisme en France », *Annales ESC*, vol. 22, 1967, n° 1-3, p. 701-710.
—, *Jeunesse de la grève 1871-1890*, Paris, Le Seuil, 1984.
Pipes Richard, *The Unknown Lenin*, New Haven et Londres, Yale University Press, 1996.
Prévost Jean, *Dix-huitième année*, Paris, Gallimard, 1993 (1929).
Prochasson Christophe, « Sur la réception du marxisme en France : le cas Andler (1890-1920) », *Revue de synthèse*, IVe série, n° 1, janvier-mars 1989, p. 85-108.
—, « Entre science et action sociale : le "réseau Albert Thomas" et le socialisme normalien 1900-1914 », *in* Topalov Christian (dir.),

Laboratoires du nouveau siècle. La nébuleuse réformatrice et ses réseaux en France 1880-1914, Paris, Éditions de l'EHESS, 1999, p. 141-158.

Prost Antoine, « Les limites de la brutalisation. Tuer sur le front occidental 1914-1918 », *Vingtième Siècle*, n° 81, janvier-mars 2004, p. 5-20.

Prost Antoine et Winter Jay, *Penser la Grande Guerre. Essai d'historiographie*, Paris, Le Seuil, 2004.

Pudal Bernard, *Prendre parti. Pour une sociologie historique du PCF*, Paris, Presses de la FNSP, 1989.

Racine Nicole, *Les Écrivains communistes en France 1920-1936*, Paris, thèse de doctorat d'histoire, sous la direction de René Rémond, 1963.

Rappoport Charles, *Une vie révolutionnaire. Les mémoires de Charles Rappoport*, Paris, Éditions de la MSH, 1991.

Rebérioux Madeleine, « Discours prononcé à l'association des Amis d'Henri Barbusse pour les 70 ans de la publication du *Feu* », *Cahiers Henri Barbusse*, n° 12, nov. 1986, p. 13-20.

—, « Pour un dialogue avec Annie Kriegel et son œuvre », *Le Mouvement social*, n° 172, juil.-sept. 1995, p. 89-95.

—, *Parcours engagés dans la France contemporaine*, Paris, Belin, 1999.

Rebérioux Madeleine et Rioux Jean-Pierre (dir.), *Jaurès et la classe ouvrière*, Paris, 1981.

Reynaud René, *Petit Catéchisme bolchevik*, Paris, Éditions Clarté, 1919.

Ridel Charles, *Les Embusqués*, Paris, Armand Colin, 2007.

Robert Jean-Louis, *Les Ouvriers, la Patrie et la Révolution. Paris 1914-1919*, Paris, Les Belles Lettres, 1995.

Robrieux Philippe, *Maurice Thorez. Vie secrète et vie publique*, Paris, Fayard, 1975.

Rioux Jean-Pierre, *Jean Jaurès*, Paris, Perrin, 2005.

Rolland Romain, *Journal des années de guerre, 1914-1919*, Paris, Albin Michel, 1952.

Rosmer Alfred, *Moscou sous Lénine. Les origines du communisme*, Paris, Maspero, 1970 (1953), 2 vol.

—, *Le Mouvement ouvrier pendant la guerre*, tome 1, *De l'Union sacrée à Zimmerwald*, tome 2, *De Zimmerwald à la Révolution russe*, Aubervilliers, Éditions d'Avron, 1993 (1937, 1959).

Russell Bertrand, *La Pratique et la théorie du bolchevisme*, Paris, Éditions de la Sirène, 1921.

Sadoul Jacques, *Notes sur la Révolution bolchevique*, Paris, Flammarion, 1919.

Saint-Pierre David, *Maurice Laporte. Une jeunesse révolutionnaire. Du communisme à l'anticommunisme (1916-1945)*, Laval, Presses de l'université Laval, 2006.

Santamaria Yves, « Passions pacifistes et violence révolutionnaire aux origines du communisme français », *Communisme*, n° 67-68, second semestre 2001, p. 41-69.

Schröder Joachim, *Internationalismus nach dem Krieg. Die Beziehungen zwischen Deutschen und Französischen Kommunisten 1918-1923*, Essen, Klartext Verlag, 2008.

Sembat Marcel, *Faites un roi sinon faites la paix !*, Paris, Éditions Eugène Figuière, 1913.

—, *Perdons-nous la Russie ?*, Paris, Grasset, 1917.

—, *Les Cahiers noirs. Journal 1905-1922*, présenté par Christian Phéline, Paris, Viviane Hamy, 2007.

Smith Leonard V., *Between Mutiny and Obedience : the Case of the French Fifth Infantry Division during World War I*, Princeton (New Jersey), Princeton University Press, 1994.

Souvarine Boris, *Éloge des Bolcheviks*, Paris, Librairie du Populaire, 1919.

—, *La Troisième Internationale*, Paris, Éditions Clarté, 1919.

—, « Avant-propos à une lettre de Lénine à Boris Souvarine », *Est & Ouest*, avril 1970.

—, « Fragments d'un rapport sur la scission de Tours », *Est & Ouest*, n° 458, 16-31 décembre 1970, p. 23-26.

—, *Autour du congrès de Tours*, Paris, Éditions Champ Libre, 1981.

—, *À contre-courant. Écrits 1925-1939*, Paris, Denoël, 1985.

Syndicalisme révolutionnaire et communisme. Les archives de Pierre Monatte 1914-1924, présenté par Colette Chambelland et Jean Maitron, préface d'Ernest Labrousse, Paris, Maspero, 1968.

Tartakowsky Danielle, *Les Premiers Communistes français*, Paris, Presses de la FNSP, 1980.

Thierry Albert, *Réflexions sur l'éducation*, préface de Marcel Martinet, Blainville-sur-Mer, L'Amitié par le Livre, 1962 (1912).

Trotski Léon, *Le Mouvement communiste en France (1919-1939)*, présenté par Pierre Broué, Paris, Éditions de Minuit, 1967.

Vallet Odon, *Qu'est-ce qu'une religion ? Héritage et croyances dans les religions monothéistes*, Paris, Albin Michel, 1999.

Van der Linden Marcel, Thorpe Wayne, « Essor et déclin du syndicalisme révolutionnaire », *Le Mouvement social*, n° 159, avril-juin 1992, p. 3-36.

Werth Léon, *Clavel soldat*, Paris, Viviane Hamy, 1993 (1919).

Werth Nicolas, *La terreur et le désarroi. Staline et son système*, Paris, Perrin, 2007.

Wieviorka Annette, *Maurice et Jeannette : biographie du couple Thorez*, Paris, Fayard, 2010.
Willard Claude, *Le Mouvement socialiste en France (1893-1905). Les guesdistes*, Paris, Éditions sociales, 1965.
Wohl Robert, *French Communism in the Making*, Stanford (Cal.), Stanford University Press, 1966.
Wolikow Serge *et al.* (dir.), *Le Siècle des communismes*, Paris, Le Seuil, 2004 (2000).
—, *Komintern : l'histoire et les hommes. Dictionnaire biographique de l'Internationale communiste*, Paris, Éditions de l'Atelier, 2001.
Zévaès Alexandre, *Le Socialisme en 1912, Histoire des partis socialistes en France*, tome 11, Paris, Marcel Rivière, 1912.
—, *De l'Introduction du marxisme en France*, Paris, Marcel Rivière, 1947.

Index

Abramovitch, Alexandre E. : 229, 235-236, 303
Alloyer, Robert : 285
Almereyda, Miguel : 86
Andler, Charles : 41-42, 46, 54
Armand, Inessa : 129, 151

Badina, Louis : 170-171
Bailly, Louis-Éloi : 185
Balabanova, Angelica : 345
Baquet, J. : 338
Barbé, Henri : 276
Barberey, Rosalie : 171
Barbusse, Henri : 83-84, 89, 102-105, 168, 171-173, 175-178, 180-182, 304, 330-332
Barrué, Jean : 181
Barthou, Louis : 179
Becker, Georges : 294
Becker, Jean-Jacques : 80
Benda, Raymond : 92
Bergère, Aurélien : 221
Bernard, Alphonsine : 286
Bernier, Jean : 178
Bernstein, Eduard : 47
Bert, Paul : 219
Berth, Édouard : 180
Bertho, Louis : 136
Bertrand : 321

Berzine, Ian A. : 163, 197
Bestel, Émile : 262
Bigot, Marthe : 296
Blanc, Alexandre : 123, 131
Blanchard : 282
Bled, Jules : 75
Bloch, Jean-Richard : 88-89, 116, 136
Bloch, Oscar : 268
Blum, Léon : 22, 143, 158, 209, 215-218, 220-221, 225-228, 239-240, 251
Body, Marcel : 164-165, 168
Boileau : 125
Bonnier, Charles : 56
Bordiga, Amadeo : 301, 307
Boukharine, Nicolaï : 204, 346
Bourderon, Albert : 127-130, 139
Bourdieu, Pierre : 195
Bourgin, Hubert : 136
Boutet, Charles : 289
Bouthonnier, Paul : 190, 221
Boyer, Henri : 105
Bracke, Alexandre-Marie Desrousseaux dit Alexandre : 217, 226-227, 237
Brançon, Maurice : 271
Branting, Hjalmar : 144
Briand, Aristide : 49, 132

Brion, Hélène : 137
Brizon, Pierre : 102, 123, 131-133, 280
Brouckère, Louis de : 124, 134-136, 138-139
Brousse, Charles : 333-334
Brupbacher, Fritz : 164
Bruyère, Georges : 173

Cachin, Marcel : 49, 74-75, 81, 117-118, 134, 158, 184-186, 198, 200-208, 210-215, 221-222, 225, 236-239, 245, 252-253, 258-259, 263, 267, 280, 284, 297, 327
Caillaux, Joseph : 45, 48-49, 78, 175
Calzan, Claude : 181, 328, 349-350
Cambier, Jeanne : 291, 294
Cambier, Victor dit Cat : 329-330
Camélinat, Zéphirin : 239
Cartier, Henri : 116-117, 135
Celor, Pierre : 276
Chalon, Alexandre : 291
Chambelland, Maurice : 333, 342
Champeaux, Georges : 181
Chapoan, Raoul : 164-166
Cibot, Roger, dit Sadrin : 86
Clemenceau, Georges : 48, 109, 124, 137, 144, 149, 157, 170, 186
Clergeau, Paul : 85
Clévy, Émile : 221
Coen, Antonio : 268
Cogniot, Georges : 178
Colly : 282
Compère-Morel, Adéodat : 58, 120
Coste, Maurice : 230
Courtois, Stéphane : 209
Crémet, Jean : 285
Crispien, Artur : 203, 207

Dalbiez, Victor : 95
Dassonville, Paul : 86
De Kay, John : 177
Delagarde, Victor : 257, 296, 324, 342
Delcassé, Théophile : 99
Delépine, Maurice : 125, 173
Delory, Gustave : 149, 217
Delplanque, Constant : 256

Desphelippon, Francis : 334
Dispan de Floran, Henry : 89-91, 104
Dispan de Floran, Louis : 89, 92
Dispan de Floran, Thérèse : 91
Dondicol, Eugène : 191
Dorgelès, Roland : 84, 177
Dormoy, Jean : 271
Doumergue, Gaston : 48-49
Doysie, Abel : 176, 180
Dreyfus, Alfred : 48, 56, 60, 269, 289-290
Drieu La Rochelle, Pierre : 174
Dubreuilh, Louis : 57, 81, 192, 298
Dudilieux, Édouard : 338-340
Duhamel : 177
Dumas, Charles : 144
Dumas, Pierre : 190, 268
Dumollard, Jean : 190
Dumoulin, Georges : 106, 130, 175, 192, 367
Dunois, Amédée : 126, 210, 215, 229-230, 247, 255, 296, 346-348
Dupont, Auguste Marius : 217, 278, 280, 285-286
Durkheim, Émile : 88
Duval, Charles-Émile : 272
Duverger, Maurice : 326
Dzerjinski, Feliks : 166, 348

Eberlein, Hugo : 255
Engels, Friedrich : 224

Fabre, Henri : 127, 198-199, 257, 269, 275, 278-281, 284, 360
Faure, Ferdinand : 223, 258, 271
Faure, Paul : 135, 196, 200, 203, 215-216, 224, 226-228, 232, 239-240, 248, 288
Faure, Sébastien : 127
Ferrat, André Morel dit André : 181-182
Ferrer, Francisco : 60, 62
Ferrette, François : 190
Ferry, Abel : 74, 76
Figeac, Raymond : 100
Finley, Moses I. : 107
Flach, Maurice (avocat) : 168

Fourrier, Marcel : 178, 180
France, Anatole : 177
François-Ferdinand d'Autriche, archiduc : 73
Fromentin, Maurice : 332
Frossard, Louis-Oscar : 117, 125, 136, 143-144, 146, 148, 158-159, 170, 172, 177, 184-186, 198, 200-208, 210-215, 219-222, 224-225, 227-228, 230, 233-234, 236-237, 241, 245, 250-254, 256, 258, 261, 264, 267, 270, 277-279, 281-282, 284, 288, 296-297, 301, 304, 306-307, 309-310, 312, 331, 355, 359-361

Gaboriaud, Josué : 100-101
Gaby, Jean-Baptiste : 221
Galliffet, Gaston de : 149
Galpérine, Abraham : 178
Gambetta, Léon : 219
Gassier, Henri-Paul Deyvaux-Gassier dit H.-P. : 220
Gauche, Marcel : 181
Gayman, Vital : 319-320
Gillet, Raoul : 87
Girault, Suzanne Depollier dite Suzanne : 162, 165, 258, 260, 304, 311, 313-314, 343, 345, 347, 349, 352-354
Godonèche, Victor : 342
Goldscheider, Marcel : 198
Gontcharov, Ivan : 156
Gosse, René : 181
Goude, Émile : 225
Gouralski, Abraham Heifetz, dit Lepetit dit : 313, 335-337, 350-351
Gouttenoire de Toury, Marie Fernand : 331
Graziadei, Antonio : 266
Grey, Edward, Lord : 76
Griffuehles, Victor : 36-38
Grimm, Robert : 203
Grisenberg, Cilly : 323
Groh, Dieter : 62
Guesde, Jules : 46, 50, 55-58, 70, 82, 112, 117-120, 149, 192, 217, 227-228, 248, 299

Guilbeaux, Henri : 161-169, 197, 266, 349-350
Guillaumin, Émile : 105

Haase, Hugo : 73
Hardy, Charles : 217
Hasfeld, Marcel : 296
Hattenberger, Jules : 296
Heine, Maurice : 256
Hennion, Célestin, préfet : 79
Herclet, Jules : 296, 354
Herr, Lucien : 46
Hertz, Robert : 88-89
Hervé, Gustave : 37, 60, 62, 65-68, 81
Höglund, Zett : 352
Hubacher, Charles : 163
Humbert-Droz, Jules : 197-198, 236, 263, 265, 270, 279, 281-282, 296, 310-311, 313, 327, 335, 341, 351, 355
Huysmans, Camille : 129, 183

Israël, Léon : 81

Janin, Jacques : 96
Jarlot, Albert : 288
Jaurès, Jean : 21-22, 31-34, 38-46, 49-50, 54, 57-58, 60-61, 66, 68, 72-77, 79-80, 92, 109, 120, 126, 158, 175, 192, 207, 219, 240-241, 247-248, 299, 367-369, 372
Jaurès, Louise : 239
Jean, Renaud : 98-100, 191, 255, 266, 271-272, 274-275, 323
Jerram, Guy : 221, 348
Jordy : 322
Jouhaux, Léon : 38, 74-75, 112
Judt, Tony : 20
Julliard, Jacques : 20

Kamenev, Lev Rosenfeld dit Lev : 166
Kant, Emmanuel : 240
Kaplan, Fanny : 310
Kautsky, Karl : 73
Keir-Hardie, James : 41, 73

Kelsen, Hans : 64
Kemerer, Victor : 197, 211
Ker, Antoine Keim dit : 229, 251, 253, 261, 267-270, 341
Ker, Madeleine : 270
Kerenski, Alexandre : 133
Kolarov, Vassil : 254, 265, 271
Krassine, Leonid Borissovitch : 232
Kriegel, Annie : 17, 19-20, 26, 33, 97, 191, 209, 218, 221, 225

Labourbe, Jeanne : 165
Labrousse, Ernest : 19, 178
Lafont, Ernest : 207
Lagardelle, Hubert : 274
Laguesse, Paul : 294
Lamaison, Jacques : 82
Landrieu, Philippe : 239
Laporte, Maurice : 115, 264
Laskine, Edmond : 100
Lauche, Joseph : 81
Lavigne, Alexandre : 196
Lazar, Marc : 209
Le Troquer, André : 215, 229, 232
Lebas, Jean : 227
Lebey, André : 42, 100-101
Ledoux, René : 333
Lefebvre, Raymond : 97, 104, 162, 172-175, 178, 180, 192, 330
Leiciague, Lucie : 215
Lénine, Vladimir Ilitch Oulianov dit : 22-23, 51, 131, 133-134, 148-152, 154-157, 162-164, 168, 175, 207, 223, 232-233, 241, 245, 293, 299-300, 310, 324, 340, 345, 347-351
Lépine, Louis : 60
Lerat, Émile : 221
Leriche : 272
Leriche, Ulysse : 125
Leroy, Georges : 209
Lévy, Georges : 329, 355
Lévy, Louis : 92-93
Lévy-Bruhl, Lucien : 367
Liebknecht, Karl : 102, 133, 157, 230-231
Lifschitz, Léon : 138
Locquin, Jean : 185

Longuet, Jean : 82, 117-118, 121-126, 129, 132-133, 135, 139, 143-144, 148, 168, 170, 183, 196-198, 200, 203, 205-206, 213-216, 225-228, 232-234, 236-237, 251, 266, 359-360
Loriot, Fernand : 130, 136, 139, 162, 168, 187-188, 197, 199, 215, 229, 238, 258, 261, 277, 295-296, 301, 304, 306-308, 324, 340, 347, 354
Lorne, Charles : 175
Lozovski, Solomon Abramovitch Drizdo dit Alexandre : 129, 151, 190, 281
Luxemburg, Rosa : 102, 161, 230-231, 255

Mady, René : 179
Malvy, Louis-Jean : 48, 77-79, 93-94, 130, 144
Manier, Bernard : 226
Manouilski, Dimitri : 152, 170, 272, 351
Marchand, René : 164, 166
Marie, René : 105
Marrane, Georges : 251, 311, 316, 336, 339-340
Martinet, Marcel : 114-115
Martov, Iouli Tsederbaum dit Jules : 128, 145
Marty, André : 170-171, 266, 271, 295
Marx, Karl : 18, 41, 54-56, 122, 153, 175, 219, 224, 235
Matéo, Roger : 292
Maurin, Maurice : 125
Mauss, Marcel : 88
Mayéras, Barthélemy : 49
Mayoux, François : 278
Mayoux, Marie : 278
Melgrani, Paul : 61
Merhing, Franz : 230
Méric, Henri Coudon dit Victor : 140, 257, 261, 264, 275, 279, 281, 283
Merrheim, Alphonse : 112, 127-130, 132, 151, 175, 252
Messimy, Adolphe : 78-79

Metra, Félix : 181
Meunier, Paul : 282
Michels, Robert : 25, 53, 192, 230
Mikhailov, Boris dit Williams : 338
Millerand, Alexandre : 47, 99, 107, 149, 179, 222
Minev, Stoïan (voir Vanini, Lorenzo) : 235
Mistral, Paul : 196, 215, 225
Molotov, Viatcheslav : 310
Monatte, Pierre : 115-116, 164, 189, 191, 197, 199, 247-248, 257, 296, 301, 304, 311, 324, 339-342, 351, 354-355
Monis, Ernest : 48
Monmousseau, Gaston : 192, 229, 338-339
Montusès, Ernest : 221
Morizet, André : 271
Moszkowski, Sigismond : 221
Mougeot, Auguste : 229
Mouquin, Lucien Célestin : 61
Mourier, Louis : 95
Münzenberg, Willi : 304

Naegelen, René : 208
Noulens, Joseph : 168

Olivier, Marius : 230
Ollivier, Aaron Goldenberg dit Marcel : 169

Paoli, Dominique : 221
Paquereaux, Marius : 251, 254, 267, 271
Pascal, Pierre : 164-168
Paul-Louis, Paul Lévi dit : 253, 281, 326
Pengam, Victor : 37
Pennetier, Claude : 221
Perceau, Louis : 81
Perchot, Justin : 49
Péricat, Raymond : 127-128, 151, 188
Petit, Robert : 164-165
Pevet, Alfred : 217
Philbois, Célestin : 221
Piatniski, Ossip : 303

Picard, Roger : 87
Pierre, André : 212
Pilliet : 105
Pioch, Georges : 258
Plekhanov, Rosalie : 149
Poincaré, Raymond : 72, 76, 99
Poncet, Paul : 49
Porto-Riche, Georges de : 179
Pressemane, Adrien : 49, 129, 135, 196, 215, 228

Radek, Karl : 350
Raffin-Dugens, Jean-Pierre : 113, 123, 131, 133, 221
Rakovski, Christian : 166
Rappoport, Charles : 133, 151, 236, 261, 306, 327, 347
Rauze, Marianne : 331
Renaudel, Pierre : 120, 150, 197, 201, 210, 212, 216-217, 233, 359
Renoult, Daniel : 197, 212, 214-215, 225, 236, 238, 280-281, 284, 305
Reuillard, Gabriel : 177
Revoyre, Léon : 291-295
Reynaud, René : 191, 229-230, 236, 238
Ribaut, Jean : 311
Rieu, Roger : 331
Rilke, Reiner Maria : 162
Ripert, Louis : 268
Rolland, Romain : 103, 162, 168-169, 174, 177
Rosmer, Alfred : 115-116, 137, 164, 189, 192, 229, 246, 257, 296, 301, 304, 311, 313, 324, 337, 339, 341-342, 345-346, 351, 354
Rousseau, Frédéric : 87
Rouve : 81
Roux-Costadau, Henri : 90
Rozières, Laurent : 271

Sadoul, Jacques : 161-162, 164-171, 204, 266
Sadoul, Yvonne : 171
Saumoneau, Louise : 187-188
Sauvage, François : 353
Scherps : 322

Sellier, Henri : 271, 310, 315, 320, 351
Sellier, Louis : 254, 259, 304, 332, 334
Sémard, Pierre : 336, 349
Sembat, Marcel : 24, 42-44, 46-47, 49-50, 53-54, 60-62, 70, 73, 77, 81, 85-87, 95, 105, 112, 116, 118, 120, 135, 143, 180, 192, 215-216, 226-228, 237, 239-240, 326
Serrati, Giacinto : 213, 266, 355
Sigrand, Jules : 188
Simondant, A. : 282
Sirolle, Henri : 191
Soutif, Edmond : 251, 311
Souvarine, Boris Lifschitz dit Boris : 17, 116, 125, 137-138, 151-152, 154, 158-159, 164, 177, 187, 189, 192-194, 196-199, 210, 213-215, 229, 236, 238, 246-249, 251, 253, 255, 257-264, 266-268, 272, 278, 284, 301, 304, 311-312, 314, 324, 327, 333, 335, 337, 339-343, 345-346, 348-352, 354, 359, 362
Stackelberg, Frédéric : 271
Staline, Joseph Vissarionovitch Djougachvili dit : 310, 319, 343, 345, 348, 350
Stassova, Elena : 166
Steindecker, Léon : 92-93
Struve, Pierre : 155
Sukhomlin, V. : 149
Sverdlov, Iakov M. : 310

Taché, Joseph : 291-292
Texcier, Jean : 80-81, 100
Thévenet, Marguerite : 229-230, 240
Thierry, Albert : 115, 320
Thomas, Albert : 45-46, 49, 95, 106-107, 112, 115, 118-119, 123-125, 136, 147, 168-169, 204, 228, 359
Thorez, Maurice : 336-338, 354, 363
Tissier, Émile : 81
Togliatti, Palmiro : 363
Tolstoï, Léon : 89, 175

Torrès, Henry : 331
Touny, Georges Émile : 61
Treint, Albert : 138, 225, 241, 247, 254, 259-260, 263, 272, 278, 283, 304, 308-310, 314, 318, 320, 325, 327-328, 331-334, 336-337, 341, 343-346, 349, 351-354, 362
Trotski, Lev Davidovitch Bronstein dit Léon : 129-130, 132, 148, 151-152, 166, 168, 174, 251, 254, 256-257, 265, 267, 269-271, 273, 275, 280, 337, 348, 350, 366

Vaillant, Édouard : 41, 57, 60, 73, 81, 192, 248
Vaillant-Couturier, Paul : 104, 138, 172-174, 176, 179-180, 191, 226, 236, 240, 272, 327, 330-331
Vanini, Lorenzo (voir Minev, Stoïan) : 235
Varagnac, André : 180, 240
Vassart, Albert : 274, 286, 323
Verfeuil, Raoul Lamolinairie dit Raoul : 124-126, 146, 203, 215, 226-227, 241, 257, 264, 279, 283
Vidal, Gaston : 175
Villain, Raoul : 32, 74, 77, 175
Viviani, René : 49-50, 70, 75-78, 112

Waldeck-Rousseau, Pierre : 47, 149, 222
Walecki, Maximilian : 307-309
Werth, Gérard : 333
Wilson, Woodrow : 147, 175

Yvetot, Georges : 86

Zetkin, Clara : 208, 215-216, 221, 228-231, 233-239, 241, 297, 345
Zetkin, Kostia : 231
Zinoviev, Ovseï-Gerchen Apfelbaum dit Grigori : 206, 211-213, 228-230, 232, 234, 251-252, 260, 263, 269, 310, 346
Zola, Émile : 56

Remerciements

Ce livre est le prolongement du travail engagé pour une thèse de doctorat soutenue en décembre 2007 à l'IEP de Paris, sous la direction de Marc Lazar que je remercie très chaleureusement pour son soutien tout au long de ces années de travail et d'écriture. Je remercie également Frédéric Monier, Andreas Wirsching, Christophe Prochasson et Olivier Dard, membres du jury, pour leurs lectures et leurs remarques précieuses. Je dois aussi remercier ceux qui ont cru que de ce travail pouvait naître un véritable livre, et tout particulièrement Jean-François Bouthors, sans qui rien n'aurait été possible, ainsi que Laurent Theis aux éditions Perrin.

J'exprime ma gratitude à l'égard de tous les personnels des centres d'archives qui m'ont permis et facilité l'accès à leur documentation : Pascal Carreau aux Archives départementales de Seine-Saint-Denis, Virginie Hébrard et Pierre Rigoulot à l'Institut d'histoire sociale de Nanterre, Kees Rodenburg à l'IISH d'Amsterdam, Dominique Parcollet aux Archives d'histoire contemporaine du Centre d'histoire de Sciences-Po, Emmanuelle Jouineau et Thierry Mérel à la FJJ, et Frédéric Cépède à l'OURS.

Je remercie également celles et ceux qui, par leurs remarques, leurs suggestions, leurs critiques aussi, ont contribué à la maturation de ce travail, en particulier Nicolas Bauquet, Marie-Cécile Bouju, François Bordes, Vincent Chambarlhac, Aude Chamouard, Nicolas Delalande, Bernard Desmars, Emmanuel Droit, Gilles Morin, Ismael Ferhat, Emmanuel Jousse, Florent Lazarovici, André Loez, Céline Marangé, Pauline Peretz et Joachim Schröder, ainsi que les professeurs Uwe Backes et François Cochet. Que Jean-Marie Argelès, qui a bien voulu traduire de manière remarquable plusieurs pièces des archives de

Clara Zetkin soit également très chaleureusement remercié. Je tiens également à exprimer ma dette envers Pierre Boichu, Gilles Candar, Alain Chatriot et Aurélien Durr, qui ont relu mon manuscrit ou m'ont ouvert des pistes extrêmement fructueuses avec une chaleur et un désintéressement rares. Ma gratitude va de façon particulière à Stéphane Courtois qui, depuis le jour où je mis le pied dans son bureau à Nanterre, a témoigné à l'égard de mes travaux d'une sympathie bienveillante et chaleureuse.

Merci, encore, à tous ceux qui, de près ou de loin, amis et parents, ont, de leur affection toujours renouvelée, porté la thèse puis le livre jusqu'à leur terme. J'adresse en particulier à Frédéric Ducoulombier, Charles Fonlupt, Christophe Gracieux, Amina Laporte, Pierrick et Bénédicte Martin, Antoine Rivière, et à tant d'autres qui m'excuseront de ne pouvoir ici les nommer, l'expression de ma profonde gratitude.

Merci, enfin, à mes frères, à mes parents et à Justine. Je leur dédie ce travail.

Table

Préface, par Marc LAZAR 7
Introduction 17

PREMIÈRE PARTIE
LA CRISE DE CONSCIENCE DU SOCIALISME FRANÇAIS

1. Le parti de Jaurès 31
2. La France socialiste sous l'uniforme 70
3. La fronde de la minorité de guerre 110

DEUXIÈME PARTIE
L'ENGRENAGE DE LA SCISSION

4. La génération de l'armistice 143
5. Le congrès de Tours 184

TROISIÈME PARTIE
UN « PARTI DE TYPE NOUVEAU »

6. La construction d'un appareil inquisitorial 245
7. La fin du premier communisme français 298

Conclusion : La singularité française 357

Notes 371
Bibliographie indicative 411
Index 421
Remerciements 427

Cet ouvrage a été imprimé en France par

CPi
BUSSIÈRE

à Saint-Amand-Montrond (Cher)
en octobre 2010

Composition et mise en page

NORD COMPO
multimédia

N° d'édition : 2663 – N° d'impression : 102831/1
Dépôt légal : octobre 2010